JERUSALÉM, ATENAS E AUSCHWITZ

DENIS ROSENFIELD

JERUSALÉM, ATENAS E AUSCHWITZ

PENSAR A EXISTÊNCIA DO MAL

Copyright © 2021 Denis Rosenfield

EDITOR
José Mario Pereira

EDITORA ASSISTENTE
Christine Ajuz

REVISÃO
Luciana Messeder

PRODUÇÃO
Mariângela Felix

CAPA
Miriam Lerner | Equatorium Design

DIAGRAMAÇÃO
Arte das Letras

DADOS INTERNACIONAIS DE CATALOGAÇÃO NA PUBLICAÇÃO (CIP)
(CÂMARA BRASILEIRA DO LIVRO, SP, BRASIL)

Rosenfield, Denis
   Jerusalém, Atenas e Auschwitz / Denis Rosenfield. – Rio de Janeiro: Topbooks Editora, 2021.

   Bibliografia.
   ISBN: 978-65-5897-003-3

   1. Democracia 2. Estado de Direito 3. Filosofia 4. Política – História 5. Teologia I. Título.

21-69281   CDD-320.01

TODOS OS DIREITOS RESERVADOS POR
Topbooks Editora e Distribuidora de Livros Ltda.
Rua Visconde de Inhaúma, 58 / gr. 203 – Centro
Rio de Janeiro – CEP: 20091-007
Tel.: (21) 2233-8718 e 2283-1039
topbooks@topbooks.com.br/www.topbooks.com.br
Estamos também no Facebook e Instagram.

Carta de Leo Strauss a Alexandre Kojève de 27 de junho de 1949: "O que é obviamente deprimente é o fato de que quanto mais envelhecemos mais claramente vemos quão pouco é o que compreendemos: a escuridão vai-se adensando".

SUMÁRIO

Nota introdutória 13

CAPÍTULO I: A POLÍTICA DO INIMIGO 17
    Weimar 19
    O abandono do Estado de direito 29
    A crise histórico-espiritual da democracia parlamentar 40
    A distinção amigo/inimigo 45
    O decisionismo e o nazismo 56
    Schmitt e Hobbes 68
    Schmitt e Hegel 74
    Schmitt, Strauss e Kojève 83

CAPÍTULO II: PERCEPÇÕES E ESCOLHAS TRÁGICAS 95
    A *Aufklärung* perdida 98
    O grito surdo 115
    Percepções cruzadas 121
    A realidade refratada 131
    O dilema dos Conselhos 135
    Escolhas trágicas 146
    Adam Czerniakow: uma figura trágica 152
    A condição trágica e o juízo moral 163
    Os novos macabeus 170

CAPÍTULO III: O HISTÓRICO, O SAGRADO E O UNIVERSAL 181
    Como pensar? 186
    Uma outra acepção da história mundial 197
    Moses Hess: uma outra visão sacro-política da história ... 211
    Rav Kook: entre a mística, a filosofia e a história 238

CAPÍTULO IV: DEUS E O MAL EM PERSPECTIVA 251
   A "humanidade" segundo Himmler 256
   O mal segundo Maimônides 267
   Deus e o mal 279
   Como falar de Deus? 297
   O mal enquanto questão 309

CAPÍTULO V: A MENINA E O COLCHÃO FÉTIDO 323
   Os resistentes espirituais 335
   História, autoridade e Igreja 348
   O dito do não dito 365
   Uma história sem rumo 381

CAPÍTULO VI: O DEUS ENFORCADO 397
   A ambiguidade do Sacrifício 408
   A questão 420
   A Crucificação dos judeus 426
   O pensamento perplexo 435
   A condição humana 443

À GUISA DE CONCLUSÃO 453
   Hegel: "O início do saber é o modo [da morte violenta]" 466
   Salmos: "O início do saber é o medo do Senhor" 468
   O *Etwas* (o algo) e o outro 469
   História e história da filosofia e da teologia 478
   O Eclipse de Deus 489
   Mal e existência 508

ANEXO: SER E PENSAR: IDENTIDADE E RUPTURA EM HEGEL ... 521
   A identidade entre ser e pensar 521
   A ruptura desta identidade 533

ÍNDICE ONOMÁSTICO 567

Dedico este livro à memória
de Balthazar Barbosa Filho.

NOTA INTRODUTÓRIA

Obrigado à reclusão, porém livremente aceitando-a, deparei-me mais ainda comigo mesmo, debruçando-me nos livros, nas leituras e na escritura. Reencontrei-me com um antigo manuscrito meu, escrito ao longo de vários anos, que terminou dando origem ao presente livro. No início, pensei que lhe daria um retoque e o terminaria em pouco tempo. Mal sabia eu naquele então que ele era nada mais do que um embrião, que conteria amplos e inesperados desenvolvimentos. Um amigo, filósofo greco-francês, Cornelius Castoriadis, dizia que só um idiota sabe como um livro termina no momento de começá-lo. Optei por não ser idiota.

Numericamente, tal manuscrito era menos de um terço em tamanho da versão que ora apresento, tendo sido objeto de uma intensa e prolongada reelaboração. O isolamento tem a grande vantagem de permitir um aprofundamento na subjetividade em uma espécie de solidão. A pandemia descortina uma reflexão maior sobre a doença e a morte, escrutinando os seus diferentes significados e meandros. O coronavírus é um inimigo insidioso que não se deixa ver, embora esteja sempre presente, espreitando qualquer um. Uma pessoa próxima pode ser, de repente, uma ameaça. Ele é uma presença invisível que nos obriga a uma defesa ubíqua de algo intangível, cujos efeitos podem nos atingir a qualquer momento, podendo conduzir a um desenlace fatal.

O presidente americano, Franklin Delano Roosevelt, em um discurso radiofônico de 27 de maio de 1941, já anunciando o que seria o engajamento americano na Segunda Guerra, no final deste mesmo ano, após o ataque japonês de Pearl Harbor e a declaração de guerra proferida por Hitler, assim manifestou-se: "Não aceitaremos um mundo de Hitler. E não aceitaremos outro mundo de após-guerra dos 1920, no qual as sementes do hitlerismo possam ser novamente plantadas e deixadas germinar.

Só aceitaremos um mundo consagrado à liberdade de palavra e de expressão – à liberdade de se reverenciar a Deus à maneira de cada um – à liberdade das privações – à liberdade do medo".[1]

Note-se para além das menções à liberdade de expressão e de palavra, à liberdade religiosa e de culto e à liberdade das privações, a relevância dada à liberdade do medo. A primeira refere-se a um pilar básico das sociedades democráticas e plurais; a segunda, uma conquista civilizatória a partir do século XVII, ainda mais importante pela perseguição nazista aos judeus, aos ciganos e às Testemunhas de Jeová, atingindo indiretamente católicos, protestantes e evangélicos; a terceira, as privações sociais acentuadas pela guerra, matando milhões de pessoas, uma preocupação eminentemente social que veio a fazer parte das democracias ocidentais a partir de 1945, dando lugar ao Estado de bem-estar social; a última, por sua vez, acentuando algo distinto das outras, a liberdade do medo, que se torna a forma de governar dos Estados totalitários.

O presente livro versa sobre o medo e sua libertação. O seu percorrido é bastante amplo, explorando a filosofia, a teologia, a história e a política, tendo como pano de fundo e fio condutor o pensamento do mal, cuja referência histórica é Auschwitz enquanto símbolo de uma nova forma da morte e da maldade. Não apenas a morte no sentido natural, mas a morte em sua acepção

---

[1] Kissinger, Henry. *Diplomacia*. Rio de Janeiro: Francisco Alves/UniverCidade Editora, 1999, p. 419.

política e, mais particularmente, totalitária. Filosoficamente, referências serão abundantes a Hobbes e a Hegel, ressaltando neste último a dialética do senhor e do escravo tal como é apresentada na *Fenomenologia do espírito*. Quanto ao pensamento de Deus, há toda uma interlocução com o mesmo Hegel e Descartes. No que diz respeito a filósofos engajados, confrontados existencialmente ao nazismo, destaque foi dado a Karl Jaspers e Hannah Arendt. Rousseau aparece como um interlocutor privilegiado da questão judaica em uma perspectiva filosófico-histórica. Leo Strauss e Alexandre Kojève entram tendo como pano de fundo a discussão com Carl Schmitt, Hobbes e Hegel.

Teologicamente, há uma ampla discussão com pensadores judeus, católicos, protestantes e evangélicos, tendo como parâmetro o pensamento sobre a maldade tal como se dá e se desenvolve durante a guerra e após. Dos pensadores judeus, destaque é dado à Cabala, Maimônides, Moses Mendelssohn, Moses Hess, Abraham Isaac Kook, Martin Buber, Franz Rosenzweig, Emil Fackenheim, Abraham J. Heschel, Elie Wiesel, Primo Levi, Hans Jonas, Gershom Scholem, Vladimir Jankélévitch, Emmanuel Levinas, Arthur Cohen e Richard Rubenstein; dos católicos, Étienne Gilson, Gaston Fessard, Henri de Lubac, François Mauriac, Hans Urs von Balthasar, Gabriel Marcel e papa Pio XI; dos protestantes e evangélicos, Karl Barth, Paul Ricoeur, Mark Lindsay, George Hunsinger, Alice e Roy Eckardt e Franklin Littell. Politicamente, entram em linha de consideração tanto uma reflexão sobre a experiência nazista na Alemanha e na França, quanto uma análise de um teórico do nazismo como Carl Schmitt e um "operador" como Himmler. Historicamente, os pontos de referência são a Alemanha, com realce dado à ascensão do nazismo e à sua prática totalitária, a França durante a ocupação, com destaque à "resistência espiritual" encarnada pelos jesuítas congregados em Lyon, e o papel dos Conselhos Judaicos, com ênfase posta na grande figura moral de Adam Czerniakow, "prefeito" do gueto de Varsóvia.

Em tudo isto, não deixa de haver uma estranha coincidência. Foi precisamente na pandemia que retomei uma reflexão de vários anos, decidindo-me por encará-la. Foi como se um outro mundo se descortinasse. Cheguei a dizer a minha mulher, sem brincadeira, que um outro tinha escrito através de mim, pois os pensamentos irrompiam sem que eu os antevisse. Eu os descobria à medida que ia escrevendo. Passei semanas e meses escrevendo freneticamente, sempre anunciando que nos próximos dias o livro estaria pronto. O tempo passou. Um dos meus filhos, Luis, intelectual ele também, brincava que eu não cumpria a minha palavra. Tomei a decisão afinal mantida de concluí-lo até o final do ano, o que desta vez foi feito. Talvez o fim da pandemia se anunciando pela vacina próxima, a liberdade do medo tenha se feito presente. Redigir este livro vivendo a pandemia foi toda uma experiência de vida. Que a narrativa filosófica aqui apresentada, rica de referências históricas, possa servir de reflexão a todos aqueles que se dispuserem a pensar o mal e a morte violenta.

Assinale-se ainda que a irrazão na história sempre fez parte de minha reflexão filosófica, desde a redação de minha tese de doutorado sobre Hegel. Já naquele então perguntei-me sobre qual seria a inteligibilidade hegeliana de Auschwitz tendo como fio condutor de seu pensamento a realização da Ideia da Liberdade. Como conciliar, com efeito, a liberdade e o mal, um mundo criado por Deus e a maldade que pode anulá-lo? Perseguindo estas indagações escrevi dois livros a respeito, *Do mal* e *Retratos do mal*, que encontram aqui, por assim dizer, o seu desfecho.

Enfim, procurei tomar a sério uma formulação de Hegel em sua *Filosofia do direito*: a filosofia é o seu tempo apreendido no pensamento.

Por último, quisera agradecer ao meu editor, José Mario Pereira, não apenas por seu apoio incondicional, mas por sua interlocução culta e inteligente, digno representante de uma estirpe de editores.

Xangri-Lá, 13 de janeiro de 2021.

I
A POLÍTICA DO INIMIGO*

A política contemporânea, com sociedades democráticas encontrando cada vez mais dificuldades em fortalecer suas instituições, está, progressivamente, caracterizando-se por polarizações como se os meios-termos da vida democrática, negociações, conciliações e mediações, fossem atributos desnecessários. Mediar e negociar são termos que, frequentemente, são identificados a traficar e corromper, como se a solução estivesse na escolha binária entre opções políticas que se excluem mutuamente. Políticos são desmerecidos como se fossem meros traficantes de negociatas, negociadores de interesses exclusivamente particulares, fazendo com que a política perca a sua dignidade. Em seu lugar surgem, então, "opções" que primam pela radicalização e pela simplificação de posições, fazendo com que as instituições propriamente democráticas percam sua legitimidade. Se a política se degrada, a primeira vítima é a democracia.

A política do confronto faz com que a sociedade seja permanentemente mobilizada, incitada e provocada a embates permanentes, como se deste processo viesse a surgir uma nova política, não maculada pela velha, a do diálogo, da persuasão e do conven-

---

* Uma primeira versão deste capítulo foi publicada em forma de artigo: A política do inimigo – http://revistas.unisinos.br/index.php/RECHTD/issue/view/838.

cimento. O parceiro do diálogo e da negociação, algo próprio da vida parlamentar, passa a ser, no ambiente extralegislativo, considerado não somente como um adversário a ser vencido, em uma contenda eleitoral por exemplo, mas, principalmente, como um inimigo a ser abatido. Tal política do confronto incessante é, ademais, potencializada pelas redes sociais, cujo modo de funcionamento adapta-se perfeitamente a escolhas simples entre bons e maus, impolutos e corruptos, redentores e condenados. A distinção amigo/inimigo ganha assim os mais amplos contornos, seu significado político estendendo-se a acepções morais e religiosas, sem perder, evidentemente, sua significação política central.

Torna-se, portanto, necessário analisar este critério da política enquanto baseado na distinção entre amigo e inimigo, sobretudo devido ao fato de que sua formulação se deve a um constitucionalista alemão, Carl Schmitt, que foi um teórico do nazismo, cuja obra *O conceito do político* exerceu, na época, e para além dela, profunda influência. Influência tão ampla que seria redutor circunscrevê-lo a uma época ou a uma posição política, na medida em que serve tanto para caracterizar políticas de direita quanto de esquerda, seu apoio a Hitler e ao nazismo, tendo se traduzido no pós-guerra em elogios a Mao e Lênin, enquanto políticos que realizaram, em suas ações, a contraposição amigo/inimigo.[1] Judeus, testemunhas de Jeová, socialistas, comunistas, ciganos e homossexuais para Hitler são formas do inimigo que se concretizaram também nas figuras do burguês, dos reacionários, dos latifundiários, dos conservadores e assim por diante. São formas de caracterização do político que vêm a orientar políticas de cunho autoritário e, também, totalitário.

---

[1] Antes de Schmitt, em uma perspectiva de esquerda, Georges Sorel utiliza um mesmo conceito de político, baseado na luta entre inimigos irreconciliáveis, no seu caso o proletariado e a burguesia, desembocando na revolução, uma espécie de catástrofe regeneradora da humanidade (*Réflexions sur la violence*: Paris, Éditions Marcel Rivière, 1972). Franz Neumann (*Behemoth*: London, Victor Gollancz, 1942) menciona este paralelismo entre ambos pensadores.

Não florescem tais políticas em terrenos sadios, mas degradados. A sua fertilidade depende da corrupção reinante, da falta de perspectivas dos cidadãos, da decadência dos costumes, da perda de balizas, do desemprego, da criminalidade reinante, da crise econômica, do enfraquecimento das instituições. Fosse a situação econômica, política, social e cultural outra, tais políticas pouca adesão suscitariam entre os cidadãos, muito menos mobilizações de massas. As pessoas certamente prefeririam continuar em suas condições de segurança e bem-estar social, não se arriscando em nenhuma aventura política. Estando contentes com suas instituições, não veriam razões para abandoná-las. O cenário muda de figura quando a insegurança reina e a instabilidade começa a tomar conta de todos os poros da sociedade. Os apelos autoritários começam a se fazer ouvir.

Weimar

A República de Weimar veio a ser um terreno degradado que se tornou fértil para opções autoritárias e, logo, totalitárias. A primeira edição de *O conceito do político* é de 1927 e as duas posteriores são de 1932 e 1933, sendo que, neste último ano, Carl Schmitt adere ao partido nazista.[2] Logo, essas diferentes edições se inscrevem diretamente nos turbulentos anos do estertor da vida republicana na Alemanha. Neste sentido, poder-se-ia dizer que esse texto é fruto do seu tempo. Se, de um lado, Schmitt é produto de sua época, sua concepção da política veio a se tornar uma regra da ação, a orientar politicamente o que deveria ser feito. O inimigo não é somente uma figura teórica

---

[2] Deste ano é também a entrada de Heidegger no partido, assim como o seu célebre *Discurso da reitoria*, de caráter nitidamente nazista. Víctor Farías alude ao fato de que teria sido Heidegger quem teria convidado Schmitt a entrar no partido, conforme uma carta de 22 de abril de 1933. Cf. *Heidegger et le nazisme*. Paris, Verdier, 1987, p. 151.

ou retórica, mas alguém a ser abatido em função de uma outra concepção do mundo e da política.

Naquele então, a Alemanha foi tomada pela percepção social de que os sentimentos de solidariedade nacional, de exaltação patriótica, que tinham marcado o início da Primeira Guerra Mundial, teriam sido traídos em 1918 e, imediatamente depois, abandonados. Em seu lugar, surgiu a desunião, o esgarçamento dos laços sociais e uma concepção da política e da vida parlamentar enquanto lugar degradado de negociatas e corrupção; em todo caso, um lugar em que o bem comum tinha desaparecido. A revolta começou a tomar conta dos corações e da consciência. Não é, neste sentido, casual que Hitler, em seus discursos, tenha retomado o espírito da mobilização de 1914, vociferando contra o seu desenlace e se colocando, portanto, como o líder que seria capaz de restabelecer a união nacional perdida.

Desta maneira, o mito criado em 1919, o da traição dos políticos e, em particular, dos social-democratas, veio a ser considerado como se realidade fosse, sendo-o, de fato, no imaginário sociopolítico que foi sendo progressivamente construído. Teria faltado o espírito de 14 no ocaso de 18, como se a derrota fosse o resultado de uma desespiritualização, e não apenas uma questão de homens e material bélico. "Os nazistas expressamente proclamavam que sua ideia de 'comunidade do povo' (*Volkgemeinschaft*) seria a recriação do espírito de 1914".[3] É retomada a ideia da predominância da comunidade sobre o indivíduo, devendo esse seguir e obedecer aquela segundo os "valores espirituais" que seriam forjados pelos nazistas em suas leis raciais, voltadas não apenas contra os judeus, mas contra o individualismo, a liberdade, os direito individuais, a democracia e o materialismo.

Os líderes militares de 1914 que conduziram a guerra, levando o país à derrota, Hindenburg (depois presidente) e Ludendorff, foram astutos, por exemplo, ao transferirem a nego-

---

[3] Hett, Benjamin Carter. *The Death of Democracy. Hitler's Rise to Power*. London: Windmill Books, 2019, p. 32.

ciação de paz a um político conservador, Matthias Erzberger (apesar de seu nome, não era judeu), tornando-o culpado pelas negociações do Armistício, que resultaram, posteriormente, no Tratado de Versalhes, tão execrado por todos os partidos alemães e pela população em geral. Ora, ele, que não foi responsável pelo início da guerra, terminou por sê-lo do seu fim, o que fez com que viesse a ser abominado, enquanto os líderes militares, os verdadeiros responsáveis, foram preservados e, posteriormente, glorificados. Pagou com sua vida, sendo assassinado em 1921. A percepção foi deslocada dos responsáveis para os que não tiveram essa responsabilidade. Os responsáveis seriam, para Hitler, no transcurso dos anos, os judeus e os socialistas, ou seja, os inimigos internos,[4] os inimigos concretos conforme a conceitualização schmittiana. Erzberger foi também alvo específico de Hitler, em um discurso, repleto de insultos, proferido em fevereiro de 1920, em Munique, quando começava a sua trajetória de demagogo e agitador.[5]

A história da Alemanha, após 1914, salvo durante o período em que Gustav Stresemann foi chanceler em 1923 e ministro das Relações Exteriores de 23 a 29 – morre nesse ano –, época de baixa inflação, projetos de comércio com a Europa, negociação pela redução das retribuições de guerra, diplomacia pacífica e não belicosa e, mesmo, projetos de unificação europeia, foi caracterizada por conflitos incessantes, traduzindo-se pela intensa percepção de uma iminente guerra civil. A partir de 1930, seja em Berlim, seja nas mais importantes cidades alemãs, as condições eram percebidas como as de uma guerra civil.[6] A dissolução do Estado estava sempre no horizonte, algo particularmente presente no pensamento de Carl Schmitt, inclusive na consideração do outro como um estranho que deveria ser

---

[4] Ibid., p. 52.
[5] Kershaw, Ian. *Hitler 1889-1936: Hubris*. New York/London: W. W. Norton & Company, 1999, p. 145.
[6] Hett, op. cit., p. 127.

enfrentado, à maneira das potências inglesa, americana e francesa, e, depois, no inimigo interno, comunistas, social-democratas, ciganos, Testemunhas de Jeová, judeus e homossexuais.

Na República de Weimar, a figura do inimigo apresentava-se, por assim dizer, empiricamente, não sendo um mero produto da elucubração intelectual. Na verdade, Schmitt defrontava-se com um problema real, que saltava por assim dizer à vista. Os modelos militares de conduta estavam particularmente presentes na vida civil, especialmente na partidária, com cada partido tendo à sua disposição forças paramilitares, milícias, que obedeciam às suas ordens, não sendo controladas pelo Estado. E tal fato ocorria tanto entre as agremiações de direita quanto de esquerda, permeando a totalidade da vida política enquanto tal.[7] Isto é, o choque entre as milícias era um fato da sociedade, de modo que a política aparecia como que reproduzindo os moldes da guerra. A militarização da política tinha se tornado um fato, aparecendo, então, o inimigo enquanto produto de um enfrentamento político real. Ou ainda, a violência "política" fazia parte do cotidiano social e partidário. No dizer de Evans: "os modelos militares de conduta haviam se espalhado pela sociedade e cultura alemãs antes de 1914, mas depois da guerra penetraram tudo, a linguagem da política ficou permeada de metáforas de campanha militar, o partido oposto era um inimigo a ser esmagado, e luta, terror e violência tornaram-se amplamente aceitos como armas legítimas na luta política".[8] A violência política, desde a década de 20, estava generalizada na sociedade e pautava, inclusive, a prática dos partidos políticos, que consideravam as forças rivais, às vezes no mesmo campo, como inimigos a serem eliminados. As forças paramilitares eram, por assim dizer, um acontecimento da sociedade, um modo de enfrentamento entre os partidos, como se estivéssemos aqui em um marco de normalidade polí-

---

[7] Evans, Richard J. *A chegada do Terceiro Reich*. São Paulo: Crítica, 2017, p. 116-7.
[8] Ibid., p. 115.

tica. Os partidos de direita, sobretudo eles, propugnavam pela "ordem pública", mas eram os fomentadores da desordem, sendo a violência o seu modo de agir.[9] A sua narrativa não se coadunava com sua prática, salvo sob a forma da mistificação.

O "inimigo" fora definido como todo aquele que se volta contra o partido vitorioso, no caso o nazista, ou contra ele se insurja ou, simplesmente, com ele não concorde. A noção de inimigo é suficientemente abrangente para contemplar qualquer indivíduo ou grupo que discorde do partido nazista. Basta ser percebido enquanto tal para tornar-se objeto de meios legais ou outros, entre os quais a violência dirigida contra os que são considerados como "oposição", enquanto "inimigos". Da confiscação de propriedades a ameaças de aplicação da pena de morte, surge todo um novo "código" legal que é propriamente político. O inimigo torna-se objeto da lei criminal por uma série de aditivos políticos, de tal maneira que detenções ilegais, prisões por tempo indeterminado, campos de concentração e, em suma, um elaborado sistema de violência organizada tornam-se os instrumentos mesmos do novo regime, sua forma mesma de governar.[10] O Estado vem a ser o promotor da violência e não aquele que, segundo Hobbes, deveria defender o cidadão da morte violenta. O Estado promove a insegurança dos cidadãos e não a sua segurança física e patrimonial.

O inimigo ganha diferentes acepções concretas, indo do "não ariano", forma inicial de consideração dos judeus, aos socialistas e liberais, passando por todo aquele tido por nocivo para com o regime, isto é, segundo a percepção desse, sem que alguma prova seja necessária. São excluídos do serviço público, de profissões liberais ou de qualquer instituição controlada pelo Estado. São, neste primeiro momento, condenados à penúria e à miséria. Sob o uso implícito ou explícito da violência, por

---

[9] Kershaw. *Hitler*, op. cit., p. 170.
[10] Loewenstein, Karl. *Hitler's Germany*. New York: The Macmillan Company, 1939, p. 20.

intermédio das mais distintas formas de coerção e intimidação, jornalistas, professores e pessoas dedicadas à cultura são, doravante, submetidas ao controle estatal. Se não se conformarem e obedecerem, serão simplesmente condenados a um tipo de "morte profissional",[11] sendo excluídos de corporações e sindicatos, condições de exercício destas mesmas profissões. O privado desaparece sob a tirania do Estado e do partido.

A exemplo de outros líderes nazistas, Göring, por exemplo, também considerava a política uma "operação militar",[12] uma forma de combate armado, da qual não faziam parte a moralidade, a justiça e o respeito ao outro. A lei seria seguida na estrita medida em que estivesse a serviço desse tipo de operação, deixando de ser observada toda vez que apresentasse um obstáculo. Ou seja, a república e a democracia só serviam enquanto instrumentos de conquista do Poder, carecendo de qualquer valor em si. A república e a democracia tornaram-se, então, meros meios de implementação de uma concepção do político definida praticamente pela oposição amigo/inimigo. Carl Schmitt viria, posteriormente, a elaborar a prática de uma sociedade voltada para a destruição das instituições democráticas, dando, portanto, forma teórica a um dado da realidade.

Correspondia ao imaginário sociopolítico alemão a percepção – e para alguns o pensamento – de que a Alemanha e o Ocidente em geral encontravam-se em um processo de decadência cultural, traduzido pelo capitalismo, pelo materialismo, pela ausência de espírito e pelo ocaso dos valores alemães. Resultado desse processo seria a degenerescência da política, com a predominância de sua segmentação, em que os partidos compareciam apenas enquanto defensores de interesses particulares e mesquinhos. A fragmentação política, nesta perspectiva, seria resultado da desintegração cultural, algo que se reflete no pensamento cultural e político de Schmitt, em sua crítica à técnica, ao materialismo, aos

---
[11] Ibid., p. 22.
[12] Evans, op. cit., p. 248.

interesses particulares dos agentes capitalistas, à ausência de fé religiosa e à necessidade de restauração dos valores tradicionais. Nada muito diferente da crítica heideggeriana à técnica, ambos reflexos de um espírito do tempo, do *Zeitgeist* alemão.

Em 1932, Schmitt trabalhou com o general von Schleicher, que foi eminência parda sob a Presidência de Hindenburg, ministro da Defesa e chanceler por dois meses, perdendo o poder para seu adversário, Hitler, sendo, logo após, assassinado pelos nazistas em 1934. Graças a um parecer seu, o presidente encontrou boas razões "constitucionais" para manter o estado de emergência, dissolver o Reichstag e não convocar imediatamente novas eleições. Logo depois, em 1933, ele faz uma reviravolta, adere ao nazismo e vem a ser considerado o "jurista do Reich".[13] Passou de um perfil conservador, católico, a um revolucionário na acepção nazista do termo. Já em julho deste ano, em encontro em uma academia católica, Schmitt elogiara os nazistas por seu enfoque totalitário ao eliminarem os partidos políticos e a democracia parlamentar. Um dos participantes, Edgar Julius Jung, tomou a palavra e indagou a Schmitt o porquê de ser ele contra todos os partidos políticos e não propugnar também pela abolição do partido nazista. A contradição era evidente. Uma autoridade nazista presente no evento comentou: este cara pertence a Dachau (o campo de concentração). Não chegou lá por ter sido morto antes pela SS, em 1934.[14]

---

[13] Expressão cunhada por Waldemar Gurian, jurista judeu convertido adolescente pela mãe ao catolicismo, tendo nesta época se refugiado na Suíça e escrito vários artigos expondo as contradições de Carl Schmitt, seja em relação aos conservadores, seja aos judeus, seja aos católicos. Cf. Rüthers, Bernd. *Carl Schmitt en el Tercer Reich*. Tradução e apresentação de Luis Villar Borda. Argentina, Editorial Struhart & Cia, 1990, p. 104. Cf. também deste último: *Derecho degenerado*. Teoria jurídica y jurisks de cámara en el Tercer Reich, Madrid, Cátedra de Cultura Jurícia Marcial Pons, 2016. Müller, Jean-Werner. *A Dangerous Mind*. New Haven e Londres: Yale University Press, 2003, p. 39-41.

[14] Hett, op. cit, p. 213.

Convém ressaltar que Hitler conquistara o Poder por meios democráticos com o intuito de subverter a democracia; ele seguiu a Constituição de Weimar em seus processos eleitorais para vir a destruir a mesma Constituição graças à instituição do "princípio do Führer" enquanto fonte constitucional, de onde emanaria todo um conjunto de decretos tidos, nesta acepção restrita e nazista, por legais. Despreza todos os partidos políticos, o conjunto do "sistema" político parlamentar, utilizando o seu partido para sua conquista eleitoral. Proíbe, logo após, todos os partidos, só deixando existir o seu, passando a dominar as relações sociais e políticas, interditando a liberdade de imprensa, a liberdade de manifestação, a liberdade de organização e a liberdade de comunicação, inspecionando, mesmo, as correspondências das pessoas.[15]

Governos totalitários, sobretudo em sua fase de transição e constituição, utilizam uma linguagem política intencionalmente ambígua, fazendo uso de termos como parlamento, democracia, voto, plebiscito, decreto, leis e juiz de uma forma a distorcer ou, inclusive, perverter o seu significado. Os cidadãos, de modo geral, podem ter deles a noção de familiaridade, de compreensão, quando o significado desses conceitos já sofreu uma alteração radical. A política sob a forma da violência arbitrária já segue o seu curso, enquanto os cidadãos têm a percepção de que ideias norteadoras de suas vidas não sofreram nenhuma modificação essencial. Vivem a normalidade de um mundo tornado anormal, embora não percebam inicialmente isto.

Hitler teve plena consciência, desde cedo, de que a revolução por ele apregoada não poderia ser levada a cabo apenas pelo uso da violência, mas exigiria, preliminarmente, a conquista do Poder pela via democrática, a saber, pelo voto e por meios, no limite, "legais".[16] Seria minar a democracia por meios democráticos. O seu golpe fracassado de 1924 ter-lhe-ia ensinado esta

---

[15] Ibid., p. 216.
[16] Loewenstein, op. cit., p. 3.

lição. A sua trajetória bem expõe o uso que fez do voto, desde a sua eleição para a Chancelaria em 1930 até a conquista eleitoral de 1932, quando seu partido se tornou o mais forte do Reichstag. Logo após, em 1933, começam as ordenanças (decretos) de Hitler restringindo a liberdade de expressão e organização, ordenanças e decretos esses que só valiam para a oposição! Neste meio tempo, as milícias nazistas já aterrorizavam essas mesmas oposições, tornadas objetos de uma violência "legal". Ou seja, as liberdades são suprimidas constitucionalmente por meios legais, dentre as quais, note-se, a liberdade da pessoa, a liberdade de palavra, de imprensa, de assembleia, de associação, de privação de correio e do confisco legal de propriedades sem indenização.

O artigo 48 da Constituição alemã, que disciplinava o uso, em condições excepcionais, para situações de emergência, com o presidente podendo, sob estas condições, governar por decreto, prescindindo do Poder Legislativo, era, como o seu próprio conteúdo afirmava, para uso exclusivo em condições de exceção. Conferia ao presidente poderes, por assim dizer, ditatoriais. Ora, o que devia valer para situações excepcionais foi tornado banal sob a Presidência de Friedrich Ebert, sucessor de August Bebel, enquanto dirigente da social-democracia alemã. Ele o utilizou nada menos que 136 vezes, durante seu mandato de 1919-1925. Hitler, neste sentido, ao empregar o mesmo procedimento, outorgando-se poderes ditatoriais, não fez nenhuma inovação, tendo seguido uma linha constitucional já demarcada por seus antecessores. Um artigo constitucional, voltado para governar em situações emergenciais, tornou-se instrumento de um governo permanente, vigorando até 1945.

Tal decreto, dotando o governo de poderes ilimitados, permitia, então, atos da maior arbitrariedade contra a oposição ou contra todos aqueles que, pelos mais diferentes motivos, viessem a ser tidos por inimigos do regime. A partir daí começam as perseguições aos "inimigos", presos ou assassinados, levando à própria abolição, no dizer de Loewenstein, do *Rechtsstaat* (Estado de direito).[17] Ainda nesse mesmo ano, desaparece a separação entre os Poderes Executivo e Legislativo. Todas as instituições e previsões legais que contrariassem os "princípios totalitários" da nova liderança passaram a ser consideradas nulas de direito, perdendo toda eficácia e força prática. As disposições da liderança totalitária ganharam proeminência sobre qualquer outra disposição constitucional ou legal, devendo qualquer juiz segui-las, independentemente da procedência das disposições anteriores. Isto é, todos os outros direitos, por mais presentes que estivessem nos códigos legais e na Constituição, foram simplesmente considerados enquanto ultrapassados; na verdade, simplesmente suprimidos e abandonados. Foi a aniquilação mesma do "Estado de direito", não havendo direitos contra o "direito" totalitário.

O Estado nazista constitui aquilo que Ernst Fraenkel denominara de Estado prerrogativo. Segundo tal formulação, a esfera do político, do Estado constituído de suas funções executivas, invade e toma conta de todas as esferas sociais, civis e penais e, inclusive, de consciência das pessoas, caracterizando-se pela ausência de leis.[18] Não há leis que regrem a esfera política, mas sim atos contínuos e arbitrários de exceção. Logo, nem se pode falar propriamente de direito constitucional sob o nazismo, embora os seus ideólogos tenham se comprazido em discutir fórmulas jurídicas desprovidas de significação, baseadas exclusivamente na obediência ao "princípio de Führer", cujas palavras eram acatadas sob a forma de uma adesão incondicional, de tipo religioso, inquestionável. Há evidentemente "regras", porém essas respondem unicamente ao ordenamento exigido pela violência na execução dos comandos emanados das autoridades máximas. Essas exercem o verdadeiro Poder,

---

[17] Ibid., p. 15.
[18] Fraenkel, Ernst. *The Dual State. A Contribution to the Theory of Dictatorship*. New York: Oxford University Press, 2017, p. 3.

detendo uma força discricionária. Tem-se, portanto, a situação em que não há ordem legal, porém um tipo de regra marcial, fundada no exercício ilimitado e arbitrário da autoridade estatal. Não há, por via de consequência, "Estado de direito", pois o que prevalece é a ausência de leis e o arbitrário da dominação nazista[19]. Ou ainda, no Estado de direito, as Cortes e, em particular, as Cortes Superiores exercem um controle legal sobre o Poder Executivo, aí incluindo evidentemente a Polícia, enquanto no Terceiro Reich o Poder policial controla e manda no Poder Judiciário, submetido às suas próprias conveniências.[20] Regra "estatal" não significa lei no Estado prerrogativo.

O ABANDONO DO ESTADO DE DIREITO

O Estado de direito pode ser abordado segundo duas acepções, o da obediência a um conjunto de regras formais e o da sua materialidade, em cujo caso seria levado em conta o tipo de lei promulgada à luz de considerações relativas à sua moralidade ou justiça. Quando partimos do estado de direito em sua acepção formal, atentamos para todas as suas formalidades e condições, como a sua não retroatividade, sua impessoalidade, os seus trâmites legislativos, de tal maneira que o cidadão tenha segurança e previsibilidade em relação ao conjunto de leis que regem o seu Estado. Agora, quando consideramos a materialidade da lei, colocamos em pauta igualmente questões de ordem moral que surgem sob os critérios da justiça, como quando irrompe a pergunta pelos privilégios, pelos favorecimentos, pela desigualdade e pela liberdade no que diz respeito a um conjunto qualquer de cidadãos. Entram aí em linha de consideração questões como as de sexo, religião, raça, etnia e sociais. E é próprio de sociedades democráticas que essas questões tomem conta da opinião pública, em processos que repercutem em decisões legislativas e judiciais.

---

[19] Ibid., p. 124.
[20] Ibid., p. 40.

Convém, ainda, não identificar "estado de direito" ou "Estado de direito" ao "direito do Estado", o primeiro significando o primado da lei, da regularidade e da impessoalidade, a obediência a ritos e regras, enquanto o segundo tendo a acepção do Estado exercendo o seu domínio à revelia da lei, embora possa, mesmo, seguir agindo segundo leis e artigos constitucionais voltados apenas para a sua própria conservação e não para a preservação dos direitos dos cidadãos. Ou seja, no Estado de direito são mantidas as relações contratuais entre os indivíduos e os agentes sociais e econômicos, preservando a sociedade de ações arbitrárias do Estado, enquanto no direito do Estado a sociedade passa a ser invadida por atos arbitrários, voltados para a mera conservação dele mesmo e do interesse de seus grupos dominantes. No Estado de direito, o arbítrio é contido; no direito do Estado, ele opera sem limitações preestabelecidas.

Em consequência, toda a estrutura jurídica nazista passa a ser regida pelo *Führerprinzip*, sendo o ativismo jurídico[21] uma decorrência sua. Os juízes deveriam julgar como se fossem os olhos do líder máximo, adotando a sua perspectiva como se fosse a da lei em seu exercício, atuando efetivamente. Logo, não há observância da lei, nem muito menos a sua aplicação, como seria o caso em um Estado de direito, não podendo tampouco se falar de governo das leis, de observação de regras legalmente estabelecidas e codificadas. O ativismo jurídico, no caso do nazismo, fazia-se segundo o decisionismo *à la* Carl Schmitt, sendo a decisão orientada por princípios e orientações dadas pelo Führer. Isto significa que não há lei propriamente dita, muito menos Estado de direito, ao qual os juízes deveriam se subordinar. Ou seja, o ativismo judiciário movia-se segundo as orientações da política totalitária.

Contudo, visando a manter uma certa formalidade jurídica, não expondo a sua política e a nazista ao completo arbítrio, Schmitt considerava que todos os atos legais, leis ou decretos,

---

[21] Meierhenrich, Jens. *The Remnants of the Rechtsstaat*. New York: Oxford University Press, 2018.

deveriam ser publicados no *Reichgesetzblatt*, o Diário Oficial nazista. Sua intenção consistia em guardar o aspecto formal da lei, a sua promulgação, como se assim a forma jurídica pudesse ser preservada. Meierhenrich observa que isto ocorria apesar do desprezo hitlerista por qualquer formalidade, o que poderia significar, para ele, um modo qualquer de limite ou contenção. Seria uma espécie de tributo que a arbitrariedade pagaria por uma dose, embora mínima, de formalização. No dizer do autor: seria como se essa formalidade fizesse parte do teatro nazista da lei, de sua encenação, de sua *mise-en-scène*.[22] Seria a encenação da lei conforme propósitos políticos, a lei acompanhando e justificando a violência.

Hitler, a partir de 1934, passou a ser considerado como a "Constituição viva", criando uma identificação entre ele mesmo e a Carta Magna, de modo que qualquer juramento de altos funcionários públicos e militares passou a ser feito diretamente perante ele, pois a Constituição tinha deixado de existir, sendo substituída pelo Führer, a lei máxima viva. A obediência se faz a aquele que detém poderes ilimitados e cuja ilimitação é, assim, confirmada. Isto é, a forma de exercício do poder nazista fez com que sua "política" tornara-se uma "teologia política", pelo fato de o seu Poder ser doravante ilimitado e todo poderoso, não estando submetido a nenhum tipo de limitação, inclusive constitucional. Segundo Schmitt, todos os conceitos centrais da teoria moderna do Estado seriam conceitos teológicos secularizados.[23] Em particular, ele atenta para o conceito de estado de exceção, conceito limite, que é analogicamente equiparado ao conceito de milagre na teologia. Ou seja, o conceito de milagre ganharia seu significado de suspensão da ordem natural, de suas leis, graças à intervenção da potência divina que, ela mesma, não é regrada, pois todo regramento significaria uma limitação que sua definição mesma não poderia suportar.

---

[22] Ibid., p. 127.
[23] Schmitt, Carl. *Teología política*. Madrid: Editorial Trotta, 2009, p. 37.

Logo, tal formulação se traduz pela identificação mística entre o Führer e o "povo", como se só ele tivesse acesso ao que esse quer. O povo não se manifestaria, por exemplo, através de eleições, pois ele transcende os seus indivíduos constitutivos, fusionando em uma entidade superior, dotada de uma existência específica, que só pode expressar-se pelo "Líder", unindo a ambos em uma espécie de religiosidade. Quando fala-se politicamente de "autodeterminação do povo" diz-se com isto racionalmente algo totalmente diferente do povo que se determina através do Führer. Eleições, quando ocorriam, uma vez passado o período de transição, eram meramente confirmatórias de decisões previamente tomadas, não constituindo um processo de escolha propriamente dito.

Ora, já nestes anos, Erik Peterson, em seu livro *O monoteísmo: um problema político*, publicado em 1935, em pleno período nazista, com Hitler no exercício absoluto de seu Poder, se contrapõe a esse escrito schmittiano de 1922, *Teologia política*, (e a seus prolongamentos), sem, no entanto, fazer referência a seu escrito posterior, *O conceito do político*. O seu ponto é predominantemente teológico, embora não esteja desatento à sua significação política. Seu objetivo, através de exemplos teológicos concretos da Igreja Primitiva e dos primeiros séculos do cristianismo, em particular, a identificação teológica entre o advento de Cristo e a concentração imperial do Poder de Augusto, entre a unicidade de Deus e a unidade do Império Romano, consiste em evitar a identificação entre o Sacro e o Profano, entre o Poder espiritual e o temporal, mantendo a teologia ao abrigo da identificação com a política, isto é, a compreensão da teologia enquanto apolítica. E faz ele um percorrido teológico desta questão ao retraçar o caminho de identificação entre Augusto e Cristo até a sua dissolução com Santo Agostinho, sempre guardando a distância entre o dogma trinitário e a temporalidade política, distância essa que se coloca acima de qualquer tipo de justificação/legitimação política, assim como mantém a escatologia cristã separada e acima de qualquer escatologia histórica. Do mesmo modo que seu escrito libera a fé cristã de uma ligação teológico-política com o Império Romano, sua pretensão consiste em fazer a mesma operação no que toca à relação entre o cristianismo e o Poder nazista. A "teologia política" seria um abuso "da mensagem cristã para legitimar uma situação política".[24] Em uma carta a Friedrich Dessauer, escrevia ele: "Dar um golpe à 'teologia do Reich', era a intenção de meu livro".[25]

Assim concebida a teologia cristã, sua mensagem universal permanece acima das contingências históricas, afastada e desapegada de qualquer poder (e ídolo) nacional, exercendo incondicionalmente seu poder de crítica moral e religiosa aos poderes constituídos. Logo, não deveriam as Igrejas (católica e protestantes) se colocar a serviço de qualquer potência terrestre, nenhuma podendo falar em seu nome. Note-se ainda sua ausência de preconceito ao falar de filósofos judeus, como Fílon de Alexandria, demarcando-se de análises políticas, de pretensões filosóficas, à la Carl Schmitt a propósito de Hobbes, de claro teor antissemita. No que diz respeito ao conceito de secularização, Peterson, mais especificamente, distancia-se do jurista do Reich ao assinalar que esta transposição dos conceitos teológicos à esfera política resulta em uma justificação dos poderes seculares e, no caso, do nacional-socialismo. É como se esses conceitos teológicos, ao transporem a sua esfera própria, mediante o decisionismo, passassem a ser uma espécie de legitimação do poder temporal, em particular o nazista.

A réplica de Schmitt a Peterson, todavia, demorou longos 34 anos e só ocorreu em uma homenagem ao jurista canônico Hans Barion por seu septuagésimo aniversário, aproveitan-

---

[24] Peterson, Erik. *Le monothéisme: un problème politique*. Paris: Bayard, 1994, p. 124-5. Agradeço a João Carlos Brum Torres a indicação deste livro. Cf. Löwith, Karl. *Ma vie en Allemagne avant et après 1933*. Paris: Hachette, 1988, onde o autor ressalta que Schmitt camuflava suas verdadeiras ideias políticas sob o manto de um catolicismo autoritário, p. 114.

[25] Ibid., p. 210, citado por Barbara Nichtweiss, *Posfácio*.

do essa oportunidade. O contexto merece ser ressaltado por se inserir nas discussões naquele então em curso relativas ao Concílio Vaticano II, em que a Igreja se voltava para uma revisão de suas posições, assim como se abria a uma outra abordagem eclesiástica a propósito de uma teologia voltada para os pobres e socialmente desfavorecidos, dando razão às posições de Peterson e não às suas. Ademais, Barion era um acerbo crítico dos posicionamentos do Concílio, tendo sido companheiro de Schmitt em sua adesão ao nazismo em 1933, enquanto Peterson assumiu uma atitude antinazista, evitando a identificação teológica com a Liderança do Führer, tão cara aos seus dois contendores. Ou seja, tratava-se de um acerto de contas de dois nazistas contra aquele que os tinha confrontado, já morto. As discussões teológicas a propósito de Orígenes, Eusébio de Cesareia e o Imperador Constantino, por exemplo, se dão sobre este pano de fundo, sendo, na verdade, a ocasião de um "entretenimento" teológico, visando a encobrir o que estava em questão. Atribuir tal polêmica ao "conservadorismo" de Schmitt ou a suas supostas formulações hobbesianas é uma falsa colocação do problema, pois não era ele um pensador da ordem, mas da desordem mesma produzida pelo Estado nazista.

Ressalte-se, ademais, que se fosse para seguir a Igreja, como bom conservador do ponto de vista religioso, deveria ele ter seguido o posicionamento inequívoco, em sua oposição a Hitler, do então papa Pio XI. Tampouco menciona ele o neopaganismo assumido por Hitler e Himmler, questão profusamente discutida e analisada naqueles anos e posteriormente, em particular nos meios católicos franceses. Note-se que, em seu texto crítico de Peterson, ele faz alusão à Concordata assinada por Mussolini e a Igreja, frisando o apoio público obtido, não se referindo à alemã, igualmente assinada, porém logo a seguir descumprida por Hitler.[26] Assinale-se, ainda, em sua referência a esse úl-

---

[26] Cf., o ilustrativo panorama traçado por José Luis Villacañas em seu Epílogo à tradução espanhola.

timo, que ele o faz sempre em terceira pessoa, de uma forma supostamente imparcial, da mesma maneira que na Alemanha dos anos 60/70 do século passado não mais podia dar vazão aos seus sentimentos antissemitas, guardando-os para o seu diário, e mencionando igualmente os judeus em terceira pessoa, como se neutro fosse.

Para Schmitt, em sua imersão teológico-política, o ato do Estado em uma situação limite, como o de criação de uma ordem estatal ou o de evitar que a ordem estatal existente se decomponha, seria um ato de natureza ilimitada, que foge das regras e normas constitucionais existentes. Sob esta ótica, ele é percebido como um ato irracional, por escapar precisamente dos parâmetros da racionalidade presente. O decisionismo estatal seria milagroso por suspender a Constituição, o Estado de direito, por ter sua justificação apenas em si mesmo, por ser a potência absoluta que nada pode circunscrever. Ocorre, contudo, que a intervenção divina, ao suspender as regras e leis existentes, não pode querer o mal, o que seria evidentemente uma contradição em relação a um ser concebido igualmente enquanto sumamente bom, o que não seria o caso da concepção schmittiana do Estado, segundo a qual pode esse querer o mal pelo mal se ele considerá-lo essencial por aquilo que entender necessário à sua própria conservação, algo posto em prática pelo Estado nazista sob a forma de eliminação do inimigo real e/ou imaginário. Uma coisa é a concepção católica conservadora do Poder político, outra muito diferente é o conceito schmittiano de Estado baseado na suspensão das leis morais. Mais precisamente, Carl Schmitt apregoava sua teologia política, secularizada à sua maneira, como algo necessário para o soerguimento da Alemanha, pois estaria baseada, precisamente, no decisionismo político, só que, agora, sob uma forma neopagã, que teria superado a suposta fraqueza dos valores oriundos da tradição judaico-cristã, "fraqueza" essa que marcava o pensamento alemão em sua vertente nietzschiana.²⁷ A narrativa teológico-política é a da nação enquanto valor supremo e a de Hitler como sendo a sua encarnação, como se fosse ele o novo Salvador, o novo Redentor do povo alemão. Tudo o que ele tocava e transformava era tido, então, por algo dogmático, exigindo apenas a obediência incondicionada, por mais cruéis que fossem as suas diretivas.²⁸

Já nos anos 20, quando Hitler fazia suas arengas políticas nas cervejarias de Munique, o ambiente de seus encontros mais se parecia à efervescência religiosa, do que a uma reunião política normal. A adesão suscitada era a de um pregador religioso, quando, depois da qualificação ardente do inimigo a ser combatido, surgiam as palavras de ordem de vontade, sacrifício e luta. A plateia delirava.²⁹ O nazismo se caracterizava pelo fervor religioso, travestido de luta política. Os discursos de Hitler ganhavam a dimensão, o tom e a ênfase de uma prédica, aparecendo *Minha luta* como a nova Bíblia. Nesta perspectiva, Goebbels fazia funcionar a nova máquina de propaganda, tendo o rádio como um dos seus motores, sob o modelo da religiosidade, sendo as massas manipuladas e deformadas em seu pensamento e sentimentos, onde, então, se anunciava a vinda, já presente, do novo Salvador, do novo Redentor do povo alemão, algo que perpassava não somente pessoas incultas, mas também educadas, inclusive professores universitários.³⁰

A propósito da expressão "Reich", essa é significativa da confluência entre o religioso e o político. A sua ideia atingia tanto pessoas de religiosidade comum, quanto cristãos de alta cultura, que tinham sido educados nesta tradição. "O nazismo

---

[27] Nietzsche, Friedrich. *Ecce Homo*. Tradução, introdução, notas e índice Eric Blondel. Paris, GF-Flammarion, 1992.
[28] Loewenstein, op. cit., p. 168.
[29] Kershaw, Ian. *Hitler*, p. 150.
[30] Klemperer, Victor. *LTI. A linguagem do Terceiro Reich*. Tradução, apresentação e notas de Miriam Bettina Paulina Oelsner. Rio de Janeiro: Contraponto, 2009, p. 80 e p. 188-92.

foi aceito como evangelho por milhões de pessoas porque ele usou a linguagem do Evangelho".[31] O "Reich" não tinha apenas uma acepção histórico-geográfica, mas ganhava uma dimensão transcendente e espiritual, abarcando o aqui e agora e o além, configurando, sobretudo, uma adesão a valores religiosos e espirituais. Sua origem remontaria ao Sacro Império Romano-Germânico, em sua significação propriamente cristã, referindo-se a um poder teológico determinado e, ao mesmo tempo, postulando o anseio de um outro Reich por vir que levaria o primeiro, através do segundo, à sua perfeição ou completude. Se o primeiro era santificado, na figura do Kaiser, com mais razão o terceiro, na figura do Führer, que levaria essa ideia, na verdade uma concepção de mundo, a uma sacralização ainda maior, na realização de uma "Grande Alemanha", à qual corresponderia, inclusive, a ideia nazista de "Lebensraum", o necessário espaço vital de tal ideia espiritual e religiosa. Note-se que não se trata do Estado alemão, configurando um território geográfico determinado, mas um Reich que se expande para outros Estados e nações que aí estariam contidos. Simbolicamente, Berlin posiciona-se em linha de continuidade em relação à Roma, porém, por outro lado, a substitui. Hitler apresenta-se, então, como a Divina Providência do povo alemão,[32] subvertendo os pilares mesmos do cristianismo.

A noção de inimigo comporta a noção igualmente válida, desde a perspectiva schmittiana, de inimigo imaginário, aquele que é simplesmente designado enquanto tal pelo Führer, considerado enquanto poder soberano, capaz, portanto, de tomar as decisões em última instância. "Soberano é quem decide sobre o estado de exceção".[33] Soberano é, portanto, aquele que decide em última instância, tendo como contexto histórico-político e conceitual uma situação limite concernente ao que conside-

---

[31] Kershaw, op. cit., p. 197.
[32] Ibid., p. 190-7.
[33] Schmitt. *Teología política*, op. cit., p. 13.

ra, segundo critérios próprios, a existência mesma do Estado. Isto significa que, no caso da situação limite, o soberano tem o poder de decisão sobre a derrogação da Constituição ou sobre uma aplicação parcial sua. Ou seja, o soberano não é juridicamente vinculado, sua escolha sendo essencialmente política, pois a questão de fundo não é a da obediência ou não à lei, mas a da existência mesma do Estado, sua própria conservação. A decisão política, nesta perspectiva, torna-se uma questão propriamente existencial, relativa ao ser mesmo do Estado. Schmitt utiliza uma pertinente formulação: para criar direito não necessita ter direito,[34] ou ainda, segundo Hegel, o direito dos heróis na fundação do Estado, ou o ato de fundação do Estado segundo Hobbes, que não são, por definição, atos jurídicos, mas essencialmente políticos, baseados na força dos que conseguem impor uma ordem estatal.

Aquele que decide é o soberano, algo que se mostra particularmente presente em situações limites, como aquela em que um Estado, na avaliação de seu líder máximo, encontra-se em uma situação de risco, de perigo, de desintegração. Eis o que teria ocorrido no nazismo, quando Hitler contrapõe a comunidade dos arianos à comunidade dos judeus que a estaria supostamente ameaçando. Evidentemente, os judeus não constituíam realmente uma ameaça por representarem pouco mais de 1% da população, não serem organizados nem muito menos armados! Uma comunidade desprotegida e internamente fraturada. No entanto, a ideologia nazista, aquela que dava forma à percepção dos seus líderes e adeptos, os representava como uma "comunidade de sangue e solo", representação essa que equivaleria a uma mistura de noções biológica e metafísica, o que queria dizer que nada significava, salvo no seu uso político.[35] Logo, esta comunidade racial estaria em uma espécie de contradição com a comunidade racial alemã,

---

[34] Ibid., p. 18.
[35] Loewenstein, op. cit., p. 100.

não podendo, por via de consequência, habitar o mesmo solo, porque o contaminaria.

O Estado nazista opera, a partir da distinção amigo/inimigo, segundo a lógica política do movimento perpétuo, movendo-se constantemente pela busca e eliminação do inimigo, real ou imaginário. Ou melhor, fazendo do inimigo imaginário, como os judeus, um inimigo real a ser eliminado. Seria a atividade pela pura atividade, o movimento pelo puro movimento, evacuando a política de qualquer conteúdo propriamente dito, passando a ser regida pelo "inimigo existencial". A política passa a ser vista como uma espécie de luta à morte, em uma confrontação perpétua, passando todas as outras considerações a exercerem um papel meramente secundário. A política, nesta acepção, não poderia existir sem a presença do inimigo, independentemente de quem o seja. O imaginário logo se torna real. O caminho está aberto para o Estado do arbítrio e da violência, o que designará aquele que será tido por inimigo, a lei – se é que se pode utilizar ainda este termo – tornando-se uma mera instrumentalização, uma simples formalização, dos propósitos e condições desta espécie de existencialização da política, considerada na perspectiva da guerra e da morte.

A ideologia nazista estava assentada na distinção amigo/inimigo, vindo os judeus a assumir o "necessário" papel daquele a ser eliminado. "Necessário" evidentemente segundo uma concepção cujos aspectos religiosos, os de uma "salvação" e "redenção" do povo alemão através de seu Führer/Messias, exigiam uma contraposição daqueles que se situariam, realmente ou imaginariamente, como o seu contrário, a sua oposição excludente. A alma racial e o "povo" (*Volk*) permaneceriam uma abstração, uma noção vaga, não fosse concretizado pelo seu inimigo, pelo seu oposto, que o determinaria assim negativamente. Era necessário um "antipovo", uma "anti(outra)rraça", a encarnação própria do inimigo a ser eliminado. O judeu personificaria o "mal", a "impureza", em termos religiosos o "Diabo". Se o judeu não existisse, seria necessário inventá-lo.³⁶ Eis por que até 1944 disposições jurídicas eram tomadas contra os judeus, quando o seu número já tinha sido substancialmente reduzido e a "Solução Final" estava em curso. O "judeu" é uma necessidade lógica da concepção nazista do mundo.

A crise histórico-espiritual da democracia parlamentar

O texto de Carl Schmitt, usualmente e incorretamente traduzido como *Crise da democracia parlamentar*,³⁷ é uma tentativa sua de pensar os problemas de sua época, em uma perspectiva já clara neste então, 1923, de abrir espaço político e teórico para soluções de tipo autoritário. Sua veemente crítica da democracia parlamentar é o reverso de sua convicção já consolidada, desde aquele momento, de que esse regime político, na Alemanha e no mundo, encontrava-se em seu estertor. Se porventura ele apresenta uma apreciação que se quer neutra ou científica, um olhar minimamente atento mostra o quanto seus juízos de valor antidemocráticos encontram-se particularmente presentes.

O título em alemão é: *Die geistesgeschichtliche Lage des heutigen Parlamentarismus*. A tradução literal seria: *A situação histórico-espiritual do parlamentarismo atual*. Se bem possamos aqui fazer a concessão de que a versão inglesa atende melhor ao interesse dos leitores destes países, ou de outros que a esses

---

[36] Poliakov, Léon. *Bréviaire de la haine*. Paris: Editions Complexe, 1986, p. 3-5. *Cf.* também Sartre, Jean Paul. *Réflexions sur la question juive*. Paris: Gallimard/Folio, 2019, p. 15.

[37] Carl Schmitt. *The Crisis of Parliamentary Democracy*. Cambridge: MIT Press Paperback Edition, 1988. Para uma semelhante abordagem de crítica ao parlamentarismo, de afirmação do nacionalismo e de posições antissemitas na França, país cuja tradição intelectual desperta a admiração de Schmitt, cf. Sternhell, Zeev. *La droite révolutionnaire. Les origines françaises du facisme*. Paris: Fayard, 2000. Sherratt, Yvonne. *Hitlers Philosophers*. New Haven e Londres, Yale University Press, 2013, p. 92-104.

se identifiquem, convém fazer aqui algumas observações: 1) a palavra *Lage* significa tanto situação quanto condição, podendo, mesmo, significar posição. A palavra crise não aparece no título em alemão, sendo apenas uma concessão de tradução. A crise é um conceito que se deduz da leitura do texto, centrado, principalmente, em ressaltar a análise da situação/condição atual do parlamentarismo, com referência central ao cenário alemão, embora Schmitt se refira também a outras nações. Seu foco reside na posição atual da Alemanha diante dos problemas agudos de suas instituições; 2) o adjetivo *geistesgeschichtliche* significa a situação *histórico-espiritual*, em seu contexto propriamente germânico. Não se trata de uma mera situação institucional – embora também esteja incluída –, mas espiritual no sentido alemão do termo, ou seja, envolve o Espírito, conceito que engloba cultura, civilização, instituições, leis, filosofia, religião, artes e costumes. A crise, para empregar este termo, significaria uma crise civilizatória, cultural, que atingiria todas as instituições, a consciência e o pensamento que um povo tem de si. Não se pode, então, consertar uma instituição, se este "conserto" não vier acompanhado de uma regeneração cultural, espiritual e civilizatória, algo que será precisamente a tentativa nazista, com seu rompimento em relação ao que se considerava como sendo a "humanidade" em suas acepções morais, religiosas, artísticas e filosóficas. O desprezo da democracia representativa e do liberalismo em geral é tão só uma de suas manifestações; 3) o termo histórico, acoplado ao de espiritual, vem a expor que se trata de todo um processo que não nasceu na Alemanha de então, mas possui profundas raízes anteriores, oriundas de um passado que revolucionou o conceito mesmo de teológico-político, no que esse termo veicula de potência, absoluto e decisão ilimitada. Isto é, a Alemanha teria chegado a esta situação enquanto produto de um longo processo histórico em que se fizeram presentes várias condições "espirituais".

Um dos pontos centrais da crítica de Schmitt ao parlamentarismo consistia em que ele estaria baseado na discussão dos parlamentares e na abertura às opiniões divergentes, podendo ter como resultado um consenso por assim dizer dialógico. Estaria igualmente baseado nas discussões que ocorrem na opinião pública, com o primado do racional, como se esse pudesse se impor sobre os elementos emotivos e irracionais. Ocorre que a definição que serve de fundamento para sua crítica ao parlamentarismo provém de uma concepção digamos clássica do liberalismo político, como se ela ali se esgotasse. Diria, mesmo, que ele parte de uma certa concepção idealizada do parlamentarismo – que ele distingue da democracia, por ser naquele então, e também hoje, uma democracia de massas que agem segundo os mais diferentes fatores, dentre os quais os racionais não prevalecem –, não levando em consideração outras definições possíveis, como o regramento dos conflitos pelo atendimento a interesses divergentes senão contraditórios, o dizer não à generalização da violência como ela ocorre em situações revolucionárias. Ou seja, a democracia pode ser igualmente definida como um regramento e atendimento dos interesses particulares que preservem as formas do bem público, sem que isto signifique, como implicado por Schmitt, uma degeneração do conceito de democracia parlamentar. Não se trataria, então, de decadência da democracia, mas de como ela se organiza, nas condições do mundo moderno, em grandes Estados de estruturas sociais e econômicas complexas.

Se a concepção democrática de Atenas pressupunha o homem ateniense, que cultivava hábitos racionais, comparecendo no Ágora, ela tinha também enquanto condições um mundo socioeconômico extremamente simples, a sua pequena dimensão onde todos se conheciam, a exclusão das mulheres e dos escravos, o que significava a exclusão do mundo do trabalho. Ou seja, o mundo do trabalho situava-se fora da esfera pública, política, não interferindo nesta, algo, portanto, muito diferente do que acontecia no mundo vivenciado por Schmitt na Alemanha. Os conflitos no mundo do trabalho e sua relevância política são particularmente presentes no mundo europeu e, principalmente, no mundo alemão da época, visto a influência dos partidos comunistas, social-democratas e fascistas (a denominação é dele). O mundo de então estava constantemente confrontado à questão da revolução, à destruição das instituições existentes – via bolchevismo e, posteriormente, nazismo. Entrava também em pauta outros princípios "histórico-espirituais", contribuindo, sobremaneira, para crises culturais, filosóficas, religiosas, políticas e institucionais.

A questão que pode ser colocada é a da possibilidade de regramento democrático-representativo enquanto forma de evitar a revolução e a violência generalizada, algo que foi empreendido poucas épocas depois, na Europa do pós-guerra, e especificamente na Alemanha. A democracia, neste sentido, poderia ser igualmente caracterizada enquanto uma forma institucional de dizer não aos horrores da guerra e da violência, produzidas pelo nazismo. Por último, a democracia pode igualmente ser compreendida como uma forma de conter pela racionalidade das instituições as emoções e a irracionalidade das massas democráticas, sem acreditar, porém, que isto signifique a predominância da "discussão e da abertura".[38]

Em sua análise histórica do que considera como democracia, Schmitt centra-se no fato de que o parlamento tenha se tornado um lugar de tráfico de influências em que operam os mais diferentes tipos de comércio, dando, portanto, lugar a que a elite política se torne uma elite corrupta. Transparece em várias de suas análises um juízo de valor, moral, sobre as elites políticas parlamentares, tendo como parâmetro sua concepção principista, idealizada, da democracia parlamentar. Curioso que este mesmo tipo de juízo moral não ocorra em sua adesão ao na-

---

[38] Ibid., p. 3.

zismo, cuja "elite", inculta, muitos provenientes da ralé que ingressava no partido nazista e veio a fazer parte da estrutura do Estado e, em particular, da Gestapo, não o tenha incomodado particularmente. Há uma crítica principista à democracia e uma adesão a uma elite política moralmente desprezível e inumana, caracterizada pelo uso sistemático da violência e da desordem. Ademais, o regime nazista veio a ser identificado a um regime político da irrazão, abandonando precisamente os parâmetros da racionalidade ocidental, considerados como decadentes, "judaico-cristãos".

A crítica schmittiana da democracia liberal está endereçada ao individualismo no qual está assentada. Na verdade, segundo ele, ela se distinguiria de outro conceito de democracia, o que estaria assentado na homogeneidade de seus cidadãos, excluindo, por exemplo, imigrantes, estrangeiros, pessoas de outras etnias e religiões. Ou seja, ele visa à sociedade digamos burguesa para abreviar, por estar ela ancorada em uma concepção do indivíduo como interessado, desejante, tendo abandonado as formas culturais baseadas no conceito de comunidade, por exemplo, de religião, de etnia, de atividade profissional. Uma vez que o individualismo prevaleça, ganharia a cena econômica, social e política o indivíduo voltado para o seu prazer, para o egoísmo, para a desconsideração do outro por não atender aos seus interesses imediatos. A visão de Schmitt, em 1923, é a de um aristocrata cuja concepção é comunitarista, no seu caso ainda embasada na religião católica, vendo e observando com aversão o individualismo moderno. Um mundo sem a concepção da honra medieval.

Schmitt ressalta em vários momentos que seu conceito de democracia pressupõe uma homogeneidade dos que dela participam, traduzindo-se por uma identidade entre governantes e governados. Acontece que este processo identificatório prescinde, por exemplo, de eleições e do sufrágio universal tido por forma política do individualismo, podendo realizar-se através de processos de massa aclamatórios, como as manifestações do bolchevismo, do fascismo e, alguns poucos anos depois, do nazismo. Ou seja, estes regimes políticos ditatoriais seriam certamente antiliberais, porém não necessariamente antidemocráticos.[39] Logo, um regime democrático – de caráter ilimitado – poderia simplesmente rechaçar a Constituição existente por não se adequar essa à sua "vontade geral" assim entendida naquele momento, as massas podendo impor-se por si mesmas, independentemente de uma elite "corrupta". O caminho está aberto para as "democracias" cesaristas e plebiscitárias.

A DISTINÇÃO AMIGO/INIMIGO

Já em *O conceito do político*,[40] considerada uma de suas obras mais importantes, elabora Schmitt mais claramente sua concepção do político, cujo critério central consiste na distinção entre amigo e inimigo. Note-se, preliminarmente, que este texto não é propriamente um livro, mas um opúsculo, visando a formar a opinião pública, tendo a pretensão de ter uma incidência direta na vida política. Seu objetivo consiste em influenciar e participar das disputas políticas e, mesmo, partidárias, contribuindo para fazer avançar uma certa causa, que se fará imediatamente presente em sua adesão ao partido nazista em 1933. Ou seja, um opúsculo, por definição, é um texto de combate, de luta por ideias, que procura inserir-se no contexto mais amplo da luta política de seu tempo. Não há aqui nenhuma novidade. A história das ideias e da política oferece bons exemplos de textos deste tipo, cujo impacto até hoje se faz sentir: "O que é o Terceiro

---

[39] Ibid., p. 16.
[40] Carl Schmitt. *The Concept of the Political*. Tradução e Introdução de George Schwab. Prefácio de Tracy B. Strong e notas de Leo Strauss. The University of Chicago Press, 2007. *Der Begriff des Politischen*. Berlim: Duncker & Humblot, 1979. *La notion de politique. Théori du partisan*. Prefácio de Julien Freund. Paris: Calmann-Lévy, 1972.

Estado?", do Abade Sièyes (Revolução Francesa); "Senso Comum", de Thomas Paine (Revolução Americana); "Manifesto Comunista", de Marx e Engels (Comunismo mundial). Logo, estrito senso, o opúsculo de Carl Schmitt não deve ser lido sob um enfoque estritamente acadêmico, estando ele inserido nos combates que levaram à derrocada da República de Weimar, à liquidação da oposição comunista e social-democrata, pavimentando a via para a ascensão e a consolidação do nazismo.

A frase inaugural de *O conceito do político* já bem demonstra o seu desdobramento ao afirmar que "O conceito do Estado pressupõe o conceito do político".[41] O campo é da seguinte forma delimitado: os conceitos de Estado e Político não são identificáveis, embora historicamente possam em vários momentos ter coincidido. Segundo as circunstâncias, ele pode tanto operar na esfera social quanto estatal. O conceito de político aparece, então, como mais abrangente do que o de Estado, na medida em que é, precisamente, pressuposto. Consequentemente, para se compreender o conceito de Estado, assim como suas várias formas históricas de manifestação, é imprescindível um esclarecimento preliminar do conceito mesmo do político. Note-se, ainda, que Schmitt não está tratando das formas empíricas do Estado nem da política, mas dos seus conceitos respectivos, embora cada um deles vá encontrar suas diferentes formas históricas de aparecimento.

A propósito desta frase inicial, Leo Strauss, ao ponderar a precedência do político em relação ao Estado, questiona precisamente a sua validade universal por ser ela, na verdade, não uma verdade eterna, mas tão somente presente, concernente a essa época precisa de redação de *O conceito do político*.[42] Ou seja, esta distinção seria particularmente apropriada a uma sociedade que está vivendo a crise do Estado, uma Alemanha com desempre-

---

[41] Ibid., edição alemã: p. 20; inglesa: p. 19; francesa: p. 59, doravante designada pela primeira letra.
[42] Strauss, Leo. *Notes on Schmitt*, p. 99.

go, inflação elevada e amplas utilizações do artigo 48 relativas a estados de exceção, com o presidente arrogando-se poderes ditatoriais. O caso de exceção, que tão importante papel preenche na filosofia política de Schmitt, seria precisamente isto, a saber, uma exceção, como quando um Estado está em rota rumo a graves conflitos internos, podendo irromper a desordem pública generalizada e, em caso extremo, a guerra civil. Seria uma condição específica de um Estado em dissolução, exigindo, portanto, um tipo de decisão específica, visando a que essa dissolução não se efetive. Neste sentido, a dissociação entre o político e o Estado teria validade limitada, particular, concernente a este tipo de situação específica. Não seria o conceito universal do político.

O mesmo argumento valeria para a crítica schmittiana do liberalismo em seu entendimento da política, na medida em que o seu próprio conceito do político seria tributário do modo que a sua época assimila conceitos clássicos desta formulação.[43] Aliás, quando se refere a autores clássicos, ele não tem em vista os autores clássicos da economia política, os que estudaram as leis do mercado, suas regularidades e processos, mas filósofos ou pensadores políticos tais como Locke, Guizot e Benjamin Constant. Ou seja, ele utiliza uma concepção genérica de liberalismo político que serve a seus propósitos específicos de elaboração de seu próprio conceito de político, tendo uma visão extremamente simplista de como funciona uma economia de mercado. Para ele, ela seria tributária de um decisionismo político que lhe conferiria suas regras próprias, mormente emanadas de uma economia de guerra, determinada por aquele que detém o Poder estatal. Neste sentido, também sua crítica do liberalismo seria historicamente datada, determinada pelo que ele entende como a crise do parlamentarismo de tipo liberal. Isto é, a significação do conceito schmittiano de política seria tributária de seu conceito – limitado historicamente – de liberalismo.

---

[43] Ibid., p. 100.

Schmitt apresenta a distinção entre amigo e inimigo enquanto critério fundamental para que este campo da ação humana seja descortinado e entendido. Segundo ele, não se chega à definição própria do político, à sua "determinação conceitual" (*Begriffsbestimmung*),[44] sem que se estabeleça uma distinção que nos dê acesso à realidade. Da mesma maneira que o domínio moral tem o seu critério próprio (bem e mal), o estético (belo e feio), o econômico (o rentável e o não rentável), o domínio da política deveria ter o seu. Não se trata, evidentemente, de separar áreas próprias da realidade que existiriam isoladamente, mas de destacar na ação humana um critério específico. Estamos, portanto, falando da ação humana segundo diferentes formas de abordagem, cada uma delas originando um tipo de agir diverso, conforme o seu próprio critério. Pode frequentemente ocorrer que uma mesma ação esteja submetida a dois critérios diferentes, como acontece, por exemplo, no caso dos juízos políticos e morais em correlações específicas.

Neste sentido, as categorias mais empregadas por Schmitt, neste contexto, são as de "critério" (*Kriterium*) e de distinção (*Unterscheidung*),[45] que nos forneceriam uma forma de abordagem da realidade, que, na sua ausência, ficaria confusa ou escondida. Trata-se de elaborar instrumentos metodológicos de abordagem do real, permitindo eles delinear, por outro lado, formas de ação específicas, que incidiriam sobre a própria realidade. Ou seja, o instrumento metodológico daria a possibilidade de distinguir na ação seus modos de operação e, simultaneamente, forneceria orientações para essa mesma ação conforme as formas históricas existentes. A distinção amigo/inimigo seria, assim, uma forma de distinguir a ação política de outras formas de ação e, ao mesmo tempo, serviria como seu guia, sobretudo determinando o inimigo particular tanto nas relações internas do Estado quanto em sua relação com outros Estados, na política externa.

---

[44] Schmitt, op. cit., a: p. 26; i: p. 25; f: p. 65.
[45] Ibid., a: p. 26; i: p. 25; f: p. 65.

O critério de distinção amigo/inimigo é uma regra de ação, uma máxima a orientar o comportamento político. Schmitt afirma que a guerra não é o objetivo e a finalidade da ação, mas é a sua própria pressuposição na medida em que é a partir dessa distinção mesma que se estrutura precisamente o comportamento político em sua ação e em seu pensamento.[46] A ação política estrutura-se internamente pela guerra, pelo embate incessante, pelo emprego da violência. Logo, a distinção amigo/inimigo faz com que os grupos ou as unidades políticas se agrupem ou se dissociem em função de uma máxima assim assumida como devendo orientá-los. Ou ainda, o conceito de guerra é interior ao conceito de ação, não lhe sendo algo externo.

Devemos aqui pensar no conceito de lei natural segundo a formulação hobbesiana no *De Cive*. A lei natural, ao descrever como opera a ação humana no que ele denomina de estado de natureza, permitindo conhecê-la, é, também, uma máxima da ação, o homem orientando-se por essa, seja ela ou não de seu conhecimento. Se conhecê-la, poderá extrair dela os seus benefícios, ganhando com isto em sua união/desunião com os outros homens. Schmitt tem, então, uma dupla pretensão. De um lado, ele tem a pretensão científica de descrever a realidade mediante uma nova distinção conceitual por ele elaborada, tal como um físico ou químico operaria. De outro lado, ele fornece uma norma de condução da ação segundo critérios que serão concretizados em contextos históricos específicos. Isto é, os homens ao agirem conscientemente segundo esta distinção vão guiar a sua luta política, visando à destruição ou à dominação daquele que será avaliado como sendo o seu inimigo.

Note-se, embora Schmitt não aprofunde este ponto, que o inimigo pode ser uma outra comunidade externa, do tipo da luta contra a França e a Inglaterra, quanto um inimigo interno, a oposição dos comunistas ou social-democratas, ou um inimi-

---

[46] Ibid., a: p. 34; i: p. 34; f: p. 74.

go imaginário como os judeus, identificados ao bolchevismo e ao judaísmo internacional enquanto fazendo parte de uma conspiração internacional. Não haveria, por exemplo, por que considerar os judeus enquanto inimigos da mesma maneira que se considera outras potências da época. A ação política pode perfeitamente orientar-se segundo determinações fictícias do inimigo, sempre e quando sirva a seus propósitos, entre outros, o de mobilização das massas e de oferecimento a essas de um inimigo comum, não importa se suposto ou real.

Tanto este problema é real que o próprio Schmitt compartilhava o antissemitismo nazista, tendo escrito, por exemplo, um livro sobre Hobbes repleto de inventivas antissemitas, em uma amostra de quão elástico é o critério de determinação do inimigo.[47] Foi um entusiasta das Leis Raciais de Nuremberg em 1935, celebradas como uma "Constituição da liberdade",[48] ou seja, a liberdade significa a antessala da eliminação do outro por intermédio de leis raciais que o consideram como um inimigo a ser aniquilado. Chegou a defender igualmente o banimento de livros de juristas judeus das livrarias alemãs. Note-se que tinha uma aversão especial para com os judeus assimilados, aqueles que seriam, em sua visão, mais capazes de destruir a cultura alemã desde dentro. No momento em que Kelsen era perseguido

---

[47] Entre 1933 e 36, Schmitt publicou 47 artigos populares e acadêmicos defendendo e legitimando o nazismo. Em 1933, por exemplo, elogiou a expulsão de Einstein da Alemanha, negando que ele tenha jamais pertencido ao povo e ao espírito alemão. Jens Meierhenrich e Oliver Simons. "A Fanatic of Order in an Epoch of Confusing Turmoil". In: *The Oxford Handbook of Carl Schmitt*. Editado por Jens Meierhenrich e Oliver Simons. Oxford University Press, 2019, p. 8. Sobre o perfilamento de Schmitt à política cultural, científica e religiosa do nazismo. Cf. Friedländer, Saul. *A Alemanha nazista e os judeus. Os anos da perseguição, 1933-9*. Volume 1. São Paulo: Perspectiva, 2012. O autor assinala também que a adesão de Schmitt ao nazismo chegou a ser mais ostensiva do que a de Heidegger; p. 92-3; p. 257-8.

[48] Gross, Raphael. "The 'True Enemy' Antisemitism in Carl Schmitt's Life and Work". In: *The Oxford Handbook of Carl Schmitt*. Editado por Jens Meierhenrich e Oliver Simons. Oxford University Press, 2019, p. 97.

em 1933, ele não lhe prestou nenhum apoio, algo que estava, então, ao seu alcance. Isto é, com a pretensão científica da descrição, Schmitt oferece uma máxima da ação que se desdobrará em uma política propriamente dita, baseada na aniquilação ou na dominação do outro a partir de "critérios" arbitrariamente estabelecidos. Vale o que qualquer grupo ou comunidade considerar enquanto inimigo, absorvendo o outro nesta definição mais abrangente. O critério apresentado enquanto científico, descritivo, se transmuta em uma máxima da ação política que se concretiza em distintos "critérios" políticos particulares, subjetivos e valorativos.

Neste sentido não tem o menor cabimento a atitude de tolerância de Hannah Arendt, ou melhor, de complacência, em relação a posições nazistas de Heidegger, terminando por ampliá-la a toda a elite cultural alemã e, por via de consequência, a Carl Schmitt, em trajetórias em muito coincidentes, apesar de esse último ter se exposto mais publicamente. Tal complacência se traduz, segundo ela, por uma apreciação "justa" ao tratá-los como "desesperados".[49] Ora, estes dois pensadores aderiram voluntariamente ao nazismo, com regozijo, tendo se tornado entusiastas de Hitler, pondo-se a serviço dele. Seriam, em todo caso, "felizes desesperados". Apartaram-se de seus amigos judeus e não nazistas por apego à causa, usufruindo do poder que lhes foi outorgado. Ao se afastarem de Hitler não o fizeram por nenhum razão moral ou filosófica, mas por intrigas e perda de poder e prestígio. Foi com extrema satisfação que se tornaram "servos" do novo "senhor", do novo "soberano". Aliás, ambos ingressam no mesmo dia ao partido, 1º de maio, Dia do Trabalho, data fixada por Hitler como festa nacional, um em Freiburg, outro em Colônia. De forma mais geral, a elite "cultural" aderiu maciçamente ao nazismo, nada os tendo obrigado ou forçado a tomar tal posição.[50]

---

[49] Rüthers, op. cit., p. 38.
[50] Ibid., p. 38-44; p. 67-79.

Frequentemente, para demonstrar o bem fundado de sua tese, Schmitt recorre ao conceito de inimigo externo, particularmente presente na guerra entre Estados, algo comum, por assim dizer, no transcurso dos séculos XIX e XX. Ou seja, estamos diante de uma noção de inimigo mais facilmente identificável ao ponto de vista empírico, sobretudo a partir da perspectiva nacionalista dominante em sua época. A partir de suas posições, fica mais visível, por assim dizer, a identificação externa do inimigo, aquele com quem se entra em guerra potencial e, logo, efetiva. Acontece que estamos frente a uma noção de inimigo oriunda da política externa, o que equivale a dizer que não se trataria do conceito universal do político, mas do conceito particular do político na perspectiva das relações internacionais.

Contudo, Schmitt dá o passo seguinte, qual seja, o de transplantar o conceito particular do político vigente nas relações externas para o palco interno, visando, assim, a lhe conferir universalidade. A acepção da guerra externa seria transferida para a interna, passando, então, a orientar as ações dos contendores políticos. Se o arbítrio da ação externa é limitado, mesmo controlado, pelas discussões internas a um Estado ou pela força real ou virtual do oponente, colocando em pauta diferentes visões estratégicas, tanto do ponto de vista diplomático quanto militar, ele adquire uma feição ilimitada, podendo fugir de qualquer controle na identificação interna do inimigo. Se o inimigo é bem real na identificação externa, ele pode ser bem fictício na interna, tão somente servindo à consolidação daquele que detém o Poder. Na linguagem schmittiana: no interior mesmo do Estado cabe a ele decidir, enquanto unidade política organizada, fazer por si mesmo a distinção amigo/inimigo e agir conformemente – e diria arbitrariamente – a ela.[51]

E no que concerne à guerra civil, ela é compreendida como um combate interno a uma unidade organizada, por mais que

---

[51] Schmitt, op. cit., a: p. 30; i: p. 29-30; f: p. 70.

dependa, bem entendido, daquele que decida determinar qual coletividade entra em sua definição, embasando a sua decisão. Logo, o inimigo interno deve ele também ser visto e percebido como uma coletividade de homens a ser abatida em um sentido propriamente existencial, ou seja, ser morta tal como ocorre em uma guerra externa. O conceito do político estaria, então, no fundamento de tal formulação. Não se trata de mera competição ou rivalidade, mas de combate à morte, devendo resultar na supressão do oponente, compreendido enquanto inimigo. Trata-se, Schmitt reitera, da morte física do outro, a sua eliminação. A guerra é a negação existencial do inimigo. Eis o próprio sentido da palavra "inimigo".[52]

Schmitt retoma do conceito de guerra em política externa a distinção e os critérios que lhe permitem definir a política enquanto tal, a saber, a possibilidade e a atualidade de dispor da vida de seus membros. É a dimensão propriamente existencial da guerra, passando a valer para o conceito mesmo do político. O Estado, na política externa, determina quem é o inimigo e toma, a partir desta definição, a decisão de recorrer aos meios necessários para a sua eliminação, fazendo com que os seus membros ponham a sua própria existência em risco. O mesmo vale para as relações internas em situações de crise, quando cabe a ele determinar quem é o seu inimigo doméstico. Logo, decidirá dos meios para a liquidação de seu inimigo interno, perpetrando sobre eles a morte violenta.[53]

A decisão militar, relativa à guerra, é um caso particularmente relevante de decisão, porque nela desaparece a noção política do adversário, daquele que concorre institucionalmente pelo Poder, segundo regras estabelecidas conjuntamente ou sendo dadas pela tradição de um país, sendo, então, substituída pela noção do inimigo a ser combatido e eliminado. No primeiro

---

[52] Ibid., a: p. 33; i: p. 33; f: p. 73.
[53] Ibid., a: p. 46; i: p. 46; f: p. 87-8.

caso, relativo à noção institucional do político, a do adversário, a morte não faz parte do contexto da luta, não sendo mesmo uma condição sua. No segundo caso, pelo contrário, a morte faz parte do próprio combate, adquirindo uma significação propriamente existencial. Soldados são mortos na luta, enquanto um país vencido pode igualmente desaparecer em sua independência: seria a sua morte política. A guerra coloca em foco uma luta de tipo existencial, o que não é o caso da luta política em um contexto institucional. Ou seja, a luta política institucional e a luta própria da guerra operam com duas noções distintas de existência: a) a primeira tem a existência dos atores enquanto uma condição mesma de sua disputa, partindo-se do reconhecimento de que possuem todos eles aspirações legítimas ao exercício do Poder, isto é, a luta política não é uma luta propriamente existencial, não incorrendo em seus desdobramentos a introdução da morte enquanto alvo de uma luta que se torna um combate pela existência; b) a segunda, pelo contrário, tem na morte do outro a condição mesma do seu exercício, tudo sendo feito para eliminá-lo sejam quais forem as razões apresentadas. Na guerra, a luta é propriamente existencial, tendo na morte a condição mesma de seu exercício.

Na constituição do campo do político, enquanto caracterizado pela distinção amigo/inimigo, não sobra nenhum espaço conceitual para o conceito de humanidade, pois seria um conceito sem nenhuma incidência política, salvo em seu aproveitamento por um Estado poderoso. Isto porque um conceito universal de humanidade, que viesse a ocupar todo o planeta, em uma espécie de ONU universal e efetiva, não deixaria nenhum espaço para que se delimitasse um conceito de inimigo, salvo em uma guerra entre planetas. Logo, se há um lugar político para o conceito de humanidade, seria para que uma potência conquistadora usurpasse para si este seu significado na conquista de outros Estados. Seria um conceito ideológico de humanidade tornado instrumento de um "imperialismo expansionista".⁵⁴ Desta maneira, ele destitui o conceito de humanidade de qualquer conotação moral se aplicado ao campo do político, não sendo admissível a introdução de juízos morais alheios a esse campo. Ou seja, o campo do político assim constituído seria imune a qualquer juízo moral, sendo os seus instrumentos e meios arbitrariamente escolhidos pelo "soberano", a saber, aquele que decide. O *Führerprinzip* pode operar sem nenhuma restrição, enquanto poder ilimitado que é.

A decisão totalitária caracteriza-se pela concentração do poder máximo em uma única pessoa que congrega em si as funções de chefe de Estado, chefe de governo e chefe de partido. Não há nenhuma instituição ou regra que o limite, estando essas, na verdade, a seu serviço, pois tudo depende de seu processo individual de escolha. O poder concentra-se em suas mãos e em quem tem dele uma delegação, embora todos estejam a ele suspensos. Meros títulos não possuem mais significação institucional, pois o sistema de Poder obedece a uma lógica que pode parecer ilógica a quem siga uma concepção de democracia constitucional, regrada e limitada. Por exemplo, Heinrich Himmler, a partir de 1936, foi senhor absoluto da SS e da Gestapo, embora estivesse em princípio subordinado ao ministro do Interior, Wilhem Frick, que sobre ele não tinha nenhum poder.⁵⁵ O ordenamento propriamente estatal, administrativo, desaparece. O chefe supremo só pode ser supremo se reinar sobre a anarquia administrativa, a rivalidade desregrada dos distintos chefes e a desordem institucional. A ilimitação da decisão totalitária pressupõe que toda limitação e todo regramento sejam vencidos. Toda consulta do Líder é individual e discricionária, não sofrendo o chefe máximo nenhum tipo de cerceamento. Ao encarnar o Estado, ele se situa acima do Estado, ganhando a sua decisão o caráter de absoluta.

---

⁵⁴ Ibid., a: p. 55; i: p. 54; f: p. 98.
⁵⁵ Kershaw, Ian. *Choix fatidiques. Dix décisions qui ont changé le monde, 1940-41*. Paris: Éditions du Seuil, Points, 2009, p. 609 e p. 102-3.

O DECISIONISMO E O NAZISMO

Além de teórico, Schmitt foi uma figura pública, procurando intervir politicamente através de opúsculos, livros, artigos e participações intelectuais dos mais diferentes tipos, seja em textos extensos, seja em curtos, de incidência mais imediata. Vejamos, então, alguns desses textos de intervenção pública, que articulam suas concepções jurídicas e filosóficas com seus posicionamentos nazistas, todos posteriores à conquista hitleriana do Poder. Examinemos a distinção amigo/inimigo posta em ação.

O opúsculo sobre os *Três tipos de pensamento jurídico*, datado de fevereiro de 1934, quando Hitler já era chanceler e maquinava para vir a ocupar o cargo de presidente de Estado, em mãos ainda de Hindenburg, nos últimos meses de sua vida. Falecido em agosto deste mesmo ano, o caminho estava aberto para Hitler vir a ocupar completamente o Poder. Se se pode dizer que esse opúsculo foi escrito em uma época de transição, com os conservadores ainda disputando o Poder com os nazistas, estando o Exército alinhado com o velho presidente, havendo, portanto, ainda uma dualidade de Poder, o mesmo não se pode dizer de seus artigos de 1935, comentando e justificando as Leis de Nuremberg. Leis essas que formalizaram a remoção dos judeus da vida civil alemã, após já terem sido excluídos do serviço público, universidades e tribunais em 1933, além da arianização e pilhagem de seus bens. Isto configurou o que uma ariana cristã, Luise Solmitz, casada com um judeu (racial) cristão, tendo uma filha criada na fé cristã, denominou de "morte civil".[56] Neste meio-tempo, Hitler tinha unificado em suas próprias mãos as funções de chanceler e de presidente e eliminado as SA no episódio conhecido como a "Noite das Facas Longas", no final de junho de 1934.

---

[56] Evans, Richard J. *Terceiro Reich. No Poder*. Volume II. São Paulo: Crítica, 2017, p. 641.

Ocorre que o assassinato de Röhm e de seus assessores mais próximos, com fuzilamentos em série sem qualquer julgamento, foi a ocasião em que Hitler e seu grupo aproveitaram-se para se livrar de conservadores proeminentes, enviando ao mesmo tempo uma mensagem ao Exército via assassinato de dois generais, entre eles o ex-chanceler Schleicher. Esse foi morto junto com a sua mulher em sua própria casa, tendo sido pego de surpresa em seu quarto. O vice-chanceler Von Papen também recebeu um duro recado por intermédio do assassinato de dois de seus mais próximos assessores, passando, então, a ter um papel secundário e subordinado a Hitler. Os conservadores, aos quais Schmitt se alinhava, foram descartados, embora já nesta época fosse muito próximo de Göring. A hierarquia católica recebeu também um recado contundente mediante o assassinato de dois de seus líderes, abatidos pela SS, Erich Klausener, secretário-geral da Ação Católica, e Adalbert Probst, diretor nacional da Associação Esportiva da Juventude Católica.[57]

Assassinado também foi Gregor Strasser, embora não estivesse exercendo mais nenhuma posição partidária importante. Ex-número dois do partido nazista, tinha se tornado desafeto de Hitler por dele ter discordado em pontos como o do culto da personalidade e o de a sua suposta infalibilidade decisória, além de ter mantido negociações partidárias com Schleicher, dezoito meses antes, visando à formação de um gabinete, sob a égide do presidente Hindenburg, reunindo conservadores e nazistas, algo que não foi aceito por Hitler. Pagaram com a vida por tal negociação política. Logo após, Schmitt escreve um texto, justificando essa série de assassinatos, intitulado "O Führer protege o direito". Ato de flagrante ilegalidade e inconstitucionalidade torna-se, na visão schmittiana, um ato de proteção da lei.

Schmitt assume suas posições nazistas em pleno conhecimento de causa. Ele já tinha a seu dispor a percepção imediata,

---

[57] Ibid., p. 37-61 e p. 277.

e política, de que estava tratando com um grupo de criminosos, homicidas, cujo Líder tinha uma noção muito fluida de "amigos" que foram logo vistos enquanto "inimigos". Ao escolher a seara política, ele se posiciona junto a estes seus novos "amigos", que serão tidos por eixos do direito constitucional através do *Führerprinzip*. Observe-se, ademais, que as posições de Schmitt favoráveis à ordem, atribuindo a desordem à República de Weimar, carecem, neste momento, de embasamento na história presente, pois a desordem se situa nas disputas internas entre os nazistas, opondo partido e SS de um lado e SA de outro, intrigas nazistas por posições proeminentes, disputas entre conservadores e nazistas, entre o Exército e as SA e entre dirigentes partidários nazistas entre si. E o assassinato como meio de resolução dos conflitos políticos. A desordem não é a da República de Weimar, mas a dos nazistas no exercício do Poder, tornando-se total.

Em os *Três tipos de pensamento jurídico*, Schmitt coloca a questão da pertinência histórica dos textos constitucionais, atento ao problema de sua particularidade, de sua especificidade, em uma recuperação da história, no caso alemã, alicerçada nas noções de povo, tradição e raça. A normatividade através de sua noção de universalidade vem a ser excluída, na medida em que essa seria própria do judaísmo, povo sem Estado e Igreja, que teria uma conexão essencial à "Lei", ao normativismo jurídico. Isto lhe dá, inclusive, a ocasião de voltar-se contra o normativismo liberal-constitucional do século XX, que padeceria dos mesmos "defeitos", por ser incapaz, segundo ele, de abarcar a realidade concreta, cuja contribuição ao pensamento seria propriamente alemã.[58] O passo será logo dado, *a fortiori*, ao desconsiderar qualquer forma de universalidade moral em sua mesma recusa do normativismo jurídico.

---

[58] Schmitt, Carl. *Les trois types de pensée juridique*. Introdução de Dominique Séglard e tradução de Mira Köller e Dominique Séglard. Paris: PUF/Quadrige, 2015, p. 100.

Chega, inclusive, a recorrer a Hegel em uma leitura claramente parcial, pois embora esse filósofo tenha ressaltado o problema da necessária vinculação histórica de toda Constituição, devendo ser essa a expressão da realidade ética de um povo, calcada na diversidade entre textos constitucionais, ele, porém, não se recolhe a uma diferença excludente da universalidade, mas gera essa daquela. Ou seja, o Estado, segundo Hegel, seria produto, na história, de uma universalidade válida para todos os povos, de tal modo que é ele um produto da razão. Razão essa que reconhece todos os indivíduos enquanto livres e iguais perante a lei, aí incluindo judeus, *quakers* e outras religiões. O que vale é o conceito universal de cidadania, ponto esse simplesmente desconsiderado e omitido por Schmitt em sua recuperação de Hegel.[59] Aliás, caberia aplicar o próprio "método" schmittiano a ele mesmo, pois, neste sentido, o seu pensamento mesmo deveria ser submetido às suas "regras" da especificidade histórica e de seu momento, no caso, o da ascensão e consolidação do nazismo. Schmitt pode ser lido a partir e através da realidade concreta que ele conhece e justifica.

Schmitt associa o decisionismo político à superação da desordem e do caos,[60] à maneira aparentemente hobbesiana[61] de constituição do Estado a partir da saída do estado de natureza. Ele teria em mente a negação da fragmentação e desordem da República de Weimar, sendo então substituída pelo Estado nazista enquanto produtor de ordem. Seria ela uma espécie de "estado de natureza", embora formado por normas que o seu pensamento considera como ineficazes, abstratas ou liberais. Em seu lugar, graças à decisão do Führer, nasceria um Estado de novo tipo, baseado no "povo", na "raça" e no partido, enquanto princípios condutores de uma nova época. Ocorre que o Estado nazista não será o da ordem e o da segurança, mas o da

---

[59] Ibid., p. 140-1.
[60] Ibid., p. 117.
[61] Ibid., p. 120.

desordem, da insegurança, da perseguição, da eliminação dos "inimigos", sejam quais forem, e de toda norma anterior que não esteja adequada aos seus desígnios, à violência e à guerra.

O "decisionismo" nazista torna-se uma espécie de "decisionismo contínuo" graças às ordens do Führer e de seus modos de interpretação e implementação pelo seu círculo imediato e também distante, até os oficiais de segundo escalão dos campos de concentração e extermínio, cada um agindo conforme o "líder máximo" o faria se estivesse em seu lugar, criando a desordem e a intranquilidade contínuas, em um Estado e sociedade sempre postos em movimento. A República de Weimar não é regenerada, mas eliminada, e com ela qualquer noção de igualdade e liberdade, assim como suas normas de sustentação. O "Estado de direito" desaparece por ser universal, abstrato e liberal. O Estado nazista já aparece nesta época como uma espécie de não Estado se utilizarmos os parâmetros clássicos, mas mesmo aqui Schmitt pensa que estamos diante de uma novidade, de uma criação histórica, que já se revelava, porém, como a da malignidade. Ele seria, neste aspecto, o pensador da desordem criada e contínua e não o da ordem como alguns o pretendem e ele, inclusive, procurava, enganosamente, apresentar-se.

Em 1934, Schmitt escreve o artigo "O Führer protege o direito", sob a forma de um comentário ao discurso de Hitler ao Reichstag de 13 de julho. O seu próprio método, o de comentário ou exegese, já é revelador do seu modo de pensar na medida em que eleva o Ditador, o Criminoso Político, ao nível de uma palavra que deve ser reverenciada e seguida. Ou seja, ele está se apropriando do princípio nazista da obediência cega ao Führer e ao que ele diz, como se daqui brotasse a "verdade", na forma religiosa poderíamos dizer, da "verdade revelada". Ademais, no transcurso deste texto aplica concretamente a sua concepção do político enquanto distinção de amigo e inimigo. Estamos diante do Schmitt em ação, fazendo ele mesmo um uso político de sua concepção do político, traduzindo-se, evidentemente, em sua justificação do nazismo e de seu "líder máximo". Assim, as ordens criminosas de Hitler foram consideradas por Schmitt como "fonte do direito". É a perversão mesma do direito[62] elaborada por um jurisconsulto. Cabe aqui alguma hermenêutica? Só se for a do crime.

Aproveitando-se da ocasião de uma das tantas diatribes de Hitler a propósito da derrota alemã na Primeira Guerra, atribuída aos socialistas e comunistas, Schmitt a toma em seu valor de face, como se estivéssemos face a uma verdade histórica, omitindo toda a responsabilidade dos generais alemães, do Kaiser e da burocracia do Reich. Assim, todos os infortúnios do povo alemão estariam no Führer vivos e presentes, como se ele fosse a encarnação mesma da história alemã e de sua redenção. Segui-lo significaria aprender com essa história e abrir caminho para a sua salvação, graças a essa nova forma de Absoluto na história e na política. Eis o que lhe confere "o direito e a força para fundar um novo Estado e uma nova ordem".[63] Ou seja, o ato de força de refundação do Estado estaria concentrado em suas mãos, das quais derivaria um Poder absoluto, que seria ele mesmo fonte originária do direito. Em uma "revolução" deste tipo, a violência surge enquanto princípio mesmo do direito, fazendo com que esse último se subordine àquela, ou melhor, identificando ambos na figura do Líder.

O Führer é, então, elevado à posição de Juiz Supremo da nação, passando a legislar diretamente, concentrando em seu Poder Executivo a atividade legislativa e judiciária, de tal maneira que qualquer oposição a ele se torna *ipso facto* oposição ao Juiz Supremo, ao fundamento da nova lei, da nova ordem. Ele, ao encarnar o Estado em todas as suas funções, termina se colocando acima desse. Consequentemente, a divisão liberal de poderes vem a ser considerada como um empecilho à nova

---

[62] Rüthers, op. cit., p. 86.
[63] *Cités*, nº 14, 2003, § 3.

forma de decisão política, como se impedisse a concretização da verdadeira unidade nacional, a que se incorpora na pessoa do Führer e no modo mesmo que o povo, através dele, fala e se expressa. Ou seja, a democracia liberal, a seus olhos, ao estar baseada em um sistema de pesos e contrapesos, equilibrando as forças e poderes em jogo, controlando a violência mediante regras, vem a ser tida por causadora de conflitos. No entanto, o que a concepção schmittiana/hitlerista do Poder unificado, coeso e absoluto, sendo ele próprio o Direito, mostra é a libertação de um outro tipo de violência, isenta de qualquer limitação, voltando-se contra todo aquele que, em um determinado momento, é considerado enquanto inimigo. Em vez da ordem, a desordem é liberada.

Consequentemente, as palavras do Führer devem ser tomadas enquanto objeto de exegese, sendo Schmitt o seu intérprete, obedecendo aos seus princípios. Todo o arcabouço vigente até então, produto da República de Weimar, seu direito constitucional, suas leis, o Estado de direito, o direito de proteção do cidadão diante do Estado, deve ser considerado como expressão de uma época "doente",[64] que será agora curada graças ao nazismo e a seu novo "ordenamento" político. Hitler estaria exigindo a liquidação desta "etapa sombria" da história alemã, algo a ser eliminado e jamais repetido. Toda a arquitetura jurídica – seus métodos, seus argumentos, suas doutrinas, assim como as decisões anteriores dos tribunais superiores – deveria ser objeto de uma rigorosa reavaliação segundo os novos princípios e critérios presentes nos discursos e falas do Líder.[65] Ou ainda, todos os atos de governo são dele emanados, de tal maneira que todos os que lhes opõem são tidos por inimigos, não importando se interiores ou exteriores, declarados ou ocultos, atuais ou futuros. Tudo se reduz a seu ato arbitrário

---

[64] Ibid., § 5.
[65] Ibid., § 5.

de nomeação.[66] Referindo-se diretamente à "Noite das Facas Longas" ao final de seu artigo, ao aludir aos eventos iniciados naquele dia, Schmitt julga escandaloso que se tenha exigido um julgamento destes assassinatos antes de sua execução "política", pois isto seria nada mais do que a volta ao ultrapassado "Estado de direito", aos princípios de uma democracia liberal, correspondentes à antiga e doente época. Apenas Hitler, conclui ele, seria capaz de ter o discernimento de fazer a distinção entre amigo e inimigo.

Em outro texto, "A Constituição da liberdade", de outubro de 1935, com Hitler já exercendo ditatorialmente o seu poder, mediante perseguição implacável a seus adversários políticos, tornados inimigos, Schmitt parte para a justificação das Leis de Nuremberg, segundo as quais os judeus estariam excluídos da comunidade dos cidadãos, por seu "sangue", por sua "raça", por não serem alemães. Noções como igualdade perante a lei e liberdade são, então, assimiladas a formas moribundas do parlamentarismo e da democracia liberal, doravante substituídas pela lei do sangue e da honra alemães. Todo esforço schmittiano, na verdade, reside em tornar o "princípio do Führer" em norma reitora de todo arcabouço constitucional e legal, recorrendo, para isto, a seu decisionismo, consistente em que a decisão última provenha daquele que possui e encarna em si a liderança do Estado. Ou seja, formas liberais de organização do Estado, como primado da lei e divisão de poderes, assim como funções legislativas e judiciais independentes, são sumariamente descartadas enquanto resíduos de uma época ultrapassada. O seu decisionismo, na verdade, consiste no ato de força do Führer que se impõe pela violência através de seu aparelho policial (SS e Gestapo), sua administração e seu partido por intermédio de suas ações extrajudiciais.

---

[66] Ibid., § 6.

Formulações do tipo "todos os alemães são iguais perante a lei"[67] ganham uma outra significação na medida em que por alemães sejam compreendidos apenas os "arianos" por comunidade de sangue, nenhuma outra "nacionalidade", "povo" ou "indivíduo" podendo aí estar incluso. Os judeus são especificamente visados, vindo a ser excluídos desta comunidade baseada em um conceito de um *"völkisch* substancial", entendendo por *Volk* tanto um povo quanto uma raça, uma comunidade de sangue e tradição. Ora, a partir do momento em que ser alemão perde sua condição política de cidadania, a Constituição passa a ser "interpretada", seria melhor dito subordinada ao que o Führer considera como lei ou pertencimento ao Estado. Schmitt vai mesmo além ao considerar que, se o tratamento a ser dado aos judeus não for suficiente, o Führer, enquanto fonte do "direito constitucional", já teria previsto esta possibilidade, a solução sendo transferida ao partido, pois caberia a esse doravante ser o responsável pela "santidade do *völkisch* (popular/racial): o guardião da Constituição".[68] Isto é, o controle constitucional, ou melhor, a própria Constituição passa da órbita estatal para a partidária, de modo que ela venha a responder ao Führer e não esse àquela. Em um Estado democrático, por exemplo, o controle constitucional, assim como os rituais de mudança da própria Constituição, deve passar pela Suprema Corte, segundo as modalidades particulares de cada Estado; em um Estado totalitário como o nazista, as posições se invertem, passando o "líder máximo" a decidir sozinho. Diria Hitler: Eu, o Supremo!

Em seu segundo texto de 1935, datado de 28 de novembro e relativo ao Direito Internacional Privado, Schmitt dá rédeas ao

---

[67] Schmitt, Carl. "La Constituition de la liberté". In: Zarka, Yves Charles. *Um détail nazi dans la pensée de Carl Scmitt, suivi de deux textes de Carl Schmitt "La Constitution de la liberté" (1er octobre 1935) et "La législation national-socialiste et la réserve de 'l'ordre public' dans le droit privé international" (28 novembre 1935).* Tradução de Denis Trierweiler. Paris: PUF, 2005, p. 55.
[68] Ibid., p. 56.

seu nazismo, procurando justificar as "Leis de Nuremberg" junto aos juristas de outros países, submetidos a outras leis. Seus alvos são os judeus em particular; no caso em questão, as leis concernentes ao casamento, pois esse, assim como relações sexuais, estaria doravante proibido entre "arianos" e "judeus", em nome, evidentemente, do "sangue" e "honra" alemães. As suas minúcias jurídicas e burocráticas são próprias de uma mente cínica, voltada apenas para elucubrações que confiram legitimidade e justificativa às leis e comportamentos nazistas. Chama, porém, particularmente atenção que Schmitt o faça em nome do direito de cada país de dispor de suas próprias leis, o nazismo operando uma revolução que poderíamos chamar de cultural ao instituir o povo/raça/partido/Führer enquanto fontes do novo direito, exigindo assim o seu reconhecimento. Vai, inclusive, além ao sustentar que as posições nazistas seriam "defensivas"[69] e não "agressivas", contradizendo a realidade de perseguições já operantes, em um prenúncio do que será, logo após a "Noite dos Cristais" de 1938 e a decretação da guerra em 1939, quando igualmente os eslavos viriam a ser considerados como "humanos" de segunda classe, entre os "judeus" e os "arianos". O silêncio de Schmitt a respeito foi na época, e durante toda a sua vida, ensurdecedor.

Contudo, seria tentado a dizer que a perversão mesma de Schmitt reside em que, segundo ele, a nova legislação de Nuremberg seria benéfica aos judeus que poderiam, doravante, contrair livremente casamento entre si, sem seguir as regras do direito alemão, que a eles não mais se aplicariam. Estariam mais "livres", por assim dizer, no caminho rumo à escravidão que se aproximava. Ele cita, em particular, a facilidade do divórcio segundo as leis judaicas, Choul'han Aroukh, atribuindo tal atitude à "generosidade" alemã.[70] O projeto nazista de exclusão dos

---

[69] Ibid., "La législation...", p. 76.
[70] Ibid., p. 70. Cf. Zarka, p. 30-2.

judeus da cidadania, evoluindo para perseguições, confisco de bens, assassinatos, culminando anos mais tarde nos campos de concentração e extermínio, ganha a aura – e o engodo – da "livre" associação dos judeus entre si. Moisés liberta os judeus da escravidão, Hitler os retornará a uma escravidão de novo tipo, a do trabalho forçado nos guetos e nos campos de concentração e extermínio, com a diferença de que serão exterminados via o esgotamento físico planejado burocraticamente e controlado pelo terror. A apologia do nazismo mostra-se uma parte constitutiva, diria essencial, do pensamento schmittiano.

No espírito da concepção de mundo nazista, Schmitt coloca-se diretamente, enquanto jurista, como discípulo de Hitler, isto é, o "jurisconsulto" vai fazer a exegese do "demagogo", que não possui nenhum compromisso com a verdade, senão aquela que ele mesmo impõe por intermédio da violência. Em texto de intervenção em um Congresso de juristas nazistas, voltado desta vez para um público interno, em 1936, intitulado *A ciência alemã do direito em sua luta contra o espírito judaico*, Schmitt escreve: "Eu não cesso de repetir constantemente a minha oração: ler em *Minha luta* de Adolf Hitler cada frase relativa à questão judaica, particularmente seus desenvolvimentos a respeito da 'dialética judaica'".[71] Note-se, para além da subserviência, o espírito religioso do "comentarista" utilizando-se da forma retórica da oração para apresentar a sua posição. Os estudantes, em consequência, deveriam sempre se remeter a estas "frases do Führer" para serem por elas esclarecidos, tornando-se, assim, máximas de suas ações. Schmitt estabelece, então, como sua meta, aquilo pelo que luta, fazendo-o por sua "própria raça autêntica", alcançar "a pureza intacta de nosso povo alemão". Desta maneira, acrescenta: "Defendendo-me contra o judeu, eu luto pela obra do Senhor".[72] Senhor, portanto, em duas acep-

---

[71] *Cités*, nº 14, 2003-2, § 14.
[72] Ibid., § 16.

ções: Deus e Hitler, agora identificados. Seguir as palavras do segundo, equivale a trilhar os caminhos do primeiro.

Schmitt chega, inclusive, a abordar o problema, agora de técnica bibliográfica, de como fazer a citação de autores 25%, 50% ou 75% judeus conforme a identificação a ser adotada segundo as Leis de Nuremberg. Nada disto, no entanto, não deve desviar a atenção do problema central, o da distinção essencial entre judeus e não judeus, em particular "arianos". Não se pode perder de vista o eixo principal, a saber, a consideração do judaísmo enquanto inimigo do nacional-socialismo. Segue-se daí a orientação proposta: uma reelaboração da classificação bibliográfica, permitindo aos estudiosos saber quem é ou não judeu. Juristas judeus deveriam ser eliminados da bibliografia "científica" e acadêmica, não lhes cabendo nem mais a qualificação de juristas, seus livros devendo situar-se em lugar separado, numa "coleção" judaica.

Em caso de absoluta necessidade de citação, o nome da pessoa em questão deveria vir sempre precedida da palavra "judeu", pois assim sua qualificação ficaria completa. O indivíduo deve desaparecer no coletivo. Em seu incansável trabalho de censura, alicerçado evidentemente no conceito nazista de raça, Schmitt retoma, na esteira dos ideólogos nazistas mais agressivos, as analogias da saúde, tão empregadas pela ralé nazista, como as de qualificar os judeus como parasitas. Ou seja, o judeu guardaria um tipo de relação parasitária com a raça alemã, devendo, portanto, ser eliminado,[73] o que será empreendido, com requintes sádicos e malignos, nos anos posteriores. Não chega nem mesmo a faltar neste texto "científico" alusões à "perfídia demoníaca" dos judeus,[74] numa retomada direta dos chavões do antissemitismo. E fala, observe-se, enquanto "jurista", dirigindo-se a professores e estudantes em

---

[73] Ibid., § 12.
[74] Ibid., § 13.

um Congresso, onde se estabelece uma comunidade de linguagem embasada na concepção nazista de mundo, com suas próprias regras de vida e de morte.

Na "Noite das Facas Longas", aliados e rivais, graças aos quais Hitler tinha conquistado o Poder, tornaram-se "inimigos", alguns sendo subjugados, outros literalmente assassinados; na "Noite dos Cristais", judeus tiveram suas propriedades destruídas, foram humilhados, perseguidos, presos e alguns assassinados. A indiferença e a apatia, senão a cumplicidade dos alemães, mostravam o quanto a propaganda nazista antissemita tinha produzido resultados. Embora não fossem adversários reais, por não terem protagonismo político nem força, foram tidos por tais, tornando-se "inimigos" em uma acepção imaginária, ideológica; na *Noite* dos campos de extermínio, para retomarmos o título de um livro célebre de Elie Wiesel, estes "inimigos" foram objeto de aniquilação física em escala coletiva, policial e industrial. 1934, 1938 e 1942 foram marcos simbólicos da noite da política que se tornou a noite da irrazão. As "noites" foram se adensando até a *escuridão total*.

SCHMITT E HOBBES

Cabe fazer aqui a distinção entre Schmitt e Hobbes, embora o primeiro pretenda se colocar em uma linha de continuidade em relação ao segundo, quando, na verdade, ambos apresentam concepções completamente distintas. Hobbes descreve o estado natural como um estado de conflito e luta permanente, onde cada indivíduo procura a satisfação de seus desejos e interesses particulares ao arrepio de qualquer consideração do outro, utilizando-se para isto de qualquer meio, como a razão enquanto instrumento de cálculo sobre a ação mais vantajosa, aquela capaz de extrair o máximo de benefícios a menor custo e risco. Daí se segue a astúcia, a arrogância, a usurpação, a fraude, o desrespeito aos contratos, tendo como resultado a violência generalizada, a miséria, a degradação e, no limite, a guerra. A necessidade do Estado decorre, precisamente, da necessidade de estancar esta luta à morte, a violência de todos contra todos, de tal maneira que possa ser estabelecida uma espécie de paz civil, baseada no regramento da violência. Regramento esse que somente pode se operar pela transferência da violência de cada um ao Estado, que se torna o operador exclusivo da força, fazendo com que as contendas individuais sejam controladas pelos tribunais e pela polícia. A violência, doravante, torna-se monopólio do Estado, que, em contrapartida, oferece a todos os súditos ou cidadãos os meios de preservação da vida, da família e do patrimônio. Os indivíduos ao entrarem na união estatal renunciam à violência e não mais devem ter medo da morte violenta. Se alguém infringir esta regra máxima, será objeto da ação estatal, que empregará a sua força. Note-se que a guerra interna, a guerra de todos contra todos, ou ainda, o critério da distinção amigo/inimigo, perde a sua pertinência quando de sua passagem do estado de natureza ao Estado propriamente dito. A ação estatal não pode, portanto, orientar-se pela distinção amigo/inimigo salvo em casos de irrupção de guerra civil ou de ameaça séria à união sobre a qual está alicerçado. A sua finalidade própria consiste na preservação da paz civil, evitando que os indivíduos possam ser objeto de morte violenta.

Tal não é o caso de Schmitt. Ele, primeiro, passa a considerar a guerra de todos contra todos não em termos individuais, mas coletivos, comunitários, em que uma comunidade ameaça, real ou imaginariamente, a existência de outra. A luta ganha o contorno de uma luta eminentemente existencial, pautada pelo medo da morte violenta, dando ensejo ao ataque, à eliminação do outro enquanto inimigo que o ameaça. Schmitt privilegia claramente o conceito de inimigo em detrimento do de amigo, discorrendo longamente sobre as formas da inimizade em diferentes contextos atuais e históricos. Segundo, desloca esta operação, que hobbesianamente estaria restrita ao estado de natureza, para dentro do Estado propriamente dito. O Estado politicamente orientado seria aquele que operaria segundo a distinção amigo/inimigo, pautando-se por ela e tomando todas as medidas para a eliminação daquele que considera como inimigo, tal ação podendo, em sua preparação, estender-se sobre vários anos, os anos de preparação para a aniquilação daquela comunidade que se apresenta enquanto ameaçadora para o seu modo de vida, para a sua forma de existência. A morte efetiva, provocada, torna-se um componente essencial da política, entendida em sua forma existencial.

Leo Strauss, em suas *Notas sobre o conceito do político*, observa que o direito à vida é um direito inalienável do homem, um verdadeiro direito humano, não podendo ser colocado em xeque pelo Estado, salvo em situação criminosa de um cidadão que mata vários outros, incidindo, no direito penal, a pena de morte. Ele teria rompido o contrato político propriamente dito que instituiu o Estado. Neste sentido, Hobbes seria o fundador do liberalismo[75] ao preservar a esfera social e privada da interferência do Estado, que arroga para si tão somente a esfera política, e o faz porque parte de uma concepção do homem como um ser inclinado, por natureza, ao amoral, ao conflito, ao choque e à destruição do outro. Na linguagem de Strauss, o liberalismo de Hobbes se assenta em sua concepção não liberal da natureza humana. O problema consiste em concepções liberais que partam de uma suposta boa ou inocente natureza humana, desconhecendo que o homem é um ser por natureza perigoso, propenso ao mal.[76] Ou ainda, Schmitt faria uma inversão da formulação hobbesiana, trazendo para o político o estado de natureza, isto é, a propensão humana ao mal torna-se a propensão do político à maldade, o que significa o decisionismo arbitrário, o poder do Líder ao exercício ilimitado do Poder. Em oposição a Hobbes,

---

[75] Strauss, Leo. *Notes on Carl Schmitt, The Concept of the Political*, p. 107.
[76] Ibid., p. 108.

não caberia ao Estado regrar a propensão natural do homem ao mal, mas potencializá-la no exercício arbitrário do Poder.

Cinco anos depois, em 1938, Schmitt escreve um livro específico sobre Hobbes: *O Leviatã na doutrina do Estado de Thomas Hobbes*. Observe-se, preliminarmente, que as menções antissemitas são abundantes neste texto, vindo mesmo a ganhar um papel preponderante. É escrito quando o nazismo já está em seu auge, embora, neste momento, Schmitt tenha se afastado de uma posição de liderança no partido nazista por ter perdido a luta interna pelo poder, e não por qualquer divergência ideológica ou teórica. O seu antissemitismo continua persistente, com as alusões de mau gosto, como as referentes às interpretações "judaicas" do Leviatã, segundo as quais, em sua "leitura", o monstro bíblico deixaria os povos da terra se matarem reciprocamente, observando tudo à distância, pois a carne seria *kasher*, passando logo ao ato, a comendo e disto vivendo.[77] O judeu para Schmitt é o inimigo, tanto do ponto de vista pessoal, privado, quanto existencial e político, enquadrando-se perfeitamente em sua distinção política de amigo/inimigo. Não sem razão Raphael Gross observa que o conceito de inimigo, tal como apresentado no *O conceito do político*, possui uma estrutura similar ao seu conceito de antissemitismo,[78] isto é, o judeu se encaixa no conceito do inimigo a ser eliminado.

Aqui também retoma Schmitt o problema das relações entre o Estado e o estado de natureza, desta feita centrando-se na questão do tipo de violência em ação em ambos os casos. Sua apropriação nazista de Hobbes torna-se ainda mais manifesta. Segundo sua interpretação, tanto a ordem estatal impondo a

---

[77] Schmitt, Carl. *Le Léviathan dans la doctrine de l'État de Thomas Hobbes*. Paris: Seuil, p. 77.
[78] Gross, Raphael. "The 'True Enemy' Antisemitism in Carl Schmitt's Life and Work". In: *The Oxford Handbook of Carl Schmitt*. Editado por Jens Meierhenrich e Oliver Simons. Oxford University Press, 2019, p. 109.

paz quanto a força revolucionária anárquica do estado de natureza utilizam o mesmo tipo de violência, são "idênticas no plano da violência elementar".[79] Ou seja, ele não distingue o monopólio da violência estatal, só empregada em último recurso, na quebra do contrato estatal, da violência generalizada no estado de natureza, onde qualquer um seja pelo ataque seja pela defesa está sempre disposto a aniquilar o outro. Em um caso, temos a paz estatal, em outro, a guerra de todos contra todos. Assim fazendo, Schmitt traz a distinção amigo/inimigo, em seu uso elementar da violência, para dentro do próprio Estado, na verdade, abolindo a distinção hobbesiana entre estado de natureza e Estado.

Lembremos que o Estado, segundo Hobbes, está voltado, do ponto de vista dos princípios, para a conservação física dos cidadãos, de seu patrimônio e para a manutenção dos contratos. A vida privada, social e econômica fica ao abrigo da intervenção estatal, salvo em caso de irrupção de violência que ponha em xeque o próprio Estado. Ademais, note-se a caracterização schmittiana do estado de natureza enquanto força revolucionária, quando, em Hobbes, não tem esta conotação, visto que a irrupção revolucionária seria um caso apenas de manifestação do estado de natureza, não esgotando o seu significado. Parece que estamos diante da obsessão schmittiana com a esquerda e os bolcheviques em particular, apesar de, nesta época, já terem os social-democratas e os comunistas sido eliminados da cena pública alemã. Vigora, isto sim, a "força revolucionária" do nazismo, apoiada por Schmitt.

Outro ponto[80] que merece ser destacado da versão schmittiana de Hobbes diz respeito ao que esse último formula no que

---

[79] Ibid., p. 86.
[80] Ibid., p. 114/5-135. Cf. também McCormick, John P. "Teaching in vain. Carl Schmitt, Thomas Hobbes, and the Theory of the Sovereign State". In: *The Oxford Handbook of Carl Schmitt*. Editado por Jens Meierhenrich e Oliver Simons. Oxford University Press, 2019, p. 273 e p. 283.

toca à função do Estado em controlar a dimensão propriamente objetiva da ação visando a salvaguardar a ordem púbica, deixando a consciência individual ao abrigo de qualquer intervenção e controle. O mesmo vale para as ações econômicas que se desdobram em um campo livre de atuação, preservando, evidentemente, os limites de não intervenção nos assuntos propriamente políticos. Para Schmitt, pelo contrário, caberia ao Estado controlar a consciência dos indivíduos assim como supervisionar e direcionar a economia, não devendo a liberdade operar em qualquer destes domínios. Apesar de reconhecer que sua formulação distancia-se da de Hobbes, ele, porém, nela insiste, atribuindo o equívoco deste último à filosofia do "judeu" Spinoza, por esse defender a liberdade de pensamento e de consciência, germes "judaicos" da desintegração do Estado, o germe de morte que destruiu do interior o poderoso *Leviatã*.

Neste sentido, a interpretação de Meierhenrich e Simons,[81] ao caracterizar Schmitt como um fanático da ordem, força – senão distorce – os termos de um pensamento que não é hobbesiano, apesar de sua eventual aparência. Hobbes sim seria um pensador da ordem, do *Leviatã*, enquanto Schmitt é um pensador da desordem, de *Behemoth*. Ele introduz a guerra para dentro do Estado a partir de sua obsessão política de destruição do inimigo, criando uma situação de caos institucional, privilegiando, segundo o que determina o soberano, o Führer no seu caso, as diferentes acepções reais ou imaginárias desta noção fluida de inimigo, assim como de suas formas de aniquilação. Ademais, coerente com sua formulação, propugna pelo princípio de obediência cega a aquele que detém o poder de decisão, não aceitando nenhuma forma de liberdade de consciência, privada ou econômica. O caminho está aberto para que *Behemoth* tome conta da sociedade.

---

[81] Jens Meierhenrich e Oliver Simons. "A Fanatic of Order in an Epoch of Confusing Turmoil". In: *The Oxford Handbook of Carl Schmitt*. Editado por Jens Meierhenrich e Oliver Simons. Oxford University Press, 2019.

Schmitt e Hegel

Além de Hobbes, Schmitt recorre frequentemente à filosofia de Hegel, em particular à sua filosofia política e da história e, ainda, mais especificamente, à luta de vida e morte na célebre passagem da *Fenomenolgia do espírito*. Para que possamos também melhor explicitarmos o quanto há de distância entre estes dois pensadores, recapitulemos brevemente a exposição hegeliana.

Hegel pensou a dimensão existencial, abrupta, da morte em seu capítulo da *Fenomenologia do espírito*, denominado de "Senhorio e Escravidão". Lá expôs como o medo da morte violenta é a condição mesma que faz com que alguns se tornem escravos e outros senhores, sem nenhuma conotação social ou histórica. Esta forma específica de medo configura a condição existencial do homem, alguns fugindo da morte violenta, por medo dela, outros a enfrentando diretamente, como se não fossem atravessados pelo mesmo sentimento. Observe-se que, neste enfrentamento, não comparece algo que possa ser atribuído à raça, à família, à tradição ou a qualquer outro fator externo a essa pura condição existencial. O que somente é levado em conta é a posição mesma dos contendores, não havendo nenhuma significação propriamente política. A política poderia ser deduzida desta formulação, sem que faça parte de sua elaboração conceitual.

Neste cenário, esboça-se um processo de reconhecimento que se inicia nesta mesma desigualdade de condição, nascida do confronto, sendo um desfecho deste, de tal maneira que ambas as partes se reconhecem nesta desigualdade, cada uma ganhando aqui sua condição e posição próprias. A morte, ou melhor, o seu medo, aparece enquanto horizonte existencial das partes que se enfrentam, pois ela é extraída do seu ciclo natural. Não se trata da morte por doença ou velhice, pois essa nada mais é do que a condição do homem, que deverá necessariamente fazer face a ela ao fim dos seus dias, em um longo processo de deterioração física. Por mais doloroso e mesmo enigmático que seja esse processo, ele se distingue substancialmente da morte em sua acepção existencial tal como apresentada por Hegel, na medida em que ela configuraria uma outra forma de ser do homem, de ser no mundo. Forma essa que se faz presente quando ele se defronta com a possibilidade de uma morte nascida da relação com outros homens, extraída, por assim dizer, do seu processo natural.

O medo desta outra forma de morte afetará sobremaneira a condição mesma dos homens em luta, que passarão a ser definidos pelo desfecho dessa. O medo da morte violenta vai, então, aparecer como um critério a determinar a posição de cada um dos lados combatentes, sendo algo, portanto, que nasce da própria condição humana. Os homens, neste sentido, se definiriam existencialmente pelo medo sofrido no embate, podendo resultar potencialmente na morte de qualquer um dos contendores. Ressalte-se que Hegel não tem em mente nenhum momento histórico ou nenhuma sociedade determinada, pois, para ele, trata-se do medo da morte aplicável a-historicamente, servindo para qualquer momento da história ou da sociedade.

Desta maneira, esboça-se um processo de reconhecimento, culminando com a astúcia do trabalho, que terminará por inverter a condição dos contendores, o senhor, aquele que tinha ganho a luta, preservando o seu oponente, reduzido, por isto, à condição de escravo, vem a se tornar escravo do seu escravo por esse ter se tornado imprescindível no atendimento dos seus desejos e necessidades. O escravo se torna senhor da relação, por vir a controlar o conjunto deste processo de necessidades e carecimentos. Há toda uma dialética envolvida nesse processo, contando com dois critérios: o medo da morte violenta e a posição de cada uma das partes no processo de trabalho. Hegel os considera enquanto essenciais à condição humana.

Contudo, para que esse processo próprio da condição humana possa se desenvolver, é necessário que um critério anterior seja preenchido, a saber, o de que as partes contendoras não cheguem à morte física de uma delas, permanecendo essa meramente um espectro, uma possibilidade. Se houvesse a morte física de um dos contendores, não poderia evidentemente ocorrer nenhum processo de reconhecimento. Ou seja, o processo de reconhecimento não teria lugar, na medida em que essa forma de morte física, abrupta, impediria que a condição humana mesma pudesse se apresentar em sua completude. A interrupção violenta da vida, extinguindo um dos contendores e fazendo com que o medo se realize, tem como resultado a anulação mesma do processo de reconhecimento e, portanto, desta condição existencial do homem.

A luta hegeliana pelo reconhecimento está baseada no modo de concepção da morte enquanto condição da afirmação de um modo mesmo de existência. Neste sentido, ela pode ser lida como uma forma de passagem da luta existencial para a luta propriamente política, embora Hegel não opere tal passagem. Ou seja, na luta entre o senhor e o escravo, ocorreria a passagem de uma existência servil para uma igualitária, onde a morte operaria na primeira, desaparecendo da segunda, apesar de poder permanecer em seu horizonte enquanto condição sua. A partir do momento em que o senhor e o escravo se reconhecem enquanto iguais, no exercício da racionalidade, ambos renunciam à morte do outro, pois se essa interviesse não poderia mais haver reconhecimento, nem, portanto, uma existência na qual os contendores agiriam segundo critérios e parâmetros comuns. Quero dizer com isto que poderíamos utilizar analogicamente o conceito hegeliano de reconhecimento enquanto modo de concepção de passagem de um ato guerreiro para um propriamente político. A morte é uma condição da luta no primeiro caso, perdendo a sua centralidade no segundo. A existência humana não é compreendida da mesma forma, embora Hegel delineie a transição de uma à outra, conforme determinados passos lógicos. Seja dito ainda que se trata de uma passagem lógica, podendo perfeitamente ocorrer que ela não aconteça historicamente, como quando a guerra e o inimigo guardam a sua centralidade, em prejuízo do reconhecimento comum de regras e do adversário como um outro que parte das mesmas premissas, das mesmas condições.

Por sua vez, para Schmitt, a política se caracteriza pela luta existencial pelo Poder, centrado no combate ao inimigo, visando à sua dominação e/ou eliminação. A política está baseada no seguinte tripé: luta, existência e inimigo. A morte do outro ou a sua eliminação é o horizonte no qual ela se desdobra, pondo a nu a distinção entre amigo e inimigo, que se define como o ponto nevrálgico da ação que vai, então, apresentar-se como essencialmente política. Ela perpassa os vários níveis da condição humana segundo circunstâncias históricas definidas, sendo uma forma da ação, logo do combate, podendo ela operar dentro do Estado ou fora dele, segundo circunstâncias particulares. Numa guerra civil pelo controle do Poder, ela opera fora do Estado; na luta levada a cabo pelo Estado para eliminar um inimigo interno, ela opera no seu interior; na guerra entre Estados, ela é um componente desses; numa greve geral visando à conquista do Poder, ela opera na sociedade e nas suas relações de trabalho. Ou seja, a distinção amigo/inimigo dá forma a um modo específico de ação, denominado de político por essa razão. É precisamente aqui que tem lugar a decisão política, dando início a um desdobramento da ação, transformando o *status quo* e as instituições existentes.

A morte violenta, e não apenas a sua ameaça, vem a fazer parte da ação política. Está ela voltada ao outro que surge como um inimigo, em cuja percepção aparece o "estranho", o "estrangeiro" (*Fremde*).[82] Ocorre que a definição do outro enquanto estranho e estrangeiro, entendendo-o como uma comunidade que é percebida como uma ameaça a si ao pôr em questão o

---

[82] Schmitt, op. cit., a: p. 27; i: p. 27; f: p. 67.

seu modo de vida, não importando que esta percepção esteja ou não embasada em fatos ou na "verdade", fica à mercê do detentor desta percepção ao colocar em cena a decisão. Essa terá, então, como desdobramento seu, a luta contra o inimigo e a sua eliminação. Schmitt insiste em que tal decisão não se ampara em nenhuma norma existente ou seja minimamente tributária de um terceiro que faça tal caracterização, mas depende exclusivamente do processo decisório que opera no interior de uma dada comunidade, isto é, do seu líder que escolhe desta maneira, no caso do nazismo, do Führer enquanto líder máximo. A definição e a luta contra o inimigo estão, portanto, baseadas no arbítrio da decisão.

Logo, são somente os participantes que estão em condições de saber concretamente qual e quem é este outro cuja forma de vida põe existencialmente a sua em questão. Cada participante se coloca na posição de julgar o outro como sendo estranho e inimigo, um alheio a ser exterminado, não havendo norma nenhuma que o oriente, salvo aquela que ele próprio se dá na sua condição concreta. O juízo político, neste sentido, seria um juízo de caracterização do outro enquanto inimigo segundo critérios próprios e particulares, o que significa arbitrários por dependerem tão só da percepção daquele que assim decide. A arbitrariedade é tanto mais evidente por se dar igualmente no plano interno quanto externo, um participante, por exemplo, podendo simplesmente decidir que tem um direito, em sua suposição, histórico de invadir um país vizinho, partindo para sua invasão e ocupação. Pode igualmente ocorrer que o inimigo interno seja o judeu enquanto representante e símbolo de um outro modo de vida para que seja sequestrado da comunidade alemã, reunido em campos de concentração e eliminado em câmaras de gás e crematórios. Tudo depende de quem decide existencialmente este tipo de ação. Note-se que a morte violenta vem a fazer parte da própria estrutura da ação política, não podendo ocorrer o que Hegel denominara de luta pelo reconhecimento. Não há reconhecimento do outro, mas sua eliminação.

Nesta perspectiva, como podemos colocar a questão das mortes perpetradas no Holocausto, na medida em que, precisamente, elas foram levadas a cabo sob a forma de uma organização coletiva, não sendo deixado às vítimas a menor capacidade de reação? Pessoas foram levadas aos campos de morte e às câmaras de gás pelo simples fato de serem judias, por terem nascido tais, independentemente de idade, sexo ou faixa etária. Um bebê, portanto, fazia parte "naturalmente" desta máquina de morte coletiva. Alguns foram lançados vivos nos crematórios, cujos gritos aterrorizavam todos aqueles que os ouviam.[83] É como se a eles fosse denegado o direito a uma luta pelo reconhecimento, devendo permanecer necessariamente no nível sub-humano.

Cabe aplicar a este caso as categorias de Schmitt, fazendo o que ele foi incapaz de fazer, não tendo tido a dignidade da crítica, salvo sob a forma silenciosa do privado, e enganadora, para seus amigos. Tendo sido longevo, morrendo apenas em 1985, tempo não lhe teria faltado. Em vez disto, escreve um outro texto sobre a "Teoria do *partisan*" em 1962-3, abordando, por exemplo, a questão dos guerrilheiros na Indochina ou da luta colonial na Argélia francesa, guardando seu mutismo sobre a questão judaica, a questão precisamente deste "inimigo" interno do Poder nazista. Quando utiliza a palavra "genocídio",[84] em 1945, ele o faz em um contexto propriamente hilário, para caracterizar o destino do serviço público prussiano e germânico, e isto quando já era amplamente conhecido o genocídio propria-

---

[83] Fackenheim, Emile. *The Jewish Bible after the Holocaust. A Re-reading.* Bloomington and Indianapolis. Indiana University Press, 1990; *Penser après Auschwitz.* Paris, Les Éditions du Cerf, 1986.
[84] Bendersky, Joseph W. "Schmitt's Diaries". In: *The Oxford Handbook of Carl Schmitt.* Editado por Jens Meierhenrich e Oliver Simons. Oxford University Press, 2019, p. 139.

mente dito dos judeus, tidos pelos nazistas como os principais "inimigos" do povo alemão. Ou seja, a desnazificação operada pelas tropas aliadas é comparada a um "genocídio"! Parece que a perversão não tem limites.

Vejamos:

Primeiro, aos judeus não lhes era dada a possibilidade de um enfrentamento podendo levar a uma luta pelo reconhecimento no sentido hegeliano do termo, porque o seu destino era pura e simplesmente a morte física nas condições administrativas das câmaras de gás, ou seja, de uma organização voltada para burocraticamente levar a cabo a exterminação desses "inimigos". Esses deveriam, portanto, ser conduzidos como um rebanho ao cadafalso, não lhes sendo dada nenhuma possibilidade de luta ou de evasão. Neste sentido, os judeus deveriam ser relegados a uma posição sub-humana, não podendo aceder à condição mesma de homens. Na perspectiva schmittiana, eram tidos existencialmente por inimigos, devendo, então, ser eliminados. E note-se eliminados da condição humana em geral, sem que se possa, porém, vislumbrar qualquer ameaça real deles à comunidade alemã, não sendo tampouco contendores em uma luta pela conquista do Poder político. Eram, no entanto, percebidos enquanto inimigos a serem abatidos, mesmo se figurassem, na verdade, como um inimigo imaginário, inventado. No dizer do próprio Schmitt: basta existencialmente que o outro seja percebido enquanto tal, sendo um símbolo ameaçador.

Segundo, o anonimato na morte, onde os judeus tinham apenas um número tatuado no corpo, mostra bem que o objetivo perseguido consistia em tornar cada uma dessas pessoas uma simples adição ao programa de sua exterminação coletiva. Note-se que esse anonimato procura retirar das pessoas a sua individualidade, o seu nome próprio, enquanto condição de seu apagamento físico. A destituição da personalidade de cada um é a condição preliminar de seu apagamento nas câmaras de gás. Observe-se, no sentido hegeliano, que não há luta. Pelo contrário, tudo é feito de modo a anular qualquer condição possível de reconhecimento. Na perspectiva schmittiana, contudo, ele pode aparecer como correspondente ao tratamento dado a um inimigo, ao qual se lhe nega qualquer forma de reconhecimento e, por via de consequência, de dignidade humana.

Terceiro, se o medo da morte violenta é a condição mesma do processo do reconhecimento em Hegel, o Holocausto nazista introduz uma completa reformulação desta posição, ou seja, a morte física do oponente, não sendo dada às vítimas nem a possibilidade de uma medição de forças. A morte violenta sob a forma da administração dos campos de concentração e extermínio era o modo mesmo dessa "luta" em verdadeiros locais de assassinato coletivo. O medo da morte violenta desaparece enquanto condição do processo de reconhecimento, consumando-se na morte violenta pura e simplesmente. Em linguagem schmittiana, era a guerra no combate ao inimigo interno, aquele que teria ameaçado o modo de vida alemão. Eis o desdobramento da distinção amigo/inimigo quando aplicada arbitrariamente na identificação do "inimigo" segundo o *Führerprinzip*.

Quarto, segundo Hitler, a política seria uma luta à morte, não admitindo nenhum tipo de mediação, os vitoriosos estando em condições de aniquilar o seu inimigo, aquele percebido enquanto tal. A política seria uma luta existencial de tipo biológico, baseada na distinção de raças, uma destinada a reinar, as outras a perecer. Tratava-se de uma luta pela supremacia ariana, que deveria ser levada a cabo com a maior brutalidade, entre outras razões por ser percebida como uma luta pela sobrevivência. Na sua luta contra o "bolchevismo", os judeus se tornaram a sua própria encarnação, concretizando-se no combate mortal entre duas "concepções de mundo", cuja coexistência não seria possível. No desfecho de tal luta só restariam os vitoriosos e os que deveriam ser literalmente eliminados, tudo sendo conduzido segundo os moldes de uma "guerra de extermínio".[85] O espaço do reconhecimento simplesmente desaparece, sendo apagado.

Hegelianamente, o combate entre as consciências de si, frise-se, não é um combate de autoconsciências que se enfrentam no campo de ideias ou de proposições desvinculadas da vida, atos argumentativos, mas trata-se de uma luta à morte em que os corpos se combatem, um procurando agir sobre o desejo alheio, procurando, dele, apropriar-se e pô-lo a seu serviço. A luta pelo prestígio, na formulação de Kojève,[86] é uma luta que se inscreve em um contexto desejante de captura do outro, tendo a ameaça da morte como seu contexto definidor. Hobbesianamente, trata-se do choque dos corpos, em um crescendo de violência que pode culminar na eliminação do outro se o Estado não intervir enquanto força mediadora. No estado de natureza, porém, é o que ocorre, a morte do outro podendo ser o seu desfecho natural. Atente-se para o fato de que, para Hegel, não estamos diante de uma contraposição argumentativa, em jogos de linguagem e de concepções, mas de um combate existencial pela vida, sendo o medo da morte o seu acompanhante.

A ideia de morte em Schmitt em tudo o distingue da ideia hegeliana de luta de vida e morte e pelo reconhecimento. Estaria tentado a dizer que ela se aproxima da do crime, tal como explorada pelo próprio Hegel em seus escritos anteriores a 1806, sem que ele tenha lhe atribuído nenhuma conotação política. O conceito schmittiano de morte, neste sentido, é o de uma negação aniquiladora do outro, daquele que foi escolhido arbitrariamente como inimigo, não se produzindo entre eles nenhum

---

[85] Kershaw, Tomo I, p. 245 e p. 289.
[86] Kojève, Alexandre. *Introdução à leitura de Hegel*. Rio de Janeiro, Eduerj/Contraponto, 2002. Para vida e obra de Kojève: Auffret, Dominique. *Alexandre Kojève. La philosophie, l'État, la fin de la histoire*. Paris: Figures/Grasset, 1990.

tipo de mediação. E para que a dominação do inimigo se produza, ela pode vir acompanhada do extermínio físico. A negação aniquiladora não dá lugar a nenhuma nova posição, procurando impor-se como perpétua negação, a da reiteração de uma negatividade que se perfaz unicamente na negação, na abstração de um tipo de negatividade incapaz de produzir algo novo, nem muito menos o reconhecimento do outro. O ato voluntário da política de extrair a morte de seu ciclo biológico se consome na aniquilação física e não no medo da morte enquanto condição de surgimento de uma nova mediação. Não é o medo da morte que surge enquanto condição existencial do reconhecimento, mas a morte sob sua forma crua do "crime", do aniquilamento físico do outro.

SCHMITT, STRAUSS E KOJÈVE

Strauss lê o opúsculo de Schmitt, *O conceito do político*, em sua versão de 1927, publicada no *Archiv für Sozialwissenschaft und Sozialpolitik*, isto é, anterior às edições de 1932 e 1933, sobretudo esta última, hoje corrente, onde já aparecem os traços antissemitas, desconhecidos, portanto, de Strauss. Acrescente-se, ainda, que os *Diários* de Schmitt, com fortes cargas antissemitas, mesmo neste período, são então totalmente desconhecidos. Strauss, inclusive, teria ficado surpreso com as posições publicamente antissemitas de Schmitt a partir de 1933, data de sua filiação ao partido nazista. Antes disto, jovem estudante, tinha pedido uma carta de recomendação para Schmitt com o intuito de aplicar a uma bolsa da Fundação Rockfeller que lhe foi finalmente concedida, permitindo-lhe, assim, estudar na França, escapando do período propriamente nazista posterior à ascensão de Hitler ao Poder.

Note-se ainda que Strauss reconhece a forte influência de Schmitt em seu próprio encaminhamento ao estudo de Hobbes por ter ele considerado esse filósofo, de longe, o maior e talvez o mais sistemático pensador político.[87] Logo, o "diálogo" entre Schmitt e Strauss tem como pressuposto histórico o período anterior a 1932, quando esse último abandona a Alemanha. Não teria podido ele prever a abrupta reviravolta de Schmitt em sua conversão ao nazismo.[88] Neste sentido, o "diálogo" tem uma conotação acadêmica e não propriamente política. Quando a política entra em cena, a partir de 1933, Schmitt, então nazista assumido, já não mais responde às cartas de Strauss. Jacob Klein, amigo deste último e ainda residindo na Alemanha, caracteriza o comportamento de Schmitt como indesculpável.[89]

No que concerne à distinção entre amigo e inimigo enquanto critério mesmo do político, Strauss confere-lhe uma legitimidade completamente diferente. Para ele, essa questão não seria, na verdade, tributária do ato arbitrário do soberano, que decide por si mesmo quem é o inimigo, seguindo, desta maneira, o decisionismo, em que o soberano encerra em si um poder absoluto de decisão. Sua filosofia política volta-se para introduzir a questão do que é justo, e por consequência da boa sociedade, enquanto critério superior de distinção do político. Ou seja, a disputa política estaria baseada em uma luta pela boa sociedade, pela boa vida, podendo, em virtude da intensidade dessa luta, vir a adotar a forma da oposição amigo/inimigo, só que, agora, dependente de um critério moral e não somente arbitrário à maneira de um soberano absoluto.[90]

---

[87] "Preface to Hobbes Politische Wissenschaft". In: Strauss, Leo. *Jewish Philosophy and the Crisis of Modernity*. State University of New York, 1997, p. 143.
[88] Meier, Heinrich. *Carl Schmitt and Leo Strauss. The Hidden Dialogue*. The University of Chicago Press, 2006, p. XVII.
[89] Ibid., p. 129. Cf. também Susan Shell. "Taking Evil Seriously: Schmit's 'Concept of the Political' and Strauss's 'True Politics'". In: *Leo Strauss. Political Philosopher and Jewish Thinker*. Editado por Kenneth L. Deutsch e Walter Nicgorski. Maryland: Rowman & Littlefield Publishers, 1994, p. 175-94.
[90] Ibid., p. 42.

Logo após a Guerra, em 1948, Strauss publica *Hiero*,[91] de Xenofonte, dando ensejo a uma correspondência com Alexandre Kojève. Assinale-se que, naquele então, os horrores do Holocausto já eram bem conhecidos. Embora não haja nenhuma referência direta a este fenômeno aterrador, que, poder-se-ia dizer, implode as categorias da filosofia política tanto clássica quanto moderna, o texto pode ser lido, indiretamente, como uma espécie de reflexão sobre a tirania nesta sua forma moderna, suscitando o problema de que tal forma de abordagem termina por prescindir de sua especificidade na forma da eliminação sistemática e coletiva do outro, tido por inimigo à morte, e do terror estatal sob a forma da polícia política. Strauss e Kojève, no que guardam de análise de especificidades, limitam-se em ressaltar o progresso ilimitado da ciência e da técnica, no que não se afastam de Schmitt nem de Heidegger.

Interessante observar que toda a correspondência publicada entre Strauss e Kojève, no pós-guerra, não seja tampouco acompanhada de uma reflexão sobre o significado do Holocausto. Há apenas uma referência a Hitler, sem reflexão, e a descrição de alguns casos de amigos que terminaram a sua vida em campos de concentração, além das agruras financeiras e profissionais de um exílio forçado. Somente uma menção explícita é feita à tirania moderna, por ser uma forma de violência estatal que ultrapassa a imaginação mais ousada de todos os pensadores do passado. Por desconhecimento do passado, a ciência política contemporânea não teria conseguido reconhecer essa novidade.[92] Há um silêncio que não é objeto de pensamento, embora Strauss, em particular, fosse um virtuoso nas hermenêuticas do silêncio e dos problemas da es-

---

[91] Strauss, Leo. *Da Tirania. Incluindo a correspondência Strauss-Kojève*. São Paulo: É Realizações Editora, 2016.
[92] Ibid., p. 59.

critura e da perseguição.[93] Quando a tirania chega ser colocada enquanto questão em sua acepção moderna, o que surge é uma discussão, provocada, por Kojève, da tirania bolchevique e stalinista. É o comunismo e o marxismo que aparecem enquanto interlocutores, sobretudo porque Kojève empreendera uma leitura marxistisante de Hegel, provocando a resposta de Strauss, crítica em relação a seu amigo.

Em sua correspondência com Schmitt, de 1955-60,[94] Kojève admite que, em seu curso sobre a *Fenomenologia do espírito*, sempre teve presente em sua mente que, ao pensar em Napoleão, sua leitura se orientava pela figura de Stálin.[95] Ou seja, aos olhos de um hegeliano, não deixa de ser esta identificação paradoxal, na medida em que o general francês foi equiparado pelo filósofo de Iena à efetivação histórica dos princípios universais da Revolução Francesa, enquanto o ditador comunista era um liberticida, opressor de seu povo pelo terror e pelo uso indiscriminado da violência. Seria, então, uma nova "alma do mundo" transmitindo e realizando uma nova mensagem universal para a Europa e o mundo? Não satisfeito, Kojève dá ainda um outro passo, o de compartilhar com Schmitt a ideia de uma outra identificação, a de Hitler com Napoleão, do qual seria "uma nova edição revista e aumentada".[96] Isto é, um ditador que almejava dominar toda a Europa, dizimar povos e populações, indiscriminadamente tidos por inimigos e, logo, candidatos à efetiva aniquilação, ganha um lugar na história do mundo em

---

[93] Entre outros textos, consultar seu livro *Persecution and the Art of Writing*. Chicago & London: The University of Chicago Press, 1988.

[94] *Philosophie*, número 135, setembro de 2017. Paris: Les Éditions de Minuuit. Cf. também Linder, Christian. "Carl Schmitt in Plettenburg". In: *The Oxford Handbook of Carl Schmitt*. Editado por Jens Meierhenrich e Oliver Simons. Oxford University Press, 2019. Cf. Müller, op. cit., p. 91-6.

[95] Cf. Filoni, Marco. *Le philosophe du dimanche*. Paris: Gallimard, 2010, p. 259 e p. 266.

[96] *Philosophie*, Carta de 16/5/1955, p. 8.

uma perspectiva universal – pois comparado a Napoleão – e não um capítulo à parte da história particular da maldade. Não surpreende, então, que Kojève venha a escrever que "a Segunda Guerra Mundial nada trouxe de *essencialmente* novo".[97] A figura hitlerista seria uma mera repetição histórica, atrasada, da figura napoleônica. A tríade está completa: Napoleão, Stálin e Hitler. Kojève é literalmente cego em relação ao totalitarismo nazista e stalinista. Neste sentido, a sua conhecida tirada, em 1967, de que iria a Pattenberg para visitar Schmitt por ser ele a única pessoa com quem valeria a pena discutir na Alemanha,[98] expressa algo mais profundo, o compartilhamento de concepções comuns.

Logo, o stalinismo, em particular, não é visto em sua significação totalitária, mas na perspectiva de uma tirania voltada para o bem material de seus cidadãos, conforme uma ideologia universal (a comunista, bem entendido). Stálin e o terror desaparecem em proveito de uma tirania de cunho filosófico, preocupada com os seus cidadãos. Do ponto de vista teórico, seria a dialética do senhor e do escravo lida sob a ótica de "luta de classes", tendo como desfecho o "fim da história" e o "Estado universal e homogêneo", que aboliria, então, a própria luta, contradição essa que Strauss não se furta de assinalar. Procedimento que permite a Kojève justificar historicamente, e filosoficamente, o stalinismo. Logo, a tirania moderna de tipo comunista já estaria enquadrada nos marcos conceituais de Xenofonte e, neste sentido, do pensamento clássico. Não haveria aqui uma novidade a ser pensada, salvo em seus traços empíricos, sem consequências propriamente conceituais.

Ressalte-se que nem Strauss nem Kojève extraem um ensinamento da política no sentido schmittiano do termo, apesar do

---

[97] Ibid., p. 8.
[98] Taubes, Jacob. *La Théologie politique de Paul. Schmitt, Benjamin, Nietzsche et Freud*. Paris: Seuil, 1999, p. 166.

texto de Xenofonte ser igualmente provocativo neste sentido. O tirano está constantemente confrontado com o inimigo, sabe que suas ações produzem descontentamento por estarem baseadas na imposição da força, no uso da violência, tendo como único objetivo o estabelecimento e a conservação de sua dominação. Na verdade, nem amigos tem, por estar cercado de bajuladores e beneficiários de seu poder. Amigos, portanto, em sua acepção política de alianças em função de fins determinados, defrontando-se todo o tempo com inimigos reais, potenciais ou virtuais. Não possui descanso, a ponto de não poder usufruir de muitos dos prazeres reservados aos homens comuns. Para o tirano, a política está baseada na distinção entre amigos e inimigos, entre a preservação do seu poder e o medo de sua perda, que se traduz por um medo maior imposto aos seus súditos. O alcance desta distinção passa desapercebida tanto para Strauss quanto para Kojève. Em particular, o primeiro, ao privilegiar a ideia antiga da política, termina por insistir muito mais na noção de amizade do que na de inimizade.

Pode-se extrair do texto de Xenofonte o ensinamento de que a distinção amigo/inimigo seria própria da concepção tirânica da política, não se aplicando às suas formas digamos republicanas, onde ela encontra-se subordinada à do governo das leis e não do mais forte, por mais benevolente que seja. A concepção schmittiana perderia, sob esta ótica, o seu alcance universal, só guardando validade para regimes autoritários ou totalitários, em particular neste último tendo vigência plena. Ou seja, Schmitt em sua concepção do político terminou por "universalizar" uma concepção deveras particular do autoritarismo e do totalitarismo. Logo, se seguirmos os ensinamentos de Xenofonte, poderíamos apresentar três noções do político: a) a do governo das leis, em que a distinção entre amigo e inimigo é substituída pela de detentores do poder e seus adversários, segundo regras definidas de rotatividade do Poder. Não há a noção do inimigo a ser abatido, salvo em casos extremos, como os dos que pretendem aniquilar o governo das leis, de modo que a noção de inimigo vê-se reduzida ao que se opõe ao governo das leis; b) a do tirano benevolente, que se preocupa em tornar seus súditos em parceiros no compartilhamento de um bem-estar material generalizado, fazendo com que os seus cidadãos sejam seus amigos, por mais hipócrita que possa ser esta amizade. Ou ainda, esta forma de tirania está embasada em uma noção do bem comum, por mais que alguns pensem em contestá-la; c) a do tirano autoritário e totalitário que governa ao arrepio de qualquer lei, fazendo valer somente o seu poder. Todos os que se opõem a ele, por qualquer razão, são tidos por inimigos a serem combatidos e, em casos extremos, aniquilados fisicamente por mero ato despótico de um governante que age desprovido de qualquer limite. Na tirania deste tipo, todo súdito é um inimigo real ou potencial.

A noção de inimigo ganha particular significação quando abordada na perspectiva do inimigo externo, no que Schmitt teria seguido os seus passos. Toda pólis é inimiga de outra pólis, todo Estado nas relações internacionais é inimigo de outro Estado. Todo governante deve estar sempre pensando na guerra, preparando-se para ela, pois se não o fizer ficará à mercê de outros governantes. Ou ainda, precisará de seus súditos enquanto seus aliados frente a um inimigo comum.[99] Quanto menos inimigos fizer internamente, melhor para o seu combate exterior. Os seus "inimigos" internos não podem fazer frente comum com seus inimigos externos, sob risco de seu governo ruir. Eis um ensinamento, aliás, que não foi seguido nem por Hitler, nem por Schmitt, ao seguirem uma dupla acepção do inimigo, depois unindo-a, no fronte interno e externo.

A união do inimigo em suas acepções interna e externa está particularmente presente na decisão totalitária concernente aos judeus, figura simbólica desta fusão. Logo após declarar guer-

---

[99] Strauss, op. cit., p. 153.

ra aos EUA, no dia 12 de dezembro de 1941, Hitler dirigiu-se aos dirigentes de seu partido na Chancelaria do Reich, em Berlim.[100] O teor de sua declaração, conforme Joseph Goebbels, foi o de que os judeus seriam responsáveis da guerra mundial que então teria sido decretada, devendo, por isto mesmo, ser exterminados. Eles seriam um tipo de encarnação concreta de sua singular noção de inimigo, uma condensação imaginária de seus inimigos ingleses, americanos e soviéticos. Note-se que os "judeus" preenchem uma condição de sua representação de mundo, de seu padrão de pensamento, de tal maneira que estariam supostamente por trás de tudo o que acontecia no planeta. Uma consideração totalmente inverossímil, no entanto, torna-se guia de sua ação e vem a ser a ideia reitora que conduzirá à "decisão final". De Pearl Harbor à declaração de guerra aos EUA, passando pelo complô judeu-bolchevique, cria-se uma "lógica" da decisão totalitária por mais ilógica que possa ser. Sendo os judeus concebidos como os instigadores deste conflito mundial, deveriam, portanto, pagar com suas próprias vidas.

Note-se, aqui, que o texto de Xenofonte é sobremaneira relevante por cogitar da possibilidade filosófica e política de uma tirania benevolente, voltada para o bem-estar dos seus súditos, em que pese o fazer à revelia de qualquer lei. A duração de uma tirania deste tipo seria tributária do caráter benevolente do déspota, de certa maneira ilustrado, que teria como preocupação o bem-estar material de seus cidadãos por saber que a conservação do seu poder depende precisamente desta satisfação material. Sob uma ótica moderna, isto equivaleria ao tirano não se imiscuir na vida privada dos cidadãos, em particular nos seus amores, negócios e em seu direito de propriedade. Ou ainda, o tirano pode ser um bom governante, tendo como objetivo a felicidade de seus súditos.[101]

---

[100] Kershaw, op. cit., p. 102-3.
[101] Strauss, op. cit., p. 128.

Não necessariamente um governo segundo leis produz "bons governantes.[102] Evidentemente, sob esta perspectiva, não pode o cidadão criticar o tirano ou pôr em dúvida o seu poder, visto que isto colocaria em questão a sua própria dominação, algo inadmissível para ele. Não hesitaria, nestes casos, de fazer uso da força. Deve, porém, conter-se, porque não pode pôr em risco a satisfação material de seus outros súditos. Ocorre, contudo, que uma tirania mitigada desta espécie depende apenas da autocontenção do tirano, e não de uma qualquer limitação oriunda da lei. Neste sentido, poder-se-ia dizer que a própria distinção entre amigo e inimigo é atenuada, permanecendo restrita aos que ameaçam diretamente o seu poder e não os cidadãos em sua generalidade. Segundo esta concepção benevolente da política tirânica, os súditos passariam a ser aliados, amigos em certo sentido, por usufruírem de bem-estar material, estando reservada a posição de inimigo aos que contestam diretamente o seu poder, pretendendo, por exemplo, um governo segundo leis. Strauss atenta a este ponto ao assinalar que Hiero distingue o sábio do homem justo, sugerindo com isto que o homem justo seria o bom governante. "Da mesma forma, tem-se de presumir que ele entende por justiça a justiça política, a justiça que se manifesta em ajudar os amigos e prejudicar os inimigos".[103]

Em seus cursos sobre Hegel, em particular sobre a sua *Filosofia da história*, Strauss faz uma defesa de Hegel enquanto não totalitário, colocando-se nas antípodas de apropriações nazistas do filósofo alemão. Neste momento, ele recorre a Schmitt, quando esse afirmou, quando da ascensão de Hitler ao Poder: "neste dia, Hegel morreu". Ele estabelece claramente a distinção entre o pensamento alicerçado na autoridade do Estado, concedendo plena liberdade à sociedade, sem qualquer distinção de raça e casta, e um pensamento totalitário, que invade a

---
[102] Ibid., p. 130.
[103] Ibid., p. 155.

sociedade, emprega o terror e se fundamenta em distinções raciais. Strauss chega a caracterizar Hegel como um liberal[104] pela liberdade acordada à sociedade civil-burguesa enquanto local próprio de defesa das liberdades econômicas, algo que pertence ao "sistema de carecimentos", mediante a não ingerência do Estado nesta esfera, o respeito aos contratos, a proteção da propriedade privada, para além da forma propriamente política da monarquia constitucional. O Estado, segundo Hegel, salvo em situações de emergência, não deve se imiscuir nos assuntos da sociedade, nem do ponto de vista das liberdades civis, nem da liberdade econômica. Contudo, o que chama atenção nesta breve menção de Strauss é o fato de ele referir-se a Carl Schmitt como um famoso advogado de direito constitucional que se tornou um nazista por "deploráveis razões".[105] O juízo moral sobre Schmitt é certeiro. Já muito tempo havia transcorrido entre um estudante, que pedia carta de recomendação, e o professor, em 1954, que viu as transformações sofridas por seu "colega".

Em sua introdução a este escrito, Paul Franco[106] ressalta uma posição de Leo Strauss, que é da maior importância para compreendermos a filosofia moderna e a relação entre Hobbes e Hegel. Segundo ele, o medo da morte violenta, tal como formulado por Hobbes, e reelaborado por Hegel, na luta à morte entre senhor e escravo, seria equivalente, do ponto de vista da filosofia teórica, à dúvida metódica, na perspectiva da filosofia teórica, em sua elaboração cartesiana. Teríamos, assim, dois pontos de partida da filosofia moderna, Descartes e Hobbes, que foram, inclusive, contemporâneos. Os textos inaugurais da filosofia moderna seriam o *Discurso do método*, posteriormente as *Meditações metafísicas*, e *De Cive*, posteriormente o *Leviatã*.

---

[104] Strauss, Leo. *On Hegel*. Editado por Paul Franco. The University of Chicago Press, 2019, p. 192.
[105] Ibid., p. 137.
[106] Ibid., p. 2.

Note-se, a respeito, que Hobbes foi um dos interlocutores de Descartes nas *Meditações metafísicas*, embora não tenham se conhecido pessoalmente, nem tampouco tivessem muito respeito filosófico um pelo outro.

Neste sentido, um teria descortinado novo fundamento para a metafísica, outro para a moral e a filosofia política. Ambos, contudo, tinham um mesmo ponto de partida comum, uma desconfiança em relação à natureza humana: para Descartes, dever-se-ia descartar a origem sensorial do conhecimento por essa ser falha e indutora ao erro; para o outro, não se poderia confiar na natureza humana enquanto fonte de concórdia e solidariedade, pois ela conduz, inexoravelmente, pelo choque dos corpos, à morte violenta. O primeiro, no entanto, confiava na razão humana enquanto fonte do conhecimento verdadeiro, capaz de ter acesso a verdades eternas e ao conhecimento de Deus, enquanto o segundo entendia a razão enquanto instrumento e justificação das paixões humanas. Em todo caso, para ambos, não seria possível, seja do ponto de vista do conhecimento, seja do ponto de vista moral e político, confiar na natureza desejante, passional, ou, se se quiser, animal, do homem.

II
PERCEPÇÕES E ESCOLHAS TRÁGICAS

No outono de 1743, um jovem de apenas 14 anos entra em Berlim após uma longa jornada a pé de cinco ou seis dias, caminhando pelas colinas, proveniente da cidade de Dessau, sem nenhum conhecimento de alemão no sentido alto e próprio do termo. Conhecia apenas o hebraico e o Judendeutsch, um grosseiro dialeto medieval alemão misturado com hebraico.[1] Sua educação tinha sido exclusivamente religiosa e era incapaz de falar ou ler um livro em alemão. Entrou pelo portão de Rosenthaler Tor, única entrada possível na capital da Prússia para judeus e gado. O mesmo, aliás, que Hannah Arendt utilizou fugindo do nazismo, emblema de fechamento de toda uma época que tinha apostado no "Esclarecimento" (*Aufklärung*). Na verdade, conforme a visão dos prussianos de então, deveria haver certamente uma identidade entre esses dois tipos de mamíferos, como se os judeus não fossem verdadeiramente seres pensantes ou não merecessem sê-lo.

Frederico II, que depois viria a ser conhecido como Frederico, o Grande, tido por um imperador "esclarecido", considerava os servos e os judeus como se fossem menos do que humanos. Por

---

[1] Elon, Amos. *The Pity of It All. A History of Jews in Germany, 1743-1933*. New York: Metropolitan Books, 2002, p. 3.

ironia da história, este jovem, Mendelssohn viria a ser um dos maiores filósofos e representante da cultura alemã. Um sub-humano seria a expressão da mais alta humanidade e cultura, sendo na época igualado a Kant. Diga-se de passagem que Frederico sempre recusou a cidadania alemã a Mendelssohn, apesar de insistentes pedidos de amigos não judeus. Surge aqui uma espécie de mal-entendido histórico, de profundas consequências políticas, segundo o qual haveria uma identidade entre a cultura alemã, no seu sentido mais elevado, e a proposta judaica de moralidade e messianismo, por sua vez identificado ao humanismo que então se construía.[2] Daí não se seguia, porém, que os alemães em geral compartilhassem desta mesma concepção de cultura, permanecendo dela alheios, nem tampouco que os judeus em geral a ela aderissem, com a vantagem para estes últimos de que chegaram a acreditar – o que veio a acontecer historicamente, embora por pouco tempo – que tal identificação cultural seria a antessala da emancipação política. Lessing, Goethe e Kant, apesar de serem tidos por expressões maiores desta cultura graças à sua ideia mesma de universalidade, de *Bildung*, não eram, por isto mesmo, representantes genuínos das tradições, lendas e história da particularidade alemã propriamente dita.

Há algo paradoxal em que a nascente cultura germânica tenha sido também liderada por um judeu, somente autorizado a viver em Berlim, conforme uma estrita regulamentação antijudaica imperial. Mais curiosamente ainda, esse mesmo judeu criticou audaciosamente o Imperador por escrever em francês e não em alemão! Mendelssohn, filho de um pobre escritor em pergaminho da Torá (o Pentateuco), tornou-se um dos grandes mestres da língua alemã, aprendida quando já não era mais uma criança.[3]

---

[2] Mendes-Flohr, Paul. *German Jews. A Dual Identity*. New Haven & London: Yale University Press, 1999.
[3] Meyer, Michael A. *The Origins of the Modern Jew*. Detroit: Wayne University Press, 1967, p. 22.

Aderiu ao alemão como sua língua, apesar de ter aderido, por este movimento, a uma espécie de abstração cultural, não representativa do espírito alemão da época. Frederico, o Grande, ao falar em francês, falava a língua da Corte, da cultura e da diplomacia, o imigrante fez a aposta de compartilhar e de participar de um processo de tornar o alemão efetivamente uma língua da *Bildung*, da Cultura, do Humanismo.

Particularmente marcante é o fato de a maioria dos cristãos não ter conseguido compreender como um filósofo "alemão" de tão alto nível, sendo, ademais, publicamente reconhecido por ser um homem virtuoso, pudesse permanecer judeu, não se convertendo ao cristianismo. Quem era esse outro que tanto os inquietava? É como se essas características não fossem propriamente judaicas, sobretudo considerando a penúria social em que viviam os judeus, muitos pedintes, pobres caixeiros-viajantes, com suas vestes ortodoxas, vistas como estranhas e "ridículas". Mendelssohn, para essas pessoas, não seria propriamente um "judeu", uma vez que não se enquadrava nos estereótipos do que era tido por um judeu "normal". Assinale-se, aliás, que essas investidas sobre ele não apenas não produziram nenhum efeito, como tiveram a consequência de nele fortalecer a sua identidade judaica e em ter se tornado ainda mais um grande representante político de sua comunidade. A universalidade cultural dos seus detratores, paradoxalmente, não admitia a particularidade judaica. O próprio termo de universalidade cultural tornara-se equívoco.

Na verdade, Mendelssohn pensava ser possível criar uma religião superior que englobaria, por exemplo, o judaísmo e o cristianismo: uma "religião natural". Ambas as religiões deveriam ser vistas na perspectiva de suas respectivas racionalidade e moralidade, onde contaria a coerência racional da doutrina e não sua missão histórica.[4] Tratar-se-ia de uma "religião da ra-

---

[4] Meyer, op. cit., p. 36.

zão" que superaria dogmas irracionais, que se afastariam, precisamente, da racionalidade pretendida. Mais particularmente, da parte dos cristãos, deveria haver o reconhecimento da validade moral do judaísmo, das leis mosaicas, de tal maneira que não teria cabimento dizer que os cristãos teriam liberado os judeus do jugo de suas leis morais, tidas por formais. Cristo, na verdade, seria um herdeiro dessas mesmas leis morais, criticando, apenas, a hipocrisia em sua observação nas comunidades por ele conhecidas na Palestina. Em contraparte, os judeus reconheceriam Jesus como "profeta e mensageiro de Deus",[5] o que significava dizer que ele poderia inclusive ter o estatuto de um Moisés, sem a pretensão de ser Deus ou o Messias. Em todo caso, a ênfase de Mendelssohn consistia na moralidade, na obediência a virtudes baseadas em princípios universais. Ou ainda, "Judaísmo era simplesmente religião natural com uma especial revelação da lei".[6]

A *AUFKLÄRUNG* PERDIDA

A *Aufklärung*, em seu conceito,[7] significa tudo testar à luz da razão, que se põe enquanto critério verdadeiramente universal do conhecimento e da ação. Não há comportamento humano que possa se declarar universalmente válido se, previamente, não tiver sido submetido a esse exame racional. A razão, em sua universalidade, funcionaria como uma espécie de poder formal, sem conteúdo determinado, que se colocaria enquanto instância universal de juízo, capaz de julgar, segundo os seus critérios, quaisquer conteúdos concretos e particulares. Não há particu-

---

[5] Ibid., p. 36.
[6] Ibid., p. 39.
[7] Kant, Immanuel. *Was ist Aufklärung. Textos seletos*. Petrópolis: Vozes, 1985. Cf. Mendelssohn, Moses. *Jerusalem o Acerca de poder religioso y judaísmo*. Edição bilíngue. Introdução, tradução e notas de José Monter Pérez. Barcelona: Anthropos, 1991, p. 130-1 e p. 150-1.

laridade, de tipo nenhum, que possa se declarar universal enquanto tal, se não produzir as provas de sua universalidade. Isto equivale a dizer que toda particularidade deve ser examinada, de modo que, após essa avaliação, sua particularidade possa ser dita de validade universal.

Atente-se, porém, a que a *Aufklärung*,[8] no sentido alemão do termo, distingue-se do *Siècle des Lumières*, em sua acepção francesa, no tratamento dado à religião, na medida em que a primeira a considera como um meio de desenvolvimento moral da humanidade, estando integrada à filosofia, enquanto a segunda a toma como uma infâmia, algo que deve ser desprezado, fazendo parte da superstição e ignorância dos homens que não conseguiram ainda se ilustrar. Mais especificamente, tal feição do "Esclarecimento" alemão, defendida por Mendelssohn, é-lhe especialmente apropriada, pois permite-lhe conciliar a sua religiosidade judaica com a cultura alemã, não devendo se tornar ateu segundo a acepção francesa. Todavia, tal formulação não era aceita por pastores, padres e intelectuais alemães que não se representavam como um imigrante judeu, tendo aprendido o alemão tardiamente, pôde vir a ser um expoente da cultura que tinha assimilado, como se fosse contraditório ser culturalmente – senão politicamente – judeu e alemão. Deste mal-entendido "esclarecido" nasceram as demandas de sua conversão, como se as sínteses entre filosofia e teologia, entre religião e cultura, só valessem para as religiões protestantes e católica.

Logo, nenhuma religião valeria por sua particularidade, mas pela universalidade moral que expressa, pela mensagem que transmite, não podendo ser imposta pela força ou coerção. Nenhuma religião seria universal por si mesma, sempre permanecendo particular, devendo aguardar o teste racional se aspirar a

---

[8] Cohen, Hermann. *Reason and Hope. Selections of the Jewish Writings of Hermann Cohen*. Tradunção, edição e introdução de Eva Jospe. Cincinnati: Hebrew Union College Press, 1993, p. 177.

se tornar uma religião universal, o que os filósofos dos séculos XVIII e XIX designavam de "religião natural", em acordo com a razão. Toda religião, por definição, é histórica, respondendo a um corpo dogmático determinado com os seus próprios pontos de referência. O seu sistema e os seus critérios são particulares, correspondendo a certas narrativas que, em sua visão própria, conferem-lhe um valor absoluto. Ademais, poder-se-ia acrescentar que a história das religiões, a sua diversidade, é algo querido por Deus, algo que fez parte de seu plano de mundo. Ou seja, a pluralidade religiosa teria sido algo concebido por intenção divina.

Absoluto, porém, não quer dizer universal. Significa tão somente a sua pretensão de "universalmente válida", neste sentido, ancorada em um certo texto sagrado, tomado enquanto fonte de uma "verdade revelada". Uma verdade revelada significa que sua origem reside em Deus, que lhe outorgou esse valor absoluto que se pretende inquestionável. A verdade revelada supõe, nesta perspectiva, a adesão a uma narrativa histórica determinada, que, conforme essa ótica, torna-se "a" narrativa, aquela que melhor explica a origem do homem e do mundo. A narrativa histórica particular vem, assim, entretecida pela universalidade de sua mensagem, devendo ser o mundo o lugar de convivência entre estas distintas particularidades, que se disputam apenas no terreno de sua universalidade. Ocorre, contudo, que cada religião, ao possuir uma narrativa determinada, pretende que a sua seja a verdadeiramente absoluta, válida para todos os homens. Ou seja, na medida em que cada particularidade é absoluta, nenhuma poderia logicamente ser absoluta, pela falta de reconhecimento do outro, que afirma a sua pretensão própria. Surge um "conflito de particularidades absolutas", que pode se tornar relevante sob a forma de perseguições, como na Inquisição, ou de lutas militares, como nas Guerras de Religião. Somente um poder superior a essas particularidades absolutas poderia se posicionar como um árbitro a julgar o que, em cada uma delas, haveria de validade universal, para além do caráter absoluto almejado ou suposto.

A *Aufkärung* teve a pretensão de apresentar esse critério universal sob a forma de uma racionalidade efetivamente emancipada de seus amparos religiosos, independentemente do credo particular de cada filósofo ou pensador. Ou seja, cada um teria de preliminarmente fazer em si mesmo o teste de racionalidade de sua crença particular, o que significa dizer que cada um deveria submeter a sua fé ao crivo da razão, que se instaura, por esse mesmo ato, em um poder superior a qualquer religião. Dito de outra maneira: trata-se de trabalhar, de elaborar, cada particularidade religiosa com o intuito de determinar o que, nela, em sua concretude, pode efetivamente ser universal, válido moralmente, por exemplo, para qualquer homem que, assim, poderia livremente aderir a esse processo de justificação. A liberdade de crença e de escolha é essencialmente constitutiva deste teste de universalidade, não podendo aqui ocorrer nenhum tipo de coação política, econômica, profissional, moral, cerimonial ou outra qualquer. Uma religião que passe pelo teste da racionalidade apresenta-se a um escrutínio aberto a todos os que pretendem a ela aderir, a não adesão fazendo igualmente parte deste mesmo processo. A liberdade de escolha religiosa é a essência mesma desta forma de adesão.

A conversão, por exemplo, não pode ser jamais, segundo esse critério de racionalidade, algo forçado ou obrigatório, porque perderia, por esse mesmo ato, a sua validade universal. Uma universalidade imposta, não livre, não é verdadeiramente universal. O que é, sim, salutar é que várias religiões se prestem ao livre teste de racionalidade, o que pressupõe, entre elas, um processo preliminar de reconhecimento mútuo. Neste sentido, a tolerância religiosa é constitutiva, enquanto condição preliminar, do exame de racionalidade que, por sua vez, pressupõe que cada uma delas, em sua particularidade, possua essa legítima pretensão. Tolerar a particularidade não significa suportar algo que desprezo, algo que faço apesar de mim mesmo, mas processo de abertura a uma universalidade possível deste mesmo outro, reconhecendo uma legítima pretensão sua à universalidade.

Mendelssohn, homem da *Aufklärung*, estava, por sua vez, persuadido de que o judaísmo coincidia, no nível dos princípios, com a religião natural. Não seria, acrescenta ele,[9] propriamente uma religião revelada se por essa expressão entendermos uma religião contrária à razão, seguindo fundamentos completamente distintos. Mais propriamente, para utilizarmos uma expressão de Graetz, o judaísmo seria uma "legislação revelada".[10] Verdades eternas, no sentido estrito, seriam aquelas compreensíveis pela razão, estando ao seu alcance e tendo livre direito para investigá-las e testá-las em sua validade. O judaísmo seria uma religião cujos fundamentos e princípios coincidiriam com os da razão, não havendo entre eles nenhuma contradição. Haveria uma harmonização, uma coincidência, neste sentido, entre fé e razão, sob o primado do livre exame desta última e de sua igualmente livre confrontação com outras crenças.

Kant e Mendelssohn tiveram, cada um, a pretensão de apresentarem uma forma de religião natural, efetivamente universal, independentemente de suas crenças respectivas, um sendo puritano, outro judeu. Cada um afirmou, por assim dizer, a sua particularidade religiosa propugnando, ao mesmo tempo, por um conceito de religião capaz de ultrapassar as particularidades religiosas respectivas. Um sempre permaneceu puritano e o outro judeu, apesar de ambos se reconhecerem em seus respectivos trabalhos filosóficos de universalização das práticas religiosas. Politicamente, cada um deveria ter o direito de exercer a sua religião determinada, sem ser obrigado a nenhuma conversão, pelo simples fato de que a tolerância religiosa deveria ser a condição preliminar do

---

[9] Mendelssohn, op. cit., p. 150-1.
[10] Graetz, Heinrich. *History of the Jews*. Vol. V. Philadelphia: The Jewish Publication Society of America, 1985, p. 364.

exame de universalização possível de cada religião. Mais ainda, a tolerância é uma obrigação (*Pflicht*), um dever do Estado,[11] que não deve se imiscuir nos assuntos da liberdade de consciência.

Outro grande filósofo, Hermann Cohen, kantiano e judeu, note-se, escreve uma célebre obra, *Religion der Vernunft* (*Religião da razão*), em que, deliberadamente, omite o artigo definido "A", pois isto teria significado conceder a uma religião determinada o caráter definitivo de ser "A" religião universal. Em seu livro, elabora a religião judaica em sua perspectiva universal, principalmente moral, válida para qualquer homem, sem, ao mesmo tempo, apresentar nenhum caráter exclusivista para tal elaboração. Outras religiões podem cumprir a mesma função, sempre e quando façam o mesmo processo de elaboração universal, em seu caso, submetendo os seus conteúdos morais religiosos à formulação moral da filosofia de Kant, ao seu conceito de razão prática. Contudo, observe-se que tal concepção, nascida de uma identidade filosófica entre kantismo e judaísmo, não era, ela mesma, expressão nem do povo alemão, imerso nesta mesma época, no nacionalismo e no resgate de seus costumes e tradições, nem de judeus que não se reconheciam nesta "abstração" teológico-filosófica. O percurso cultural das ideias mostrar-se-á cada vez mais dissociado da realidade política.

Se, no caso de Moses Mendelssohn, a aproximação da ética judaica com a alta cultura alemã da época ainda fazia sentido ao estabelecer na ordem dos princípios uma mesma universalidade, não é mais a mesma situação/posição em Hermann Cohen. No primeiro caso, estamos diante da aposta de um membro do Estado prussiano, que nem cidadão era, em uma síntese filosófica que se traduziria por uma igualdade política, pela emancipação dos judeus no interior de uma sociedade que os acolheria, embora o próprio Mendelssohn e seus descendentes e discípulos tenham confundido a cultura alemã com sua alta

---

[11] Mendelssohn, op. cit., p. 122-3.

expressão, compartilhada apenas por alguns e não pela ampla maioria da população, nem tampouco pela elite política. No segundo caso, a igualdade política já existia, embora não se traduzisse por um reconhecimento do judeu enquanto judeu, como se o seu destino obrigatório fosse a assimilação e a conversão. Hermann Cohen faz elogios ditirâmbicos à Alemanha: "Amamos a Alemanha e tudo o que ela representa não apenas porque amamos nossa terra natal como uma ave ama o seu ninho; nem tampouco a amamos somente porque nós desenhamos o nosso amplo sustento espiritual dos ricos tesouros do espírito alemão (e certamente não apenas da Bíblia e do Talmud*)".[12] E ele o faz precisamente em uma réplica a Martin Buber a propósito do sionismo quando já o patriotismo e o nacionalismo alemão batem o seu pleno durante a Primeira Guerra Mundial, o mesmo nacionalismo que, pouco tempo depois, irá se concretizar no nacional-socialismo.[13] Apesar da intensa declaração de amor, esse não foi correspondido: um amor sem reciprocidade.

Contudo, Mendelssohn não teve a sorte de usufruir dos sabores da emancipação política, nem dos dissabores de um amor não correspondido. Cidadão da cultura alemã, mas não de seu Estado. Enquanto filósofo "esclarecido", ele reivindicava para si e para o seu povo os mesmos direitos que católicos e protestantes, por exemplo, tinham enquanto cidadãos, sendo todas essas crenças manifestações do Absoluto, que se expressam diferentemente em comportamentos, leis, regras e dogmas determinados. Ser homem em uma perspectiva universal não implicaria nenhuma renúncia à particularidade. Reivindicava a razão e a tradição religiosa por ele seguida, não havendo, em seu entender, nenhuma incompatibilidade entre ambas. A palavra homem não

---

[12] Cohen, op. cit., p. 168.
[13] Ibid., Introdução, p. 34-5.
* Comentários da Torá, produzidos por sábios no decurso dos séculos. tendo valor sagrado. É considerado uma "Bíblia oral".

significava uma universalidade abstrata, desprovida de qualquer caráter concreto. O homem não existiria enquanto abstração, mas como ser concreto, particular, inserido desde sempre em uma comunidade familiar, cultural, social, religiosa e política.

O trabalho da universalidade consiste em fazer valer essa particularidade "ética" em uma perspectiva universal, e não em fazer como se essas formas de vida comunitária não existissem ou fossem simplesmente desprezíveis. Em uma perspectiva religiosa, isto significa que Mendelssohn visava à emancipação dos judeus, à sua integração enquanto cidadão, sem perda de sua particularidade religiosa, passando a ser considerados enquanto homens exercendo os seus direitos como cidadãos, podendo, ao mesmo tempo, conservar a sua especificidade religiosa. O judeu não necessitaria deixar de ser judeu para ser cidadão, da mesma maneira que protestantes e católicos guardam suas religiões respectivas, sendo efetivamente cidadãos. O cidadão da cultura exigia a cidadania política em sua particularidade.

A organização política de um Estado "esclarecido" estaria baseada na liberdade de consciência enquanto bem inalienável, de competência estrita e exclusiva de cada um, baseada que se encontra na liberdade de escolha. Não caberia ao Estado ingerir-se nesta esfera da subjetividade, nem ostentar nenhuma religião positiva, nenhuma Igreja, tampouco arrogar-se uma posição que supostamente poderia lhe garantir tal ingerência. Ou seja, Mendelssohn defendeu os princípios liberais do Estado, assegurando a liberdade em suas várias esferas e determinações, aí incluindo evidentemente a liberdade de consciência, da qual a liberdade religiosa seria uma de suas expressões. Segundo ele, o Estado não pode arrogar-se nenhuma espécie de contrato que venha exercer um direito de coerção sobre as "convicções",[14] as crenças. Ou ainda, o direito sobre nossa própria consciência não pode ser objeto de nenhuma alienação, de nenhum tipo de

---

[14] Mendelssohn, op. cit., p. 80-1.

jugo, particularmente exterior, fazendo, propriamente, parte dos direitos da humanidade (*Rechte der Menscheit*).[15]

Do ponto de vista religioso – e cultural –, Mendelssohn empreendeu a tradução do Pentateuco para o alemão, utilizando o alfabeto hebraico. Seus alvos foram os próprios judeus, que poderiam, assim, ter acesso à cultura alemã, além de virem a manejar esse idioma, tornando o hebraico uma língua mais melodiosa, em sua nova interação idiomática. Na verdade, ao tornar este livro acessível em alemão, ele tinha em vista a emancipação cultural dos judeus, muitos dos quais falavam um pobre dialeto germânico, do qual tinha se distanciado, abrindo-se a algo novo. Ou seja, o seu objetivo residia em um "verdadeiro renascimento dos judeus",[16] no confronto mesmo de alteridades culturais. Mendelssohn teria realizado entre os judeus, no que diz respeito à liberdade de consciência, à liberdade subjetiva, um trabalho análogo ao de Lutero ao traduzir os Evangelhos para o alemão. David Friedländer, seu discípulo, por sua vez, logo após a sua morte, ao ampliar a tradução do Pentateuco para a esfera da liturgia, seguindo evidentemente o espírito de seu mestre, traduziu a palavra "Torá" por "Lei" (*Gesetz*). Note-se que essa palavra alemã designa a lei no sentido positivo do termo, lei que deve, neste sentido, ser observada nos comportamentos cotidianos. A ênfase é posta na moralidade do judaísmo, em sua legislação, e não nos aspectos propriamente teológicos da Revelação.

Observe-se que, na passagem de Mendelssohn para Friedländer, duas, por assim dizer, condições para resolver o que era tido por problema judaico, são confrontadas, ou melhor, justapostas, revelando diferentes maneiras de compreensão tanto da identidade judaica quanto das complexas relações com o mundo e a cultura não judaica. Mendelssohn foi um homem

---

[15] Ibid., p. 82-3.
[16] Graetz, op. cit., p. 335.

que entendeu a identidade judaica enquanto identidade racional e universal, que se integraria à cultura alemã, devendo seguir essa os mesmos critérios. Trata-se, no espírito da "*Aufklärung*", de uma cultura "esclarecida", representativa dos valores de uma humanidade efetivamente universal e racional. Quando se fala de Alemanha, deve-se ter presente que a integração buscada por Mendelssohn e por aqueles que compartilhavam de sua concepção consistia em uma integração à *Bildung*, à cultura e língua deste país, e não somente a um espaço geográfico-político. Aliás, era essa concepção de Alemanha a que veio, depois, a guiar os reformadores alemães, prussianos, que empreenderam a guerra de libertação contra a França e sentaram as bases políticas e administrativas de um Estado moderno, a Prússia. Logo, todas as barreiras que impedissem essa efetiva integração deveriam ser removidas: a legislação que impedia a livre residência aos judeus; os obstáculos à frequentação livre de universidades; as limitações à liberdade de exercício de distintas profissões (na época, apenas a profissão de médico e as comercial e bancária eram permitidas); a alta tributação; o não ingresso nas Forças Armadas e assim por diante.

Em sua sucessão por Friedländer, todavia, o foco muda, pois sendo esses judeus – não os pobres, oriundos, sobretudo, da Polônia – já culturalmente integrados, as suas demandas adquiriam uma outra significação, a dos direitos civis em geral e, mais particularmente, políticos. Eles pretendiam ser cidadãos alemães de crença mosaica. Ressalte-se, a esse respeito, que surgem dois caminhos: o da assimilação, resultante de uma aceitação generalizada por parte de não judeus de seus direitos civis e políticos; o da conversão, produto da não aceitação pelos não judeus de sua identidade judaica, mesmo racional e universal, de modo que se tornassem cidadãos alemães sob a condição de serem cristãos. As restrições civis e políticas aos judeus *qua* judeus permaneceriam inalteradas. Tais questões não se deviam somente às próprias tensões e processos internos à comunidade judaica, mas eram tributárias, sobretudo, do antissemitismo. São os antissemitas que, neste sentido, terminaram preenchendo um papel no processo de identificação e reconhecimento dos judeus, aqui passando por um olhar violento e hostil ao outro. Friedländer estava convencido de que, não fosse o antissemitismo reinante, os judeus continuariam se integrando à cultura alemã, a observância do judaísmo ortodoxo deixaria naturalmente de ser seguida, os rabinos presos a ritos medievais cessariam de ter influência e judeus e alemães estariam irmanados em uma cultura superior, que os uniria e integraria. É o ideal mesmo da *Aufklärung*.

De própria iniciativa, acompanhado por um conjunto de amigos que compartilhava da mesma concepção e nível elevado de vida, Friedländer deu um passo que o afastou definitivamente de seu mestre e guia, ao solicitar ao chefe do Consistório de Berlim da Igreja protestante a sua conversão. A posição assimilacionista estava sendo levada ao seu extremo em um momento da vida histórica da Alemanha – anterior à invasão napoleônica com suas medidas emancipatórias em relação aos judeus e antes, também, das medidas subsequentes na Prússia levadas a cabo pelo chanceler Hardenberg –, pois esse grupo de judeus já não descortinava nenhuma saída. Não mais se reconheciam no judaísmo ortodoxo, abandonado e criticado por eles, obediente a leis rituais que já não mais se justificavam historicamente por estarem definitivamente superadas, nem eram aceitos por um Estado e uma sociedade que relutavam e não aceitavam a igualdade dos judeus. A integração cultural não tinha se traduzido pela emancipação política. Viveram em uma abstração carente de realidade.

Ocorre que, em suas almas, continuavam sendo judeus, identificados a uma religião natural, racional, e a leis morais igualmente universais, válidas, enquanto tais, para toda a humanidade. Dirigiram-se a um prelado amigo de Mendelssohn que compartilhava dessa concepção racional da religião e da

Aufklärung. É como se visassem a permanecer judeus sob uma nova denominação. Solicitavam, inclusive, não seguir costumes cristãos que consideravam como ultrapassados ou irracionais. Não se prontificavam a seguir acriticamente os dogmas do cristianismo. Na verdade, a razão de sua conversão era política e econômica e não propriamente filosófica e religiosa,[17] embora se sentissem culturalmente amparados. Teller, o prelado protestante, apesar de suas afinidades com Friedländer, não aquiesceu às suas demandas, pois, além de estar convencido da superioridade do cristianismo em relação ao judaísmo, ponderou que a razão da conversão, por não ser religiosa, mas política e econômica, situava-se acima de sua jurisdição. Não poderia resolver um problema político por meios religiosos. O que Friedländer pedia consistia em abandonar as leis cerimoniais – do judaísmo e do cristianismo – em nome de um deísmo por ele professado, não pretendendo ser verdadeiramente cristão. Até um teólogo protestante "esclarecido", segundo ele, poderia aquiescer à sua demanda, tal era a sua pretensão, não concretizada.

Cabe aqui uma nota relativa à postura de Hegel. Em um ambiente fortemente antissemita, Hegel defendia, na esteira da *Aufklärung*, a igualdade dos judeus em relação aos não judeus, a igualdade própria dos cidadãos detentores de plenos direitos. Alemão, Hegel adotou a postura filosófico-política de Napoleão, chefe, por assim dizer, dos invasores que infringiram uma derrota fragorosa ao Exército prussiano no ano de 1806. Foi favorável aos franceses, por representarem eles, no seu entender, naquele momento, uma etapa da história universal, a da liberdade. Foi, mais de uma década depois, convidado a ser professor em Berlim pelo Barão von Stein, ministro da Educação e membro do gabinete do chanceler Hardenberg, ambos representantes dos reformadores alemães. A sua *Filosofia do direito*, de 1821, foi, coerentemente, dedicada a este

---

[17] Meyer, op. cit., p. 71-3.

último, que morreria logo depois. Ora, o código napoleônico foi igualmente defendido pelo chanceler, que foi líder civil da revolta contra o próprio Imperador francês quando da reforma, liberal, do Estado prussiano, tendo sido ele e os reformadores militares bem-sucedidos graças aos ensinamentos que extraíram de suas estratégias militares e das concepções de liberdade e igualdade. Aliás, é do mesmo chanceler o Édito de 1812, que garantiu a emancipação dos judeus por um curto espaço de tempo, pois imediatamente após veio a reação dos conservadores alemães – e austríacos.

As ideias emancipatórias de Mendelssohn, profundamente imbuído de cultura judaica e alemã, preocupado com a libertação civil e política de seu povo e com uma humanidade cultivada, esclarecida, racional, para além de religiões determinadas, terminou tendo, indiretamente, repercussão na atitude libertadora dos revolucionários franceses em relação aos judeus. Em um célebre opúsculo, *Sur Mendelssohn, Sur la Reforme politique des juifs*,[18] Mirabeau, dois anos antes da Revolução Francesa, em 1787, fez uma defesa veemente da emancipação civil e política dos judeus, conforme a ideia dos direitos humanos, baseando-se, precisamente, na obra e na conduta deste filósofo. O movimento histórico não deixa de ser curioso. O filósofo teria tido influência na Revolução graças à imponente figura de Mirabeau, contribuindo, portanto, para a emancipação civil e política dos judeus na França, enquanto, graças a Napoleão (Mirabeau tendo morrido em 1791), estas mesmas ideias iriam posteriormente realizar-se na Alemanha. É o que bem poderíamos denominar de poder das ideias!

---

[18] Mirabeau, Honoré-Gabriel Riqueti de. *Sur Mendelssohn, Sur la Reforme politique des juifs*. Scholar Select. Londres, 1787. Cf. também Mirabeau, Honoré-Gabriel Riqueti de. *Histoire secrète de la Cour de Berlin, ou Correspondance d'un voyageur français, depuis le 5 juillet 1786, jusqu'au 19 janvier 1787*. Rotterdam, 1789. Cf. Feuerwerker, David. *L'émancipation des juifs en France*. Paris: Albin Michel, 1976.

Durante sua missão secreta diplomática na Alemanha, em 1786-7, teve Mirabeau contato não apenas com a obra de Mendelssohn, mas também frequentou os salões berlinenses, de forte influência mendelssohiana, sobretudo graças à relação estreita que estabeleceu com uma bela mulher, Henrietta Herz.[19] Em seu texto, lutar pelos judeus significava lutar por uma raça perseguida e escravizada,[20] vivendo sob o arbítrio e os caprichos de diferentes reis e tiranos. Lutar pelos judeus significava então lutar por um povo que necessitava ser libertado conforme a nova noção de humanidade que então se delineava. Ele se mostra um bom conhecedor da condição judaica, tanto na perspectiva do antissemitismo quanto dos valores e tradições judaicas, citando frequentemente Moisés e o Talmud. Segue, neste sentido, o racionalismo mendelssohiano, apostando em que a emancipação civil e política dos judeus os conduziria à assimilação ao serem reconhecidos enquanto cidadãos. Chega a considerar que os judeus, uma vez livres e reconhecidos, abandonariam a sua crença na vinda do Messias, uma vez que suas aspirações já estariam sendo realizadas no novo presente, o da liberdade. Em suas palavras: "Como numa situação livre e próspera não será logo esquecido este Rei-Messias, cuja vinda supõe sempre um estado de escravidão e de opressão para a nação judaica?".[21]

Na perspectiva judaica, Napoleão era tido por um libertador, um profeta. Há uma gravura que representa o Imperador francês como se fosse um novo Moisés, erguendo em sua mão direita as Tábuas da Lei.[22] Para o imaginário dos judeus de então, perseguidos e tratados como gado ou servos, ele surge como um libertador, emancipando os judeus de déspotas existentes,

---

[19] Graetz, p. 413. Cf. também a alusão a Rahel von Varnhangen em Duc de Castries. *Mirabeau*. Paris: Fayard, 1986, p. 234.
[20] Ibid., p. 432.
[21] Mirabeau, op. cit, p. 115.
[22] Elon, op. cit., p. 93.

no caso, alemães. O Imperador seria uma espécie de Moisés moderno, um não judeu enviado por Deus para libertá-los. Neste contexto, não surpreende que Hegel, em sua célebre carta a Niethamer,[23] comentando a entrada de Napoleão vitorioso em Iena, tenha dito ter visto o imperador, essa "alma do mundo" montada a cavalo. Moisés para uns, "alma do mundo" para outros. As fronteiras de religião, de país e de cultura se apagam diante de uma nova concepção de mundo, que não mais distingue judeus de cristãos, alemães de franceses.

Assinale-se que Napoleão foi um imperador *sui generis*, não pertencendo a nenhuma linhagem nobre, algo corrente na Europa de então, mas foi fruto histórico do regicídio, da abolição da monarquia dos Bourbon, resultando a República deste processo. O novo chefe de Estado deveria ser mais propriamente denominado de "Imperador republicano",[24] por mais paradoxal que possa parecer tal formulação. O seu próprio sacro não foi o de uma cerimônia seguindo rituais litúrgicos e religiosos tradicionais, como os provenientes da Monarquia de Direito Divino dos Reis, com o papa exercendo um papel central neste processo, o de coroar o Imperador com as suas próprias mãos, em um ato de superioridade espiritual e, mesmo, político, da Igreja. Ora, o que fez Napoleão? Na Catedral de Notre-Dame, de pé (não de joelhos), ele se tornou Imperador, pegando ele próprio a coroa das mãos do papa Pio VII, o qual é relegado a um papel secundário, colocando-a com suas próprias mãos em sua cabeça.[25]

Graças a este ato de autocoroação, ele expôs o deslocamento de Poder efetuado, não tendo havido sacro religioso nem ação

---

[23] Rosenfield, Denis. *Hegel*. Rio de Janeiro: Zahar, 2002.
[24] Englund, Steven. *Napoleão*. Rio de Janeiro: Jorge Zahar Editor, 2005, p. 265-70.
[25] Mikaderidze, Alexandre. *The Napoleonic Wars: A Global History*. Oxford University Press, 2020, p. 194; Lefebvre, Georges. *Napoléon*. Paris: P.U.F., 1969, p. 171-2.

tradicional da Igreja propriamente ditos, nem tampouco seguimento de uma linhagem nobre ou imperial. Um "Imperador republicano" se deu a si mesmo sua própria soberania, embora ela tenha emergido de uma nova soberania popular que não mais reconhecia uma dominação monárquica. Apesar da concepção revolucionária ter sido desta maneira usurpada, ela não deixa de ser republicanamente representativa desta nova era, com o povo nela também se reconhecendo. O novo "Moisés", apesar de Imperador, era viso como republicano em sua mensagem universal. Prestou sermão à Igualdade e à Liberdade: "Juro manter a integridade do território da República; respeitar e fazer respeitar a igualdade de direitos, a liberdade política e civil, a irrevocabilidade da venda de terras nacionais; não recolher nenhum imposto senão em virtude da lei; conservar a instituição da Legião de Honra e governar no exclusivo interesse e para a felicidade de glória do povo francês".[26]

Frente a essa reviravolta histórica, Friedländer ganhou novo alento, escrevendo um panfleto dirigido ao chanceler, ao Imperador alemão, ao ministro da Religião e do Culto, visando, na verdade, à comunidade judaica e aos seus representantes e rabinos mais ortodoxos. Propunha, entre outras medidas, que as preces voltadas para a volta à Palestina fossem abolidas, por não fazerem mais sentido, uma vez que os judeus, dotados de cidadania alemã, já teriam uma pátria própria,[27] não mais sendo considerados como estrangeiros, estranhos, na Alemanha. Doravante, os judeus seriam tidos por indivíduos e não enquanto membros de uma comunidade com concepção, cultura, religião, tradição e costumes próprios. Propôs também o abandono da palavra judeu – de conotação pejorativa – e sua substituição pela de "israelita". No seu entender, essa substituição de palavra significaria uma assimilação, que guardaria do judaísmo uma

---

[26] Englund, op. cit., p. 273.
[27] Meyer, op. cit., p. 80.

educação baseada exclusivamente no denominado Antigo Testamento. Dela se extrairia, segundo a *Aufklärung*, uma religião natural, uma religião da humanidade, que se deduziria das fontes primevas de Israel das origens, ou seja, o abandono da tradição rabínica e talmúdica, algo, aliás, inaceitável para Mendelssohn.

No entanto, o ambiente alemão, e prussiano em particular, não se tornou favorável aos judeus. Quanto mais os judeus se tornavam iguais aos alemães, mais eram odiados. Alguns preferiam os sujos ortodoxos aos homens cultivados. Em 1817, livros que não se enquadravam na visão romântica e patriota de uma teutomania, que ganhava identidade própria por intermédio da aversão e perseguição aos judeus, foram queimados em praça pública. Em 1819, violentos *pogroms* (devastação em russo) irromperam, estendendo-se por toda a Alemanha; neste mesmo ano, é publicado um decreto proibindo crianças cristãs de frequentarem escolas judaicas; em 1822, judeus foram excluídos dos postos mais altos do Exército e não mais poderiam ocupar postos acadêmicos, sendo excluídos das universidades. A irrupção do romantismo contra as ideias da *Aufklärung* fizera reviver os velhos estereótipos e preconceitos contra os judeus enquanto usureiros, ávidos por dinheiro e homens carentes de toda virtude. A aceitação das ideias de Napoleão foi de curta duração. A cisão dentro da própria cultura alemã se aprofundava, com efeitos sobre os judeus que em sua universalidade tinham apostado.

Os gritos antissemitas ressurgem. Hep! Hep!: acrônimo do latim *Hierosolyma est perdita* (Jerusalém está perdida) volta à cena. Eis o brado utilizado em Würzburg, no ano de 1819, apenas sete anos depois do decreto de emancipação dos judeus na Prússia.[28] A turba, constituída de estudantes universitários, artesãos, desempregados e sapateiros, partiu para cima de judeus, de suas casas e lojas, dois tendo sido mortos, mais

---

[28] Elon, op. cit., p. 101-2.

de vinte feridos, além da destruição generalizada de seus bens. De lá, os *pogroms* se expandiram para o centro e sul da Alemanha. Note-se ainda que esse brado antissemita teria sido de uso romano quando da destruição do segundo templo, em 70 a.d., durante o cerco de Jerusalém. Foi igualmente usado pelos alemães cruzados das terras do Reno. Amos Elon observa justamente que essa turba não era constituída por ignorantes que teriam voltado a práticas medievais, mas por pessoas educadas,[29] seja lá o que se entenda por educação neste caso. É a própria morte da *Bildung*.

O GRITO SURDO

Wiesel, em seu livro *A noite*, relata uma comovente cena em que vê uma das partidas dos judeus do gueto no qual haviam sido praticamente presos, embora sentissem que estavam enfim entre judeus cuidando dos seus próprios assuntos. A realidade mudara radicalmente, apesar da mentalidade e do espírito continuarem presos a outras formas de percepção. O seu destino consistia nos campos de concentração e de extermínio. Naqueles passos cadenciados, de pessoas que logo se tornariam mortos-vivos, se não fossem encaminhadas diretamente aos crematórios, o rabino é visualizado. Ele caminha de costas inclinadas, o seu rosto arruinado, e Wiesel se pergunta se ele não estaria se representando nesse momento como o episódio de uma folha rasgada de algum livro de contos ou de romance histórico sobre a captividade na Babilônia ou a Inquisição na Espanha. Interessante cogitar do imaginário religioso a orientar os passos e o destino do rabino, como se ele e os judeus estivessem repetindo uma experiência já vivida, seja na própria Alemanha, seja na Babilônia, seja na Espanha.

---

[29] Ibid., p. 103.

Neste sentido, observe-se que as Leis de Nuremberg, de 1935,[30] ao destituírem os judeus de seus direitos políticos, mas não de seus direitos civis, em nada prenunciava, pelos menos diretamente, os campos de concentração e de extermínio, mas certamente devem ter aparecido aos judeus de então como um retrocesso, a volta a uma situação já vivida no passado pelo povo judeu no transcurso de sua história. Não haveria nada de novo aqui, senão uma mera repetição que não poderia ser o prenúncio de algo totalmente novo no futuro, qual seja, o assassinato coletivo, sistemático, dos judeus pelo mero fato de serem judeus. Embora fossem de segunda classe, mesmo assim continuavam a ser membros do Estado alemão (*Staatsangehörige*). O mesmo vale em relação às primeiras leis do governo nazista em 1933, com a exclusão dos judeus dos serviços públicos, aí incluindo os postos de professores, da escola primária à universidade, passando pela indústria do entretenimento, inclusive, o rádio, o teatro, a ópera e os concertos. Nada muito diferente do que vigorou em boa parte do século XIX na Alemanha. Achavam que, fora disto, não seriam objeto de uma violência extrema por vir.

Os judeus[31] teriam um sentido particular da história, como se a memória de uma perseguição, há séculos, tivesse ocorrido ontem, sendo lembrada e mesmo comentada nos antigos *shtetls*, esses vilarejos judeus da Europa do Leste que conservavam toda a sua tradição. Haveria uma relação entre o passado e o presente, na perspectiva de um futuro messiânico, a partir do qual décadas e séculos apareciam como se fossem ontem. O acúmulo do passado se concentraria em um ontem que se prolongava em um hoje. Não valeria, estrito senso, a cronologia histórica, mas

---

[30] Arendt, Hannah. *Eichmann em Jerusalém. Um relato sobre a banalidade do mal*. São Paulo: Companhia das Letras, 2013, p. 50-1.
[31] Sperber, Manès. *Être juif*. Prefácio de Elie Wiesel. Paris: Éditions Odile Jacob, 1994.

a preservação contínua da memória. Logo, teria sido essa mentalidade religiosa, profundamente arraigada, essa "experiência mental da repetição", do destino histórico, que os teria feito ir como rebanho aos campos de concentração e de extermínio.

Não poderia lhes ocorrer, aos judeus que marchavam lentamente, que o seu destino seria os crematórios, a aniquilação física enquanto tal, pelo mero fato, existencial, de serem judeus, independentemente de suas crenças individuais. Os passos de rebanho seriam guiados pela memória das perseguições passadas, todas elas, de alguma maneira, superadas. Da Babilônia, os judeus puderam, inclusive, voltar para a Palestina com o apoio de um novo Xá. Em sua bagagem, trouxeram uma riqueza inestimável: o Talmud da Babilônia. Da Espanha, foram para a França, Holanda e para os países do Leste Europeu, onde criaram comunidades extremamente ricas culturalmente, de onde provém, inclusive, o hassidismo, a cabala e o ídische enquanto uma nova língua judaica. Não poderia algo semelhante estar lhes ocorrendo novamente?

Wiesel, a esse respeito, reproduz uma fala sua com seu pai, na primavera de 1944, em seu povoado de Sighet, Transilvânia, quando ele pergunta se não seria necessário tudo vender, para que pudessem comprar "certificados de emigração para a Palestina".[32] Assim, a vida deles estaria assegurada, sobretudo considerando os relatos já conhecidos nesta localidade do destino dos judeus nos campos de concentração e extermínio. Ocorre que o seu pai e outros do vilarejo não acreditavam nesses relatos, como se eles fossem coisa de louco, não podendo minimamente corresponder à verdade. No caso específico, quem fez o relato desta assombrosa realidade foi alguém que conseguiu fugir de um desses campos, relatando minuciosamente o que acontecia. E esse alguém, no vilarejo, era tido por um "louco", "um mendigo", um "alucinado", embora versado no Talmud e,

---

[32] Wiesel, op. cit., p. 19 e p. 82.

sobretudo, na cabala. Só um "louco" poderia fazer um relato deste tipo, cujo dizer de sua "loucura" vivida não poderia ter o menor fundamento na realidade. Quando a realidade tornara-se "louca", os não loucos, os "sãos", os que se negavam a ver a realidade, só puderam tomá-la enquanto loucura totalmente inverídica.

A resposta do pai, cego a essa realidade, foi a mais corriqueira possível, algo próprio da "realidade" em que viviam, a saber, ele seria muito velho para tudo recomeçar em um país distante. Interessante confrontar os dois tipos de realidade, o da cotidianidade, centrada em uma forma de normalidade, por mais miserável que seja, e o da maldade absoluta, que, precisamente por ser tal, não é reconhecida. O que não é "familiar", como essa forma radical de maldade, não consegue nem mesmo ser visto, salvo quando irrompe na figura de sua maior violência e crueldade. Foram exterminados por não terem conseguido reconhecer essa "outra" realidade. Se o tivessem feito, teriam logrado escapar para a Palestina, teriam conseguido romper o véu da familiaridade do cotidiano e de seu reconhecimento.

Wiesel[33] relata ainda uma noite, recém-chegado a Auschwitz, em que, deitados nos beliches, vários desses "prisioneiros" procuravam, de certa maneira, dar significação ao que estavam padecendo. E a significação se faz a partir de categorias recebidas, culturas transmitidas, histórias e formas habituais de expressar aquilo que se torna, assim, retratado, enquadrado em uma realidade. Desta maneira, alguns falavam das vias misteriosas de Deus, dos pecados do povo judeu e da salvação futura, permanecendo no marco conceitual da memória e da forma vivencial de experimentar a religião e a cultura judaicas. Outros falavam da provação que Deus estaria fazendo aos judeus, uma espécie de teste visando a verificar se cada um deles teria conseguido matar o Satã existente dentro de si. Não haveria por que deses-

---

[33] Ibid., p. 75.

perar, pois se Deus assim castiga é porque tem um amor correspondente. Note-se, para além dos parâmetros da história judaica, a tentativa de interiorização da culpa pelo que lhes estava acontecendo. É como se os judeus fossem culpados do mal que tinha lhes acometido, que tinha sido descarregado sobre eles. A busca de significação ganha formas inauditas e tenebrosas.

Primo Levi, por sua vez, relata a reza de um "habitante" do campo, morador deste planeta estranho, onde convivem – com a morte e a maldade extrema – bípedes falantes, espécie de novo tipo, que foram tornados sub-humanos. Periodicamente, esses "habitantes" eram submetidos a uma seleção, conduzida pelos SS, que determinava quais seriam remetidos às câmaras de gás e quais permaneceriam, ainda por um tempo, vivos, enquanto mortos-vivos. O medo e o horror eram extremos nesta experiência de vida e morte, sob o mais total arbítrio, sem que nada individualmente pudesse ser feito. Os "sobreviventes", em sua completa solidão, comiam a fétida sopa em suas sujas gamelas, como se um gosto pudesse ainda ser sentido. Em seu beliche, ele observa um religioso, o velho Kuhn, rezando em voz alta, meneando, em reverência a Deus, o seu busto. De fato, agradece a Ele não ter sido o "escolhido", embora, na tradição judaica, fizesse parte do povo "escolhido", tendo sido este povo escolhido para ser aniquilado existencialmente. Nem vê ele a seu lado, o jovem grego de 20 anos, que foi "escolhido" e olha fixamente uma lâmpada, despedindo-se de suas lembranças de outra vida e desta que o aterroriza. Será que não sabe o velho Kuhn "que da próxima vez será a sua vez? Não compreende que aconteceu, hoje, uma abominação que nenhuma reza propiciatória, nenhum perdão, nenhuma expiação, nada que o homem possa fazer, chegará nunca a reparar?".

Os crimes de Auschwitz são crimes sem perdão por caírem sob a forma do inominável, da mais cruel separação entre a condição de vítima e uma culpa de fato inexistente. A reza, aqui, não parece ter nenhum sentido, pelo fato elementar de que ela não pode ser louvação a Deus – dada a condição miserável em que os judeus foram jogados e abandonados –, nem agradecimento por uma suposta salvação individual, pois esta é, além de arbitrária, totalmente momentânea. Tampouco faria o menor sentido falar de providência divina.[34] É a reza sem sentido em um mundo de insensatos, em um mundo carente de Deus, um mundo fora de Seu olhar e atenção. Logo, a exclamação de Primo Levi "Se eu fosse Deus, cuspiria fora a reza de Kuhn"[35] termina por focalizar um problema maior, o de qual relação Deus estabelece com os homens ou os homens com Deus.

Não pode se tratar, no caso, de uma parceria, por essa exigir uma colaboração entre as partes, inclusive a existência de ambas, em uma relação de reciprocidade de alguma espécie. Aqui há punição extrema sem crime, e um tipo de crime que se caracteriza por ser imperdoável. Se Deus cuspisse a reza de Kuhn, ele, de fato, estaria dizendo não ser merecedor de tal louvação. Pelo menos, poderia, por outro lado, estar dizendo que essa "parceria" acabou e que a questão, independente da forma que venha porventura a se estabelecer, seria necessariamente de outra ordem. Ou ainda, a reza perdeu a sua validade, abandonou o sentido de um chamamento ou de uma resposta almejada, de uma recolocação de uma relação entre o Criador e a criatura, como se suas frases e palavras tivessem se desintegrado ao serem proferidas. Ao chegarem a Deus, se este era o seu destino, elas teriam sido mandadas de volta, "cuspidas", ao se volatizarem sob a maldade.

---

[34] Ibid., p. 159: "Penso, hoje, que ninguém deveria mencionar a Divina Providência, já que existiu um Auschwitz".

[35] Levi, Primo. *É isto um homem?* Rio de Janeiro: Rocco, 1988, p. 24 e p. 131-2. Cf. Agamben, Giorgio. *O que resta de Auschwitz.* São Paulo: Boitempo Editorial, 2008.

Percepções cruzadas

O mundo da realidade social, política e dos costumes é visto segundo as percepções que os membros de comunidades e sociedades têm em um determinado momento da história. Aquilo que normalmente consideramos como "realidade" é, segundo distintas épocas, uma certa abordagem dos fenômenos, tais como esses aparecem e se enquadram em uma determinada percepção. Poderíamos mesmo dizer que a realidade, enquanto fato bruto, é sempre percebida sob uma certa refração, uma espécie de óculos que nos dá a compreender algumas coisas e não outras. Ocorre sempre uma certa seletividade naquilo que nos é dado ver, sem que tenhamos, necessariamente, consciência disto. A realidade é a "realidade percebida", a que acessamos graças às ideias que presidem, de uma maneira ou outra, o que acolhemos conforme a nossa visão. A realidade é percebida segundo nossas representações, enfoques, ideias e concepções. O fato, por assim dizer, é inserido, para ser compreendido, em um determinado marco conceitual, em uma certa concepção do mundo, através da qual ele se torna objeto de conhecimento e compreensão. A visão é presidida por este conjunto de ideias a partir do qual distinguimos o bem do mal, o certo do errado, o justo do injusto.

Ideias e concepções norteiam ações. A realidade percebida torna-se fonte de condutas e comportamentos, estabelecendo parâmetros do que deve ou não ser feito, do que é ou não acessível ao conhecimento. Ações são sempre orientadas por aquilo que consideramos como certo ou errado, justo ou injusto, prazeroso ou doloroso. A comunidade ou a sociedade conforme o caso oferece estes parâmetros a partir dos quais as pessoas vivem, se compreendem (ou não) e estabelecem suas formas de existência e sobrevivência. Muito frequentemente, quando algo novo ocorre, não é ele percebido enquanto tal, por não se enquadrar nos marcos de inteligibilidade presentes até então. Eles são percebidos refratariamente segundo ideias que lhes fornecem acesso. O novo não chega a ser visto, pois é compreendido segundo categorias que não são capazes de dele dar conta.

Na Alemanha, os judeus, nesta época, muitos dos quais em avançados processos de assimilação, disfrutando de igualdade cívica e integrados a uma cultura que os reconhecia, estavam também, desde a sua perspectiva histórica, acostumados a um certo linguajar antissemita, que os designava como "veneno", "peste" e "cólera" que, enquanto tais, deveriam ser eliminados. Mesmo neste submundo da linguagem, havia algo familiar, já conhecido. Tal linguagem de teor genocida estava, por exemplo, presente nos escritos de Paul de Lagarde, em 1887, comparando judeus a bacilos e parasitas que deveriam ser extintos. Por sua vez, as imagens utilizadas por Hitler eram as mesmas, desta feita empregando a figura de uma "tuberculose racial" já em 1920, porém a situação era totalmente distinta, com o projeto se esboçando de uma aniquilação física, por morte violenta. A linguagem era semelhante, porém a percepção desta semelhança era enganosa.

Os judeus alemães, no entanto, devido a esta percepção equivocada, estavam razoavelmente seguros de que o futuro seguiria o curso do progresso, próprio de uma *Aufklärung* que ainda os alimentava, não conseguindo perceber que nesta "velha" linguagem algo novo estava se esboçando. Não viram que, no de certa maneira corriqueiro, surgia um antissemitismo de novo tipo, o racial, que viria a adotar a forma "política" de expressão e organização de uma máquina mortífera. O novo nacionalismo, baseado em supostas distinções "biológicas", oferecia um novo suporte ideológico a massas descrentes de seu presente, acossadas pelo desalento, pelo desemprego e em busca de uma nova identidade nacional. Os judeus alemães acreditaram em – e se identificaram a – uma cultura que já se desagregava e perdia a sua vitalidade, com a grande maioria dos alemães não mais a ela aderindo.[36]

---

[36] Kershaw, Ian. *Hitler 1889-1936: Hubris*. New York/London: W. W. Norton&Company, 1999, p. 78 e p. 151-2.

A novidade do nazismo era aterradora, porém o seu horror não foi visto, como se ele se subtraísse à visão. A "realidade" é aquela percebida, segundo categorias que a procuram abarcar, tanto do ponto de vista da acomodação quanto da contestação. Tudo depende da perspectiva através da qual um fenômeno é acolhido. Assim, as Leis Raciais de Nuremberg, premonitórias do que estava por vir, estabelecendo legalmente restrições aos judeus enquanto cidadãos, enquanto pessoas dotadas de livre escolha, expôs um rotundo não aos processos oriundos da *Aufklärung*, como a igualdade cívica, a livre opção marital e sexual, a assimilação e a integração das culturas judaica e alemã.

Contudo, setores da comunidade judaica conseguiram ver algo positivo ali, como se os judeus pudessem vir a desenvolver a sua própria cultura no teatro, na literatura e na música de uma forma independente. Entenderam as leis raciais como uma forma de separação entre as comunidades alemã e judaica, como se elas propiciassem um gueto cultural, onde, por exemplo, o judaísmo "esclarecido" poderia se desenvolver livremente. Os ortodoxos, por sua vez, também tinham a sua visão própria, a de que os judeus interromperiam o seu processo de assimilação, não podendo mais casar ou ter relações sexuais com os gentios. Os sionistas igualmente tiveram uma apreciação positiva, na medida em que a separação entre as comunidades seria o prenúncio de uma separação entre nações, a partir da qual a nação propriamente judaica poderia estabelecer-se na Palestina.[37] Para os nazistas, o gueto cultural antecedia o gueto físico e, logo, os assassinatos, a segregação, os confiscos, os campos de concentração e extermínio. Para diferentes perspectivas judaicas, ele significava uma separação que seria símbolo de autonomia e preservação.

---

[37] Friedländer, Saul. *A Alemanha nazista e os judeus. Os anos de perseguição, 1933-9*. Volume 1. São Paulo: Perspectiva, 2012, p. 229-30.

Gueto é uma palavra que comporta múltiplas acepções, tanto podendo significar a segregação judaica em países da Europa do Leste, aí incluindo a Rússia, quanto uma nova criação histórica, a produzida pelos nazistas. Ambas têm em comum a segregação dos judeus em relação a populações não judaicas, mas há diferenças essenciais, dentre as quais o fato de que, em uma, a antiga, a vida cultural judaica seguia o seu ritmo normal, com suas tradições, liturgias religiosas, valores morais, solidariedade social e vida econômica, sem a presença ativa de uma polícia política voltada para o suborno, o confisco de bens e propriedades e a morte física das pessoas. Segundo a época e o país, ocorriam os *pogroms*, vindos de fora, que se traduziam por massacres e mortes, sem que, todavia, a população judaica fosse exterminada. A vida se recuperava, outras negociações aconteciam e ela seguia o seu curso. A sua riqueza cultural foi enorme.

Scholem Aleijem[38] nos dá um belo retrato da antiga acepção do gueto, recheado de memórias, de vida interior, de rituais, de pobreza e miséria, mas permeadas pela dignidade das pessoas. A "segregação" era de outro tipo, pois era de portas abertas, de pessoas e ideias, com sua livre circulação. O gueto era poroso, nada impedindo o ir e vir. Pessoas emigravam, inclusive, para os Estados Unidos em busca de uma vida melhor, por não aguentarem mais a penúria. O marxismo entrava no gueto, fazendo com que moças se enamorassem de cristãos e passassem a viver uma outra vida, deixando seus pais desacorçoados. O sionismo se fazia presente, mobilizando a juventude, fazendo-a ver um outro mundo possível na Palestina e o *affaire* Dreyfus atemorizava a vida das pessoas, incrédulos que estavam de que isto pudesse estar acontecendo na França, em sua capital, Paris, símbolo de cultura e civilização. Não obstante, permanecia na vida cotidiana a presença da história judaica, um apego à me-

---

[38] Aleijem, Scholem. *Estampas del Guetto*. Buenos Aires: Editorial Judaica, 1942. Nota: traduzido em plena guerra.

mória, como se os infortúnios da vida nada mais fossem do que ocasiões de reafirmação de uma fé imemorial. Vivam na e pela memória, através da tradição. O gueto culturalmente se fechava em si, embora os seus portões e entradas estivessem abertos. A história atual nele entrava, mas não se deixava em sua espiritualidade ser entrado. Ele se conservava apesar dos desfalques individuais. É como se vivesse na história e à margem dessa. Momentos de desespero eram vencidos por uma confiança no futuro, alimentado pelo passado. Na dura vida presente, persistia, à maneira de Jó, a crença final na Justiça divina, traduzindo-se, então, pela postura da resignação.[39]

Outro retrato é o das comunidades hassídicas. *Gog e Magog*, de Martin Buber, é um livro escrito em 1941, logo a guerra já tendo dois anos e Auschwitz se desenhando enquanto modelo de campo de extermínio, "obra" elaborada a partir dos projetos anteriores de destruição e de campos de concentração.[40] Contudo, em nenhum momento faz ele menção a esses eventos da maior atualidade, escolhendo a via de um romance histórico, ambientado em um mundo hassídico, místico, das comunidades judaicas da Europa do Leste, principalmente da Polônia. Trata-se de um mundo fechado em si mesmo, ancorado em sua própria concepção do mundo, conforme a qual o mundo externo só entra secundariamente, intermitentemente, no caso sob a forma das guerras napoleônicas, com destaque para a figura do Imperador. Consequentemente, as referências à atualidade da guerra e do extermínio próximo dos judeus, em particular os da Europa do Leste, são, por assim dizer, substituídas por uma crônica das guerras napoleônicas, com seu tipo próprio de violência. Coloca-se, então, o problema de como ler o mundo "externo", de como pode ser ele compreendido na perspectiva hassídica.

---

[39] Apresentação de Salomón Resnick, p. 32.
[40] Buber, Martin. *Gog et Magog. Chronique de l'époque napoléonienne*. Paris: Gallimard/Folio, 2015.

No livro, o hassidismo é apresentado como a vivência de uma comunidade religiosa mística, baseada doutrinariamente na Cabala, fazendo a experiência de suas próprias representações e concepções, distinta também de outras tradições judaicas, mais especificamente ortodoxas. Essas últimas, aliás, só comparecem lateralmente nas páginas finais, sem que entre em pauta nem a sua discussão. O foco reside nas figuras de diferentes *tzadiks*, líderes religiosos e espirituais, rabinos que se destacavam por seu fervor, seu entusiasmo e seu misticismo e dos *hassidins*, seus discípulos que se nutrem de seus ensinamentos e em torno deles organizam as suas vidas. *Tzadik* é aquele que guia, ilumina, os seus na obscuridade mesma do mundo.[41] O seu mundo cabalístico é cosmológico, desde a Criação do mundo até a época atual entendida como preparatória à vinda talvez iminente do Messias, passando pela libertação da escravidão do Egito realizada por Moisés, pela Revelação divina, pela destruição do Primeiro e do Segundo Templos, pela dispersão no mundo do povo de Israel e pela presença (*Shekiná*) divina no Exílio. A vida cotidiana é de tal maneira estruturada que tudo encontra sua explicação e justificação nos mistérios da Criação, em um Deus oculto, cuja presença se faz por sua vivência, pela experiência mística. O seu pertencimento não é o deste mundo, mas o da concepção hassídica que orienta tanto os seus atos quanto sua compreensão mesma da realidade.

Como ler Napoleão desde essa perspectiva e, por extensão, Hitler? O Imperador francês é várias vezes citado, mas como personificando um evento que se encaixa na concepção hassídica do mundo, que é cósmica e, por via de consequência, aplica-se também à história humana. Segundo essa concepção, Napoleão aparece sob a figura de Gog, nome, proveniente de Magog, sua terra de origem. Gog é um personagem bíblico, do profeta Ezequiel, que representa o conquistador, o chefe de guerra, que

---

[41] Ibid., p. 222.

emprega indiscriminadamente a violência, derramando sangue em seu percurso, unindo povos e voltado para a destruição de Israel. Seu nome aplica-se a qualquer líder político-militar que reúna estas características, não se restringindo apenas a uma única pessoa. Mais especificamente, conforme esta concepção, se Napoleão fosse Gog, sua atuação seria um prenúncio da vinda do Messias. Assim, os hassídicos poderiam encontrar nele um "indício" sagrado, empírico, sério, pois sua expedição ao Egito foi por alguns compreendida como um signo anunciador de que rumaria para a Palestina, tendo como objetivo a destruição mesma de Israel, o que estaria a demonstrar o acerto desta concepção. Há, porém, um detalhe que suscitou controvérsia importante, uma vez que a Palestina estava na época sob domínio turco e não cristão, o que não se adequaria ao relato bíblico. O "encaixe" não estaria perfeito.

Mais relevante ainda, pois isto estaria a estruturar a própria vida deles, este derramamento de sangue sendo tido como o prenúncio da chegada próxima do Messias, dando conclusão ao ciclo histórico-religioso, sacro. As discussões eram a respeito acaloradas, pois daí derivava o apoio ou não a Napoleão. Os seus apoiadores seriam os que gostariam de apressar a vinda do Messias, os seus críticos, por sua vez, achavam que o Messias não precisaria de apoio, bastaria apenas esperar a sua vinda mediante uma vida reta e observante dos preceitos religiosos. E se ele não fosse Gog, mas um mero conquistador, somente um destruidor? Seria um apoio injustificável à violência. Note-se que não entra em linha de consideração a figura histórica de Napoleão enquanto defensor das liberdades, dos direitos humanos e, também, da emancipação civil dos judeus. Nem uma única palavra a respeito. Tratar-se-ia de uma outra concepção, que não se encaixa dentro da concepção hassídica, segundo a qual o único ponto a ressaltar seria o de se Napoleão seria Gog ou não, prenunciando ou não a vinda do Messias.

O desenrolar dos acontecimentos tem a sua compreensão dada pela ótica sacra, cujos princípios e valores selecionam o que merece ser digno ou não de consideração. No cotidiano, dedicavam-se à reza, à observação dos mandamentos, à preparação das visões místicas e à narração de estórias e parábolas que a confirmariam. E o fazem não à maneira conceitual, mas por relatos extraordinários que tenderíamos a qualificar como provenientes da magia, à qual só os iniciados ingressariam. Dançam e cantam, sempre atentos aos dizeres de seus mestres, cuja fala é sempre indireta e enigmática. Em vez dos conceitos à maneira ocidental, temos estórias e parábolas, sempre a serem interpretadas e reinterpretadas, confrontando frequentemente os mestres entre eles. Intrigas nascem destas interpretações, cada uma procurando delas extrair um maior número de discípulos, signo de prestígio. Se algo não se realiza, isto se deveria a um pecado não reconhecido, normalmente fruto da inveja ou do orgulho, uma vez que cada *tzsadik* almeja a perfeição do ponto de vista moral, sendo, portanto, capaz de vencer todas as tentações, sempre presentes, pois o mal faz parte do próprio processo da Criação. Aliás, quanto maior for o mal vencido, tanto mais importante será a virtude conquistada. O Gog, também sustentavam eles, poderia ser interior.

Os *hassidins* viviam voltados para o eterno, o temporal não sendo senão a sua expressão, sem nenhuma outra densidade ou significação para além daquela dada pelos Livros Sagrados e, em particular, pela versão cabalística. Segundo ela, o mundo está inscrito em um conjunto de símbolos e representações que invadem todas as esferas, não apenas da história humana, mas também da natureza, como se essa igualmente fosse constituída por almas. Em certo sentido, para utilizar um vocabulário contemporâneo, tenderíamos a dizer que eles vivem em um mundo mágico, constantemente enunciado e interpretado por seus líderes religiosos, que, por sua vez, adquirem sua sabedoria por sua dedicação, moralidade e imersão em textos sacros e imersões místicas, que são depois relatadas em suas respectivas comunidades, em particular para os seus discípulos. O temporal, na acepção do profano, não lhes interessa sobremaneira, nem naquilo que pode prejudicá-los, dado que qualquer atentado a eles infringido, qualquer ação maldosa, é lido sob a ótica de um pecado que teriam cometido, embora possa ser para eles mesmos desconhecido. Eventos do mundo exterior são submetidos a uma introspecção, a um ato da subjetividade que os acolhe ou não.

Conforme esta perspectiva, operam aquilo que denominam de uma "Cabala prática", voltada para conferir significação ao que ocorre, permitindo-lhes, mesmo, prever os acontecimentos. Por exemplo, se o evento histórico é constituído pelas guerras napoleônicas, seu objetivo reside em decifrá-las, para determinar se elas são meros exercícios de violência, como tantos outros da história humana e da maldade, ou se são signos anunciadores de uma Redenção da humanidade, por intermédio da vinda do Messias. Dedicam toda a sua atenção a decifrar o enigma, pois tal ardor interpretativo implica que os judeus e a humanidade deveriam se preparar ainda mais para a Salvação vindoura, aplicando-se mais fortemente na observância dos valores e princípios sagrados, na obediência às regras hassídicas, no perdão de atos maldosos cometidos entre eles. Neste sentido, debatem sobre datas, tentando antecipar eventos messiânicos, que se inscreveriam em sua própria concepção de mundo. O temporal, em sua temporalidade, em seu calendário próprio, estaria inscrito na ordem do eterno.

O novo gueto foi de outro tipo. O de Varsóvia, em particular, foi altamente significativo sob a ótica da destruição nazista, na medida em que esta cidade, na época, era a "capital do judaísmo polonês",[42] rico em concepções, tradições, línguas, publicações

---

[42] Poliakov, Léon. *Bréviaire de la haine*. Paris: Editions Complexe, 1986, p. 99.

e diversidade cultural, elaboradas no transcurso de séculos. Selado, a população judaica não podia dele sair nem ter um intercâmbio normal com poloneses não judeus, algo que fazia parte de suas vidas. Muitos nem no gueto histórico viviam. Foram submetidos ao controle total pela Gestapo, pela SS, pela polícia polonesa e pela polícia judaica, todas exercendo ou emulando as práticas de terror dos nazistas. O mais importante, porém, consistia em que a segregação física, agora fechada, se caracterizava pela aplicação de uma política de morte lenta de sua população, através de doenças, miséria, penúria, malnutrição, péssimas vestimentas e ausência de carvão durante as duras condições do inverno. Ou seja, o novo gueto estava voltado para a violência física e psicológica, para o extermínio dos judeus, de forma que não mais pudessem se recuperar. Crianças morriam congeladas nas ruas, mendigos nem mais tinham para quem apelar, cadáveres eram jogados em qualquer lugar, as pessoas se tornavam insensíveis. Uma lápide escrita por crianças órfãs bem expõe essa triste condição humana: "Para as crianças que morreram de fome. Das crianças que estão com fome".[43]

Tratava-se de uma experiência limite da condição humana com o objetivo de transformar totalmente a sua natureza, onde aparecia o melhor e o pior de cada um, tanto no que diz respeito aos judeus entre si quanto no que tocava ao comportamento dos poloneses (ucranianos, lituanos ou outros) e alemães. O mal foi levado ao seu extremo, mudando de sua acepção moral para a existencial, e o bem tentando conviver entre ambos. Na verdade, uma mesma palavra, gueto, significava duas realidades totalmente distintas, uma fazendo parte da história judaica, outra não, sendo algo totalmente novo. Ocorre, porém, que os habitantes dos novos guetos, quando para lá foram obrigados a ir, o fizeram segundo a acepção que tinham recebido de sua história

---

[43] Ringelblum, Emmanuel. *Notes from the Warsaw Ghetto*. Traduzido e editado por Jacob Sloan. New York: Ibooks, 2006, p. 52.

e tradição, passando, no entanto, a ter uma experiência outra, radicalmente distinta. Passaram a viver uma nova realidade, conforme a percepção de uma outra. Acharam que estariam a salvo entre eles, mas tornaram-se escravos no aguardo da lenta morte violenta.

A REALIDADE REFRATADA

Raul Hilberg[44] formula um quadro que apresenta a postura judaica no transcurso da história a partir da Diáspora, em que os judeus e suas comunidades estabeleceram certos padrões de comportamento que foram sucessivamente se repetindo, sob circunstâncias que podiam ser tanto semelhantes quanto diferentes. Em todo caso, estes padrões de comportamento eram formatados segundo representações e concepções forjadas em comunidades muitas vezes apartadas de um mundo hostil e vivendo conforme suas próprias representações religiosas. Estabeleceram formas de sobrevivência que foram se reproduzindo no transcurso da história, tendo como grande mérito terem perpetuado o judaísmo.

O quadro seria o seguinte: existência/mitigação (*alleviation*)/ evasão/ paralisia/ colaboração/ cooperação (*compliance*).[45] Os momentos de resistência física foram poucos, como o da luta contra os romanos no século II depois de Cristo, massada o levante do gueto de Varsóvia ou Sobibor,[46] já durante a guerra. Na maior parte dos casos, os judeus colocavam-se sob a proteção das autoridades constituídas, aceitando as desigualdades em relação aos não-judeus, as ofensas, impostos abusivos e eventuais perseguições, compreendidas, de uma ou outra maneira,

---

[44] Hilberg, Raul. *The Destruction of the European Jews*. New York: Holmes & Meyer, 1985.
[45] Ibid., p. 19.
[46] Rashke, Richard. *Fuga de Sobibor*. São Paulo: 8Inverso, 2011.

enquanto transitórias. Também ocorria que os judeus não viam catástrofes que se aproximavam, por viverem em situações confortáveis ou de acomodação que não deixavam vislumbrar o que estava por acontecer, malgrado informações que chegavam.

A questão consiste aqui na atividade dos representantes das comunidades judaicas que agiam em relação às autoridades constituídas seguindo políticas de mitigação, com o objetivo de redução dos danos que estavam sendo causados. Agiam conforme esta representação, pois assim era a inteligibilidade dessas mesmas comunidades. Se estava em causa um aumento de impostos, tentava-se diminuir o seu volume ou estabelecer formas de pagamento. Se se tratava de reconstruções posteriores a perseguições, outro tipo de mitigação era buscada. Se se tratava de evitar perseguições, seguia-se a mesma pauta de reconhecimento da autoridade, de aquiescência a seus desígnios, procurando evitar danos maiores. Em todo caso, primava a sobrevivência e a independência destas comunidades que deveriam ser preservadas a todo custo, mesmo sob as maiores penúrias e misérias.

Poderia inclusive ocorrer que a mitigação não fosse mais possível, obrigando os judeus ao exílio, mas, mesmo assim, determinadas formas de alívio foram encontradas ao serem estabelecidos modos destas partidas, como quando os judeus foram expulsos da Espanha e se espalharam por países europeus onde foram, mal ou bem, acolhidos. A sobrevivência era assegurada, sempre entendida segundo determinadas categorias e ideias que faziam os judeus relembrarem-se de outros períodos de sua história. Mesmo no maior sofrimento, situações eram "compreendidas" e significações elaboravam-se por mais dolorosas que fossem. Nada era sem sentido, por mais injusto que fosse percebido. Em todo caso, tais realidades eram percebidas conforme certos marcos conceituais que lhes conferiam inteligibilidade.

Se nos voltarmos ao comportamento dos judeus durante a Segunda Guerra Mundial, quando foram objetos de perseguições que evoluíram para a "Solução Final", somos forçados a reconhecer que eles agiram segundo as concepções que possuíam. Se aceitaram passivamente a violência, o fizeram, sobretudo, porque acreditaram que este fenômeno não era novo, mas obedecia, por mais cruel que fosse, a uma lógica histórica, sendo uma forma de repetição. Se não foram capazes de enfrentarem o novo, era porque não o compreendiam, percebendo-o como algo "velho". Perseguições, por mais cruéis que fossem, não eram algo novo na história judaica, e não por isto o judaísmo tinha desaparecido. Não podiam compreender que esta nova perseguição era somente o anúncio da "Solução Final", o projeto puro e simples de aniquilação da existência judaica enquanto tal.

Constata-se muito bem o que poderíamos considerar como uma "guerra" dentro de uma "guerra", ou seja, a "guerra" contra os judeus no meio do que veio a ser chamada a Segunda Guerra Mundial. O Estado nazista chegou a criar todo um aparato policial, administrativo e militar para tratar da questão judaica, como se os imperativos da guerra fossem paralelos a essa outra guerra, capitaneada pela SS e pela Gestapo, com a colaboração da *Wehrmacht* e dos *Einsatzgrüppen*, grupos de extermínio que atuavam junto ao Exército nas frentes de batalha e na retaguarda, sobretudo na frente russa. Considerações "econômicas", como as da mão de obra judaica especializada na produção de uniformes, munições e equipamentos militares, eram simplesmente desconsideradas em proveito dessa outra guerra, a que desembocaria no extermínio de judeus. "A destruição dos judeus foi um processo total, comparável em sua diversidade a uma guerra moderna, a uma mobilização ou a uma reconstrução nacional".[47]

Ora, ficava difícil perceber como uma guerra especial estava sendo travada dentro de uma grande Guerra Mundial, cujos

---

[47] Hilberg, op. cit., p. 264.

objetivos, por princípio, deveriam ser completamente distintos. De fato, era dificilmente compreensível que recursos estivessem sendo desperdiçados na aniquilação de judeus, quando os esforços de guerra exigiriam um outro comportamento. Do ponto de vista militar, não fazia sentido, nem para militares e burocratas nazistas que seguiam a "lógica de guerra" e não a "lógica" desta guerra específica. Isto não significa que fossem simpáticos aos judeus, mas não podiam entender tal tipo de prioridade que se traduzia por um enorme desperdício militar. Eram antissemitas no sentido clássico, e não no nazista de aniquilação pura e simples dos judeus. As lógicas não são as mesmas, tampouco suas formas de representação e concepção.

Se pegarmos o período nazista, deveremos observar que também ele foi objeto de diferentes etapas de compreensão da "questão judaica", tendo "evoluído" de uma solução imigratória (os judeus seriam "exportados" para a ilha de Madagascar, segundo um acordo a ser firmado com autoridades francesas e submetidos a um governo SS/Gestapo, sob a autoridade de Himmler e Heydrich), tendo prevalecido até 1941, quando foi substituído pela guetização dos judeus, sua exclusão da vida social e política, até chegar à "solução" dos campos de extermínio, passando pelos campos de concentração e pelos assassinatos coletivos dos judeus, em massa, levados a cabo pelos *Einsatzgrüppen*. Note-se que estas diversas etapas eram diferentemente concebidas e representadas, tanto pelos burocratas nazistas, quanto pelos membros das comunidades judaicas e seus representantes nos distintos países.

Por exemplo, o que era compreendido enquanto "imigração" no sentido literal, válido para antes de 1941, continuou sendo "percebido" como sendo a mesma coisa, quando a realidade já tinha mudado para a "guetização" e a "deportação", seguidas pelo extermínio puro e simples. A realidade era ainda percebida segundo concepções que tinham perdido a sua validade, havendo surgido algo novo que não era simplesmente visto, impedindo, então, uma outra forma de reação. Representantes de diferentes comunidades judaicas agiam conforme a "lógica da mitigação" quando a realidade seguia a "lógica do extermínio". A "colaboração/cooperação", para muitos, ainda era "mitigação", quando, na verdade, era a antessala da aniquilação total. Um mero deslocamento de lugar pode ser submetido a várias interpretações, podendo ser tanto uma mera imigração quanto um caminho para as câmaras de gás.

Isto fez com que os judeus não fugissem enquanto ainda era tempo, nem saíssem do caminho dos seus exterminadores quando esses já se dirigiam a eles, como no caso da ação dos *Einsatzgrüppen*. Os *pogroms* já faziam, por assim dizer, parte da existência judaica, sendo seguidos da reconstrução, que assegurava essa mesma existência. Os judeus criaram uma lógica de convivência com regimes antijudaicos, baseada na mitigação dos seus efeitos e, dependendo das circunstâncias e autoridades, evitando efeitos mais nefastos. Quando confrontados à lógica nazista da aniquilação, não a compreenderam, e seguiram agindo segundo a lógica da mitigação das perseguições. Acharam, equivocadamente, que teriam podido conviver com Hitler[48] como já haviam feito com outros autocratas dos mais diferentes países no transcurso da história.

O DILEMA DOS CONSELHOS

Na medida em que as comunidades judaicas foram sendo cada vez mais isoladas social e economicamente nas áreas do Protetorado do Reich (Polônia principalmente) propriamente germânico, os judeus foram sendo submetidos a formas cada vez mais rígidas de controle. Seus movimentos foram restringidos e suas formas de identificação tornadas públicas pelo obrigatório uso da estrela de Davi. Tal processo terminou de-

---

[48] Ibid., p. 22.

sembocando na criação de formas administrativas conduzidas pela própria comunidade judaica, escolhendo – ou sendo escolhidos pelos nazistas – representantes com esta finalidade própria. Note-se que tais formas de representação tinham também uma significação passada, visto que os judeus sempre contaram com representantes "políticos" para seus relacionamentos com autoridades anti ou nãojudaicas. Políticas de mitigação sempre exigiram tais formas de representação e de cooperação.

Falar em conselhos significava para a comunidade judaica referir-se a formas históricas de representação, sem que delas se derivasse uma colaboração com o opressor em sua conotação pejorativa. Assuntos do dia a dia, em sua vinculação com o mundo externo, de não judeus, aí encontravam a sua forma de expressão. A vida continuava, inclusive em situação de opressão, e soluções deveriam ser encontradas para os problemas comezinhos da vida cotidiana, os que afetavam mais diretamente as pessoas, pensando ou não no pior que pudesse porventura lhes acontecer. O *Judenrat* (Conselho Judaico) em si mesmo era uma réplica – distorcida evidentemente, mas mesmo assim uma réplica – de um autogoverno no quadro da tradicional *Kehila*, a antiga e centenária organização comunitária dos judeus. E muitos dos que participaram dos conselhos realmente acreditavam que sua participação beneficiaria a comunidade.[49]

Os conselhos eram, de um lado, uma tradição e, de outro, algo totalmente novo. Neles se misturavam as tarefas tradicionais das comunidades judaicas por intermédio de seus representantes e as regras ditadas pelas forças de ocupação, que estipulavam aquilo que eles deveriam fazer para se adequar às novas normas. Dentre as tarefas tradicionais, temos aquelas de bem-estar social, o atendimento aos carentes, órfãos e viúvas, a educação segundo os valores judaicos, a especialmente religio-

---

[49] Friedländer, Saul. *A Alemanha nazista e os judeus. Os anos de extermínio, 1939-45*. Volume 2. São Paulo: Perspectiva, 2012.

sa aí incluída, e a religião através dos casamentos, circuncisões, rituais mortuários, administração das sinagogas entre outras. Dentre as novas, a gestão do confinamento, a proibição de casamentos mistos, a administração de academias, o pagamento de salários, a distribuição de rações e o combate às epidemias e à malnutrição, a assistência aos expulsos de suas casas e aos refugiados, além da obediência a orientações nazistas como estatísticas, censos, confisco de propriedades, propinas, pagamento arbitrários às autoridades de ocupação e assim por diante. A primeira das funções, a tradicional, produzia a percepção da continuidade, a segunda, a da incerteza e a da insegurança quanto ao destino deles. Eles se defrontaram com a perversidade do engano até que a realidade do extermínio se impôs à percepção dos moradores do gueto, quando não mais havia nenhuma saída.

Ocorre, todavia, que o gueto, desta forma criado, foi dotado, obrigatoriamente, de uma estrutura administrativa, voltada, de um lado, para a gestão corrente de assuntos internos, e, de outro lado, para ser a correia de transmissão das ordens oriundas da administração nazista. A administração judaica incorporou-se à burocracia do Reich, sendo apenas uma emanação desta, mesmo se, para tal, devesse contribuir para a sua própria aniquilação. Os judeus situados nessa posição encontravam-se, portanto, em uma condição *sui generis*, mais para trágica do que para dramática, onde confundiam-se duas formas de percepção, a oriunda da lógica da mitigação e a proveniente da colaboração para a sua própria eliminação.

Note-se que a representação política tradicional foi gradualmente substituída por uma forma administrativa, que correspondia, de fato, à gestão de uma cidade normalmente concebida. Tinha o seu "prefeito", os seus "conselheiros", a sua "polícia" e o seu "judiciário", vinculando-se à administração central nazista, mais propriamente a da SS e da Gestapo. Ou seja, não se tratava mais das formas conhecidas de "administração judaica", como a de escolas, sanatórios, orfanatos e lares de idosos, mas do exercício da função de polícia, do equacionamento de conflitos, da distribuição de víveres em uma situação de racionamento, de encobrimento do contrabando enquanto forma de subsistência, da regulamentação dos negócios permitidos e assim por diante.

Tal processo, que se estendeu desde 1933, comportou diversas fases que se seguiram ao fortalecimento do Poder nazista e corresponderam às etapas em que veio a ser gestado o "equacionamento da questão judaica" até a "Solução Final", passando por suas fases intermediárias. Particularmente relevante é o fato de que, em 25 de março de 1933, os líderes da comunidade judaica, em sua política de mitigação, chegaram a se reunir com Göring, no que foi o último encontro do gênero. Posteriormente, passaram a ser recebidos por burocratas de mais baixo escalão, até serem estacionados em capitães da SS.[50] Contudo, naquele ano, este desfecho não era nada claro, pois estes representantes ainda atuavam segundo uma lógica que estava desaparecendo. Não puderam ler o que se anunciava, embora nem os nazistas, naquele então, tivessem clareza do que iriam posteriormente fazer. Ainda viam a Hitler como um autocrata com o qual seria possível negociar, moderando o seu antissemitismo e dando-lhes um espaço no qual conseguiriam continuar (sobre)vivendo. O seu "espaço" estava se reduzindo, vindo completamente a desaparecer.

Enquanto na Alemanha a nova administração nazista seguia ainda a ordem do velho Reich, com sua burocracia e suas minúcias, na Polônia o processo era aparentemente mais simples, pois o partido nazista logo se tornou poderoso na administração dos novos territórios conquistados. No Reich, os "estudiosos" debatiam-se na definição do judeu, com alguns podendo escapar da eliminação dada a sua situação de certo modo privilegiada. Havia toda uma discussão sobre os *mischlinge*, frutos

---

[50] Hilberg, op. cit., p. 60.

de casamentos mistos. Seguindo a ancestralidade dos avós, uma pessoa 25% judia seria definida como alemã, enquanto uma pessoa 75% judia seria definida como judia; da mesma forma uma pessoa 50% judia podia ser considerada tanto judia quanto alemã, dependendo de seguir ou não a religião judaica, suas práticas cerimoniais, ou de ser ou não casado(a) com um(a) cônjuge judeu(ia), em setembro de 1935.[51] Na Polônia, era a própria definição da SS/Gestapo que valia, sem estas sutilezas jurídicas da administração alemã. Para eles, os poloneses não eram arianos e, logo, os judeus eram ainda piores do que os poloneses, estando na última posição da classificação/hierarquia racial.

Na Polônia, sob ordens diretas de Heydrich, os antigos guetos medievais foram imediatamente reconstituídos e os "Conselhos de Anciãos", também conhecidos como *Judenrat*, passaram imediatamente a se formar enquanto instrumentos da dominação nazista, devendo seguir suas instruções. Deveriam fazer censos, responsabilizar-se do transporte dos judeus encaminhados aos novos guetos, financiar estes deslocamentos e suas moradias. Suas funções eram essencialmente administrativas, sendo, no entanto, "percebidas" enquanto "mitigatórias". Frequentemente, estas lideranças eram as mesmas que tinham vingado no período anterior da República polonesa, ou seja, lideranças provenientes do pré-guerra, que tinham, portanto, legitimidade.

No final de 1941, na Polônia e nos territórios incorporados, todos os judeus estavam vivendo em guetos. Os conselhos já não mais se ocupavam apenas das relações entre a população judaica e as agências alemãs, nem tampouco somente do recrutamento e do bem-estar da população. Doravante, cada presidente dos conselhos tornava-se, de fato, um "prefeito", vindo a exercer essa função. Tratava-se de uma administração municipal dentro de um município, uma cidade judaica den-

---

[51] Ibid., p. 38.

tro da cidade, a primeira estando destinada a desaparecer, a segunda a permanecer "purificada", limpa dos "judeus". E a limpeza, no próprio linguajar nazista, significava uma questão de saúde pública, pois os judeus, segundo eles, eram uma espécie de verme a ser extirpado, veiculando e transmitindo várias formas de doença.

Nesta nova estrutura, surge a polícia judaica que tanto exercia as funções de polícia criminal quanto política, neste último caso replicando o modelo da Gestapo e seguindo as suas orientações. No que diz respeito às funções criminais, respondia ao "prefeito", nas de "segurança", aos nazistas. Estamos diante de uma duplicidade institucional própria do nazismo, que, assim, melhor assegurava a sua dominação, criando uma maior insegurança nos dominados. Neste sentido, a administração municipal adentrava-se mais diretamente na política de colaboração, começando a fazer censos, determinando a origem e a moradia dos judeus, assim como de suas contas bancárias. Tornava-se um instrumento da política/polícia nazista. As mesmas pessoas das políticas mitigatórias[52] foram inseridas em uma outra política, embora, por isto mesmo, membros destas comunidades continuassem vinculados a uma outra percepção da realidade, que tão abruptamente tinha mudado. Não perceberam a mudança, inclusive por seus líderes terem permanecido os mesmos. Note-se que tal política começara a ser implementada em 1939, antes da decisão concernente à "Solução Final", quando ainda estava em pauta a "solução imigratória", embora já no seu fim.

Embora Auschwitz tenha se tornado o símbolo da "Solução Final", esta operação comportou uma importante etapa anterior, constituída pelo envio de esquadrões da morte (*Einsatzgrüppen*), que seguiam o avanço do Exército nazista na Rússia, a partir de junho de 1941. Elas foram arquitetadas e conduzidas por Heydrich, através da RSHA (Escritório Principal de

---

[52] Ibid., p. 75.

Segurança do Reich), incluindo funcionários civis e membros do partido. Suas operações acompanhavam o avanço da nova linha de frente, em colaboração com a *Wehrmacht*. Eles iam, então, ao encontro de suas vítimas que, pegas desprevenidas, nem tiveram o tempo de reagir. Homens, mulheres e crianças eram simplesmente fuzilados, sendo jogados em covas coletivas por eles mesmos cavadas. O "espetáculo", no dizer de espectadores, era simplesmente horroroso, apesar de soldados muitas vezes se voluntariarem para participar destes eventos coletivos. Tais operações eram tidas por "normais", nesta "anormalidade" que tomou conta da Alemanha nazista. Os judeus tornaram-se uma espécie de caça, cujos caçadores representavam um país que, em um determinado momento histórico, chegou a tornar-se um símbolo cultural.

Ocorre que estes membros dos *Einsatzgrüppen* não eram pessoas despreparadas, meros sádicos em busca de suas presas. Tampouco eram indivíduos sem nenhuma educação, que dariam simplesmente vazão a seus instintos mais bárbaros. Eram terrivelmente normais e, muitos, bem formados. Raul Hilberg cita o caso de um desses comandantes, Ohlendorf,[53] 34 anos, que tinha o grau de doutor em direito. Frequentou as universidades de Leipzig, Göttingen e Pavia. Observe-se que suas ações se faziam ao abrigo de qualquer consideração jurídica, que contemplasse acusação, presunção de inocência, devido processo legal, a consideração de bebês e crianças, regramento da violência, julgamento, tribunais e assim por diante. É como se todo aquele cabedal de conhecimento tivesse sido apagado e substituído por uma "legalidade" nazista, carente de qualquer fundamentação jurídica. A perversão cultural e psicológica chegou a tal grau que Ohlendorf inspecionou os fuzilamentos com o objetivo de verificar se eles eram de natureza militar e "humanos

---

[53] Ibid., p. 104-5.

sob as circunstâncias".[54] O que pode bem significar humano? O fuzilamento de crianças e bebês "sob as circunstâncias"?

Outro caso particularmente interessante é o de outro comandante que tomara funções no verão de 1942, Ernst Biberstein,[55] 43 anos. Tratava-se de um nazista que ingressou no partido em 1926 e nas SS em 1936. Ocorre, porém, que ele era um pastor protestante que se dedicava à teologia. O que pode ter bem compreendido de suas leituras cristãs? Como podia entender a máxima de "amar o próximo"? Ou a da igualdade de todos os homens em relação ao Senhor? Ou tinha se contentado somente com a leitura de textos antissemitas de Lutero? Nos *Einsatzgrüppen* havia ainda advogados, médico (Weinmann) e, inclusive, um cantor de ópera (Klingelhöfer).[56] Surpreendente é, pois, o fato destes assassinos terem sido formados em universidades alemãs e representarem, à sua maneira, uma forma da cultura alemã.

Havia ainda, de outro lado, os judeus que terminaram por aceitar a sua eliminação iminente, não fugindo quando ainda era tempo das tropas nazistas que se aproximavam, sustentando a visão que orientava historicamente as suas ações. Vigorava[57] uma convicção arraigada entre eles segundo a qual as coisas más provinham da Rússia e não da Alemanha. De certa maneira, era a sua história, à qual se apegavam e da qual tinham memória recente. O país nazista tinha sido no passado um local de refúgio, mesmo, em alguns períodos, de igualdade cívica e política dos judeus. De Mendelssohn a Walther Rathenau, que chegou a ser ministro das Relações Exteriores na República de Weimar. Velhos judeus ainda se lembravam de que, durante a Primeira Guerra Mundial, os alemães foram vistos como quase

---

[54] Ibid., p. 127.
[55] Ibid., p. 105.
[56] Ibid., p. 105.
[57] Ibid., p. 123.

libertadores. Teriam eles se tornado simplesmente frios assassinos? A blindagem psicológica não deixava de ter razões históricas e culturais. A morte absoluta não foi vislumbrada em sua aproximação, somente sendo percebida quando, finalmente, tornou-se inexorável. Os líderes judeus ainda se orientavam pela ideia da mitigação e pensavam que poderiam seguir as suas vidas em paz, sempre e quando aquiescessem com algumas demandas nazistas. O antissemitismo tinha mudado de natureza e foram incapazes de ver essa diferença.

Também entre os alemães aparecia uma diferença de mentalidades no interior de suas concepções antissemitas. Havia o antissemitismo "tradicional" e o "nazista", cada um dos quais seguindo os seus próprios critérios. Um caso particularmente interessante deste cruzamento é o do *Generalkommissar* Kube.[58] Antigo membro do partido nazista, era um ativo cristão, pertencente a uma das Igrejas evangélicas. Chegou a participar de vários massacres de judeus na área de Minsk, sob sua jurisdição. Contudo, em algum momento, considerou que os limites de crueldade tinham sido ultrapassados nos métodos utilizados pela SS. Seria uma espécie de passagem do "mal relativo" ao "mal absoluto", do mal que pressupõe um certo parâmetro do qual é a negação, ao mal que se desembaraça de qualquer contraposição, afirmando a sua própria positividade.

Chegou a ser acusado por um subordinado SS seu de que não sabia distinguir entre um alemão e um alemão judeu. Sua posição, neste sentido, teria sido influenciada pelas discussões que atravessaram os séculos XIX e XX, na Alemanha, sobre o estatuto particular dos judeus alemães, muitos dos quais eram completamente assimilados e outros tinham se convertido ao cristianismo. Ademais, eram muito comuns os casamentos e as relações sexuais entre pessoas de distintas religiões. Sua atitude, ao ecoar esta época, fez-se presente em um diálogo com esse

---

[58] Ibid., p. 150-1.

seu subordinado, Strauch, que, posteriormente, relatou que Kube teria protestado contra métodos de aniquilação que seriam indignos de uma Alemanha que produziu Kant e Goethe. A propósito de judeus alemães expressou igualmente sua admiração por Offenbach e Mendelssohn, o músico, neto de Moses. E isto apesar deste último já ter tido seu nome eliminado de catálogos musicais e suas obras não serem mais praticamente tocadas desde 1938, embora continuasse a ser muito apreciado pelos alemães.[59] Seu antissemitismo "tradicional" não o impedia de gostar de músicos judeus, nem de perceber contradições entre a Alemanha da alta cultura e a dos bárbaros métodos nazistas. Em 1943 foi morto por uma mulher empregada em sua casa e a origem deste ato foi atribuída aos "bolcheviques agentes de Moscou". Independentemente de quem o tenha assassinado, o fato é que Himmler considerou a sua morte uma "benção". Se não tivesse acontecido, teria sido provavelmente enviado a um campo de concentração. A natureza do antissemitismo tinha definitivamente mudado.

Não se tratava mais de deslocamentos, de criação de guetos, de separação dos judeus em relação aos não judeus; nem tampouco de uma discussão que teria se tornado obsoleta de direitos políticos ou cívicos, mas, tão simplesmente, da morte violenta, perpetrada por agentes que mostravam na estrutura mesma de suas ações a expressão do mal absoluto, do mal existencial. Queriam a morte dos judeus enquanto tais, almejavam extinguir a existência mesma do povo judeu. Note-se que, em um gueto, ainda há um espaço reservado, embora suas condições de vida possam ser das mais penosas. Não importa: um espaço é preservado. Na "Solução Final", o espaço mesmo é apagado! Com o desenrolar das deportações, maiores foram as informações de que o destino delas consistia nos campos de ex-

---

[59] Evans, Richard J. *Terceiro Reich. No Poder*. Volume II. São Paulo: Crítica, 2017, p. 229.

termínio. Tais informações eram tomadas, porém, como rumores que deveriam ser confirmados, como se fosse difícil acreditar no que escutavam. Recusavam-se a pensar o inimaginável, algo que fugia completamente de seus parâmetros históricos e comportamentais. A colaboração/cooperação seguia, assim, o seu ritmo intenso (registros, informações, notificações, escolha dos deportados, ação da polícia judaica, etc.), embora com tinturas de mitigação. A narrativa judaica tradicional não tinha ainda apresentado fraturas expostas, mas suas fissuras tinham começado a aparecer.

Um caso particularmente ilustrativo é o do líder judeu de Viena, dr. Löwenherz que recorreu aos próprios SS para a confirmação ou não desses rumores. Chega um homem alquebrado, no dizer do oficial nazista que o recebeu, sendo imediatamente repassado ao seu superior. Este, por sua vez, pega o telefone e liga para o gen. Müller, chefe da Gestapo, que responde que se tratava de relatórios malignos (*evil reports*).[60] Löwenherz se dá imediatamente por satisfeito, como se um fardo tivesse saído de seus ombros. Note-se a maldade presente na designação do que um SS considera como um relatório maligno. É a maldade operando no engano, algo claramente arquitetado. Digno de nota, aliás, é o fato de o dirigente judeu, vítima, se dirigir ao seu carrasco para pedir esclarecimentos e se contentar com isto. Não viu o que já se deixava ver. Não teve a coragem de fazê-lo, pois todos os seus marcos de referência teriam explodido e, com eles, todos os seus critérios de civilização, humanidade e valores morais. Seria o sem sentido da vida, tal como exposto no Eclesiastes, só que sob o império do mal existencial.

---

[60] Hilberg, op. cit., p. 178.

Escolhas trágicas

Os guetos eram constituídos por moradores nativos, por migrantes, por pessoas que tinham sido expulsas de suas moradias no setor "ariano" da cidade, por pessoas de outras cidades e, inclusive, países. Geograficamente, tudo também os diferenciava, não sendo a mesma coisa um gueto na Alemanha, outro em Varsóvia, outro no interior da Polônia, um em Vilna, outro no interior da Lituânia, outros na Ucrânia e assim por diante. Uns tinham forte composição de religiosos, de ortodoxos, outros de judeus liberais, outros eram socialistas, outros eram sionistas, outros eram paradoxalmente de judeus católicos ou protestantes e assim por diante. Sua realidade era multifacetada, com seus membros podendo ser da mais alta estirpe moral ou canalhas da pior espécie. Ricos se empobreceram da noite para dia, pobres se tornaram ainda mais miseráveis e policiais e contrabandistas se tornaram os novos ricos. Havia algo que, porém, os unia, o confinamento, sobretudo depois que muralhas cercaram estes espaços físicos, e, principalmente, a luta pela sobrevivência, uma luta de vida e morte, no maior abandono e desespero. E a luta pela sobrevivência não tinha para alguns nenhum limite. Os mais dignos, alguns, optaram pelo suicídio, os mais velhacos pela colaboração e pela morte do próximo.

Os Conselhos Judaicos eram, assim, um reflexo desta realidade. Alguns eram constituídos por moradores do gueto, outros eram provenientes de outras regiões, uns eram religiosos, outros ateus, uns tinham experiência de administração judaica no pré-guerra, outros não. Uns eram pessoas dignas, outros não. Uns eram apegados fortemente à sua tradição religiosa e moral, outros eram pessoas imorais, senão francamente amorais. Foram todos obrigados a se juntarem pelas forças de ocupação, sem minimamente saberem qual seria o seu destino, doravante comum. Sua memória era a da perseguição antissemita dos séculos anteriores, o que lhes dava a experiência de um cálculo racional de perdas e ganhos, contando com que os instrumentos anteriores de negociação com os poderosos continuassem a valer. Usavam os remédios tradicionais,[61] como negociação, suborno e compra de responsáveis que estavam implementando uma política antissemita, quando a situação mudara.

Utilizavam concepções de outrora, que lhes forneciam uma visão truncada da realidade que sobre eles se impunha. Evidentemente, desconheciam os planos de Hitler de extermínio completo dos judeus e do judaísmo, não chegando mesmo a ver que a evacuação dos guetos e sua transferência para os campos eram um decreto de morte, pois ainda pensavam que estas recolocações, essas "imigrações", seriam ainda um outro deslocamento como tantos outros da história judaica e, inclusive, de sua história presente. Os nazistas, por sua vez, fizeram inicialmente o jogo da dominação tradicional, com o objetivo de erodi-la por dentro, ocultando o que estava por vir. Os policiais e as autoridades civis utilizavam os mais variados truques e enganos, apesar de se poder dizer igualmente que certos funcionários subalternos não estavam verdadeiramente a par do que estava acontecendo. Os conselheiros e os judeus em geral caíram no jogo do engano, autoenganaram-se até o final. Estavam despreparados para enfrentarem forças políticas, policiais e militares, que não se pautavam pela razão, mas pela irrazão. Procuravam por sentido em uma realidade que tinha se tornado sem sentido.

Na busca pelo sentido, fizeram com que esta realidade pautada pela luta pela sobrevivência, ameaçada pela irrupção da morte violenta a todo instante, por intermédio da Gestapo, da SS e, inclusive, da polícia judaica, pudesse ganhar uma outra significação, a de uma luta pela vida do espírito, que, como água, escorria de seus dedos. Criaram escolas, formaram orquestras, instituíram bibliotecas, como se a vida continuasse a ter senti-

---

[61] Trunk, Isaiah. *The Jewish Councils in Eastern. Europe under Nazi Occupation*. The University of Nebraska Press, 1996, pág. 388.

do. Vilna e Varsóvia seriam os exemplos mais eloquentes. Apostavam no futuro, orientando-se pelo passado, porém sabendo do horror do presente, apesar de começarem a duvidar de que o futuro pudesse se concretizar. Os recursos dos conselhos eram escassos e se tornaram ainda mais escassos à medida que a "Solução Final" se aproximava. Se o corpo se tornava cada vez mais frágil, pela fome, pelo frio e por doenças dos mais variados tipos, o espírito teimava em resistir. Neste sentido, pode-se dizer que a permanência de uma vida cultural é a expressão de uma forma notável de resistência, uma revolta surda pela permanência de uma condição propriamente humana. Não se trata de acomodação, de colaboração, mas propriamente de resistência, apresentada sob uma forma totalmente nova. Às tentativas nazistas de desumanização, se opõe um trabalho hercúleo de conservação de humanidade, apesar das condições mais terríveis. E levaram a cabo esta luta "espiritual" sob a liderança de Conselhos Judaicos, que teimavam em guardar a vida cultural que tinha sido a deles. A dignidade humana se afirmava nas condições mais monstruosas.[62]

Acrescente-se, ainda, duas outras acepções de resistência, a da mera existência e a do trabalho. Hans Frank, governador geral desta parte do Leste Europeu, escreveu em seu diário em 24 de agosto de 1942: "Gostaria de afirmar que condenamos 1.200.000 judeus à morte por fome".[63] A estratégia de lento genocídio era clara. Sob tais condições de penúria, falta de comida, condições sanitárias terríveis, epidemias, em que a morte lenta, politicamente produzida, fora de seu ciclo natural, avançava inexoravelmente, não deixa de causar espanto que os judeus tenham conseguido se organizar e resistir, mantendo-se em vida. Ou seja, resistir significava manter-se vivo, sobreviver, organizando-se para nutrir os seus, conseguindo

---

[62] Katz, Steven T. Prefácio a Trunk, p. XV-XVI.
[63] Trunk, ibid., p. 146.

apoio financeiro de fora e de dentro, criando hospitais, orfanatos, asilos, sopas comunitárias e assim por diante. Quanto mais padeciam, maior não deixava de ser o seu plano de sobrevivência, mesmo com cadáveres se acumulando nas ruas. Os conselheiros que assim agiram, os administradores destas novas "cidades", também atuaram moralmente, trabalhando para o próximo e dando um exemplo de solidariedade, sendo Czerniakow, em Varsóvia, o seu maior símbolo. Outros existiram em diversos guetos, alguns pagando também com a sua própria vida.

Embora houvesse igualmente conselheiros autócratas, como Rumkowski em Lódz, que se aproveitaram desta situação, não era essa a regra. Mas mesmo aqui a cautela se impõe no que diz respeito ao juízo moral, pois, ao tornar o seu gueto uma espécie de "fábrica" para a *Wehrmacht,* conseguiu postergar a sua eliminação até agosto de 1944. Sua "cidade" veio a ser uma poderosa máquina industrial e, por esta razão, foi a última a ser extinta. Sua estratégia consistia em ganhar tempo, tendo quase o conseguido. Por poucos meses, janeiro de 1945, os russos não chegaram a tempo da libertação. Neste curto espaço de tempo, todos foram conduzidos para os campos de extermínio, inclusive o próprio Rumkowski.[64] Tem-se assim uma outra acepção da resistência, a do trabalho, na situação também paradoxal de fornecer utensílios e uniformes para o inimigo.

Note-se a presença de um modo de cálculo racional que servia de instrumento transitório para a preservação de alguns guetos, Vilna, sob a direção de Jacob Gens, sendo outro caso, embora esta forma de racionalidade estivesse sendo progressivamente apagada. O raciocínio deste tipo de "prefeito" não deixava de fazer sentido, embora orientado por outra concepção de mundo. Por que iriam os nazistas assassinar os seus trabalhadores escravos que tanto benefício lhes proporcionavam? Se o trabalho

---

[64] Ibid., p. 83-4.

escravo era uma fonte de suprimentos para as Forças Armadas, por que eliminá-lo? Não seria o próprio esforço de guerra prejudicado? Contudo, a "lógica" nazista não seguia este tipo de lógica, considerado como algo que deveria ser simplesmente superado e deixado de lado. Quanto mais os judeus trabalhavam, quanto mais os "prefeitos" de Lódz e Vilna oprimiam os seus membros com o intuito de salvá-los,[65] mais os nazistas seguiam em seus planos de aniquilação total. O trabalho enquanto forma de salvação estava condenado, embora os seus executores não o soubessem. Viram o que lhes era acessível ver; deixaram de ver o que se aproximava implacavelmente. Retrospectivamente, poderíamos dizer que erraram, mas a comodidade de julgar o passado deve ser objeto de reflexão, pois aqueles que viveram o mal existencial no presente utilizaram os recursos que estavam à sua disposição, de caráter utilitarista no caso, como o da estratégia do trabalho. No presente, as escolhas, principalmente em tempos sombrios, se fazem sob as nuvens mais espessas.

Sob tais condições (in)humanas, as escolhas ganham uma significação trágica. Embora o bem seja o seu objetivo, os seus efeitos são acaparados pelo mal. Não há escolha que esteja imune à sua ação, que tende a tomar conta de todo o âmbito da vida humana. Inclusive o suicídio, enquanto opção moral, deixa os seus desassistidos e reféns das forças de ocupação, que se voltavam, então, contra eles. Ajudar um jovem judeu que fora para as florestas para se juntar aos *partisans* tinha como contrapartida nocivas consequências, pois os nazistas puniam coletivamente todos os que não seguiam as suas regras, mormente os que escolhiam lutar contra eles. A família era punida de morte, também os amigos, e, mesmo, os conselheiros judaicos. A dita responsabilidade coletiva dos judeus, impingida pelos nazistas, era um poderoso instrumento de coerção, coibindo ações morais.

---

[65] Ibid., p. 403 e p. 412.

Note-se ainda que mesmo a fuga do gueto para a luta junto aos *partisans* não era tampouco algo evidente, pois os judeus só encontravam abrigo em áreas próximas ao Leste Europeu, onde atuavam unidades soviéticas que, via de regra, os acolhiam, apesar de exceções aí ocorrerem igualmente. Em áreas controladas por poloneses, lituanos e ucranianos, os judeus não eram bem-vindos, alguns sendo liminarmente eliminados.[66] Assim, na perspectiva de uma resistência física, as condições externas não eram nada favoráveis, pois não podiam contar com "vizinhos" não judeus, nem com o apoio de outros países que poderiam, por exemplo, lhes fornecer armas. O governo polonês no exílio fornecia armas à resistência polaca e nada aos judeus "poloneses". Isolados do mundo, os judeus foram literalmente abandonados. Para os mais religiosos, sobrou apenas o anseio e a crença de que um milagre poderia intervir até o fim, pois o "Todo Poderoso" não poderia simplesmente não olhá-los, devendo obrigatoriamente intervir. Deus, no entanto, retirou-se.

O caso dos guetos voltados para o trabalho enquanto salvação é particularmente elucidativo por sua dimensão trágica. Cabia aos conselhos escolherem os indivíduos que iriam trabalhar – e portanto sobreviver –, condenando, praticamente, os que ficavam fora desta esfera de "resgate", sobretudo os mais idosos, as crianças menores de 9 ou 10 anos segundo a localidade, os enfermos, os deficientes físicos e assim por diante. A máquina mortífera continuava operando, selecionando os que seriam sacrificados, tocando aos conselhos atuarem conforme estes marcos muito bem estabelecidos. Logo, deveriam eles escolher os que iriam viver e os que iriam morrer nos campos de extermínio ou em fuzilamentos. Alguns seriam assassinados, enquanto a maioria sobreviveria, assim pensavam. Inclusive rabinos oscilavam em suas decisões, pois, ao justificarem estas

---

[66] Ibid., p. 452.

políticas públicas conduzidas por certos "prefeitos", se posicionavam contra os ensinamentos de Maimônides, segundo o qual nenhum judeu deveria ser entregue à morte, em cujo caso todos igualmente deveriam morrer.[67]

Quando a ordem "estatal" é má, a escolha que nela opera pode tornar-se trágica. Não se trata de uma escolha que opere no vazio, em condições ideais ou abstratas, mas de uma que age na contingência mesma da maldade, sendo obrigada a decisões que ultrapassam os marcos morais de uma realidade normal. Quando a normalidade desaparece, a escolha se depara com opções sob as quais deve atuar. O leque de escolha é restrito. "Quem deverá hoje morrer?" ganha o significado de uma decisão aparentemente normal, por mais aterradora que possa ser esta nova "normalidade". Ou ainda essa outra que lhe é correlata: "Quem deve sobreviver?". Os parâmetros daquilo mesmo que consideramos como humanidade são totalmente pervertidos e é essa perversão que os nazistas quiseram introduzir nos guetos e em suas lideranças, como se essa fosse a nova "condição humana" deles. Os judeus foram conduzidos a um abismo moral, enquanto prelúdio de sua aniquilação total.

Adam Czerniakow: uma figura trágica

Em sua introdução ao *Diário* de Czerniakow, Raul Hilberg assinala que a sua função e, por extensão, a de todos os presidentes de Conselhos Judaicos, não era algo novo do ponto de vista da Diáspora. Tinha até um nome: *shtadlamut*[68] O seu significado consistia em uma pessoa exercer o trabalho de intermediação entre um tirano e um representante comunitário,

---

[67] Ibid., p. 422.
[68] *The Warsaw Diary of Adam Czerniakow*. Editado por Raul Hilberg, Stanislaw Staron e Josef Kermisz. Chicago: Ivan R. Dee, Publisher, 1999, p. 66.

em um tipo de relação caracterizada pela força e pela arbitrariedade do governante. Em nome da lealdade e obediência da comunidade, determinados benefícios lhes eram concedidos. Observe-se que tal tipo de relação não era regulada por lei, porém pela força. Havia desaparecido durante o período da emancipação e da igualdade cívica, tendo, então, sido restabelecido pelos nazistas. Ocorre, porém, que sob o manto da repetição histórica, algo inteiramente novo estava sendo criado. Os líderes judaicos apostaram na repetição, os nazistas na novidade aterradora, em um jogo de percepções e enganos que sinalizava a tragédia por vir.

Adam Czerniakow foi escolhido enquanto responsável pelo gueto de Varsóvia, então em criação, em outubro de 1939 (o gueto foi só criado em outubro de 1940), por um pequeno destacamento da Polícia de Segurança, que perguntou a um encarregado da limpeza quem era o "presidente" da comunidade. Foi, então, trazido arbitrariamente aos responsáveis dos *Einsatzgrüppen*, que lhe ordenaram escolher outros 24 homens para formarem um "conselho", devendo ele assumir a sua liderança.[69] Algo, em um certo sentido, acidental. "À primeira vista, a característica mais notável de Czerniakow era a de ser uma pessoa bastante comum. No entanto, seu *Diário* nos revela que ele era tudo, menos uma pessoa comum. A sua decência fundamental chama a atenção numa época de crueldade desenfreada. Não apenas ele dedicava seus dias na íntegra à sua comunidade, mas cuidava em particular dos mais humildes e frágeis dentre seus quatrocentos mil (outros dão a cifra de quinhentos mil) habitantes: as crianças, os mendigos e os doentes mentais".[70] Um homem comum que, posto em uma condição trágica, desenvolveu em alto grau a sua moralidade. Engenheiro químico de profissão, foi colocado em uma posição de luta de vida e morte pela

---

[69] Ibid., p. 66.
[70] Friedländer, op. cit., p. 96.

sua comunidade, visto que, representando um velho parâmetro político de conduta judaica, não deixou de entrever o novo, o aterrador, que estava se apresentando. Ele situa-se em uma encruzilhada. De 1939 a 1940, ele ainda nutria esperança de um "gueto aberto", que combinaria residência compulsória com liberdade de movimento.[71] A partir de setembro, a sua esperança tinha esvanecido.

Um membro veterano do Conselho Judaico (*Judenrat*) relembrou o dia em que Czerniakow, em seu escritório, apontou para vários de seus membros a gaveta da escrivaninha onde guardava uma garrafa contendo 24 pílulas de cianureto,[72] uma das quais viria posteriormente a tomar, quando a situação de "mitigação/ colaboração" tinha se tornado insustentável. No caso, o fez a propósito da deportação de crianças órfãs.[73] O intolerável tinha chegado. No dizer de Raul Hilberg: "Os Conselhos Judaicos, no exercício de sua função histórica, continuaram até o final a fazer desesperados esforços para mitigar (*to alleviate*) os sofrimentos e parar as mortes em massa nos guetos. Mas, ao mesmo tempo, os Conselhos respondiam às demandas alemãs com aquiescência (*compliance*) imediata e invocando a autoridade alemã para coagir a comunidade à obediência. Logo, a liderança judaica tanto salvava quanto destruía o seu povo, salvando alguns judeus e eliminando outros, salvando judeus em um momento e os destruindo no seguinte".[74] Por mais "bem" que viessem a fazer, a maldade os perseguia de forma ainda mais violenta. Por mais que procurassem a sobrevivência da comunidade judaica, mais precipitavam o seu fim. Por mais que procurassem uma política de mitigação, mais aceleravam, por sua colaboração, o pior dos fins.

---

[71] Hilberg, op. cit., p. 82.
[72] Ibid., p. 76.
[73] Friedländer, op. cit., p. 518-9.
[74] Hilberg, op. cit., p. 76.

Conforme sua ótica, Czerniakow considerava aqueles que, fugindo do nazismo, tinham abandonado o gueto como irresponsáveis junto aos seus, uma conduta egoísta de quem abandona o próximo.[75] Acreditava ele, naquele então, que o gueto era um lugar de passagem, não para a morte nas câmaras de gás, mas para uma outra vida, quando do término da guerra. Os judeus deveriam fazer todos os esforços para sobreviver, como já o tinham feito durante os milênios da Diáspora. Do mesmo modo, tinha ele uma aversão aos sionistas que lutavam por um lar judeu na Palestina, pois, também eles, estariam fugindo. A um judeu que para lá ia chegou a dizer: "como você pretende se comportar como um líder e está agora fugindo como outros iguais a você, deixando as massas nesta horrível situação".[76] Coerente consigo, não aceitou um certificado para a Palestina que lhe tinha sido oferecido, o que lhe teria salvado a vida.[77] Na verdade, foram os sionistas os verdadeiros sobreviventes, uma vez que tiveram uma nova visão da história, em busca de uma outra alternativa, que não mais se restringia às "soluções" habituais, que estavam em seu fim.

Observe-se que Czerniakow não aferia nenhuma vantagem das atividades por ele exercidas, embora administrasse uma "cidade". Procurava o bem dos seus moradores, em um tipo de trabalho propriamente altruísta, de dedicação ao próximo. Mesmo sob sugestão dos nazistas, não extraía nenhum salário de suas atividades. Recusou-se a receber qualquer tipo de "remuneração", não condizente com o tipo de visão que tinha do que deveria ser feito. Agia segundo parâmetros morais, e não materiais. Da mesma maneira, não aceitou o benefício de manter o seu apartamento quando de uma das tantas mudanças de fronteiras do gueto, pois, no novo desenho, sua moradia ficaria

---

[75] *Ibid.* Entrada de 11 de maio de 1940.
[76] Entrada de 20 de fevereiro de 1940.
[77] Entrada do dia 12 de fevereiro de 1940.

de fora desta nova delimitação. Preferiu sofrer o mesmo destino dos demais.

Os problemas aos quais tinha de se enfrentar eram dos mais diferentes tipos, alguns, aparentemente inusitados, sendo relativos a como deveria administrar "diferentes religiões", embora esta expressão possa parecer incongruente. Por exemplo, como tratar com "judeus cristãos"? Enquanto no século XIX a conversão era um instrumento de igualdade cívica, permitindo aos judeus convertidos o exercício da cidadania, já sob o nazismo não era mais de nenhuma valia, pois o antissemitismo religioso tinha sido substituído pelo racial. Não era mais a religião que distinguia um judeu dos demais, mas a sua raça. Eram cristãos pela religião e judeus por decreto.[78] Logo, no gueto, Czerniakow teve de cuidar igualmente desses judeus conversos,[79] que, por sua vez, se diziam não judeus, pois teriam supostamente escapado desta condição. Mais curioso ainda é o fato de judeus, já no gueto, quererem se converter ao catolicismo e ao protestantismo em uma tentativa, certamente desesperada, de escaparem ao sofrimento, à humilhação, à miséria e, finalmente, à morte. Agiram segundo uma concepção que, válida até algumas poucas décadas atrás, tinha sofrido uma abrupta transformação. O seu guia de comportamento estava completamente desatualizado.

Czerniakow é frequentemente irônico em relação à sua própria condição. Entre outras tiradas, veja-se esta: "Trabalho 7 dias por semana. Por que Deus não nos deu um oitavo de repouso?".[80] Elas têm um pano de fundo bíblico, equivalente a dizer: "por que Deus nos pôs nesta condição deplorável?". Ou: "apesar do meu esforço não poderia Ele me ajudar?". Seu dia a dia consistia em

---

[78] Hilberg, Raul. *Perpetrators Victims Bystanders*. New York: HarperPerennial, 1993, p. 150.

[79] Diary, entrada dos dias 8 e 10 de fevereiro de 1940; 13 de maio de 1940; 29 de julho de 1940.

[80] Entrada de 10 de março de 1940.

um trabalho absolutamente fatigante de dar conta das necessidades mais básicas de uma comunidade exaurida, humilhada e ameaçada, preocupando-se, sobretudo, com as crianças e os órfãos. Seu cotidiano de administração de recursos escassos e procura de novos expressava toda a sua preocupação própria de uma política mitigatória, impropriamente denominada por alguns de colaboracionista em seu sentido pejorativo. Tinha como objetivo, nos limites mesmos desta condição trágica, criar condições culturais de vida, como orquestra sinfônica, concertos e teatros.[81] A comunidade não podia perder a sua dignidade.

Nos dois primeiros anos do gueto, os campos de extermínio não apareciam ainda no horizonte, sua construção não tendo ainda começado. A primeira entrada, relativa a deportações de massa, é de 18 de março de 1942, concernente aos guetos de Lwów, Mielec e Lublin, que Czerniakow considera como "alarmantes".[82] Note-se, ainda, que este dolorido e, a bem dizer, trágico cotidiano pressupunha que comparecesse diariamente a SS e a Gestapo para tratar dos assuntos comunitários. Os seus carrascos eram os seus interlocutores, com os quais um "diálogo" deveria, de certa maneira, ser estabelecido. Era um componente mesmo da política mitigatória que se esgotava. Note-se que de 1939 até dezembro de 1941, data de entrada dos EUA na guerra, instituições de caridade e ajuda americanas trabalhavam livremente no gueto, ajudando crianças, idosos e doentes, em paralelo ao Conselho Judaico. Isto permitiu, inclusive, uma espécie de etapa de transição, fazendo com que as pessoas se acostumassem progressivamente a esta nova dominação, que aparecia, assim, sob o disfarce de imagem do velho gueto.[83]

---

[81] Entrada de 1º de agosto de 1940.
[82] Outra entrada imediatamente posterior de Czerniakow é a de 1º de abril de 1942.
[83] Gutman, Israel. *Resistance, The Warsaw Guetto Uprising*. Boston, New York: A Mariner Book Houghton Mifflin Company, 1994, p. 64-5.

Coincidentemente, é a partir de janeiro de 1942 que o plano de aniquilação total dos judeus tornara-se a política oficial do Reich, sendo assim implementado. As grandes deportações começam no início do segundo semestre deste ano, enquanto o levante propriamente dito ocorre em abril de 1943, tendo havido um prelúdio de sublevação em janeiro.

A situação à qual os judeus foram reduzidos no gueto constituía um luta diária pela sobrevivência, que já vinha sob as formas das mais extremas da miséria e da penúria, com pessoas morrendo nas ruas por falta absoluta de trabalho, atendimento e comida. Ou seja, temos uma situação que Hobbes caracterizara como de "estado de natureza", com corpos chocando-se e desfalecendo, inclusive, pela mais completa ausência de condições de vida. Antes da "Solução Final" propriamente dita, os judeus foram submetidos a uma "solução provisória", a de uma forma de morte violenta produzida pelos nazistas, lançando estas pessoas ao mais absoluto desamparo. Numa entrada de 2 de maio de 1941, é relatado o caso de duas crianças abandonadas pela mãe na multidão clamando que esses pobres seriam doravante deles – e não dela –, enquanto elas gritavam: "mamãe!". O próprio sentimento de maternidade desaparecera nesta condição extrema. Outra entrada, de 20 de fevereiro de 1942, relata o caso de canibalismo de uma mãe que come um pedaço da nádega de seu filho, de 12 anos, morto no dia anterior.

A partir de 18 de março de 1942, as deportações já tinham começado em guetos vizinhos, com suas confirmações no dia 1º de abril, os judeus sendo enviados aos campos de extermínio de Belzec e Sobibor. São datas importantes, pois expressam o fracasso inelutável da política de mitigação, com a cortina sendo levantada, expondo todo o terror do que estava por vir. Outras referências a deportações, consideradas como "rumores", nestes casos do próprio gueto de Varsóvia, aparecem nos dias 5, 15 e 18 de maio. Neste momento, contudo, Czerniakow e os seus já tinham sido apanhados nas armadilhas do mal, nada mais podendo fazer do que aguardarem o fim, ainda digno, de ajudar o próximo nesta situação extrema. Foram coerentes consigo mesmos, porém enredados em uma visão de mundo que não mais se sustentava. Restou a Czerniakow a imagem de um navio afundando e o capitão, procurando elevar a moral dos passageiros, dando ordens para que a orquestra de jaz continuasse tocando.[84]

Ressalte-se que, já no dia 19 de abril, há uma anotação em seu diário das atividades dos grupos clandestinos que conduziriam posteriormente o levante, relativa a uma atividade panfletária. Volta à mesma questão no dia 22, denunciando a existência no gueto de uma organização secreta (na verdade eram duas). A ameaça nazista era a de que isto poderia produzir um enorme dano à comunidade, como se algo pior não estivesse sendo tramado. Coincidentemente, no mesmo dia do suicídio de Czerniakow, os preparativos da resistência foram acelerados. As políticas de mitigação e colaboração tinham encontrado o seu término, sendo substituídas por outra, a que seria revivida, precisamente, nas lutas que levaram à criação do Estado de Israel e em suas guerras posteriores de sobrevivência. Observe-se que as primeiras ações dos insurgentes voltaram-se contra os símbolos mesmos do colaboracionismo, isto é, primeiramente o odiado chefe da polícia judaica e, depois, o seu substituto, igualmente assassinado. O mesmo destino tiveram colaboradores, policiais, informantes e, inclusive, o chefe da divisão econômica do Conselho Judaico. Esse perdeu progressivamente e definitivamente poder. A luta entre a política de colaboração e a da resistência física terminou no confronto armado.

Nos guetos de Lódz e de Bialystok, o exemplo do gueto de Varsóvia começou a ser imitado, levando extrema preocupação aos nazistas. A política da resistência física começava a dar os

---

[84] Diary, entrada de 8 de julho de 1942.

seus primeiros e resolutos passos. Nada, no entanto, foi imediato. Em Lódz, depois de uma forte greve, trabalhadores ainda ouviram os cantos das sereias nazistas, renunciando à sua ação e ainda acreditando que seriam realocados enquanto trabalhadores na própria Alemanha. Acreditaram no mesmo líder nazista que os tinha enganado durante anos. Terminaram, na verdade, gaseificados nos campos de extermínio. Não é da noite para o dia que se destrói uma imensa máquina burocrática de mitigação e colaboração, nem tampouco em um curto espaço de tempo se dissolvem padrões históricos de comportamento e formas arraigadas de pensamento.[85]

Um outro caso particularmente interessante é o do "prefeito" de Vilna, Jacob Gens,[86] que escolheu ficar no gueto, em um ato propriamente voluntário, na medida em que sua mulher era não judia e poderia ter sido acomodado em sua família. Ademais, à diferença de outros "prefeitos", tinha formação militar, tendo servido no Exército, era um nacionalista ucraniano e poderia ter muito provavelmente encontrado abrigo entre seus ex-companheiros de farda. Ressalte-se, ainda, que, do ponto de vista judaico, seguia os ensinamentos de Jabotinsky, sendo um revisionista, considerado de direita. Opções de vida teria tido para além das da administração do gueto. Escolheu ficar, apesar de todas as suas diferenças com um grupo de resistência judaico lá atuante. Talvez possa ser criticado por não ter dado um apoio maior a esse grupo, porém trata-se de um julgamento histórico que, confrontado às circunstâncias do momento, deve ser visto em perspectiva. Tratava-se, na verdade, do confronto entre duas estratégias de resistência, a da salvação através do trabalho e a da luta física, e não de um conflito moral. Em tempos nublados, torna-se difícil discriminar o que está acontecendo.

---

[85] Ibid., p. 213.
[86] Hilberg, Raul, op. cit., p. 108-9.

Em toda a sua vida, Adam Czerniakow pautou-se por valores, especialmente procurando ajudar os mais pobres e desvalidos. O seu comportamento esteve sempre orientado pelo "bem". Ocorre que, nas circunstâncias do gueto, quanto mais bem fazia mais o mal avançava na destruição destes judeus que, ao cabo de três anos, acabaram deportados e assassinados. Não se voltava para fazer o mal, mas esse acompanhava e pervertia suas ações bondosas. Sempre esteve convencido de que deveria minorar os sofrimentos dos judeus que mais sofriam, fazendo tudo o que estava ao seu alcance, não esmorecendo e sempre renascendo de seus fracassos nas negociações com a SS. Ele é uma figura histórica ímpar em sua tragicidade. Seus *Diários* são um documento único ao retratar o dia a dia do gueto de Varsóvia, em sua administração, em suas negociações com os nazistas, na miséria mais extrema, nos dilemas e contradições diante dos problemas que deveriam ser enfrentados. Navegava na bruma, tendo como único instrumento de orientação aquele de uma política mitigatória, que lhe foi oferecida e ensinada pela história judaica, tendo de fazer escolhas particularmente dilemáticas.

Por sua vez, a posição de Czerniakow, enquanto posição histórica, real, é propriamente trágica desde o seu início ao ocupar a posição central, administrativa, de "prefeito" do gueto, devendo servir a dois "senhores", os nazistas e os judeus.[87] Para os primeiros, ele era tido por instrumento de sua dominação; para os segundos, o meio de satisfazer as suas necessidades mais básicas, em um tempo sombrio que nada augurava de bom, embora o seu destino, naquele momento, não estivesse ainda selado. Servindo aos nazistas para atender o seu "povo", em situação desesperadora, tornava-se suscetível de receber, da parte desse, a denominação de "fraco", por ser mera ferramenta dos que tencionavam destruir os judeus. Para esses,

---

[87] Gutman, op. cit., p. XIV.

aparecia, porém, como uma tábua de salvação, nenhuma outra saída lhes parecendo disponível. Desde uma perspectiva, era uma coisa, desde outra, outra. Em particular, Ringelblum, outro habitante do gueto, e os seus qualificavam Czerniakow de "fraco",[88] assim explicando, inclusive, o seu suicídio, enquanto para os que compartilhavam a sua concepção, foi ele um homem moralmente corajoso ao pôr fim aos seus dias em uma situação limite.

Para os seus adversários, todavia, os que pregavam a resistência e a luta armada, o não engajamento de Czerniakow seria uma demonstração de sua "colaboração", fechado que estava a essa outra alternativa de luta. No entanto, o problema não se colocava desta maneira simples por veicular diferentes percepções e concepção do mundo, dos judeus e de sua história. Ou seja, Czerniakow, em seu suicídio, representa o fim de uma concepção, de uma época, segundo a qual os judeus sobreviveriam aos seus dominadores. Hitler se inscreveria em uma longa série de ditadores que tinham perpetrado massacres de judeus, atormentando as suas vidas. O judaísmo tinha, contudo, sobrevivido. O segundo grupo já partia de uma outra concepção, a de que o inimigo era outro, estando voltado para a destruição do povo judeu enquanto tal, exigindo, em contrapartida, uma outra postura, a da resistência que reencarnaria em Varsóvia o espírito combativo do povo judeu, através destes novos guerreiros que levaram a cabo o levante. O novo seria aqui o combate, a não submissão!

Embora Ringelblum não tivesse nenhuma simpatia por Czerniakow, dentre outras razões por esse não ter chamado à resistência, por representar posições de "direita" e devido à sua situação de concorrente de outra instituição de caridade e solidariedade por ele liderada, admite que a sua posição, assim como a de qualquer administrador público nestas circunstân-

---

[88] Ringelblum, op. cit., p. 316.

cias, implicava dilemas trágicos.[89] Na ausência de comida suficiente para todos, onde a morte seria então inevitável, quem privilegiar? A quem deveria ser dado mantimentos, condenando os outros à morte? Uma colher de sopa para todos significaria, de qualquer maneira, a morte de todos. O que deveria ser feito? Não se trata de questões simples por envolverem escolhas de vida e morte para uns e outros, segundo os critérios que forem escolhidos. A decisão envolve uma espécie de emaranhado entre o bem e o mal, ficando, inclusive, difícil discernir um de outro. Qualquer escolha produzirá o bem para alguns e o mal para outros e isto de uma forma necessária, nenhuma terceira alternativa sendo possível. Assinala ainda ele que era um "paradoxo trágico" ter de trabalhar para os nazistas, com o objetivo de retardar a sua própria morte, algo historicamente inaudito. Um povo que odiava os nazistas com toda a fibra de seu corpo tinha de ajudar o seu inimigo em sua vitória.[90]

A CONDIÇÃO TRÁGICA E O JUÍZO MORAL

Em *Eichmann em Jerusalém*, Hannah Arendt faz somente uma breve alusão a Czerniakow,[91] contentando-se em mencionar que se suicidou (sem referir-se à deportação das crianças), não contextualizando nem ressaltando a dimensão moral e religiosa deste seu ato extremo. A sua figura propriamente trágica desaparece, como se nenhuma interrogação filosófica e política não devesse aqui ser suscitada. Surge apenas a sua caracterização enquanto um descrente engenheiro judeu de língua polonesa,

---

[89] Ringelblum, op. cit. p. 285.
[90] Ibid., p. 263.
[91] Arendt, Hannah. *Eichmann em Jerusalém*. São Paulo: Companhia das Letras, 2013, p. 135. Para os aspectos jurídicos do julgamento, cf. Lafer, Celso. *A reconstrução dos direitos humanos*. São Paulo: Companhia das Letras, 1988, p. 167-80. Para a repercussão do julgamento na França, cf. Azouvi, François. *Le mythe du grand silence*. Paris: Fayard/Folio, 2015, p. 317-26.

não tendo sido rabino. Linhas acima menciona a figura pérfida de Rumkowski, cuja colaboração com os nazistas foi explícita, violenta e em proveito próprio conforme vimos, como se fosse um rei em seu pequeno reino (gueto), passando por Leo Baeck, que teria realizado uma forma de colaboracionismo suave, meramente mitigatório, não querendo ver o que estava realmente ocorrendo. Quando o soube, não transmitiu a "nova" aos seus. Ou seja, Arendt não se dá nem ao trabalho de contrapor a figura moral, dilemática, íntegra, de Czerniakow à figura imoral, violenta e corrupta de Rumkowski, o que lhe teria permitido nuançar seu juízo histórico. A sua opinião preconcebida em relação aos Conselhos Judaicos não a fez ver o seu papel histórico, situado em uma concepção judaica vigente até então que, porém, ruía cotidianamente. Foram morais diante de uma política ancorada no mal existencial.

Fackenheim,[92] por sua vez, ressalta a postura de Czerniakow ao suicidar-se para não cumprir uma ordem da SS de deportação de crianças para os campos de extermínio. Ao fazer o "bem" não deixara de engendrar o "mal", porém, neste jogo nazista da maldade, havia, para ele, um limite. E aqui ganha toda a sua força uma analogia bíblica, com Moisés oferecendo sua vida a Deus em troca da preservação de crianças, tendo sido, então, bem-sucedido. Czerniaków não apenas ofereceu a sua vida, mas a deu em nome da vida das crianças, não tendo sido, ele, bem-sucedido, pois o seu destino consistiu nos campos de extermínio. E a analogia termina com a seguinte frase, de altíssima força teológica: "O inimigo estava menos dormente e mais atento que o Deus de Israel".[93] Ou seja, os nazistas teriam sido

---

[92] Fackenheim, Emil L. *The Jewish Bible after the Holocaust. A Re-reading*. Bloomington e Indianápolis: Indiana University Press, 1990. Sobre este episódio, cf. também Moshe Arens, *Flags over the Warsaw Ghetto*. Jerusalém: Gefen Publishing House, 2011, p. 79.
[93] Fackenheim, op. cit., p. 47: "The enemy was more sleepless and slumberless than the God of Israel".

mais eficazes, neste sentido, do que o Deus de Israel. Ou ainda, onde estava Deus quando as crianças foram enviadas aos campos? A questão poderia ainda ser colocada nos seguintes termos filosóficos: qual seria o significado deste tipo de ação má diante do plano divino da providência que tudo pode abarcar em seu percurso?

A postura destes "presidentes de conselhos" ou "prefeitos" exige, portanto, uma análise, em contexto, com o intuito de se evitar juízos precipitados sobre o processo de "colaboração". Não que ele não existisse em sua forma mais pura em outros guetos, como na figura mencionada de Rumkowski, condenado, aliás, sem meios-termos, pelo próprio Czerniakow, que o considera uma pessoa perigosa[94] e desprezível. Situações extremas exigem, do analista, do filósofo, juízos cautelosos, baseados na prudência histórica. Neste sentido, melhor avalia-se os imensos equívocos dos juízos de Hannah Arendt sobre os Conselhos Judaicos. Sua dureza no que diz respeito a personagens trágicos como Czerniakow contrasta com sua extrema compreensão e benevolência com figuras nazistas, sem decência – colaboracionistas –, como Heidegger, que jamais pediu perdão por seus atos ou fez qualquer retratação. A filósofa que escreveu um livro sobre a capacidade de julgar expôs sua completa inaptidão para o juízo moral, histórico.

Qualquer juízo moral sobre os Conselhos Judaicos, como os de "colaboracionistas" à maneira arendtiana, identificando-os por exemplo, pelo uso do vocabulário, à colaboração de franceses sob a ocupação nazista, deveria estar subordinado, em seus critérios e condições, a uma questão mais universal: a de como

---

[94] *Diary*. Entrada de 17 de maio de 1941. Sobre a condição judaica de Hannah Arendt e a questão do antissemitismo, cf. Lafer, Celso. *Pensamento, persuasão e poder*. Rio de Janeiro: Paz e Terra, 2003. Para uma análise das posições de H. Arendt em relação à questão judaica, Botstein, Leon. "Politics, The Jews and Hannah Arendt". In: *Salmagundi*. Nº 60, 1983, New York.

comportar-se moralmente sob um regime que se caracteriza pelo uso arbitrário da violência e pela mais absoluta amoralidade.[95] Observe-se, aliás, que os "colaboradores" franceses cooperaram voluntariamente, convencidos do que faziam, enquanto os conselheiros judaicos foram a isto obrigados, vindo, então, a assumir a terrível função, no começo não clara, de "cooperarem" com os seus assassinos, isto é, como se a vítima devesse no cadafalso assistir ao seu carcereiro.[96] Expunha-se, assim, o lado propriamente mau, na acepção existencial, da dominação nazista. Digamos ainda de outra maneira: a realidade era moralmente paradoxal. Os conselheiros foram, portanto, colocados em uma condição trágica.

Observe-se que o juízo moral deve levar necessariamente em consideração as condições particulares da ação em seu contexto próprio. A universalidade do juízo moral não constitui abstratamente uma regra absoluta válida para todo e qualquer caso, sendo uma exigência, uma metarregra, a ser preenchida a partir da ação e de suas máximas ou mandamentos em sua particularidade. Por exemplo, o mandamento moral "Não matarás!" depende do seu contexto de aplicação. Quando uma pessoa está na iminência de morrer por morte violenta tem todo o direito de defender-se e, se for o caso, matar, como ocorre em situações que o Direito assinala como as de direito à autodefesa. O critério do juízo moral não pode ser uma regra desvinculada da realidade, mas essa, enquanto pressuposta, fornece as condições de sua operacionalidade. Aristóteles postulava como critério de uma ação moral a prudência, ou seja, a orientação particular no mundo segundo regras universais ou, melhor dito, universalizáveis. Eis, por sua vez, o sentido da formulação kantiana, quando estabelece que uma ação pode ser dita moral quando, em sua particularidade, for

---

[95] Trunk, op. cit., p. XLI.
[96] Ibid., p. 43.

universalizável. Ou seja, a universalidade moral não é dada, porém deve ser construída segundo as condições particulares e concretas da ação em sua circunstância própria.

Gershom Scholem, em sua correspondência com Hannah Arendt, bem assinala este ponto de uma maneira particularmente dura.[97] Segundo ele, ela coloca-se na posição confortável de julgar *post festum*, quando todos os eventos já foram acomodados no passado, sem levar em consideração o que significa julgar moralmente quando os fatos estão se desenrolando para homens de carne e osso, nem anjos nem diabos, mas criaturas humanas colocadas em experiências extremas. Em decorrência, Scholem recusa-se a julgar os membros dos conselhos, dada a extrema dificuldade deste tipo de operação, sobretudo considerando homens e mulheres que estavam cotidianamente entre a vida e a morte, com um inimigo implacável operando junto a eles. Arendt se contentaria em impor aos fatos seus esquemas de pensamento preestabelecidos, de modo parcial, munida de certezas fracamente ancoradas em fatos e carentes da necessária cautela própria da capacidade de julgar. Seriam juízos morais retroativos, tendo como pressuposto uma concepção política situada fora da realidade concreta e histórica. Ou seja, Arendt não teria feito algo próprio do julgar, a saber, universalizar a particularidade histórica.

Não deixa, assim, de ser surpreendente que, diante dos horrores narrados no Processo de Jerusalém, Hannah Arendt tenha se detido principalmente nos conselhos, como se a responsabilidade dos campos de concentração e extermínio devesse ser deslocada para eles, identificados, portanto, a "colaboradores". Eichmann, sob a sua ótica, termina tendo a sua responsabilidade atenuada por dois fatores: um, os conselhos propriamente ditos; outro, ele mesmo como sendo tão só um elo secundário

---

[97] *The Correspondence of Hannah Arendt and Gershom Scholem*. The University of Chicago Press, 2017, cartas 133 e 135.

desta imensa máquina mortífera, banal neste sentido. Ela não leva minimamente em consideração o que significa a percepção das vítimas quando das perseguições ocorrendo. Por exemplo, nas audiências do processo, há testemunhos eloquentes de rabinos que reconheceram que a sua percepção das perseguições antissemitas, amparada ainda em uma leitura bíblica e talmúdica, não mais os orientava diante da enormidade do terror ao qual se enfrentavam.

Um rabino do gueto de Varsóvia, já nos dias mais cruciais da revolta, quando a morte dos revoltosos se aproximava inexoravelmente face à desproporção das forças em luta, confrontado com uma guerreira, que entra em seu abrigo, interrompendo sua prece, põe as mãos em sua cabeça e diz: "Bendita seja; estou feliz de morrer agora, porque você fez algo de belo; pena que você não o tenha feito mais cedo".[98] Ora, foram estes mesmos rabinos que, antes, se insurgiam contra qualquer revolta, convencidos que estavam que Deus faria um milagre no último momento e os salvaria. Trata-se de uma questão de mentalidade, formada por uma cultura milenar, solidificada através da história, tentando permanecer à margem dessa. Esses rabinos não "colaboraram", simplesmente pensavam e se comportavam diferentemente, não conseguindo mesmo discernir claramente o tipo de inimigo. A noção de luta armada lhes era completamente estranha, alheia. Um outro rabino, hassídico, na audiência do processo, dá ainda o testemunho de sua desorientação na época, pois sua formação não lhe permitia ver o que estava acontecendo, tanto saía de sua ótica de leitura. Os eventos ultrapassavam suas forças e o seu pensamento. Diante deste tipo de maldade, reconhece que, até 1942, data em que os campos de extermínio estavam funcionando intensamente, colocando em prática a "Solução Final", analogias e semelhanças ainda existiam com situações passadas de perseguição. A

---

[98] Poliakov, Léon. *Le procès de Jérusalem*. Paris: Calmann-Lévy, 1963, p. 52.

partir daquela data, tudo mudara. As "inovações" impostas ao povo judeu foram de tal monta que "estas formas estranhas da morte, o nosso povo nunca as tinha conhecido no transcurso de sua história e a Bíblia delas não fala".[99] É a consciência tardia do caráter insuficiente e limitado dos marcos religiosos de sua concepção do mundo.

Quanto à imensa correlação de forças desfavorável aos judeus, desarmados e despreparados, há testemunhos igualmente interessantes. Alguns sobreviventes[100] relataram que cifras comumente avançadas, por exemplo, 2.000 pessoas levadas em caminhões para o seu assassinato por fuzilamento, lançadas depois em covas, eram "guardadas" por 120 SS. Ora, não eram 2.000 contra 120, pois os 2.000 vinham por partes, cada vez 40/50 em um caminhão e assim sucessivamente. A correlação exata seria 40/50 contra 120, individualmente considerados. Ademais, alguns estavam persuadidos de que o mais importante era a sua sobrevivência, sobretudo considerando que o objetivo não era a sobrevivência individual apenas, mas o testemunho dela derivado, testemunho esse particularmente presente no julgamento de Eichmann. Em particular, há um testemunho impactante de um sobrevivente que se tornou médico nos EUA depois da guerra, único que sobrou de uma família de 76 membros. Interpelado pelo procurador-geral a propósito de sua vontade de manter-se em vida respondeu: "Era o sentido das responsabilidades. Eu sabia que alguém deveria contar esta terrível história, que era necessário sobreviver para contá-la ao mundo. Sabíamos doravante que os nazistas queriam exterminar os judeus; era necessário frustrar este plano; era necessário sobreviver".[101]

---

[99] Ibid., p. 53.
[100] Ibid., p. 47.
[101] Ibid., p. 44.

Os novos macabeus

O levante do gueto de Varsóvia ocorreu após o suicídio de Czerniakow, quando, então, reemerge uma outra figura histórica, a dos macabeus, dos guerreiros.[102] Ressurgiu quando a face aterradora da maldade apareceu em toda a sua crueldade, mostrando, à luz do dia, que a morte violenta estava a espreitar cada um. Já não era possível não ver o que se oferecia à visão de todos. Sob esta ótica, a resistência física foi uma espécie de última escolha, empreendida por jovens que haviam alcançado uma outra concepção dos fatos. Para que melhor se aprecie a dificuldade de "ver" o que estava em questão, Czerniakow, como assinalado, viu apenas uma organização de resistência, quando havia duas operando: ZOB e ZZW, de esquerda e direita. Ambas, malgrado suas diferenças, veiculavam uma outra concepção histórica, a do sionismo, que estava voltada para a criação do Estado de Israel, que iria concretizar-se poucos anos depois. Não estavam mais interessados em qualquer negociação, salvo a imigratória, que chegaram a conduzir com os nazistas antes do início da "Solução Final". O processo de assimilação judaica ou de convivência entre comunidades de distintas religiões, na Europa, tinha encontrado o seu término. Por isto mesmo, os sionistas tiveram maior clareza do que estava acontecendo.

Em um domingo, dia 18 de abril de 1943, véspera do levante, Leon Rodal, vice-comandante do ZZB (Betar, direita), segundo a transcrição de Walewski,[103] fez uma declaração que se inscreve conscientemente na tradição judaica dos macabeus, em seu combate contra os conquistadores romanos. Lá, como neste novo momento, a correlação de forças era claramente desfavorável para os judeus e, no entanto, lutaram por sua so-

---

[102] Friedländer, op. cit., p. 620-29.
[103] Arens, op. cit., p. 187-8.

brevivência, por sua honra e pela liberdade. Lutaram por sua identidade. Tinham certeza de sua morte, porém não era essa a questão. Para eles, conduzir aquela sangrenta batalha, em uma situação existencialmente limite, significava dar um exemplo, um exemplo para os outros judeus, um testemunho para a história e uma recuperação de sua própria história. Lutaram sob as piores condições e o fizeram muito antes da insurgência francesa à ocupação nazista.

Vladimir Jankélévitch ressalta precisamente este ponto a propósito da distinção entre os resistentes franceses e judeus no gueto de Varsóvia. Os primeiros lutavam por sua pátria, contavam com a ajuda de seus conterrâneos, eram apoiados e, inclusive, sustentados pela população, eram abastecidos em armas, tinham, segundo as circunstâncias, meios de fuga e, principalmente, acreditavam no futuro, sendo a luta presente a condição de uma outra vida. Angariavam simpatia e eram vistos como agentes da liberação de outros. Os segundos, porém, não tinham pátria, não eram acolhidos pelos poloneses, muitos dos quais fortemente antissemitas, simpatizando com a obra nazista por terem objetivos comuns; não tinham fornecimento de armas e, sobretudo, sabiam que estavam abandonados a si mesmos. O seu desamparo era total, cientes de que travavam uma luta de vida e morte, sendo essa última o seu desenlace, sem chance alguma de vitória, nem vislumbre de futuro. "Compreendamos bem estas palavras: não há futuro!"[104] Em abril, quando do levante, os poloneses, extramuros, alegremente comemoravam a Páscoa, sem preocupação com a morte imediata, planejada, dos seus próximos, porém infinitamente distantes. Intramuros, os combatentes já se sabiam existencialmente mortos, tudo sendo apenas uma questão de tempo, e de pouco tempo. "Para eles, a carnificina sem nome tomou o lugar da pro-

---

[104] Jankélévitch, Vladimir. *L'imprescriptible. Pardonner? Dans l'honneur et la dignité.* Paris: Éditions du Seuil/Pont, 1986, p. 75.

messa de ressureição. O fogo do inferno foi a sua única primavera: a sua única aleluia".[105]

Em termos religiosos, lutaram por seus ancestrais, pelo Deus de Abraão, Isaac e Jacó, inscrevendo-se em uma "história sagrada", apesar de sua forte conotação política. Eram sionistas e combatiam, naquele momento, pela criação, ainda percebida como longínqua, do Estado de Israel, pois acreditavam que o "Estado judeu iria nascer no combate com os nossos inimigos lá naquela terra distante".[106] Estabeleceram nitidamente o vínculo entre um combate e outro, cientes que estavam, no mesmo enfrentamento, perseguindo o mesmo objetivo. Na comparação por eles estabelecida, enquanto os romanos fizeram todos os outros povos ajoelharem-se, uma pequena província romana, a Judeia, levantou-se em armas, combateu "pela liberdade e na defesa da honra do homem, contra um mundo de injustiça. E eis a razão de por que Judeia está inscrita na história do homem como símbolo da luta pelo espírito do homem".[107] Cruzam-se a "particularidade" da história judaica, nacional e religiosa neste sentido, e a história "universal", ao transmitir a mensagem da luta contra a injustiça e pelo "espírito do homem".

Note-se, precisamente, a vinculação feita entre o particular e o universal, entre a luta do povo judeu e a luta da humanidade por liberdade e justiça. E numa espécie de adeus antes da batalha final acrescentou: "Talvez, um dia, depois de muitos anos, quando a história do combate contra os conquistadores nazistas for escrita, nós também seremos lembrados e, quem sabe, nós nos tornaremos – como a pequena Judeia em seus dias –, que lutou contra a poderosa Roma – o símbolo de que o espírito do homem não pode ser suprimido, cuja essência é a luta pela

---

[105] Arens, op. cit., p. 75.
[106] Ibid., p. 188.
[107] Ibid., p. 188.

liberdade, pelo direito de viver e o direito de existir".[108] Em termos hegelianos, eles inscreveram a sua luta na história mundial, enquanto evento de uma significação especial no combate pela liberdade, pela conservação do espírito humano em seu sentido mais elevado.

Do outro lado, Joseph Goebbels,[109] em seu diário de 1º de maio de 1943, reconhece, apesar de si, o valor militar destes jovens combatentes, que não são os que ele conhecia enquanto ovelhas que iam pacificamente para o abatedouro. Embora a supremacia militar da polícia nazista e do Exército fosse manifesta em relação aos "rebeldes judeus", esses conseguiram colocar o gueto em sua condição de autodefesa. Ressalte-se que os nazistas tinham um treinamento de anos, além de armamentos muito superiores, em um cenário de desigualdade total de forças. Ainda segundo ele, as batalhas eram tão duras que os líderes judeus chegaram a publicar diariamente relatórios militares. Certamente, esta luta inesperada não muito durou, porém ela mostrou "o que se poderia esperar dos judeus se tivessem armas".[110]

Stroop, o general SS que comandou o ataque, sob ordens diretas de Himmler, para quem a destruição do gueto era uma questão de honra, confidenciou a um dos seus próximos o valor guerreiro desses jovens. "Esses não são mais massas fracas desprovidas de vontade, mas são, mais bem, a elite sionista. Este povo sabe exatamente por que e pelo que está lutando... Bem educados e bem armados, resistentes e astuciosos – e determinados a morrer se necessário".[111] Observe-se que o general fala de "elite sionista", que sabe a razão de sua luta e não mais se curva aos seus invasores, os que pretendem colocar-se como

---

[108] Ibid., p. 188.
[109] Ibid., p. 225.
[110] Ibid., p. 225.
[111] Ibid., p. 240.

os seus senhores. Não reconhecem o seu senhorio e, diante de uma condição existencial extrema, escolhem a morte em vez da sujeição. Para nazistas acostumados ao desprezo pelos judeus, tratava-se de um reconhecimento, reconhecimento de uma nova elite que retoma, no presente, a tradição dos macabeus.

O levante, com a bravura de seus jovens lutadores, mal armados e treinados, sem apoio da resistência polonesa, isolados do mundo, terminou por provocar também, na perspectiva nazista, uma mudança de percepção, de compreensão, pois não podiam entender como um povo submisso até então pudesse ser objeto de uma tal transformação. Inclusive os líderes nazistas, em seus diários e relatórios, estavam perplexos diante de tal transformação, tecendo elogios à sua postura guerreira. Deixaram de ser, conforme a ótica alemã, sub-humanos para se tornarem homens. Da mesma maneira, a resistência polonesa em seus jornais estava admirada diante de tal conduta, embora isto não tenha se traduzido por uma ajuda material significativa. Na bravura eram considerados judeus poloneses, na falta de ajuda, simplesmente judeus. A sua luta foi tida por uma luta heroica, produzindo, desta maneira, o reconhecimento dos outros. Enquanto submissos, não foram objeto de nenhum reconhecimento; guerreiros vieram a assumir uma outra posição.[112]

Talmon[113] assinala que de todos os povos conquistados por Alexandre, o Grande e, posteriormente, pelos romanos, os judeus foram o único que conseguiu preservar a sua identidade, ganhando assim, em uma perspectiva hegeliana, uma significação histórico-universal. A revolta dos macabeus, neste sentido, torna-se, propriamente, uma figura histórica deste processo, a marcar, por sua determinação conceitual, a história judaica. Ela expressava, naquele então, um profundo sentimento e concep-

---

[112] Gutman, op. cit., p. 185-255.
[113] Talmon, Jacob L. *Mission and Testimony*. Brighton, Chicago, Toronto: Sussex Academic Press, 2015, p. 34.

ção identitária de cunho religioso, o que fez com que se pudesse dizer, em certo sentido, que foi obra de crentes, zelotes, cuja religiosidade não admitia fraturas. Como povo, na visão dos romanos, não poderiam mais existir, porém deixaram aos seus indivíduos a liberdade de escolha, a de viver, sempre e quando abandonassem a sua religião. Ora, a sua adesão ao judaísmo foi tal que terminaram por assegurar a sua preservação, mesmo que a história, posteriormente, tenha mostrado a incorporação de elementos da cultura helenista. Importa, porém, ressaltar que a tradição guerreira do povo judeu remonta a uma defesa intransigente da religiosidade judaica, diferente, neste sentido, do imaginário, da concepção, dos combatentes do gueto de Varsóvia. No século XX, a acepção inverte-se, os religiosos conservando a sua tradição, abandonando qualquer veleidade de luta na acepção militar do termo, enquanto os sionistas políticos ganham a vanguarda tanto política quanto militar.

Graças ao aparecimento desta nova figura histórica, de combate e de não passividade, ciente de que um antigo comportamento judaico de acomodação tinha encontrado tragicamente o seu fim, o Holocausto veio a funcionar como um espectro a não mais ser repetido. Quando da Guerra dos Seis Dias, em junho de 1967, o Estado israelense defrontou-se a um difícil processo decisório, com os dirigentes da nova nação, por razões políticas e diplomáticas, evitando ao máximo deflagrar o início das hostilidades, quando havia uma necessidade militar de fazê-lo. O novo Estado já estava militarmente cercado e ameaçado, contando com pouco apoio internacional, exceção feita dos EUA. Decisões políticas e, no caso, militares e geopolíticas, são tomadas não apenas por considerações estratégicas, mas, também, por percepções consistentes do grau de perigo que a ameaça externa representa. No caso em questão e das guerras israelenses em geral, o perigo é percebido como de tipo existencial, colocando em risco a própria existência do Estado, isto é, como uma luta de vida e morte.

Tal percepção vem associada à experiência recente do nazismo e do extermínio dos judeus, como se outra camada de significação emergisse no mesmo momento. É como se os judeus, naquele momento particularmente difícil, estivessem diante de um novo Holocausto.[114] Há uma frase particularmente impactante de um oficial, Yossi Peled, que posteriormente se tornou um renomado general, sendo ele mesmo um sobrevivente dos campos. Em suas semanas de espera no deserto do Negev, disse ele: "Já tínhamos começado a pensar em termos de aniquilação, tanto nacional quanto pessoal".[115] Logo, a passividade de não decidir, que em si é uma decisão, aparecia como uma repetição da passividade dos judeus diante da ameaça nazista, que fez com que milhões fossem como rebanhos para as câmaras de gás. Decidir atacar segundo as melhores condições seria uma não repetição do ponto de vista histórico, significaria dizer um rotundo não a um passado que acossa os judeus em geral. A própria bravura do Exército israelense seria, igualmente, a expressão desta nova configuração histórica, algo novo que os judeus estariam apresentando ao mundo e em relação à sua própria história recente.

Ainda poucos anos antes, quando do julgamento de Eichmann, em 1961, voltou à tona a discussão sobre a relação próxima entre esse arquiteto da "Solução Final" e o Grande Mufti de Jerusalém, al-Husseini. Este último, aliás, tudo fez para negar tal proximidade, chegando a dizer que não o conhecia. No entanto, um colaborador próximo de Eichmann, Dieter Wisliceny, quando de seu julgamento em Nuremberg, afirmou categoricamente que ambos eram muito amigos, chegando a acompanhar o Mufti, em uma visita sigilosa, às câmaras de gás de Auschwitz, mostrando tudo o que poderia ser feito em seus

---

[114] Oren, Michael B. *Six Days of War*. New York: Ballantine Books, 2003, p. 136.
[115] Ibid., p. 96.

objetivos comuns de eliminação dos judeus, ampliando o seu escopo para a Palestina.[116] Em seu diário, al-Husseini chegou a escrever que Eichmann era "um muito raro diamante, o melhor salvador dos árabes".[117]

Nada a surpreender, senão o relativo desconhecimento histórico deste e de outros episódios, como os encontros e correspondências do Mufti com Hitler e Himmler. Em 28 de novembro de 1941, foi al-Husseini calorosamente recepcionado pelo Führer, que colocou, por anos, uma mansão e outras residências à sua disposição em Berlim, além de usufruir de uma alta renda mensal que lhe foi fornecida até o final da guerra. Um falava de exterminação, o outro dizia a mesma coisa, designando-a em árabe por *jihad*.[118] O Führer veio, inclusive, a "admirar os olhos azuis e o cabelo ruivo de al-Husseini, decidindo que ele definitivamente tinha sangue ariano".[119] Até no "arianismo" se identificaram. A pedido de Himmler, viajou para os Balcãs, com o intuito de recrutar muçulmanos para as divisões SS, que foram particularmente ativas, em 1943-4, na aniquilação dos judeus na Bósnia e na Croácia, cuja população foi dizimada em torno de 90%.[120] Após a Guerra dos Seis Dias, em 1967, soldados israelenses descobriram entre os utensílios de soldados egípcios edições de bolso, em árabe, de *Minha luta* de Hitler.[121]

A descoberta dos exemplares de *Mein Kampf* expressava, no calor da batalha, as próprias declarações de Nasser, que se colocava, ele próprio, como um novo "Führer", o "Raís", que estaria

---

[116] Dalin, David G. e Rothmann, John F. *Icon of Evil.* New York: Random House, 2008, p. 51 e p. 169. Cf. também Lewis, Bernard. *O Oriente Médio.* Rio de Janeiro, Jorge Zahar Editor, 1996, p. 294-314.

[117] Ibid., p. 52.

[118] Ibid., p. 3-6.

[119] Montefiore, Simon Sebag. *Jerusalém. A biografia.* São Paulo: Companhia das Letras, 2013, p. 575.

[120] Dalin, op. cit., p. 56-7.

[121] Ibid., p. 113.

completando o trabalho inacabado de Hitler, surgindo como admirador e êmulo de Hitler.[122] A França, neste momento, cada vez mais atenta às repercussões de "Auschwitz", testemunhava pelos seus intelectuais, e pela opinião pública em geral, uma mesma percepção, pois o que estaria ameaçando novamente os judeus, através da existência mesma de Israel, era um perigo de tipo existencial, o que não era o caso do presidente De Gaulle. Expressões como "novo Holocausto" eram frequentemente empregadas, apoiadas nas declarações das lideranças árabes, dentre as quais as do líder da OLP Ahmed Choukeiry, afirmando que, no conflito, "não sobrariam sobreviventes judeus".[123] Raymond Aron, normalmente circunspecto, chegou a evocar a "ameaça de extermínio", salientando que o objetivo de Nasser seria "a Solução Final, tipo Auschwitz".[124] E em mensagens enviadas aos soviéticos, por amigos desses, Jankélévitch e Jean Pierre Bloch fizeram a seguinte advertência: "Não ajudem os conselheiros nazistas do presidente do Egito e os amigos do grande Mufti de Jerusalém a realizarem, à sua maneira, a 'Solução Final'".[125]

Outro momento histórico é revelador desta confluência de mentalidades, constituída de diferentes camadas semânticas, fazendo com que a decisão política intervenha segundo percepções muitas vezes conflitantes. Nos momentos cruciais da Guerra do Kippur, sobretudo nos primeiros dias, em que o Estado de Israel travava uma luta de vida e morte diante de inimigos externos bem armados, principalmente os egípcios, que tinham conseguido se impor ao terem mudado seus próprios padrões militares de comportamento e de pensamento, o general Dayan utiliza uma expressão eloquente ao dar uma

---

[122] Azouvi, François, op. cit., p. 340.
[123] Ibid., p. 338.
[124] Ibid., p. 139.
[125] Ibid., p. 341.

ordem ao comandante-geral da Força Aérea, gen. Benny Peled: "O Terceiro Templo está a perigo".[126] Evidentemente, não estava se referindo ele a um templo físico determinado, a exemplo do Primeiro Templo construído por Salomão, destruído pelos babilônios em 586 a.C., nem ao Segundo Templo, construído por Heródoto, destruído pelos romanos em 70 d.C. A sua formulação tinha uma importância de outra ordem por significar o moderno Estado de Israel. Para ele, o Estado, cuja existência estava sendo, naquele momento, diretamente ameaçada, é visto simbolicamente como um "Terceiro Templo", conectando, desta maneira, a Guerra do Kippur a uma longa história, uma tradição que estava sendo assim revivida, presentificada. Trata-se de uma história nacional própria no meio de um mundo a ela hostil, como se dela não fizesse – ou não devesse fazer – parte.

Não se tratava de ganhar somente uma batalha, por exemplo, pelas colinas do Golã, mas de algo para ele coletivo, a saber, a luta pela preservação do Estado de Israel e do próprio povo judeu. Um homem destemido como general Dayan, cuja imagem era a de alguém que não temia a morte, quando confrontado à mortalidade possível do Estado de Israel naqueles momentos cruciais, aparece como um homem deprimido, cujas lágrimas, em um encontro pessoal dias depois com o mesmo Peled, condensavam toda uma história, não individual, mas coletiva. São expressões deste tipo que fornecem não apenas uma forma particular de espírito guerreiro, decisivo em eventos deste tipo, mas que estabelecem um marco de pensamento e de ação, balizando o caminho político e estratégico a ser seguido, inscrito, por sua vez, em uma história própria. Um outro comandante de um esquadrão de tanques, no Golã, na batalha que se aproximava, tinha também presente uma sorte de presentificação do

---

[126] Rabinovich, Abraham. *The Yom Kippur War*. New York: Schocken Books, New York, 2017, p. 195.

Holocausto vivido por seus pais, em que a questão da própria existência tornara-se o problema maior. Entre ele e o inimigo surge o espectro da aniquilação de seu próprio povo.[127] São padrões de pensamento que orientam a sua própria ação, ditando os seus rumos.

---
[127] Ibid., p. 186.

III
O HISTÓRICO, O SAGRADO
E O UNIVERSAL

O Imperador Adriano, uma vez tendo eliminado a rebelião de Bar Kochba, líder militar, procurou aniquilar o judaísmo enquanto tal. Não ficou satisfeito apenas com a destruição do Templo e do Estado judeu, porém o seu alvo consistia na eliminação da própria religião judaica, publicando, para este fim, uma lei que proibia a prática do judaísmo, sendo a punição a pena de morte. Note-se que não se tratava da destruição física dos judeus, existencial como no caso de Auschwitz, mas da religião judaica. Aqueles judeus que abandonassem a sua religião seriam simplesmente preservados da morte.

Rabi Akiba, símbolo religioso da resistência judaica, decidiu, assim mesmo, desafiar o imperador e continuou vivendo e pregando o judaísmo, para ele um valor muito maior que uma determinação legal qualquer. Foi descoberto, preso e torturado durante toda uma noite, vindo, então, a falecer, não deixando de louvar a Deus, inclusive durante as torturas às quais foi submetido. Morreu com o nome de Deus em seus lábios. A história de seu martírio, bem como de outros nove rabinos, é sempre relembrada durante o Yom Kippur, o Dia do Perdão entre os judeus, sua terrível morte tornando-o um mártir que se tornou fonte inspiradora de renovação do judaísmo.[1] Há uma lenda que vale a pena ser lembrada por expor o poder simbólico deste martírio, cuja significação sinaliza para mais além de sua morte física. Rufus, o soldado romano que torturou Rabi Akiba, foi tão impactado pela sua fé, por sua fidelidade a ela, que, anos depois, terminou por se converter ao judaísmo.

Note-se, a propósito, que, em Auschwitz, não existiu um único Rufus, e não foi pelo fato de os judeus não terem ido cantando e louvando Deus para os crematórios. A morte existencial dos judeus, e não somente do judaísmo, só deu lugar ao silêncio do mal diabólico, do mal dotado de ser próprio, não tendo sequer havido espaço para a conversão de alguns justos. Os dois exemplos, o de Adriano e o de Hitler, o de Rufus e o de Eichmann, mostram o quanto essas duas formas de maldade são ontologicamente distintas, tratando-se de duas condições "humanas" totalmente diferentes.

Na de Rufus: a) a liberdade de escolha é preservada aos judeus, sob a forma de uma não conservação do judaísmo. Possuem, portanto, uma opção entre a vida e a morte; b) o militar romano, surpreendido pela reação de Rabi Akiba, é profundamente impactado por ela ao observar a profundidade de sua fé, dando lugar a um posterior arrependimento, produto da culpa por ele mesmo ressentida. Mesmo sendo um torturador, ele reage segundo uma natureza humana guiada por valores morais, embora sob a forma de sua transgressão; c) a sua conversão ao judaísmo é um símbolo, ou melhor, o desfecho de todo esse processo, possibilitando, precisamente, que os valores morais da condição humana sejam preservados.

---

[1] Fackenheim, Emil L. *To Mend the World*. Bloomington e Indianápolis: Indiana University Press, 1994, p. XLII. Cf. Morgan, Michael. "Emil Fackenheim, the Holocaust and Philosophy". In: Morgan, Michael e Gordon, Peter Eli. *The Cambridge Companion to Modern Jewish Philosophy*. Cambridge University Press, 2007, p. 256-76.

Na de Eichmann: a) nenhuma liberdade de escolha é deixada aos judeus, mesmo para os que estivessem dispostos a renegar o seu judaísmo, pois o alvo consistia em sua existência enquanto judeus. Ele não é minimamente impactado por crianças, mulheres e homens indo para os crematórios, tratando-se, sob sua ótica, de algo por assim dizer "natural"; b) ele não é, portanto, tomado por nenhum sentimento de culpa e, muito menos, de arrependimento. Considera, simplesmente, como se isto fosse algo absolutamente normal, estar somente cumprindo ordens, inclusive as mais maléficas, pelo simples fato de serem ordens emanadas de um Líder ao qual segue cegamente, obedecendo e se identificando aos seus valores, aos da arianidade; c) o desfecho desse processo só pode ser o da defesa de suas posições, sem nenhuma culpa, chegando mesmo, em seu julgamento, a citar Kant em uma completa perversão do imperativo categórico. Usa de um artifício intelectual, como se assim pudesse ainda se identificar a uma cultura própria, quando a renega totalmente.

Entre outros exemplos de uma mentalidade totalitária está, precisamente, a utilização de um jargão específico, em que as palavras, tendo um determinado significado em um contexto de normalidade, ganham outra significação completamente diferente quando vêm a fazer parte de um contexto "anormal". Há uma outra regra de linguagem que expressa essa outra "forma de vida", ou melhor, de "morte". Ou seja, a reorganização das relações humanas sob as ordens de um Estado totalitário, do terror, termina por exigir outra regra de linguagem, que seja, por sua vez, adequada à ausência de pensamento e da capacidade de julgar, à falta de consciência e de discriminação moral. A falência do juízo moral expressa-se pela criação de uma nova regra de linguagem, que permita um outro tipo de comunicação, a comunicação própria dos agentes totalitários entre si e em relação aos seus subordinados. Assim, Eichmann e o seu advogado de defesa, o dr. Servatius, falam da execução dos judeus nas câmaras de gás e de outros experimentos como se fossem meras "questões médicas".² A medicina, para eles, tornara-se uma forma de administração da morte violenta por intermédio do assassinato coletivo, utilizando equipamentos que lhes pareciam, na época, como os mais "avançados". É como se a morte, enquanto questão médica em um tratamento de saúde, tivesse a mesma significação em uma câmara de gás.

Como nomear o inominável? Eis a questão que incessantemente se coloca a partir da experiência limite em campos de concentração e extermínio. É a condição humana que está em questão quando o homem é reduzido a um farrapo de si mesmo, a algo que só longinquamente lembra aquilo que era considerado como ser humano em uma situação digamos "normal", extramuros de arame farpado e tropas SS, tendo como horizonte a chaminé, de odor nauseabundo, dos fornos crematórios. Chegado ao campo da morte, dando-se conta do que estava acontecendo e do que estava por vir, Primo Levi se exclama: "Pela primeira vez, então, nos damos conta de que a nossa língua não tem palavras para expressar essa ofensa, a aniquilação de um homem",³ ou melhor, de todos os homens que foram reduzidos a autômatos da morte, a mortos-vivos.

O resultado consiste em que os escravos dos campos constituem uma espécie determinada de sub-humanos, mortos-vivos que marcham feitos autômatos,⁴ não tendo mais forças nem pensamentos para a resistência. Ou melhor, a sua única resistência residia em sobreviver a qualquer custo, mesmo se, para si, contemplasse passar por cima de seu outro escravo, companheiro de infelicidade e de infortúnio, outro sem amanhã. Marchavam como homens, porém eram autômatos sem vontade própria, sem alma, reduzidos a uma obediência cega. Foram reduzidos a essa condição humana graças ao trabalho

---

² Arendt, op. cit., p. 83.
³ Levi, Primo, op. cit., p. 24.
⁴ Ibid., p. 50.

meticuloso dos nazistas, que procuraram aniquilar neles qualquer resíduo de humanidade, qualquer rastro de uma outra forma de vida e de comunidade de linguagem. Viviam sob o jugo do ritual monstruoso da maldade, dotada de sua própria forma de existência. Eram denominados de *Muselmann*,[5] "mortos-vivos", "zumbis", na massa dos desvalidos, dos sem identidade, sem vontade, perdidos de qualquer sistema conceitual de referência, em uma solidão extrema, a da morte violenta que os espreitava e da maldade que os assolava a qualquer momento. O fim do sem-fim de uma esperança perdida. Em seus olhares, não se podia mais ler o menor pensamento.[6]

Nesta perspectiva, o mundo do campo é um mundo sem "por quê" em que perguntas deste tipo carecem de sentido. O "por quê", o *Warum*, adquiria o seu sentido em outra forma de vida, em outro conjunto de linguagem, que cessa, agora, de ser, de existir. Perguntas inseridas em um conjunto de regras de linguagem perdem sua validade quando transplantadas para outra forma de vida, ou melhor, de morte, onde perguntas "sensatas" se fragmentam, se perdem, as palavras se tornando simples amontoados que nada dizem ou transmitem. Trata-se de fatos brutos da organização sistemática da morte violenta que chamam, por assim dizer, o seu próprio contexto de linguagem, embora tenhamos dificuldades de isto considerar como sendo propriamente uma linguagem.

Primo Levi relata que, chegando ao campo, após vários dias sem nada beber, e não podendo mesmo fazê-lo, viu, do lado de fora de janela, um bonito caramelo de gelo. Abre a janela, quebra o caramelo, mas logo se adianta um soldado SS que o arranca brutalmente de sua mão. "Warum? – pergunto em meu pobre alemão, – *Hier ist kein Warum* – (aqui não existe por quê),

---

[5] Ibid., p. 89-90.
[6] Ibid., p. 91.

responde, empurrando-me para trás".⁷ Cada um deles, a vítima e o seu carrasco, o senhor e o seu escravo, vivem em dois mundos que não se comunicam entre si, onde gestos e palavras não possuem a mesma significação. Não há, propriamente dito, reconhecimento, o que pressuporia um ponto de referência comum, uma forma de vida e uma regra de linguagem compartilhadas. Ou ainda, o autor/sobrevivente, tendo feito na carne a experiência da maldade, lança o seguinte desafio: "Desejaríamos, agora, convidar o leitor a meditar sobre o significado que podiam ter para nós, dentro do Campo, as velhas palavras 'bem' e 'mal', 'certo' e 'errado'. Que cada qual julgue, na base do quadro que retratamos e dos exemplos que relatamos, o quanto, de nosso mundo moral comum, poderia subsistir aquém dos arames farpados".⁸

COMO PENSAR?

A questão chave torna-se, assim, a de como a história entra na filosofia, ou ainda, como pode ser a filosofia, no dizer de Hegel,⁹ o seu tempo apreendido no pensamento. O projeto hegeliano consistiu em fazer com que a filosofia acompanhasse os passos da história, sobretudo em seu processo de universalização humana crescente. O passado não desapareceria em seus momentos fundadores, em suas figuras históricas, que seriam progressivamente incorporados à universalização do presente, prenhe, no futuro, para as suas conquistas progressivas. Evi-

---

⁷ Ibid., p. 27.
⁸ Ibid., p. 87.
⁹ Hegel, G. W. F. *Filosofia do direito*. Tradução: Paulo Meneses, Agemir Bavaresco, Alfredo Moraes, Danilo Vaz-Curado R. M. Costa, Greice Barbieri e Paulo Roberto Konzen. São Leopoldo, São Paulo: Editora Unisinos, Universidade Católica de Pernambuco, Edições Loyola, 2010, p. 43. Cf. também *The Religious Dimension in Hegel's Thought*. Indiana University Press, 1971, p. 12 e p. 22.

dentemente, Hegel pressupunha que a história dos fatos poderia não seguir linearmente o seu curso conceitual, porém nada novo seria de natureza a obstaculizar a realização da Ideia da Liberdade. Ou seja, isto significa que a temporalidade própria do conceito é de outra ordem em relação à temporalidade histórica, a primeira sendo sempre mais concreta, mais rica em suas determinações conceituais, a segunda seguindo os avatares da história empírica em seus constantes vaivéns.

O ponto consiste em elucidar o estatuto conceitual e histórico de "Auschwitz" na medida em que esse símbolo mostra até que ponto a ação humana consegue ir ao colocar em cena uma outra forma de "liberdade", a da liberdade voltada para o mal, não apenas transgredindo os valores universais vigentes, mas os desconhecendo completamente. O seu objetivo consistiria em sua substituição por um outro conjunto de "valores", o da arianidade, dotado de seus próprios pontos de referência. E quando digo de seus próprios pontos de referência, quero dizer com isto que eles não são um espelho negativo dos valores da liberdade existentes, mas possuem uma positividade própria, como se fossem conformados segundo uma realidade cujas concepções e atos lhes conferem sua própria "validade".

Pode, todavia, ocorrer uma *fuite en avant*, com o pensamento estando tão desguarnecido diante de fatos maléficos, enigmáticos na perspectiva das referências e categorias existentes, que ele prefira simplesmente não considerá-los, como se a história fosse uma mera repetição de atrocidades passadas. Haveria, inclusive, a tendência de considerar Auschwitz como se não fosse um mal dotado de ser próprio, mas uma outra forma de transgressão do bem, não colocando em causa o ser e o bem enquanto tais, ou, se se preferir, a própria condição humana. Voltaríamos filosoficamente às noções filosóficas e teológicas clássicas do mal enquanto ausência do bem e/ou de ser. Auschwitz seria "conjurado" em virtude de sua entrada nas categorias existentes do pensamento, seria "conjurado" historicamente por sua identificação a fatos de crueldade passados. Não haveria, portanto, nenhuma "novidade". Não havendo "novidade", não haveria nenhuma necessidade de se exigir algo outro da filosofia ou da teologia.

Logo, poderíamos perfeitamente conceber que a filosofia nada teria a ver com a história, senão, talvez, com a sua própria. Filósofos poderiam se dedicar simplesmente à análise da linguagem corrente, a equações lógicas, às formas do conhecimento científico, esgotando-se assim a sua função, não tendo nada a ganhar ao debruçar-se sobre a história. O próprio conceito de história poderia ser objeto de uma completa reformulação, vindo a significar um aprendizado com os erros passados, lógicos e linguísticos, que, em sua nova formulação, não poderiam nem deveriam ser repetidos. Bastaria com que a academia e as universidades seguissem doravante esses novos cânones e obedecessem a essa nova forma de escolástica perene, em nome, precisamente da cientificidade. Outra forma igualmente possível seria fazer com que a filosofia cultivasse a sua própria história, reconhecendo-se em seus textos fundadores, transmitindo-os e, conforme as circunstâncias, renovando-os. Em todo caso, os pontos de referência também estariam dados, dados por uma tradição e por uma cultura que seriam preservadas e realçadas. Aqui igualmente teríamos cânones acadêmicos próprios.

Poderíamos perfeitamente conceber que a religião e a teologia nada teriam a ver com a história, senão a sua própria, cujos fundamentos residiriam em uma verdade revelada, nos denominados Velho e Novo Testamento. Ou seja, as religiões se reconheceriam em seus textos fundadores, transmissores que são de uma verdade revelada que se basta e, por assim dizer, se esgota em si mesma. Há premissas, ou melhor, princípios cuja validade se situaria acima de qualquer evento histórico que poderia lhes pôr em questão. A reza, componente essencial das religiões, se repetiria da mesma maneira através dos séculos, mesmo que algum desses séculos possa pôr à prova essas mesmas práticas. A mensagem não muda seja lá o que esteja acontecendo no mundo de fora.

Da mesma maneira, uma experiência como Auschwitz poderia colocar para a teologia o problema da existência de uma forma de mal cujo ser próprio não poderia ser relativizado sob a forma da ausência de ser ou de mera transgressão do bem, formas essas que fazem parte da verdade revelada. Não poderia haver uma forma de mal que se contraporia radicalmente ao ordenamento divino do mundo, uma forma de mal que poderia questionar a criação divina do mundo, voltada para a realização do bem? Ou ainda, não haveria – ou não poderia haver – uma forma de mal cuja existência seria imperdoável? Se há, ocorreria uma *mise en cause* dos fundamentos mesmos dos dogmas religiosos. O pós-Auschwitz, por exemplo, produziu, no judaísmo, a figura do judeu ateu, não podendo se reconhecer em um Deus que permitiu o Holocausto, em um Deus ausente, embora essa mesma pessoa possa se reconhecer na história e cultura judaicas, extraindo delas a sua própria identidade.

Estaríamos nas antípodas da filosofia hegeliana da religião e da história, segundo as quais haveria sempre uma reconciliação do pensamento com a realidade presente, por mais cruel que seja a sua "Cruz". "Reconhecer (*erkennen*) a razão como a rosa na cruz do presente e, assim, alegrar-se com ela, esta intelecção racional é a *reconciliação* com a efetividade, a qual a filosofia concede àqueles que, uma vez, sentiram a exigência interior de *conceber* e de conservar a liberdade subjetiva no que é substancial, e de estar com a liberdade subjetiva não no particular e no contingente, mas no que é em e para si".[10] O verbo alemão *erkennen* tem, neste contexto, a dupla acepção de "conhecer" e de "reconhecer", significando conhecer a "razão como a rosa na

---

[10] Hegel. G. W. F. op. cit., p. 43. Cf, Rosenfield, Denis. "A rosa na cruz do presente". In: João Mac Dowell, S. J. (Org.). *Saber filosófico, história e transcendência*. São Paulo: Loyola, 2002, V. I, p. 163-74.

cruz do presente" e reconhecê-la como atuante naquilo mesmo que nos faz sofrer, no que é, inclusive, causador de maiores sofrimentos no nível da história.

A rosa é bela, por mais duros que sejam os seus espinhos. O pensamento hegeliano não esmorece diante das dificuldades do tempo presente, mas procura encontrar no que é mais imediato a razão de ser de uma razão que se dá, deste modo, uma nova forma de existência. A "rosa" é a razão; a "cruz", o sofrimento do presente. A cruz, porém, não é um mero sofrimento aleatório, é o sofrimento religiosamente compensador, anunciador de que mesmo as tragédias do presente trazem em si promessas futuras de redenção e reconciliação. Uma não reconciliação, um obstáculo intransponível, significaria uma trava no progresso do Absoluto, talvez um abismo, em todo caso, uma impotência da razão e, para além dela, a impotência de uma época que não consegue chegar a seu dizer de si, não consegue unificar a objetividade do mundo, efetuando-se conforme a Ideia da Liberdade, à subjetividade de seu pensamento de si. Uma época que, dilacerada, vivendo uma espécie de abandono do Absoluto, se vê impedida de vir à consciência dela mesma.

Por que, então, tomar Hegel como ponto de referência enquanto interlocutor privilegiado?

Há certamente fatores arbitrários como formação acadêmica, educação, leituras, para não citar alguns elementos mais evidentes. É a contingência própria de todo pensamento. Há, porém, questões de fundo, que dizem respeito ao modo mediante o qual a filosofia se concebeu a partir do século XIX ao se colocar, através dele, como um desfecho, como uma síntese dos séculos XVII e XVIII, que concerne ao caminho ou aos descaminhos da filosofia desde então, seja entre os hegelianos, seja entre os não hegelianos, em todo caso Hegel se colocando como uma espécie de linha divisória. Em uma célebre conferência no Collège de France, Merleau-Ponty já dizia que nada de grande ou importante na filosofia tinha sido feito sem tomar

Hegel como ponto de referência, seja para reconhecê-lo, seja para criticá-lo, segundo sua repercussão em um embate entre várias abordagens e concepções.

Karl Barth[11] perscruta mais profundamente este problema ao analisar o modo por intermédio do qual filosofias anteriores encontraram em Hegel a sua culminação, enquanto síntese entre a filosofia das luzes e o romantismo, entre os reclamos da razão e os dos sentimentos, entre a razão e a revelação, entre a razão e o seu outro, aqui entendendo também o irracional, entre a razão e a história. Mais especificamente, em Hegel, o homem moderno teria chegado à sua consciência de si, nele as determinações profundas de uma época se tornaram objeto de um pensamento que se sabe e se pretende expressão deste novo nascimento do homem a si mesmo. Hegel não seria apenas mais um filósofo na longa cadeia da história da filosofia, mas um pensador que incorporou a história à sua própria filosofia, seja a história da filosofia ela mesma, seja a história dos fatos universais que marcaram a história política, moral e jurídica dos homens e dos Estados, seja a história das religiões, seja a história das artes. Elaborou o conceito de uma história mundial e de uma abordagem filosófica do processo do Absoluto no mundo.

Ele coloca-se na posição de um saber englobante, mas de um saber que se submete à sua própria diferenciação de si, que se põe à prova, que se sabe racionalmente como fim e novo começo. Um saber que tem a pretensão de unir e diferenciar o subjetivo e o objetivo, o finito e o infinito, a razão e o que ela não é, o Absoluto e a história. E isto graças a um "método", que não é instrumento de acesso à particularidade de um conhecimento determinado, mas é a própria razão, voltada para o todo, que se pensa neste seu percurso de si, não sendo nada mais do que este próprio percurso. Hegel pensa a totalidade das determinações de uma época, pois esta mesma totalidade pensa-se através

---

[11] Barth, Karl. *Hegel*. Neuchatel/Paris: Dalachaux & Niestlé, 1955.

dele. Ou ainda, ele apostou especulativamente na racionalidade de uma época que se descortinava filosoficamente através de seu ato mesmo de pensar, embora o percurso da história tenha, em muitos sentidos, enveredado para a irrazão, tornando-se resistente à abordagem racional, em todo caso questionando, em sua nova etapa, as determinações da anterior.

Saber esse que cessa de ser saber se não for ele mesmo o resultado de figuras históricas que Hegel denomina de Consciência de si na *Fenomenologia do espírito*. Nesta obra, destacam-se a figura do senhor e do escravo e a da Consciência Infeliz que, primeiro, são elaboradas a-historicamente, existencialmente, para, depois, serem atualizadas nos diferentes momentos da história, do Espírito, que é quando o seu processo de unificação se põe à prova em sua própria, de si, diferenciação histórica: é o momento da identificação diferenciada entre o subjetivo e o objetivo. Nesta perspectiva, não haveria história "universal", história do "Absoluto" e história da "Ideia da Liberdade" sem que a Consciência de si se atualize historicamente em suas diferentes particularidades. Primeiro, uma época, uma sociedade, vem à consciência de si graças à apropriação que faz de si mesma, representando-se e pensando-se. Segundo, é mediante esta apropriação de si mesma que ela se interioriza diferentemente, alcançando, segundo os parâmetros do tempo, a figura específica que ela virá a construir de si, condição para que venha a fazer parte da história do "Conceito". Uma época que não se representa, que não se questiona, que não se pensa, em suma, é incapaz de aceder ao Absoluto, à Liberdade. E, diferentemente de Hegel, tal formulação valeria tanto para a consciência de si livre, voltada para o bem, quanto para a consciência de si que consegue pensar a maldade, criando os modos de evitá-la e combatê-la, embora saiba que ela faz parte doravante do próprio processo histórico.

Isto pode significar o desafio de pensarmos hegelianamente contra o próprio Hegel, recorrendo a uma volta, em outros termos, à concepção hegeliana da história mundial (*Weltgeschichte*). Segundo essa concepção, a história seria constituída de fatos conceituais, eventos que caem fora dos fenômenos habituais de diferentes épocas por adquirirem uma significação universal. A "história conceitual",[12] neste sentido, seria constituída de fatos escolhidos por sua nova dimensão, por sua universalidade, não se deixando reduzir aos momentos e sociedades nos quais foram gerados. Fugiriam, por assim dizer, de sua particularidade determinada. O seu significado seria outro, inscrevendo-se em uma história propriamente mundial, própria de uma humanidade ascendendo moralmente, na perspectiva da liberdade.

Ocorre, entretanto, que o esquema hegeliano se caracteriza pela seleção de fatos que se fazem sob o prisma de uma liberdade progressivamente conquistada, abarcando, cada vez mais, todos os homens. O mal, nesta perspectiva, se inscreveria enquanto momento a ser superado, não podendo vingar face a formas cada vez mais aprimoradas do bem, de sua forma própria de existência. O mal seria, então, *aufgehoben* (suspenso, suprassumido) neste processo. Portanto, a universalidade daí derivada seria a de uma liberdade progressivamente mais concreta, mais realizada, sempre confrontada ao mal e o suprassumindo/ suspendendo em uma perspectiva factual de longo prazo. Não haveria um tipo de fato, cuja forma de mal, ontológica, poderia resistir ao seu processo de *Aufhebung*.

Vejamos alguns exemplos para melhor esclarecermos esta questão. Atenas é um fato histórico-universal, por ter produzido, em sua particularidade, o uso da razão em sua aplicação filosófica e política, redundando na elaboração da democracia, a criação da filosofia, o berço da tragédia, entre outros de seus atributos. Valem eles apenas para a Grécia, mais particularmente para a "pólis ateniense", ou possuem uma significação

---

[12] Rosenfield, Denis. *Política e liberdade em Hegel*. São Paulo: Brasiliense, 1984.

universal? Aquilo que veio a ser denominado de civilização ocidental incorporou em seu patrimônio, por assim dizer, esses atributos, que não deixam de ser, contudo, considerados como gregos ou atenienses. Da mesma maneira, o direito romano veio a ser elaborado por uma outra época e sociedade, a República e o Império romanos, tendo contribuído para mais além de sua particularidade, ao ter produzido uma forma de direito que foi incorporada à organização de vários Estados posteriores, à exceção dos países anglo-saxões baseados na *Common Law*.

O cristianismo, por sua vez, forneceu à civilização ocidental uma outra forma de religiosidade, oriunda do judaísmo, que veio a se afirmar como tendo um valor universal, e não apenas para tribos judaicas onde foi gestado. Jesus enquanto filho de Deus veio a ganhar uma dimensão universal ao sustentar uma outra forma de relação de igualdade dos homens diante de Deus, a concepção de uma outra vida e outra ideia de revelação e redenção. O pertencimento a uma comunidade particular torna-se sua condição mesma de universalidade. A partir dele foi criada uma Igreja que se pretende universal, cuja sede, em Roma, não é a da região em que teve nascimento. Outros exemplos poderiam ser igualmente dados, dentre os quais, a Reforma protestante e a Revolução Francesa. Em todo caso, estaríamos, segundo distintas particularidades, diante de diferentes formas de universalização humana, de gestação e desenvolvimento mesmo da humanidade em seu sentido mais elevado, formas de realização do Bem. Ou ainda, na perspectiva jurídica de Eduard Gans,[13] discípulo de Hegel, trata-se da passagem da liberdade de um para a de todos, através da liberdade de alguns, em uma história que se faria sob a égide do progresso da humanidade.

O problema consiste, então, em fazer de um problema histórico o objeto de uma reflexão filosófica, pondo em questão as

---

[13] Gans, Eduard. *Naturrecht und Universalrechtgeschichte*. Publicado por Manfred Riedel. Stuttgart: Klett-Cotta, 1981.

próprias categorias da filosofia, sobretudo quando confrontadas a essa forma extrema de maldade. Como, e sob quais condições, um fato histórico pode ser universalizado? O que significa um acontecimento único desde uma perspectiva histórica, que contenha ensinamentos válidos não apenas para aquele povo ou época, mas também para toda uma coletividade ou, inclusive, mais além, para toda a humanidade? Daí não se segue, evidentemente, que tais fatos por serem suscetíveis de serem universalizáveis devam necessariamente se situar desde uma perspectiva do bem, mas também do mal, na medida em que o que deles se extrai vale tanto para dizer sim à universalidade humana quanto não aos que pretendem aniquilá-la.

Tais acontecimentos possuem suas singularidades, destacando-se, por isto mesmo, de outros fatos que não ganham a mesma dimensão. Há fatos que são meras repetições históricas, outros que apresentam algo novo, devendo ser realçados desde a perspectiva do bem quanto do mal. Isto não significa que os casos de repetição da maldade não sejam igualmente condenáveis, porém o que está em questão é a natureza mesma de tais fatos em sua especificidade própria. Especificidade essa que deve ser compreendida não em seus atributos secundários, mas essenciais, os que apresentam, em sua existência, definições de algo novo. Não haveria aqui nenhuma oposição excludente entre a particularidade e a universalidade, mas a compreensão da primeira sob a ótica de sua universalização. A afirmação histórica da diferença de um fato não lhe confere nenhum privilégio moral, mas diz respeito à sua essência específica.

Um outro enfoque da história em uma perspectiva universal seria considerá-la sob a ótica da maldade, conforme, também, seus diferentes atributos no transcurso da história. Embora todas as suas ocorrências sejam igualmente objeto de condenação moral, a natureza deste tipo de ação, porém, é distinta, expondo atributos de novo tipo, que exigem, igualmente, uma distinta forma de pensamento. Da mesma maneira que diz respeito à universalidade baseada na ideia do bem ou da liberdade, as formas da maldade apresentam também distintos "princípios" (atributos essenciais) que as caracterizam em suas respectivas especificidades. Estamos diante da mesma questão relativa às relações entre particularidade e universalidade, onde devem ser evitados dois escolhos da mesma espécie, a saber, a particularidade irredutível e a universalidade abstrata. No primeiro caso, haveria a tendência de considerar a particularidade enquanto irredutível à universalidade, como se fizesse parte de uma história à parte que não diria respeito a outras histórias específicas, como se fossem vasos não comunicantes, nenhuma universalização podendo daí ser extraída. No segundo caso, há outra tendência, a de considerar todas as ações más como se fossem simplesmente iguais. Iguais, reiteremos, no sentido de serem objetos de condenação, diferentes, no entanto, são seus atributos próprios. A particularidade seria absorvida e apagada em uma universalidade abstrata.

Tal dificuldade é especificamente presente na discussão do Holocausto ou, como preferimos, no tipo de aniquilação dos judeus tendo Auschwitz enquanto símbolo. A forma de maldade aí operante seria de natureza distinta da de outras formas históricas suas tanto no que diz respeito à própria história do povo judeu, sendo o antissemitismo e os *pogroms* seus exemplos mais eloquentes, quanto a outras formas de maldade existentes em outros povos, sociedade ou Estados. Mais particularmente, formas de aniquilamento baseadas no extermínio em escala industrial e burocrática (logística, campos de extermínio, câmaras de gás, guerra contra os judeus no meio de outra guerra, expondo outra forma ainda de irracionalidade), assim como o assassinato de pessoas pelo simples fato de serem judias ou ciganas (incluindo bebês, crianças, mulheres, doentes e idosos) e a "Solução Final", são algo historicamente novo.

As pessoas assim consideradas foram criminalizadas por sua própria existência, sem que nenhum ato criminoso tivesse sido cometido. É o crime de existência. Logo, pensar tal forma nova de maldade não é algo que tenha como único objeto o povo judeu, mas diz respeito a toda a humanidade, algo que deve ser evitado em seu processo de gestação. Há um ensinamento universal aqui embutido, apresentando outros parâmetros de condenação moral e, no caso, existencial. Ou seja, o que aconteceu em Auschwitz e em outros campos transcende os judeus, ciganos, Testemunhas de Jeová, assim como socialistas e comunistas, e concerne à própria humanidade, ou melhor, ao tipo de humanidade que queremos, ou ainda, em todo caso, ao tipo de ser humano que não queremos. Há uma orientação moral negativa importante a ser destacada, referente ao que deve ser combatido e evitado. O símbolo Auschwitz se incorpora à história universal sob o signo da maldade existencial, vindo a fazer parte de uma consideração histórica que tem outros marcos à maneira de Jerusalém e Atenas.

UMA OUTRA ACEPÇÃO DA HISTÓRIA MUNDIAL

A pergunta por eventos que fazem época, destacados do conjunto dos fatos históricos, tem enquanto pressuposto a consideração preliminar de qual seria o sentido da história, se é que ela possua um, ou ainda, qual pode bem ser a questão a respeito do significado de acontecimentos isolados, na medida em que eles próprios teriam como condição um padrão de juízo comum a vários outros ou um trabalho valorativo de equiparação de fatos históricos aleatoriamente selecionados ou obedecendo a uma orientação ou propósito. A atribuição de sentido pressupõe um critério, um parâmetro, um princípio ou uma concepção determinada a partir do qual possamos vir a afirmar um certo fato histórico como tendo um significado, ou ainda, em cuja particularidade procure-se encontrar uma universalidade ou um valor absoluto ou incondicionado. Mesmo quando dizemos de um acontecimento que ele é bom ou mau, justo ou injusto, racional ou irracional, moral ou imoral, estamos partindo de uma regra que nos permita tal juízo.

Isto porque a história não seria uma sucessão qualquer de fatos, mas exigiria por assim dizer uma atribuição de sentido, na medida em que nela os indivíduos, através de suas coletividades e comunidades (pólis, *civitas*, Estados, nações, religiões) atribuem sentido às suas próprias vidas, por mais distintos que sejam essas entre si. Vendo o mundo, não pretendem se ver abandonados, entregues à sua própria sorte. E não veem apenas o mundo natural, mas o social, o político e, por via de consequência, o histórico. Quero com isto dizer que a história tem uma significação existencial, que seria anterior à sua consideração sacra ou universal, de tal maneira que seria igualmente um lugar de reconhecimento da pessoa, membro de alguma destas comunidades, numa coletividade religiosa ou política. Morrer pela pátria seria uma forma de uma pessoa conferir sentido a um provável fim de sua vida no que considera propriamente como a defesa do seu bem coletivo, no caso, o Estado que surge valorativamente sob o modo deste sentimento da coletividade. A morte de um mártir seria um outro exemplo de inscrição da pessoa em uma comunidade de tipo religioso na qual aposta a sua própria vida, tida por menor em relação ao bem que diz defender.

Pode, porém, ocorrer que a história tenha outras significações, se recorrermos ao mundo helênico, comparecendo sob o modelo de uma leitura natural do mundo, tendo o cosmos ou a natureza como seus parâmetros. Entrariam em linha de consideração a sequência das estações do ano, a repetição anual dessas, o ciclo biológico de nascimento, crescimento e morte, aplicável aos humanos, mas também a plantas e a outros animais. Seria a abordagem "natural" da história. Outro caso, seria o da consideração da história enquanto lugar das mais escarnecidas lutas políticas, com a exposição de todas as suas violências, surgindo a figura dos heróis ou vencedores que souberam defender suas coletividades políticas e/ou ampliar os seus domínios. Seria uma leitura essencialmente política da história, rica de ensinamentos para todos aqueles que procuram fundar ou conservar um Estado, sem nenhuma consideração histórico-teleológica. Não se trata, portanto, de uma mera coincidência que Tucídides tenha tido como tradutor inglês no século XVII Thomas Hobbes, que nele se reconhecia.

A atribuição de sentido, neste último caso, se faria fora de uma consideração da história baseada no conceito de causa final. Todavia, a história, em sua própria sucessão no transcurso dos séculos, tornou-se uma história sagrada, da salvação, conforme o parâmetro dominante da cultura ocidental, primeiro na concepção judaica, depois na cristã, segundo os seus distintos conceitos de revelação: um, o de Moisés no Monte Sinai em sua interlocução direta com Deus, resultando nos Dez Mandamentos, outro, o do Cristo na Cruz, seguindo a formulação de um Deus que teria se tornado homem, realizado a Redenção e ascendido novamente. De distintas formulações, resultarão também diferentes tratamentos da história, ambas, no entanto, atribuindo sentido ao que sucedeu, sucede e sucederá historicamente, no passado, no presente e no futuro. Processo do mesmo tipo ocorre na dessacralização desta história da salvação, traduzindo-se então em uma história mundial ou universal, conforme distintas atribuições de sentido, mesmo sob a forma de atribuição nenhuma, assim como por intermédio de fórmulas mistas, mesclando o sagrado e o profano, onde, por exemplo, valores éticos tomam o lugar de valores exclusivamente religiosos.

A significação de um fato se inscreve na própria sucessão de fatos próximos ou longínquos, surgindo desta visão de conjunto uma sinalização para o futuro de uma comunidade ou coletividade. A questão consiste em determinar como é feita a seleção de conteúdo na medida em que vem acompanhada, formalmente, de uma teleologia, de uma orientação segundo uma causa final que estaria inscrita nesta mesma sucessão, seja sob a forma sagrada da história enquanto lugar da salvação futura, seja sob a forma de um Ideia da Liberdade realizando-se no presente e indicando para o futuro, em um processo entendido, por exemplo, sob o conceito de astúcia da razão, seja sob a forma dessacralizada ou, inclusive, ateia de uma sociedade futura sem classes, outro nome da salvação sob a roupagem da "ciência" e do ateísmo.

Do ponto de vista histórico, deve ser ressaltado que "qualquer interpretação da história, em particular, da salvação, tem como pressuposto básico a experiência do mal, do sofrimento e da busca humana pela felicidade".[14] Mais especificamente, surge como protótipo ocidental a experiência de Jesus na Cruz, a partir da qual expõe para os incrédulos a sua natureza divina, anunciando o novo Reino por vir através da Redenção por ele empreendida. Doravante, toda a história posterior será portadora de significado sacro, de onde se derivará a ideia moral do mal e a do necessário sofrimento humano enquanto condição mesma da redenção futura da alma individual através do corpo místico da Igreja. A busca da felicidade será transposta para outro mundo, embora não faltem seguidores imbuídos desta ideia que procurarão a sua realização numa Civitas Dei terrena, ressignificando a história sagrada enquanto mundial.

O quadro será, segundo diferentes acepções, e, em consequência, distintas seleções de fatos históricos, o de uma teodiceia. Todavia, a questão residirá em como enquadrar fatos, cuja dissonância, cujo caráter inusitado, os coloque fora deste padrão de leitura, ou ainda, cujo olhar não logre discriminar a sua natureza própria. Isto faz que com Karl Löwith diga que "avançar uma afirmação sobre a significação de eventos históricos só é possível quando seu *télos* se torna aparente".[15] Poderíamos,

---

[14] Löwith, Karl. *Meaning in History*. Chicago e Londres: The University of Chicago Press, 1949, p. 3.
[15] Ibid., p. 5.

porém, retornar esta questão de outra maneira, a de considerarmos eventos em uma história sem *télos* que adquira uma significação moral, como quando colocamos em pauta um parâmetro como o do conceito de humanidade na acepção histórica e ética que veio a constituir, sem que daí se siga sua consequente realização histórica em um mundo futuro, obediente a uma finalidade determinada. Do mesmo modo, uma outra significação sem *télos* seria a de considerar eventos como Auschwitz sob a ótica de uma maldade existencial que, por ser existencial, não cairia dentro dos parâmetros do mal moral que, por sua vez, seguiria uma ordem teleológica.

Nesta perspectiva, Fackenheim, ao utilizar o conceito hegeliano de "história mundial", confere-lhe outro significado. Ele pergunta-se pela existência de fatos "universais", eventos que fazem época, que não se colocariam na perspectiva do bem, de seu percurso, podendo, inclusive, pô-lo em questão. Haveria, então, fatos "maus", de maldade ontológica, acrescentaríamos, que ganhariam o significado da universalidade, dada a sua novidade radical, fugindo, porém, do esquema hegeliano de uma progressão em relação a uma liberdade cada vez mais efetiva. A universalidade da "história mundial" deveria ser objeto de uma reformulação, capaz de dar conta de fatos cuja novidade, para a maldade, escapem de nossas formas filosóficas e teológicas de pensamento. Seria um conceito de "história mundial" sem a liberdade (para o bem) fornecendo-lhe os critérios de sua seleção e, mesmo, de sua progressão histórica, ou melhor, a liberdade deveria ser conceitualizada de uma forma mais abrangente, aí incluindo tanto a escolha para o bem quanto para o mal. "Pensar depois de Auschwitz" seria a pergunta a orientar esse novo conceito de "história mundial". A filosofia da história de Hegel, por sua vez, seria objeto de uma profunda reelaboração que poderia, todavia, ser denominada de hegeliana, feita à luz de fatos que escapem da concepção de um homem do século XIX. Seria filosoficamente utilizar Hegel visando a reformular o hegelianismo.

Algumas observações se impõem, sempre tomando como eixo condutor uma certa concepção da história universal:

1. O judaísmo não teria desaparecido historicamente, e isto apesar de Hegel não conhecer a tradição talmúdica (a Bíblia oral elaborada por rabinos tidos por sábios) que se desenvolveu por séculos, anteriormente e posteriormente ao aparecimento de Jesus Cristo. Neste sentido, o judaísmo não teria sido *aufgehoben*, mas sua perenização seria fruto da dedicação deste povo aos seus valores e princípios. Não haveria um desaparecimento empírico, mas o que é mais importante: uma conservação de valores éticos e religiosos, consagrados na Torá, nos livros dos Profetas, nos Escritos, isto é, na Bíblia Hebraica, e na diversificada tradição rabínica, talmúdica.

2. Talvez se Hegel tivesse conhecido a tradição talmúdica, em toda a sua riqueza e diversidade, poderia ter ele reelaborado sua concepção do judaísmo, principalmente considerando seu olhar atento a valores e princípios que se tornaram historicamente universais, vindo a fazer parte do que poderíamos denominar história do Conceito. Não convém esquecer que a concepção do judaísmo de sua época, fortemente influenciada por Spinoza, em confronto constante com os rabinos, não propiciava tal mudança de concepção. O próprio Kant é dela vítima, seguindo uma leitura jurídica, formal, da tradição judaica, e não moral.[16]

Há outro ponto sobre o qual Fackenheim[17] insiste fortemente, a saber, que não haveria uma *Aufhebung* do Antigo pelo Novo Testamento. As próprias denominações de "Antigo" e

---

[16] Fackenheim, Emil L. *Encounters between Judaism and Modern Philosophy*. New York: Basic Books, Inc., 1973, p. 86-7.

[17] Cf. Fackenheim, Emil L. *The Jewish Bible after the Holocaust. A Re-reading*. Bloomington e Indianápolis: Indiana University Press, 1990.

"Novo" estariam a sinalizar que o mais recente teria "superado" o anterior, como se esse fosse incompleto, imperfeito, necessitando de um aperfeiçoamento ou mudança fundamental. A expressão "Antigo Testamento" não seria uma noção judaica, mas veicularia um preconceito, transmitindo um juízo de valor sobre a sua transitoriedade. Na perspectiva judaica, aliás, haveria uma só Torá e a Bíblia hebraica com seus outros livros, não podendo essas serem substituídas nem alteradas em seus fundamentos. Não poderia haver duas "bíblias", a velha e a nova. O cristianismo não teria "superado" o judaísmo.

3. Paradoxalmente, do ponto de vista da história mundial em seu conceito ampliado, incluindo a forma ontológica do mal, não hegeliano neste sentido, o nazismo seria a prova indireta da vitalidade do judaísmo, que continuou sendo, apesar dele, um ator histórico, um povo "mundial". Não se explicaria de outra maneira o projeto nazista de aniquilação física do povo judeu, não se contentando, por exemplo, com o seu enfraquecimento cultural por intermédio da assimilação dos judeus pela cultura alemã. O seu objetivo era claramente a supressão física do povo judeu, independentemente da opção religiosa de seus membros. As pessoas eram enviadas aos campos de concentração pelo simples fato de terem nascidas judias. Só um adversário culturalmente tão forte, apesar de fraco na defesa de sua segurança física, poderia ser objeto de tal "ódio", de tal projeto. Não esqueçamos que o nazismo estava voltado para a "criação" de uma nova "forma de humanidade", a orientada pelo mal, e o seu alvo escolhido foi o povo que há 4.000 anos deu forma a essa forma de humanidade moral. Não foi qualquer povo ou religião, mas o povo dos Dez Mandamentos e da luta pela liberdade contra a sujeição dos faraós, o seu alvo sendo um povo que não mais aceitou ser escravo. Foi o povo de Cristo.

Observe-se a respeito que Eduard Gans[18] ainda chegou a pensar, antes de se converter do judaísmo ao protestantismo, que o mundo político moderno iria reconhecer em seu seio a particularidade do povo judeu, o judeu enquanto judeu, e não somente a abstração de tomá-lo genericamente, como se o problema judeu consistisse em que esse deveria se tornar homem em geral, renunciando à sua condição empírica, histórica. Essa forma de defesa do judeu não deixava de ser paradoxal ao afirmar que defendia o judeu enquanto homem e, ao mesmo tempo, negava a sua condição particular de ser. O judeu valeria enquanto abstração e não como particularidade, com suas crenças, costumes e identidades.

Contudo, essa questão própria do século XIX, em um mundo influenciado pela filosofia hegeliana, onde aparecem formas extremas segundo as quais o judeu, por exemplo, deveria simplesmente encarnar a ideia messiânica de Humanidade, não devendo pretender a ter nenhum Estado ou a de que o sionismo, o lar judaico, seria essencialmente político e não religioso, vinculado a tradições e concepções religiosas, torna-se objeto de uma radical transformação. E essa transformação é fundamentalmente histórica, questionando a própria existência do Estado moderno tal como então se desenhava, e do qual a filosofia hegeliana seria talvez a sua formulação mais acabada. No dizer de Fackenheim: "O seu [de Hegel] ponto de vista de 'mundo histórico' sofre colapso não sob o impacto da filosofia crítica posterior, conforme a visão que o manual vulgar tem dele, mas, mais bem, sob o impacto da história posterior".[19]

---

[18] Meyer, Michael A. *The Origins of the Modern Jew*. Detroit: Wayne University Press, 1967. Note-se, ainda, que Gans foi considerado o discípulo dileto de Hegel, encarregando-se de seus cursos de filosofia do direito quando seu mestre não os ministrava. Morreu jovem e seus escritos foram posteriormente editados pelo próprio filho de Hegel.
[19] Fackenheim, *Encounters*, p. 154.

A morte do judeu em Auschwitz e o seu renascimento em Jerusalém seriam fatos que fazem época, eventos históricos neste sentido, que recolocam a questão não apenas do povo judeu, mas do sentido mesmo da história, do que significa ser homem em um mundo que se abriu ao abismo de Auschwitz e que se atordoa diante do seu significado. O povo cujo destino parecia lá se terminar retoma em suas próprias mãos a sua história e se volta mais uma vez para a sua Jerusalém sempre chamada e anunciada em suas preces, ganhando, agora, uma dimensão prática, histórica, a da criação do Estado de Israel. O judeu pós-Auschwitz poderia simplesmente ter se assimilado, "esquecido" de suas tradições, concepções e costumes, por medo de novas perseguições, o que foi o caminho individual seguido por muitos. Nada, aliás, mais compreensível, considerando as condições políticas da época. No entanto, houve uma espécie de renascimento das cinzas e é precisamente esse renascimento que lhe confere uma dimensão histórica.

Embora o livro de Emil L. Fackenheim *O que é o judaísmo* tenha sido publicado em 1987, muito depois da guerra, ele remete à experiência de um jovem judeu que viveu a "Noite dos Cristais", ficando literalmente perplexo diante do que estava acontecendo. Perplexidade essa que, como boa atitude filosófica, põe aquele que se coloca diante de tal situação em uma posição de questionamento radical. A "Noite dos Cristais" tornou-se um símbolo não somente do antissemitismo moderno, mas por ter sido a antessala dos campos de extermínio que se seguiram. Ele viveu essa "experiência", sobreviveu a ela, tendo sido, inclusive, levado para um campo de concentração. Consegue novamente sobreviver – pois disso se tratava literalmente – a mais uma situação de medo e morte, vivendo na própria carne a "crise existencial" do judaísmo. Crise existencial que se traduz por questionamentos como os seguintes: "onde estava Deus naquele momento?"; "o que é o livre-arbítrio que pode levar a natureza humana a essa situação limite de humanidade?".[20]

Perguntas limites são relativas à própria condição humana, concernentes a todas as religiões e a todos os homens, mesmo aqueles que dizem não acreditar ou professar nenhuma religião. O nazismo terminou por recolocar em novos termos questões antigas, como as da tolerância religiosa, a diversidade e a pluralidade das religiões, cada uma com suas áreas próprias de justificação e atuação. Toda religião, por definição, é dogmática, porém não aquilo que cada uma delas visa em suas respectivas propostas de universalidade. Cada uma pode reivindicar o "seu" Deus, porém Deus não se deixa ser assim apropriado. E há experiências limites que obrigam os homens, inclusive os religiosos, a repensarem os seus respectivos credos em uma outra perspectiva, que dê precisamente conta do que foi vivido. Deus chama por outra interlocução e os interlocutores devem se reconhecer de uma outra maneira, ganhando a surpresa e o espanto filosóficos uma outra dimensão.

Em um contexto imediatamente posterior à Segunda Guerra Mundial, relata Fackenheim, dois capelães do Exército americano, um protestante e outro católico, tinham servido com fervor uma causa comum, tornando-se íntimos amigos depois desta longa e dolorosa experiência. A guerra tinha terminado e chegou o tempo da partida. O católico suspira e diz para seu amigo, "então, nós voltamos agora, cada um de nós, para a sua função, tu para servir Deus em teu caminho e eu no Seu". Se o caminho católico é o "Seu caminho", isto não tem como base alguma objetiva, digamos infalível, autoridade, mas apenas o fundamento de sua própria fé e o seu comprometimento; no que diz respeito ao caminho protestante, trata-se, certamente, de "seu" caminho unicamente, porém, provavelmente, é o "Seu" caminho também. Os caminhos são diversos, porém é como se

---

[20] Cf. Emil L. Fackenheim. *What is Judaism?* New York: Collier Books, p. 28.

a via fosse única. No dizer de Abraham J. Heschel, diante de um grupo de católicos: "O pluralismo é a vontade de Deus".[21]

Os dois capelães, ao se confrontarem aos horrores do nazismo, se questionaram também acerca dos fundamentos de suas respectivas crenças, sobre aquilo mesmo que, até então, se considerava como humanidade. A diversidade religiosa que muito frequentemente dá lugar a acusações e dogmatismos recíprocos vem a ser relativizada em função de um bem maior, o que nasce do enfrentamento a uma forma de mal existencial, o que desconhece e não reconhece os pilares mesmos da experiência religiosa e moral. Eles passaram a ver muito mais o que os unia do que os separava. É por assim dizer o vislumbre do mal que permite recolocar sobre novas bases o pluralismo, isto é, os diferentes caminhos em direção a Deus, como sendo algo querido por Ele.

O ponto a ressaltar consiste em que o engajamento ao Deus único, ao Deus da moralidade e da Justiça, seria o comprometimento dessas religiões, comprometimento digamos de princípios, que balizaria a concordância capaz de enfrentar as discordâncias próprias dos caminhos de cada uma delas. Nesta perspectiva, não se poderia dizer propriamente "este é o caminho de Deus", mas somente "eu estou *comprometido com* isto, *como sendo* o caminho de Deus".[22] O estar comprometido significa estar em uma posição de entrega, de confiança neste caminho conduzindo a Deus, embora reconheça a possibilidade de outros "comprometimentos", de outras "entregas", seguindo outros caminhos. A própria expressão utilizada "como sendo" (*as being*) abre já, em seu próprio enunciado, a possibilidade, melhor, o reconhecimento de outros caminhos, de outras vias conduzindo a Deus, tomado, por princípio, como igual a todos, o mesmo de todos.

---

[21] Fackenheim, op. cit., p. 28-9.
[22] Ibid., p. 248.

Interessante, sob esta ótica, atentarmos para a formulação de Rousseau, que singulariza os judeus de outra maneira e os situa em uma posição particular na história. Segundo ele, nas peripécias deste povo ou "nação", algo se conservou para além de quaisquer expectativas, pois, quando tudo parecia indicar que o judaísmo desapareceria na Diáspora, mediante uma dispersão geográfica em que as perseguições ocorriam sem trégua, eis que se preserva a adesão deste povo a leis abstratas, às Tábuas da Lei, aos Mandamentos de Moisés. A tradição rabínica em cada comunidade, sem que houvesse uma hierarquia qualquer entre estes líderes religiosos (não convém esquecer que não há "Igreja", hierarquia eclesiástica, no judaísmo), graças ao ensino e à formação moral e religiosa, produziu uma coesão, um sentido de solidariedade e de pertencimento a uma mesma história. O conjunto destes comentários e ensinamentos veio a constituir um outro livro sagrado para os judeus, o Talmud, isto é, a Torá (Pentateuco) comentada e explicada em diferentes contextos históricos a partir das necessidades da vida e do cotidiano, quando sempre surgem novas questões e novos conflitos. Escreve Rousseau: "as leis de Numa, Licurgo e Sólon estão mortas: as muito mais antigas de Moisés continuam vivas".[23] Ou ainda: "Atenas, Esparta e Roma pereceram e não deixaram crianças sobre a terra, enquanto Sião destruída não perdeu as suas".[24]

Os judeus mostraram a permanência de uma forma de existência que resiste ao tempo e às suas intempéries por vincular-se a leis tidas por eternas a partir de um passado imemorial, um passado que continua presente. Misturados a diversos povos, nações, Estados e sociedades, os judeus nunca perderam a sua singularidade: eles "não têm mais chefes e são sempre um povo,

---

[23] Rousseau. "Fragments politiques". In: *Ecrits politiques*. Paris: Gallimard/Pléiade, 1964, p. 499. Cf. Patai, Raphael. *The Jewish Mind*. New York: Scribner's, 1977, p. 237.
[24] Ibid., p. 499.

eles não têm mais pátria e são sempre cidadãos".[25] Note-se que Rousseau sublinha a especificidade do povo judeu enquanto constituído por cidadãos, logo enquanto povo político, tendo resistido em sua história através de suas instituições, as leis de Moisés, apesar de sua dispersão histórica e da violência da qual foi objeto. A cidadania se define por leis e pela liberdade e não somente por um território administrativamente organizado. O tratamento dado à história judaica é político e não moral ou religioso, como poder-se-ia igualmente esperar. Moisés é colocado junto a Sólon, Numa e Licurgo e não a reformadores morais ou fundadores de religiões, sendo, portanto, tido por Legislador, por Líder que outorgou leis a seu povo, leis que o organizaram em sua própria dispersão geográfica, conferindo-lhe unidade e autonomia.

Este "espetáculo verdadeiramente surpreendente"[26] criou um evento único, o de um povo político sem Estado, mantido coeso por seus costumes, normas, crenças e tradições, obediente a regras acolhidas e por si mesmo dadas. O político é aqui distinto do estatal, concebido por leis autodadas, que não respondem a um chefe, a um comandante. A cidadania é, neste sentido, compreendida em sua acepção política, não estatal, tendo sido criada por seu modo próprio de estruturação. O que conta do ponto de vista político é a autonomia produzida por sua legislação, permitindo caracterizar os judeus enquanto povo ou mais propriamente nação por cultura, legislação, hábitos e tradições. Em outros termos, a cidadania seria conferida, não pelo Estado, mas pelo modo próprio de gestação e reposição da sociedade.

Não é outro o conselho dado por Rousseau aos poloneses, em resposta a uma consulta, em suas *Considerações sobre o governo da Polônia*, quando, naquele então, esta nação não tinha

---

[25] Ibid., p. 499. Cf. Bachofen, Blaise. "Aux limites de l'étatique. La condition du peuple juif selon Rousseau". In: *Pardès*, 2006/1 nº 40-1, p. 171-80.
[26] Ibid., p. 499.

Estado, estando submetida à tutela russa. Tratava-se de outorgar uma Constituição a um povo capaz de organizar-se por si mesmo, o problema consistindo em que o novo conjunto de leis fosse capaz de suscitar a adesão deste mesmo povo, fazendo, assim, parte de seus valores, de sua história e de suas crenças. Uma Constituição imposta do exterior seria nada mais do que um corpo estranho que, finalmente, seria rejeitado pelo organismo, sendo a boa Constituição aquela que reina "no coração dos cidadãos".[27] Neste sentido, uma refundação do Estado requereria o estudo daqueles povos e instituições que resistiram ao tempo, daqueles legisladores que se colocaram enquanto líderes políticos.

Recorre, portanto, a Moisés, junto a Licurgo e Numa. O fundador político do povo judeu, não um profeta nesta acepção, conseguiu a inusitada proeza de fazer de um exame de fugitivos, sem armas e sem artes, sem talentos nem virtudes, uma "nação"[28] capaz de enfrentar corajosamente seus inimigos, dando-se, assim, suas próprias leis. Uma trupe errante, constituída por escravos, tornou-se, propriamente, um "corpo político", um "povo livre".[29] A formação do corpo político é dada pela sociedade que se institui livremente enquanto tal e não somente, nem apenas, pela administração de um território. Surgiu, assim, uma "singular nação" "idólatra de sua regra",[30] obediente a leis às quais aderiu em seu próprio coração, não tendo elas o caráter de um conjunto imposto, coercitivo em sua exterioridade. Um verdadeiro Estado nasce de leis gestadas na sociedade. Note-se, ainda, que Rousseau defendia a liberdade de pensamento, preconizando, particularmente, que a palavra fosse dada aos

---

27 Rousseau, Jean Jacques. "Considérations sur le gouvernement de la Pologne". In: *Ecrits politiques*. Paris: Gallimard/Pléiade, 1964, p. 955.
[28] Ibid., p. 956.
[29] Ibid., p. 956.
[30] Ibid., p. 957.

judeus para falarem de si mesmos, para recuperarem uma dicção própria em relação aos outros, porém isto só seria possível uma vez que a emancipação civil e política lhes fosse concedida ou tivessem um território próprio, visto que ninguém fala o que pensa em uma condição de opressão, de escravidão, de desigualdade e de medo.

Moses Hess: uma outra visão sacro-política da história

A filosofia da história hegeliana, em uma síntese entre o sagrado e o universal, desde uma perspectiva judaico-cristã, é elaborada por Moses Hess. Em 1836, cinco anos após a morte de Hegel, escreve *A sagrada história da humanidade*, com o realce devendo ser dado à acepção de uma "história sagrada" (*Heiligegeschichte*), apresentada enquanto história da humanidade, em uma síntese onde confluem historicamente, na sucessão e escolha dos fatos, as duas significações. Ou seja, fatos são "selecionados" segundo esta visão sintética, vindo a dele fazer parte eventos tanto da história das religiões judaica e cristã quanto da história política a ela alheias. A história "mundial" no sentido hegeliano será, então, permeada pela história "sagrada", reelaborando o messianismo em suas significações religiosa e política.

Poucos anos depois, em 1848, publicam Marx e Engels o "Manifesto Comunista", onde se pode constatar, inegavelmente, a influência de Moses Hess.[31] Contudo, uma inflexão de monta se faz presente, a saber, a dessacralização de sua concep-

---

[31] Avineri, Shlomo. *Moses Hess: Prophet of Communism and Zionism*. New York e Londres. New York University Press: 1985, p. 133; Talmon, J. L. *Political Messianism*. New York/Washington: Frederick Praeger, Publishers, 1968, 2011 e Bertocchi, Jean-Louis. *Moses Hess philosophie, comunisme et sionisme*. Paris: éditions de l'éclat, 2020. Cornu, Auguste. *Karl Marx et la pensée moderne*. Paris: Éditions sociales, 1948.

ção, sendo ela então substituída por uma nova, a do messianismo unicamente político, mediante a reintrodução de uma nova forma de absoluto, de sacralidade, na história. Distingue-se ela, por sua vez, também da concepção hegeliana ao abolir o caráter dialético da história por intermédio da formulação de uma sociedade sem classes, o comunismo, sem conflitos e contradições, além de personificar o agente histórico na figura do "proletariado" em sua luta contra a "burguesia", não admitindo síntese e mediação, mas tão só a eliminação do outro. Embora próximos nas datas, apenas doze anos separando um texto do outro, outra diferença a ser salientada reside no conceito de revolução. Apesar de compartilharem uma mesma concepção do comunismo, os meios de alcançá-lo divergem.

Para Hess, a revolução nada mais seria do que uma explosão cega de paixões, que procura, desta maneira, reduzir as desigualdades vigentes, em um tipo de ruptura que muito pouco contribui para o avanço da história. Isto porque, ao ser uma ruptura baseada nas paixões, ela perde, precisamente, aquilo que orienta a humanidade rumo à perfeição, expressando-se pela consciência do processo histórico, pela consciência de si que os homens adquirem neste trabalho da razão presente. Hegelianamente, seria a consciência imersa em seus desejos, em suas emoções, perdida nas coisas do mundo, incapaz de alçar-se à consciência de si. A revolução não é considerada enquanto ato de razão, mas de paixão, de expressão do irracional, enquanto progressos que se fazem por mediação e consciência são os que, só propriamente, poderiam ser ditos racionais. Não há nenhum *glamour* da violência, como foram os casos de Marx, Engels e toda a tradição marxista posterior.[32] Estes viram na violência

---

[32] Para uma apologia da violência, relacionando o advento do socialismo, mediante o emprego da violência, os valores morais e a salvação/redenção da humanidade, Cf. Sorel, Georges. *Réflexions sur la violence*. Paris: Éditions Marcel Rivière, 1972.

uma parteira da história, quando, na verdade, seria nada mais do que a sua coveira. Aquele que foi considerado o "rabino vermelho" (forma depreciativa inventada por Arnold Ruge) estava preocupado com a autoconsciência da humanidade por intermédio dos seus processos racionais de transformações sociais e políticas,[33] tendo o seu socialismo a característica básica da moralidade.

Hess é um pensador impregnado de moralidade e religiosidade, essa última, em particular, seguindo a primeira, na medida em que o seu interesse consiste no papel da consciência de si moral no progresso da humanidade. Nenhuma transformação abrupta e violenta produzirá algo mais do que a própria violência, porque qualquer mudança social, para ser eficaz e verdadeiramente transformadora, tem como condição essencial a educação moral do povo, a edificação da sociedade segundo valores. Para ele, inclusive, o judaísmo é identificado ao socialismo,[34] ambos entendidos como formuladores e mensageiros da mais alta moralidade, de amor e solidariedade ao próximo. Não haveria por que contrapor a moralidade à religiosidade, ambas possuindo as mesmas raízes e valores. A linha "sagrada" da história é assim perseguida.

Ressalte-se a centralidade do conceito de "consciência de si" na concepção hesseniana, conceito esse de clara inspiração hegeliana, embora o autor retrace a sua história a Descartes, passando por Spinoza e Fichte. Em um texto de 1842-3, *Filosofia*

---

[33] Hess, Moses. *The Holy History of Mankind and Other Writings*. Editado por Shlomo Avineri. Cambridge University Press, 2004, p. 56-7. Cf. também Laqueur, Walter. *A History of Zionism*. New York, Schoken Books, 2003, p. 40-61. Hertzberg, Arthur. *The Zionist Idea*. Philadelphia, The Jewish Publication Society, 1997, p. 116-139. Guinsburg, J. *O Judeu e a modernidade*. São Paulo: Perspectiva, 1970, p. 153-7; Heller, Joseph Dr. *Moses Hess*. Prefácio de Dr. S. Levenberg. London: Jewish Agency Library.
[34] Berlin, Isaiah. "The Life and Opinions of Moses Hess". In: *Against the Current*. Londres: Pimlico, 1997, p. 238.

da ação,³⁵ ele elabora este percurso, primeiro mostrando o "Eu" enquanto ação do pensamento, "ação espiritual",³⁶ enfatizando o seu movimento, sem o qual não se constituiria o ser propriamente dito, que não poderia ser compreendido estaticamente, nem, muito menos, pela ausência de seu aspecto prático, algo que teria começado a ser empreendido por Spinoza (mediante o "conhecimento racional de Deus", abrindo assim caminho para a igualdade de todos os homens entre si) e Fichte, embora ainda enquanto processo interno de uma consciência de si que não se exteriorizou completamente, o que significa dizer política e historicamente. O seu objetivo consistia em fazer esta passagem da teoria à prática, da filosofia ao socialismo e ao comunismo, oferecendo-lhe Hegel o seu modelo filosófico-histórico de elaboração. Será o marco filosófico que lhe permitirá elaborar o percurso da humanidade em suas determinações morais e religiosas em seu *Roma e Jerusalém*.

O seu conceito de consciência de si, de autoconsciência (*Selbstbewusstsein*), de uma consciência que vem a si através da história em suas conquistas morais e religiosas, não é apenas fruto de uma elaboração teórica, algo por ele criticado nos jovens hegelianos, mas tem uma significação prática, a de luta política pelo socialismo, identificado a uma humanidade verdadeira ou moralmente superior. Ou seja, o seu conceito de consciência de si seria o de uma consciência de si moral e religiosa, e também prática, combatendo simultaneamente pela emancipação dos judeus, em sua particularidade, e dos trabalhadores, isto é, da humanidade. Ele evita, assim, o escolho marxista de menosprezar a emancipação dos judeus como se

---

³⁵ Hess, Moses. "Philosophie de l'Action". In: Bensussan, Gerald. *Moses Hess. La philosophie et le socialisme. Em annexe, trois textes de Moses Hess: Socialisme et commmunisme; Philosophie de l'Action; Les Derniers Philosophes*. Paris: PUF/ Philosophie d'aujourd'hui, 1985.
³⁶ Ibid., p. 174.

fosse um falso problema, a ser resolvido mediante a revolução proletária. Não haveria uma efetiva transformação social que não tivesse enquanto pressuposição a formação desta consciência de si, sem a qual ocorreria simplesmente a substituição de uma dominação por outra, só mudando a posição (e o nome) dos detentores do poder.

Em uma leitura fina de Hegel, salienta ele o movimento dialético deste processo da consciência de si, cuja determinação central reside no conceito de autodeterminação, de uma autoconsciência que se faz neste movimento, pondo sua diferenciação e limitação, para superá-las em seu passo seguinte, seguindo a formulação hegeliana da *Aufhebung*, uma negação criadora, que produz algo novo na destruição de instituições envelhecidas, que não resistiram ao tempo. Mais precisamente, ele coloca em relevo não a sua ação de aniquilação, por exemplo, mas a de continuidade, a de conservação, seguindo, neste sentido, a *Ciência da Lógica* de Hegel. O erro político, por sua vez, consistiria em os seus agentes permanecerem operando no nível da ação aniquiladora, não deixando nada conservar-se, não empreendendo o processo de "negação da negação".

Neste sentido, o produzir algo novo não poderia ser identificado a um mero renascimento de algo anteriormente existente, conforme a acepção de uma volta a um estágio anterior da humanidade, mesmo sendo a ficção de uma espécie de "comunismo primitivo" ou "igualitarismo originário". O "Eu", na linguagem cartesiana, a "Consciência de si", na hegeliana, criariam o seu próprio outro, não podendo ser esse último concebido enquanto vítima de uma imposição exterior, de uma alteridade estrangeira, mas devendo incorporá-la, negá-la em seu processo de determinação de si, engendrando-se desta maneira. Só assim ela se conhece e, ao conhecer-se, torna-se apta ao processo coletivo de transformação das relações sociais e econômicas. O homem – ou o Espírito – é o seu ato teórico e prático de produção de si, dando-se a sua própria lei.[37] O homem é o resultado histórico de seu processo de engendramento de si mesmo, tendo como desfecho a consciência "socialista", em suas determinações moral e religiosa.

Tudo o distingue aqui de Marx. Para esse, a moralidade seria um mero reflexo das relações capitalistas de produção, encarnando como "valores" os da burguesia que resiste a qualquer transformação social. Não importa a consciência moral de si, carecendo essa de qualquer validade, da mesma maneira que a religião seria um mero ópio do povo. A história não seria uma evolução caracterizada pelo progresso ascendente da consciência de si moral, religiosa neste sentido, mas um jogo das relações de produção com as forças produtivas, o socialismo germinando "inconscientemente" no proletariado, cuja missão seria a de redenção da humanidade mediante um ato de violência. Os homens seriam joguetes, marionetes, de um processo histórico que os ultrapassa, salvo na versão leninista da consciência revolucionária de si, sob a forma da vanguarda partidária.

Para Hess, a transformação social se faria mediante a intervenção da consciência moral dos homens que se preparam, com tal objetivo, pela cultura e educação, pela formação de valores que remontam à "história sagrada"; para Marx, ela seria o resultado das forças materiais da sociedade, cuja concepção seria o materialismo histórico e dialético, em uma tentativa de dessacralizar a história mediante a introdução do conceito de ciência a ela oposto. Eis por que Marx e Engels criticaram Hess por seu caráter "utópico" e "idealista", enquanto eles seriam os "científicos", os representantes da nova época. Cientificidade, aliás, para lá de duvidosa, considerando que suas supostas leis nunca se verificaram historicamente, para além do fato de atribuírem a uma abstração, o "proletariado", um papel messiânico. Hoje, se tivéssemos de retomar essas cate-

---

[37] Ibid., p. 175.

gorias, estaríamos muito mais propensos a atribuir a mudança social ao fator propriamente moral, e não a uma suposta cientificidade que, em seus prolongamentos leninistas, trotskistas, stalinistas, maoístas e outros redundaram em graves crimes contra a humanidade. Em nome do "proletariado" e da "ciência", milhões foram literalmente assassinados.

Cabe, ademais, observar que a expressão "comunismo científico" (*wissenschaftlicher Kommunismus*),[38] tão em voga na formulação marxista e, neste sentido, hesseniana também, deve ser colocada em seu contexto linguístico, pois a palavra "ciência" é a mesma utilizada por Hegel sob a forma da *Wissenschaft der Logik*, comumente traduzida por "ciência da lógica", embora embuta a significação de "sabedoria", de "saber", e não de "conhecer". O saber na acepção religiosa está aí igualmente compreendido. Nesta época, a palavra "ciência" não está ainda codificada vindo a significar o conhecimento de um domínio particular da realidade, segundo uma metodologia específica, podendo ser intercambiável com a palavra "filosofia". A física dos séculos XVII e XVIII é também dita "filosofia natural".[39] *Wissen* significa saber e o seu substantivo *Wissenschaft* significa "ciência", "sabedoria". Por via de consequência, *wissenschaftlicher Kommunismus* poderia ser traduzido por "comunismo sapiente", o que evidentemente soaria estranho.

Importa, contudo, ressaltar que Hess vive precisamente esta época de transição de conceitos, pensando-os seja segundo uma acepção, seja conforme outra. Em seus escritos de juventude, pende para a acepção do conhecimento particular da história através de uma metodologia própria, fundada em uma dialética social ancorada no materialismo e, mais especificamente, no conceito de proletariado e de pauperização crescente das clas-

---

[38] Avineri, *Hess*, p. 86.
[39] Cf. Koyré, Alexandre. *Études galiléennes*. Paris: Hermann, 1986. *Études newtoniennes*. Paris: Gallimard, 1968.

ses trabalhadoras, enquanto se inclina, em seus escritos de maturidade, para o conceito de "saber" ou "sabedoria" conforme sua formulação moral e religiosa, fundada no conceito de consciência de si. Trata-se, na verdade, de uma época de transição de um significado a outro da ciência, os jovens hegelianos situando-se, em suas disputas internas e externas, nesta passagem,[40] procurando, em suas diferenças mesmas, anunciar uma nova época, uma nova forma de vida.

Quanto à questão judaica, a diferença é igualmente marcante. Ao contrário dos jovens hegelianos de esquerda, a maior parte antissemita (Marx, Engels, Bauer, Feuerbach, entre outros), em nítido contraste com o próprio Hegel,[41] apesar de manuscritos de teor religioso antissemita em sua juventude, não publicados, Hess se diferenciava e se reconhecia enquanto judeu, apesar de, nesta época de juventude, ter tentado afastar-se do judaísmo, fazendo, com tal objetivo, uso de preconceitos. O judaísmo significava, para ele, identificar-se não apenas a um povo, a uma nação, com tradições, valores e princípios, mas também à sua moralidade enquanto universal, válida para todos os povos, segundo uma concepção da humanidade que poderia, então, politicamente reconciliar-se consigo mesma em sua acepção sagrada, moral e religiosa, isto é, socialista. Ou seja, o judaísmo teria ser próprio, substância, não sendo um mero fruto de sua negatividade, sob a forma do antissemitismo. Para Marx, oriundo de uma família de rabinos, apesar disto judeu com ódio de si, para utilizar a expressão de Isaiah Berlin,[42] o judeu seria um mero

---

[40] Schnäderbalch, Herbert. *Philosophy in Germany 1831-1933*. Cambridge University Press, 1984, p. 8.
[41] Cf. Poeggler, Otto. "L'interpretation hégélienne du Judaism". In: *Archives de Philosophie*. Paris, Beauchesne, abril-junho de 1981, Tomo 44, Caderno 2. Segundo o autor, Hegel sempre teria visto o judaísmo como um enigma a ser decifrado, voltando sempre a ele, defendendo, na *Filosofia do direito*, a igualdade jurídica e política dos judeus.
[42] Hess, *The Holly*, p. 225.

produto do capitalismo, estando destinado a desaparecer uma vez este regime socioeconômico destruído. Neste meio-tempo, deveria continuar a padecer todos os efeitos do "capitalismo", as perseguições sendo um mero corolário deste processo. Ou ainda, na formulação de Sartre, o judeu se definiria pelo seu outro, embora, no final de sua vida, ele tenha reformulado esta questão ao melhor conhecer os princípios e valores do judaísmo, sendo ignorante deles ao escrever o seu livro a respeito.

Para Marx, o judeu configuraria uma expressão do capitalismo ou este daquele, como se assim o seu antissemitismo se justificasse. Ele identifica rasteiramente, dogmaticamente, a religião judaica ao capitalismo, sob a forma do "dinheiro" e do "comércio", simplesmente veiculando preconceitos correntes, em nada atento, muito pelo contrário, aos judeus pobres e oprimidos, às perseguições, aos *pogroms*, comportando-se como um convertido que nada tem a ver com sua religião de origem. Procura identificar-se aos antissemitas, ser por esses reconhecido. Seu ódio aos judeus seria, neste sentido, a expressão de um ódio de si como muito bem observa Robert Misrahi,[43] suscitando, ademais, a questão de que Moses Hess é, para Marx, uma espécie de espelho em que se vê, reflexivamente, do avesso, por ser ele judeu e comunista, fiel à sua religião e crítico mordaz da propriedade privada, coerente consigo, não tendo se curvado aos preconceitos. A mera existência de Moses Hess provaria que o "judaísmo, longe de ser a religião do dinheiro é, mais bem, nos filósofos e nos profetas, uma 'religião' da igualdade".[44]

Conforme a "história sagrada" da humanidade, escreve Hess: "quanto mais as pessoas estiverem conscientes de sua luta, mais humanos os seus atos se tornarão. Elas serão menos bestialmente cegas, menos cruéis, tanto maior será o seu conhe-

---

[43] Misrahi, Robert. *Marx et la question juive*. Paris: Idées/Gallimard, 1972, p. 216-39.
[44] Ibid., p. 233.

cimento de Deus".⁴⁵ Pode-se, portanto, dizer que quanto menor for o conhecimento de Deus tanto maior será a violência e a crueldade humanas. Uma "história universal", desprovida de seu caráter "sagrado", careceria de significação, isto é: "a liberdade humana consiste não na arbitrariedade da vontade arbitrária, mas na consciência obediente à lei divina".⁴⁶ Tal concepção da liberdade humana evoca a doutrina kantiana de obediência à lei moral e a judaica de obediência à Torá, que, para Hess, seriam equivalentes ao seu conceito de lei divina enquanto lei moral e em sua acolhida consciente. Ressalte-se o papel da consciência de si enquanto processo de interiorização e apropriação dos valores morais e religiosos, conforme uma perspectiva de universalização das regras e costumes existentes.

Em seu opúsculo, o primeiro longo panfleto socialista tendo aparecido na Alemanha, ele empreende uma leitura sacro-política da história ao seguir a ideia hegeliana de um lado, porém, de outro, mudando o seu foco, ao centrar-se em um eixo judaico-cristão, a saber, Abraão, Moisés, Davi, Ezra, Spinoza e Jesus, estabelecendo, portanto, uma outra mediação entre a Antiga aliança judaica, em sua particularidade, e a Nova, ancorada em uma outra vinculação particular, ambas voltadas à universalidade da humanidade, em distintos momentos de realização. Trata-se de um outro enfoque do processo de efetuação do Absoluto, de um outro jogo entre o subjetivo e o objetivo ao partir de outros pontos de referência e, por conseguinte, de seleção e valoração de fatos tidos, assim, por histórico-conceituais, sagrados. Jesus vem a fazer parte da história judaica,⁴⁷ doravante propriamente judaico-cristã, apesar de suas diferenças, conforme uma perspectiva universal, incluindo ambas correntes religiosas. Sob esta ótica, a posição de Hess, ao colocar Jesus

---

⁴⁵ Hess, op. cit., p. 56.
⁴⁶ Ibid., p. 56.
⁴⁷ Ibid., introd., p. XVII.

Cristo em linha de continuidade em relação à tradição e história judaicas segundo sua concepção própria da história sagrada, teve prolongamentos, como veremos, na teologia protestante pós-Auschwitz, a qual ressalta o judaísmo de Jesus, um judeu falando para um público judaico, colocando-se na posição de alguém que procurara uma renovação de sua religião e não na de quem viria para substituí-la.[48]

Na primeira parte de *A sagrada história da humanidade*, até o aparecimento de Jesus Cristo, Hess coloca-se na perspectiva de uma leitura socialista da Bíblia hebraica.[49] Por intermédio dele, surge um novo recomeço desta história sagrada, sendo, então, possível um novo conhecimento de Deus na história.[50] Ou ainda, Jesus Cristo teria visto mais e mais profundamente do que seus predecessores por ter reconhecido que Deus é "Vida". Note-se a importância que Hess concede ao conceito de vida enquanto qualificação da essência de Deus, que se torna, assim, naturalmente e historicamente conhecido. A história judaica, entendendo a cristã enquanto prolongação dialética dessa, se une a uma visão peculiar da filosofia da história de Hegel. Em linguagem hessiana, Jesus Cristo seria um mediador entre o Pai (a raiz da Vida) e o Espírito Santo (o fruto da Vida),[51] sendo a metáfora da vida utilizada para explicitar a concepção cristã de Deus em sua mediação interna.

Mais especificamente, o conceito de vida tal como utilizado por Hess retoma tanto a figura do "senhor e do escravo" na *Fenomenologia do espírito* quanto a categoria de vida na *Ciência da lógica*.[52] Segundo a primeira, entra em pauta a vida, a luta em

---

[48] Lindsay, Mark. *Reading Auschwitz with Barth*. Prefácio de Martin Rumscheidt. Princeton Monograph Theological Series 202, 2014, p. 47-61.
[49] Ibid., introd., p. XIX.
[50] Ibid., p. 21.
[51] Ibid., p. 22.
[52] Rosenfield, Denis. "Como se pode falar da vida em Hegel?". In: *Controvérsia* (UNISINOS), v. 4, 2008, p. 1-12.

sua forma religiosa, no caso de Jesus Cristo no sacrifício, afirmando-se através da morte na ressureição, veiculando um outro conceito de vida após a morte, anunciada, inclusive, no Reino do outro mundo. É a afirmação da vida, em sua acepção espiritual, diante e através da morte, o que faz com que ela se constitua como uma figura, um momento da história universal/sagrada. Segundo a segunda, teríamos uma categoria que permite pensar a realidade em seu conjunto através da união do biológico e do ético, graças a uma concepção orgânica do mundo. Ou seja, a história passa a ser pensada sistematicamente, entrelaçando os seus momentos passados, segundo uma articulação que teria no conceito de vida o seu guia de pensamento. Logo, Hess teria concebido a história tendo como marco, naquele então, o sacrifício de Cristo, a vida posta à prova, como sendo recuperada, pela história, em uma nova articulação sistemática, e mais particularmente, em uma nova consciência de si do Absoluto, realizando-se em uma de suas figuras religiosas e filosóficas.

A concepção hessiana de Deus enquanto "vida" é, assim, uma forma de torná-lo imanente à história enquanto processo constituído de nascimento, desenvolvimento, declínio e morte, seguindo uma formulação de cunho hegeliano, também afeita a esse tipo de imagem biológica, para além de sua elaboração lógica. Em todo caso, assinale-se que o conceito de Deus enquanto vida permite a sua concepção enquanto ser imanente ao mundo, tanto no plano natural quanto no histórico, neste último adotando a figura da Consciência de si, elevando a unidade do subjetivo e do objetivo a um outro patamar. Observe-se que Hess utiliza os diferentes nomes de Deus, o "Único", o "Eterno", para qualificá-los todos, de uma forma mais abrangente, como "Vida". Cabe, porém, a pergunta de se Hess não estaria levando a cabo um procedimento filosófico de abandono da tradição judaica dos nomes divinos, apesar de aparentemente conservá-la, na medida em que a "Vida" não seria propriamente um outro nome de Deus, mas um Deus real que se torna imanente à Natureza e à História. Ou seja, não se trata de um nome, mas de um processo imanente ao desenvolvimento do mundo, em cujo caso poderia ser "conhecido" historicamente, não permanecendo um Deus escondido e incompreensível, ao qual o homem só muito imperfeitamente teria acesso mediante os seus diferentes nomes.

Sob esta ótica, a história só ganha sua plena significação quando posta em relação com a religião, da mesma maneira que a significação dessa depende daquela. Hess faz uma "leitura" desde sua perspectiva da "história sagrada universal", unindo personagens só aparentemente díspares como Moisés, Cristo, Lutero e Spinoza, cada um preenchendo uma função, uma determinação espiritual segundo o momento em que respectivamente viveram. A religião é, segundo ele, um momento absolutamente essencial no caminho da Verdade, sendo a filosofia a sua enunciação conforme a sua verdade. Cada um desses "pensadores", homens que fizeram época, empreenderam uma construção determinada do Espírito, estando todos eles conservados naquele que, por último, apareceu historicamente. Spinoza, por exemplo, teria efetuado um processo de suprassunção/suspensão de Cristo, que, por sua vez, teria feito a mesma coisa em relação a Moisés. Trata-se de uma história dialética do sagrado, conservando os momentos anteriores em unidades mais ricas e abrangentes. A religião faria parte do processo de formação e de realização da verdade, sendo, inclusive, o seu cerne: "Religião e história possuem uma relação intrínseca uma em relação à outra; uma elucida a outra".[53]

Ainda neste livro aparece precisamente a ideia de uma "história mundial" (*Weltgeschischte*), elaborada por Hegel em sua *Filosofia da história*, conferindo-lhe, todavia, uma nova significação. Acolhendo a ideia hegeliana de um progresso incessante da humanidade que se faz historicamente, realizando por etapas a Ideia da Liberdade através de povos e nações determinados,

---
[53] Op. cit., p. 53.

Hess confere-lhe, todavia, uma outra periodização e outras clivagens, tendo como ponto de referência uma história sagrada constituída por valores judaico-cristãos. A era moderna teria, então, enquanto figura central a Revolução Francesa, que inaugura uma aurora de tipo universal da humanidade, caracterizada pelas ideias de liberdade, igualdade e fraternidade, atingindo tanto os indivíduos enquanto cidadãos, quanto as classes sociais mediante a emancipação do "proletariado", passando pela autodeterminação das nações, em *Roma e Jerusalém*, segundo a qual deveria se efetuar a constituição estatal do judaísmo enquanto nação, o sionismo. Em particular, não apenas Jesus é fruto do povo judeu, seus ensinamentos estando baseados na Bíblia hebraica, mas haveria uma linha de continuidade não apenas indireta no cristianismo, mas direta na própria permanência do povo judeu através de uma outra contribuição, a do caráter sagrado da esfera política, conferindo à história uma dimensão propriamente normativa, sendo a ideia messiânica a proposta de um mundo melhor na Terra.[54]

Hess publica *Roma e Jerusalém* em 1862,[55] tornando-se, nesta obra, um precursor do sionismo, defendendo a necessidade de um Estado judeu enquanto condição preliminar da realização messiânica, seu sionismo político unindo-se ao religioso. Em um discurso de tipo profético, ele anuncia a época messiânica mediante a redenção do povo de Israel, e da humanidade, uma vez que se realize a ideia de um Estado judeu. O seu livro é repleto da retórica dos profetas, com imagens e visões que são, contudo, apresentadas seja sob uma roupagem hegeliana, seja sob um vocabulário "científico" emprestado à biologia e à etnologia de seu tempo, havendo algo de profundamente inspirado em seus textos. Com efeito, aqui conflui a sua formação

---

[54] Avineri, *Hess*, p. 69-70.
[55] Hess, Moses e Waxman, Meyer. *Rome and Jerusalem. A study in Jewish Nationalism*. New York: Bloch Publishing Company, 1943.

religiosa, com destaque para os Profetas, e a sua formação filosófica. Neste sentido, a sua filosofia está ancorada na tradição profética,[56] tanto em seu perfil comunista quanto sionista. Quanto ao primeiro, destaque-se a ideia da vinda do Messias enquanto redenção do povo judeu e da humanidade, passando, então, a vigorar um estado de justiça e solidariedade entre os homens. Quanto ao segundo, é essa mesma tradição que dará lugar à nação, pois assim foram gestadas as tradições, os valores e as esperanças do judaísmo, na obediência mesma das leis da Bíblia hebraica. O comunismo, para ele, não é algo que surgiria de fora, mas emergiria do interior mesmo da concepção judaica, o mesmo podendo-se dizer do nacionalismo, apesar de suas influências externas.

Logo, o povo judeu, ao contrário do formulado por Hegel, que o via como um povo que teria sido "suprassumido/suspenso" pelo cristianismo, é concebido enquanto povo histórico com uma missão a cumprir. Para Hess: a) seria o judaísmo que teria introduzido na história a noção do sagrado;[57] isto é, seria por intermédio desta religião que o espírito teria entrado no mundo, ou ainda, que a história meramente fatual teria se tornado uma história sacro-política; b) a história do povo judeu exporia, através de seus sofrimentos e perseguições, dessas formas de negatividade, um progresso segundo a ideia do Criador, do Eterno. Conforme essa ideia, que abarcaria a natureza e a história, essa última passaria a ser vista como um processo que está, em aberto, ainda para ser realizado, os seus germes estando contidos no texto bíblico; c) o seu fio condutor residiria no surgimento da era messiânica, de igualdade e liberdade, capaz de unificar os diferentes povos em um ideia superior de humanidade, onde os conflitos raciais e sociais seriam superados; d) para levar a cabo essa missão, deveria o povo judeu reaparecer

---

[56] Avineri, *Hess*, p. 13.
[57] Ibid., p. 120.

enquanto povo histórico através da criação de um Estado próprio, por carregar dentro de si a ideia de uma nacionalidade por enquanto abstrata, não tendo se tornado efetiva; e) distanciando-se de Hegel, a história do judaísmo coincidiria com a história do desenvolvimento da humanidade.[58]

A filosofia de Hess está baseada na ideia de que o homem, antes de mais nada, faz parte de uma comunidade, de uma vida ética (*Sittlichkeit*). No dizer dele, a vida social seria, sobretudo, o produto da vida de diversas raças, diferentes comunidades, dotadas de tradição e história próprias, cada uma tendo seguido, no transcurso da história, caminhos distintos, que são os do Absoluto, que os unifica em sua realização. Neste sentido, sua posição é anticontratualista, não aceitando o indivíduo livre de amarras como estando na origem do pacto social, o que coincide, neste sentido, com as concepções religiosas judaica e cristã. A unidade do gênero humano se faria no transcurso da história, não sendo uma ideia natural, originária, mas algo progressivamente construído, a partir de suas próprias diferenças. Trata-se do vir a ser da humanidade mediante a construção de momentos marcantes, históricos neste sentido, que elevaram o homem religiosamente e filosoficamente a um outro patamar. Aquilo que viemos a considerar como humanidade na acepção mais nobre do termo, principalmente moral, seria o produto de um longo processo que, em termos judaicos, é elaborado como o do Schabat histórico. Não se trata de um dado imediato da vida orgânica, "mas o produto do processo de desenvolvimento sócio-histórico".[59]

Em sua Terceira Carta (*Roma e Jerusalém* é publicado sob a forma de 12 cartas e 10 notas escritas a uma Senhora fictícia), discutindo a ideia de imortalidade, Hess salienta que essa ideia, ao contrário da da tradição cristã posterior que enfati-

---

[58] Ibid., p. 49.
[59] Ibid., p. 181.

zou a imortalidade individual, é basicamente coletiva, comunitária. Ela deve ser, portanto, compreendida no interior de um processo "sagrado" que se caracteriza pela perda da unidade, posterior à destruição do Primeiro Templo (ação da negatividade em linguagem hegeliana), e pela esperança na ressureição da nação/Estado judaico (em linguagem hegeliana, o engendramento de uma nova positividade). Vida e morte deveriam ser vistas historicamente enquanto dois momentos da unidade dialética, constituída pela "dissolução" e pelo "engendramento", conforme definidos pelo próprio Hegel nos §§ 30 e 31 de sua *Filosofia do direito*. Nesta mesma Carta, ele retoma ainda uma outra ideia de Hegel, por ele situada como tendo sido formulada por Spinoza, segundo a qual o indivíduo é "parte do todo".[60] Ou ainda, o indivíduo é sempre membro de uma comunidade (família, sociedade e Estado). Na formulação de Hess: tribo e raça.

Isto faz com que ele retome ainda com mais vigor a filosofia de Hegel,[61] assumindo a história como sendo dotada de uma causa final, apresentando-a segundo um "plano divino"[62] e levando a cabo o que a sua causa primeira, o povo de Israel, já havia percebido e formulado. Em linguagem aristotélica, o povo judeu seria a causa primeira, a de uma humanidade moral, que se desdobraria na história, em seu processo religioso e filosófico de diferenciação, conduzindo-a à redenção do gênero humano enquanto tal, que seria a realização da causa final. Não esqueçamos, ainda segundo Aristóteles, que se trataria de uma única causa apresentando-se, segundo a sua etapa de desenvolvimento, como causa primeira, causa eficiente e causa final. A natureza de uma coisa, dizia Aristóteles, se define por sua causa

---

[60] Ibid., p. 53.
[61] Hess chega a reconhecer explicitamente essa identidade entre a concepção judaica do mundo e da história com a filosofia de Hegel, p. 238.
[62] Ibid., p. 181.

final. Assim também a história seguiria o plano divino da providência, desde o início dado em um povo histórico.

Para Hess,[63] a religião criada pelos judeus estaria destinada a tornar-se a propriedade comum de todo o mundo civilizado, sendo uma etapa necessária da emancipação universal da humanidade. Em sua linguagem, isto quer dizer que, na perspectiva da história mundial/sagrada, a sua época estaria vivenciando a véspera, o anúncio, do Schabat da História. O significado deste último seria o advento da era messiânica, algo que teria sido anunciado e enunciado no início do judaísmo, só vindo a se realizar, segundo uma história que progride por etapas, na época moderna. Ou seja, o Schabat estaria sempre em um processo de completude progressiva, algo que, do ponto de vista histórico, estaria clamando por sua efetivação.

O Schabat possuiria, assim, três acepções: a) a do Schabat natural, aquele proveniente de Criação do mundo, em que o Eterno, transcendente, estabelece a sua relação com as criaturas em geral, com especial atenção às criaturas naturais, não humanas. Isto é, o Schabat natural é completo, um processo levado a seu término, de tal maneira que, em uma linguagem antropomórfica, Deus poderia "descansar", na acepção de trabalho concluído, completo em si mesmo; b) a do Schabat dos tempos presentes, o Schabat dos judeus no Exílio, na Diáspora, quando todas as sextas à noite e sábado, os crentes no Eterno voltam-se para o passado, louvando a Criação, o Schabat natural, e também se voltam para o futuro, para o Schabat histórico, o da era messiânica, que aguarda a sua realização. Neste último, a reza está voltada para o regresso à Jerusalém, para a terra prometida, ancestral. Deste modo, a criação do Estado judeu na Palestina seria a primeira etapa anunciadora de que a Redenção da humanidade estaria em processo de efetivação, tornando-se, portanto, realidade. Tal posição, aliás, está sendo retomada con-

---

[63] Ibid., p. 47.

temporaneamente pelos evangélicos, segundo os quais o reconhecimento de Jerusalém enquanto capital do Estado de Israel é uma condição preliminar do advento da era messiânica, ocasião em que o Terceiro Templo seria reconstruído. Seria quando Jesus ressuscitaria, passando a correr outro tempo, o do processo de conversão dos judeus, passando ambas religiões a serem una sob os princípios do cristianismo, principalmente o reconhecimento de Jesus Cristo enquanto Messias.

"A celebração do Schabat é a concretização da grande ideia, a qual sempre nos animou, a saber, de que o futuro trará a realização do Schabat histórico, do mesmo modo que o passado nos deu o Schabat natural".[64] Trata-se do esquema "sagrado" da Criação, da Revelação e da Redenção. Em termos hegelianos, o Schabat natural corresponderia ao processo de engendramento da natureza com todas as suas leis e realizações; o Schabat presente corresponderia ao processo de realização do Espírito ainda em sua incompletude, à procura e no percurso de sua culminação; o Schabat histórico corresponderia ao Espírito que chegou à sua consciência de si. Note-se que o Schabat do presente significa que os judeus passaram a dar para o mundo o exemplo de viverem moralmente, de uma luta incessante pela moralidade e de obediência aos mandamentos divinos, em pequenas comunidades dispersas pelo mundo, o que conferiria a essa história o seu caráter sagrado. É essa forma de moralidade, absoluta por assim dizer, que no tempo se subtrai ao tempo, ganhando a forma de algo perene, não submetido às vicissitudes de uma história decaída, que não respeita a moralidade e o sagrado. Ainda em termos hegelianos, teríamos o desenvolvimento do Conceito que, no tempo, se subtrai a ele, do Espírito que, na história fatual, se subtrai a essa apresentando valores e formas de conhecimento efetivamente universais, não submetidos aos acasos da história. Seria essa a interpretação proposta por

---

[64] Ibid., p. 132.

Hess de termos por ele considerados como simbólicos, do livro de preces do Schabat, como os de "ressureição dos mortos", "a vinda do Senhor" e a "Nova Jerusalém".[65]

O ponto central consiste, então, no conceito de nação judaica: "É o pensamento de minha nacionalidade, a qual está inseparavelmente vinculada à herança ancestral e às memórias da terra sagrada, a eterna cidade, o lugar de nascimento da crença na divina unidade da vida, assim como na esperança da futura fraternidade dos homens".[66] Logo, a nação judaica é considerada produto da história mesma do povo judeu, tendo seu lugar originário na Palestina e em sua perda, resultando na Diáspora, primeiro na Babilônia e, depois, em sua dispersão por todo o mundo. Terra sagrada, cidade eterna, que simboliza a crença na "unidade divina da vida", abarcando a natureza, que teria sido completada por Deus no ato de Criação, e a história, que aguarda ainda a sua consecução, a sua efetivação, a sua concretização no Estado judeu, após a realização da Revolução Francesa e seus altos ideais humanitários. "O movimento nacional da época presente é somente uma outra etapa no caminho do progresso que se iniciou com a Revolução Francesa".[67]

Ressalte-se, ademais, que a nação se expressa como a realização do universal pelo particular, de tal maneira que este é uma condição daquele. O universal, ao não se realizar no particular, permaneceria abstrato e mera virtualidade; ou seja, que os judeus tenham uma nação própria é uma condição da universalidade a ser realizada numa fraternidade humana futura. A tarefa do presente consistiria em dotar os judeus de um Estado que concretizaria essa sua missão particular, tornando-se essa uma condição para que o universal, voltado para a fraternidade humana, para a época messiânica, possa, por sua vez, realizar-se.

---

[65] Ibid., p. 137-8.
[66] Ibid., p. 43 e p. 54.
[67] Ibid., p. 55.

Nessa acepção específica de nação, Hess a identifica ao patriotismo,[68] vinculado, desta maneira, à ideia universal de redenção da humanidade, não se tratando somente do sentido político, mundano, da nação. Os judeus, no transcurso de sua história, sempre ergueram a "bandeira da nacionalidade", que, para Hess, significa nada menos do que respeitar a Torá, compreendida como o "Livro da Lei" (*Gesetz* ou *Law*). O Livro da Lei significa, assim, o conjunto de ideias, concepções, regras, costumes e prescrições que devem ser respeitados do ponto de vista moral para que o judeu se alce e se torne merecedor da nacionalidade que carrega e almeja realizar historicamente. A *Lei*, ela mesma, é sagrada, nada podendo a ela sobrepor-se. Ou seja, a ideia de nacionalidade não se confunde com as ideias chauvinistas de nação, de pátria, que entrarão em pauta na parte final do século XIX e no início do século XX.

Da mesma maneira que a natureza não produz flores e frutas em geral, mas sempre produtos particulares que são vistos individualmente, do mesmo modo a história não produz nações em geral, mas nações particulares, com feições individuais definidas. Isto é, o poder criador da história engendraria povos específicos, individuais, dotados de tradições, valores e costumes igualmente específicos. A história, neste sentido, estaria constituída desta forma de povos tipos.[69] Caberia aos judeus resgatar essa sua individualidade de uma forma universal, e isto só aconteceria pela criação de um Estado judeu, que caracterize a sua ideia particular de nação. Isto significa que a igualdade e a solidariedade a serem alcançadas em uma época messiânica só seriam possíveis via reconhecimento das diferentes individualidades dos povos, das nações que, para isto, deveriam ser emancipadas, realizando os seus anseios nacionais e não mais sendo nações oprimidas. A libertação na acepção universal do termo

---

[68] Ibid., p. 64.
[69] Ibid., p. 121.

passaria por diferentes emancipações nacionais. A igualdade não se constituiria numa equalização uniforme, não distinguindo o que é individual e particular.

O nacionalismo, segundo Hess, é uma ideia e um projeto político de autodeterminação dos povos, tendo como ponto de referência a sua própria história em seus valores, tradições, religião e costumes, ancorando-se na particularidade de um povo. Na medida, porém, em que vários povos, em suas diferentes histórias, passaram a se orientar por uma ideia de autodeterminação, essa ideia, enquanto tal, passou a ser universal, válida para qualquer povo, apesar de suas diversas particularidades. Nesta perspectiva, o povo judeu, um povo sem Estado, apesar de ser em si já uma nação, passou a adotar uma ideia que se afirmava entre outros povos, em que pese as propostas comunistas baseadas no cosmopolitismo, que perdia progressivamente validade e adesão. A história judaica, por sua vez, seria o ponto de partida do nacionalismo judaico, não sendo, portanto, algo externo a ele, embora em sua universalidade fosse uma ideia que estava sendo afirmada em outras nações constituindo-se enquanto Estados. Observe-se, ademais, que a ideia de autodeterminação não é somente política, mas tem uma significação propriamente filosófica, visto que, nessa, o conceito afirma-se e desenvolve-se universalmente através de suas distintas particularidades religiosas, culturais e históricas. Quero dizer com isto que, conforme o espírito hegeliano da época, a ideia política de autodeterminação dos povos enquadrava-se perfeitamente na ideia da autodeterminação do conceito ou da Ideia da Liberdade; ou seja, tanto para Hess quanto para Marx, a história estaria entrando em uma etapa de autodeterminação da humanidade. Logo, a ideia filosófica de autodeterminação do conceito preencheria dupla função, a da autodeterminação da nação e a da humanidade genericamente concebida.

Um ponto, aliás, interessante a observar reside na contraposição entre Moses Hess e Theodore Herzl na medida em que, por exemplo, o primeiro vê na língua hebraica uma manifestação própria do espírito judeu, não podendo ser substituída por nenhuma outra. Trata-se da língua sagrada dos antepassados que deve ser preservada a qualquer custo. Ele tem em alta estima os homens que rezam em hebraico, chegando a dizer, neste contexto, que o judeu piedoso é um "patriota".[70] Neste sentido, nada mais natural para ele que a língua do novo Estado judeu fosse o hebraico. Herzl, por sua vez, não tinha esse mesmo enraizamento na tradição judaica da nacionalidade, não se inscrevia nesta perspectiva sacra, vendo essa possibilidade como uma mera hipótese e não a mais provável. O alemão poderia cumprir perfeitamente essa função, sendo o seu sionismo essencialmente político. Cabe ainda ressaltar a impressionante acuidade de Hess na análise do antissemitismo alemão, baseada em sua fina percepção do romantismo e nas contradições judaicas do movimento reformista, ao assinalar que essa forma de antissemitismo não estava baseada em um preconceito religioso, mas já se esboçava como de tipo racial. Logo, de nada poderiam adiantar as tentativas levadas a cabo pelos judeus alemães rumo à assimilação, à conversão ou à emancipação, na medida em que precisamente o problema residiria não na religião, mas no tipo físico, no tamanho do nariz.[71] Os reformistas alemães, mendelssohnianos, teriam errado o alvo, por estarem baseados em um falso diagnóstico do problema do antissemitismo.

Os judeus "esclarecidos", conforme a proposta do reformismo religioso, teriam se equivocado ao compreender o judaísmo como sendo propriamente uma religião e não uma nação. Ou seja, teriam apostado na emancipação individual em uma sociedade constituída pelos direitos abstratos dos cidadãos, sem atentarem para a dimensão coletiva, nacional, do judaísmo. Teriam desconsiderado a significação comunitária da história judaica,

---

[70] Ibid., p. 62.
[71] Ibid., p. 58-9.

tudo reduzindo a uma questão de emancipação individual e civil, algo a ser resolvido mediante a tolerância religiosa. Acontece que nem os judeus que viviam uma existência comunitária nos países do Leste Europeu e na Rússia, nem os não judeus que continuavam a ver nos judeus – por suas vestimentas, hábitos, educação e costumes – uma nação ou, no vocabulário da época, uma "raça", tinham a mesma concepção. Enquanto nação, o judaísmo teria uma significação sionista, enquanto religião, o caminho estaria aberto para a assimilação e a conversão, enquanto fruto de escolhas individuais e direitos garantidos pelo Estado.[72] Em um caso, o judaísmo permaneceria, em outro desapareceria.

O enraizamento cultural de Hess, imerso na questão da nacionalidade, é tão grande que, em sua polêmica com os reformistas judeus alemães, herdeiros da *Aufklärung*, ele chega a sustentar que suas posições estão equivocadas por se fundarem em métodos racionalistas relativos à concepção judaica da religião. Por isto, terminaram elaborando uma ideia de religião natural, de religião racional, que se separaria de sua própria fonte, onde floresceu toda a tradição e a literatura bíblica e talmúdica. De nada adiantaria estes reformistas se reclamarem de Maimônides ou de Mendelssohn, por terem eles desenvolvido uma leitura racional da Torá e da tradição talmúdica, visto que esses mesmos expoentes do judaísmo foram um, rabino, e, outro, representante da comunidade judaica em que vivia. Jamais abandonaram as tradições judaicas, observando estritamente as leis cerimoniais, o Schabat, os dias sagrados e assim por diante. Ele vai mesmo além ao observar que as tentativas reformistas de prece em alemão e de elaboração de novos livros de reza, baseadas em um teísmo filosófico, não se equiparam, nem de longe, aos costumes dos crentes, que oram em hebraico, expressando a dor, a aflição e o infortúnio de uma nação por ter perdido a sua terra natal, sua terra ancestral.[73]

---

[72] Avineri, *Hess*, p. 193.
[73] Hess, *Roma e Jerusalém*, p. 95.

Embora se possa dizer que Hess compartilhe com Mendelssohn o mesmo espírito judaico de apreço pela cultura, pela educação e pela moralidade, ambos apostando no progresso moral da humanidade, seguindo este aspecto da concepção da *Aufklärung*, outros aspectos importantes passam a distingui-los. Primeiro, seria a aposta na igualdade cívica dos judeus se traduzindo pela assimilação e pela perda da cultura judaica, pelo abandono de sua religiosidade. Note-se que o juízo de Hess refere-se principalmente aos discípulos e à própria família de Mendelssohn, visto que suas filhas se converteram ao protestantismo e ao catolicismo, um de seus filhos tendo, inclusive, mudado o seu nome para uma forma germânica. Mendelssohn, ele próprio, teria deplorado esse processo, uma vez que permaneceu durante toda a sua vida observante dos ritos judaicos.

Segundo, não deixa de ser surpreendente, considerando a trajetória do próprio Hess desde o socialismo de seu escrito de juventude, *A sagrada história da humanidade*, até *Roma e Jerusalém*, a recuperação por ele empreendida do hassidismo e do sionismo. Quanto ao primeiro, trata-se de uma exaltação religiosa permeada de experiência pessoal, emoção e misticismo, algo profundamente estranho ao racionalismo mendelssohniano. Para ele, aí estariam as forças vivas[74] do judaísmo que resistiram e resistiriam à história, particularmente presentes na Rússia e nos países do Leste Europeu. Forças essas que seriam as criadoras do Estado de Israel, capazes, previa ele, de se instalarem na Palestina, ao contrário dos judeus do Oeste Europeu, apostando individualmente na emancipação, algo que terminou ocorrendo historicamente. Quanto ao sionismo, também ele se diferenciava de Mendelssohn, advogando pela formação de um Estado judaico, baseado em um conceito de nação com duas vertentes: a) a de constituição histórica dos Estados europeus, em meio aos quais os judeus estariam sempre excluídos, deslo-

---

[74] Hess, ibid., p. 238. Avineri, op. cit., p. 235.

cados, sem lugar nenhum, vítimas constantes de perseguições; b) a de que os judeus já seriam, na acepção rousseauniana, embora ele se apoie no romantismo alemão, sobretudo em Herder, uma nação graças à sua história, à tradição e aos valores, apesar de ser ainda, naquele então, desprovida de território.

Terceiro, chama igualmente atenção o apreço que tinha por Graetz,[75] o renomado historiador do judaísmo. Durante a redação de *Roma e Jerusalém* e após, Hess manteve uma estreita relação com ele, vindo, inclusive, a traduzir para o francês parte de suas obras.[76] Ressalte-se, particularmente, que a *História dos judeus* é escrita em uma perspectiva ao mesmo tempo histórica e nacional, autoreferenciada. Os judeus se constituiriam, assim, enquanto povo histórico, pertencente à história mundial, sendo a religião a forma mesma de constituição da nação, sobretudo durante o Exílio, a Diáspora. Essa, mediante suas concepções, particularidades e história, faria parte do seu próprio processo, de seu conceito, não sendo o judaísmo somente uma religião, mas uma nação com história,[77] em processo de determinação de si. Observe-se que Graetz escreveu em alemão, significando com isto que o seu público alvo não era constituído apenas por judeus, mas por todos os cidadãos, em particular não-judeus que foram formados intelectualmente sob a influência então predominante de Hegel e do idealismo alemão em geral. Seu propósito consistia em integrar a história nacional judaica à história mundial, sendo o idioma alemão o seu instrumento. Ou ainda, ele procuraria, mediante a sua obra, produzir entre judeus e não judeus uma forma de consciência de si que poderia contribuir para sua integração em uma história universal.

---

[75] Ibid., p. 239.
[76] Avineri, op. cit., p. 19 e p.174.
[77] Avineri, Shlomo. *The Making of Modern Zionism*. New York: Basic Books, Inc., Publishers, 1981, p. 180.

De um lado, Hess compartilha com Graetz sua concepção digamos conservadora da história judaica, ancorada nos valores da Torá e do Talmud, fator de permanência e vitalidade do judaísmo. Ressalte-se, sob essa ótica, o seu desprezo pelos "salões judaicos berlinenses", onde as mulheres judias teriam levado uma vida dissoluta, usufruindo de liberdade sexual e amorosa. Hoje, diríamos que se trata da liberação das mulheres, outrora, em outra perspectiva, seria a dissolução dos costumes e da família, valores judaicos. O seu alvo reside em Henrieta Herz, mulher do célebre médico, Marcus Herz, correspondente e amigo de Kant, com quem estudou em Königsberg, e, sobretudo, Dorothea Mendelssohn, que abandonou a sua família após a morte de seu pai, passando a viver maritalmente com Friedrich Schlegel, convertendo-se ao protestantismo e, conjuntamente com seu companheiro, posteriormente, ao catolicismo. De outro lado, distancia-se Hess de Graetz, na medida que em esse tinha desprezo pelo hassidismo e pelo misticismo judaico, por serem uma forma de irracionalidade, afastada do Talmud e da racionalidade judaica tradicional.

Assinale-se que Graetz[78] seguia a linha do judaísmo talmúdico, colocando lado a lado tanto o racionalismo de Mendelssohn enquanto essência do judaísmo, quanto o hassidismo, considerado como mera "superstição", cujas fantasias teriam se originado na Cabala. O hassidismo seria uma seita, uma "filha da escuridão", que em nada contribuiria para o avanço ou renovação do judaísmo, sendo, na verdade, uma forma de ruptura com ele. Suas palavras são especialmente duras quanto ao seu engano doutrinário, seus truques, eventualmente bebedeiras voltadas para criar uma condição de êxtase, em tudo contrária à liturgia rabínica e talmúdica. Talvez o apreço de Hess para com a formulação hassídica resida em seu forte componente comunitá-

---

[78] Graetz, Heinrich. *History of the Jews*. Vol V. Philadelphia: The Jewish Publication Society of America, 1967, p. 374-94.

rio e messiânico, sagrado, em estado de aguardo e de esperança por um mundo regenerado baseado na igualdade e na solidariedade. Hassídicos e comunistas compartilhariam, neste sentido, o sentido da Redenção por vir, identificada, então, ao advento do socialismo.

Rav Kook: entre a mística, a filosofia e a história

A filosofia de Hess ganhará uma outra dimensão sacra no pensamento de Rav Kook, que viveu e escreveu na Palestina, primeiro território turco e, depois, sob o mandato britânico no primeiro terço do século XX.[79] Ele é, em certo sentido, uma figura única na filosofia e na teologia judaicas, por reunir em si distintas concepções e correntes do judaísmo, em um imenso esforço de unificação de diferenças e, mesmo, de suas contradições internas. Procura conciliar a mística judaica, desde a tradição da Cabala, com ênfase em Isaac Luria e Moses Cordovero, e o hassidismo, até o sionismo, o nacionalismo[80] judaico, inclusive em suas formas ateias e socialistas, passando pela observância das orientações religiosas e pelos preceitos da Torá e do Talmud. Nele, a história sagrada judaica é a sua bússola.

Ressalte-se que, da mística, extrai a doutrina da Criação do mundo por luzes, emanações, em atributos, em esferas que se expandem, em vasos que se chocam e se ampliam no transcurso

---

[79] Kook, Abraham Isaac. *The Lights of Penitence, Lights of Holiness,The Moral Principles, Essays, Letters and Poems*. Tradução e introdução de Ben Zion Bokser. Prefácio de Jacob Agus e Rivka Schatz. Mahwah, New Jersey, Paulist Press, The Classics of Western Spirituality, 1978. Cf. também Hertzberg, Arthur. *The Zionist Idea*. Philadelphia: The Jewish Publication Society, 1997.
[80] Mirsky, Yehuda. *Rav Kook. Mystic in a Time of Revolution*. New Haven e Londres, Yale University Press, 2013, p. 36-7. Cf. também Goldwater, Raymond. *Pioneers of Religious Zionism*. Jerusalém/New York: Urim Publications, 2009.

de vários mundos até o mundo propriamente terreno, humano. Sua preocupação consiste em uma espécie de teodiceia cósmica que se torna histórica via aperfeiçoamento do homem mediante sua elevação moral. Procura apresentar uma visão englobante da realidade, sendo o mal um momento subordinado ao bem, que triunfa através da redenção do povo judeu e de toda a humanidade. Isto é, nas profundezas do mal é sempre possível identificar o bem que lá está presente, sendo ele parte constitutiva da Criação.[81] Jamais, segundo ele, seria concebível um tipo de maldade que poderia anular o bem,[82] toda criatura carregando em si a presença do divino e do bem, por mais que a desconheça ou procure aniquilá-la. Note-se que ele atribui à Cabala um papel preponderante, de pensamento maior, considerando essa doutrina como uma forma de "divina filosofia".[83] Ela lhe dá ingresso a uma "leitura" do mundo em sua totalidade, incorporando em si aquilo que pode aparecer como fragmentário, isolado e resistente a qualquer tipo de unificação. A sua forma de acesso ao Absoluto seria única e insubstituível, fruto de uma longa elaboração espiritual e do agir, servindo, portanto, de pressuposto para a razão e para os estudos bíblicos.

Do estudo da Torá e do Talmud, expõe-se todo o seu comprometimento com a ortodoxia religiosa, pois preceitos revelados devem ser de estrita observância, na medida em que só assim se abre o caminho prático do bem, condição mesma da união espiritual com (em) Deus. Seu pensamento tem, neste sentido, um forte componente de filosofia prática, de moral, de comprometimento da vontade com o bem, visto que a elevação propriamente espiritual e, mesmo, mística, tem como condi-

---

[81] Kook, *Penitence*, p. 71, p. 85. Rotenstreich, Nathan. *Jewish Philosophy in Modern Times: from Mendelssohn to Rosenzweig*. New York, Chicago, San Francisco: Holt, Reinhart and Winston, 1968, p. 231.
[82] Kook, *Lights of Holiness*, p. 237.
[83] Ibid., *Moral Principles*, Linking Life with God, p. 156.

ção uma pessoa reta, que age pelo bem no amor ao próximo. Os textos sagrados orientam os judeus em suas ações e, para além de eventuais desvios formais, de uma ortodoxia eventualmente carente de espírito, brilha neles a presença do sagrado e do divino, perceptíveis para todos aqueles que os estudam. Teologicamente, corresponde tal posição ao papel central que ele atribui ao conceito de penitência, de arrependimento, etapa necessária de luta contra o mal, o pecado e a fraqueza, abrindo caminho para o progresso moral e a iluminação divina em seu estágio espiritual de reconciliação do homem consigo mesmo e com os outros, no encontro com o Ser ou Bem supremo. Ou seja, a penitência é uma forma de consciência que o indivíduo adquire de si, pois, desta maneira, pode reconhecer os seus malfeitos, os seus pecados, passando a agir conforme os preceitos religiosos e morais, elevando-se, progressivamente, aos seus estágios superiores, culminando na síntese da consciência de si assim elevada com as emanações divinas, fazendo coincidir a sua luz com a iluminação divina.

Do sionismo, observe-se que ele enfatiza o caminho político de Deus na realização dos anseios milenares religiosos, de tipo messiânico, na redenção do povo judeu e da humanidade. Kook sustenta a ideia de que o nacionalismo judaico se distinguiria do nacionalismo político de seu tempo por estar enraizado na tradição bíblica e rabínica que se caracteriza por seus valores morais. Para ele, esse nacionalismo político deveria ser reelaborado em termos religiosos, do mesmo modo que Maimônides o fez incorporando ideias e concepções que não faziam parte da tradição judaica. O Estado de Israel, naquele momento almejado, não poderia ser um Estado como os outros, na medida em que seu o conceito de nação não é o mesmo, fundado que está na comunidade religiosa que segue a Bíblia hebraica e os seus mandamentos e em sua concepção messiânica. O nacionalismo político judaico, desprovido de suas qualidades religiosas, seria uma espécie de alienação de sua própria história e de sua promessa escatológica, messiânica do futuro.[84] Portanto, Kook distancia-se de qualquer tipo de chauvinismo, de superioridade política e racial de uma nação sobre a outra, visto que, para ele, a nação não é somente o compartilhamento de tradições, mas também, e sobretudo, de uma consciência ética e religiosa. A nação é uma forma de autoconsciência, cujos princípios orientam o seu agir político.

Ao chegar à Palestina, em 1904, sob domínio turco, para se tornar rabino da cidade portuária de Jaffa, Rav Kook confrontou-se com uma questão crucial, a de que os judeus da Segunda Aliá, leva sionista que significa em hebraico ascensão, eram revolucionários, marxistas, anarquistas e, em boa parte, ateus. David Ben-Gurion, futuro primeiro-ministro do novo Estado, estava entre eles. Defronta-se, neste sentido, com uma questão de ordem histórica bem concreta, que não entrava nos cânones religiosos comuns. Imperava nos círculos ortodoxos a ideia do quietismo, da passividade, que orientara os estudos e as vidas, sempre com o anelo de uma volta a Jerusalém, anelo esse que se definia apenas pela oração e pela vida ritual, sem nenhuma medida prática de sua implementação. Sofriam perseguições e *progoms*, mas não abandonavam a sua fé e aspiração em uma Redenção futura, que se faria por uma vinda súbita do Messias, sem que nada mais a respeito se pudesse saber. Tal posição não considerava nenhuma etapa preparatória, como a condição de criações materiais na Terra prometida, sendo seu signo anunciador dado por catástrofes que acometeriam o povo judeu. A espera seria dada pela paciência, a reza e os rituais, a ideia sionista dela não fazendo parte. Ou seja, a sua questão consistia em como fazer inserir na história sacra um fato histórico que nela aparentemente não se encaixava.

---

[84] Ibid., *Essays*, "The Soul of Nationhood and its Body", p. 276-81; Mirsky, op. cit., p. 36-7.

Enquanto pensador, Rav Kook não pôde furtar-se a refletir sobre o que estava acontecendo em seu entorno, algo que se situava fora dos marcos religiosos e teológicos em que fora educado. Os seus parâmetros tornavam-se nitidamente insuficientes, o fato novo escapando de seu pensamento por mais que tentasse abarcá-lo. Desde a sua perspectiva de outrora, quanto mais se aproximava, ele mais se distanciava. Não lhe era de valia voltar-se para os pontos de referência dos *shetels*, essas pequenas comunidades judaicas religiosas da Europa Central e Rússia. Agora, a novidade consistia em que esse movimento sionista, que renegava a religião, surgia da interioridade mesma do judaísmo, ocorrendo dentro da Palestina, da Terra prometida, colocando, desta maneira, um problema completamente inusitado. Seriam os socialistas revolucionários e os ateus os veículos e instrumentos preparatórios da vinda do Messias?

Recorre ele, então, a uma dupla chave de leitura, uma situada dentro de sua própria "história sagrada", de perfil essencialmente judaico, utilizando-se da formulação de outro rabino, Rabbi Yehuddah Alkalai.[85] Outra extraída de um conceito proveniente da "história universal", não sagrada neste sentido. Desde a perspectiva da "história sagrada", acolhe uma lenda judaica, de caráter polêmico entre os ortodoxos, a maior parte a rejeitando, que distinguiria a vinda do Messias em duas etapas, uma "material", e a outra "espiritual", denominando a primeira de Messias ben José e a segunda de Messias ben David. Mais especificamente, aquela seria o primeiro estágio da Redenção, o preparatório, essa, a final e definitiva.[86] Seu intento consistia em introduzir este aspecto do sionismo político em um marco sacro já existente, rabínico, por

---

[85] Hertzberg, op. cit., p. 102-8.
[86] Goldwater, op. cit., p. 14-6. Esta distinção entre um Messias propriamente político e um sacerdote, encontra-se em um dos Manuscritos do Mar Morto, denominado de "Regra anexa da comunidade". In: *La Bible. Écrits Intertestamentaires*. Paris, Pleíade/ Gallimard, 1987.

mais controverso que fosse. Tratava-se de incorporar algo novo no antigo, apesar de colocar o pensamento religioso em contradição consigo mesmo, o que terminou por se expressar pela rejeição de outros rabinos a essa nova posição sua, mormente dentre os ultraortodoxos residentes em Jerusalém.

Quando de um discurso de homenagem a Theodore Herzl, após a morte deste, Kook deu vazão a essa sua nova concepção, sustentando que Messias ben José traria a libertação do corpo, em preparação à libertação espiritual que seria realizada por Messias ben David. O primeiro criaria as condições materiais do segundo, em uma relação não carente de tensões, muito similar àquela que preside as relações entre o corpo e a alma. Messias ben José, à maneira de todos os grandes líderes da história, poderia ser um mestre da guerra e da criação do Estado, estabelecendo, desta maneira, as fundações concretas do reino do espírito. O sionismo político, não religioso, é então lido sob a ótica de uma encarnação de Messias ben José, em uma espécie de teodiceia histórica que passaria, no presente, pela luta dos homens, visando a apressar a vinda do Messias ben David. Na verdade, nesses tempos pré-messiânicos desenhava-se uma estranha conexão, estranha para olhos que não se adentravam no conhecimento bíblico, entre judeus que mantinham uma identidade judaica, vinculada à Terra de Israel, desconectados da Torá e de suas tradições, e os judeus que perseveravam no estudo da Torá e em boas ações durante toda a duração do Exílio. Recorrendo à literatura do *Zohar*, os judeus da Segunda Aliá, políticos, seriam bons por dentro e podres por fora.[87] Note-se que a mística judaica é trazida em auxílio para a explicação deste acontecimento único, anunciador, indiretamente, da vinda do Messias.

Desde a perspectiva da história sacra e mundial, esses dois grupos judeus, de horizontes tão distintos, deveriam

---

[87] Mirsky, op. cit., p. 76.

produzir entre si um processo de reconhecimento que os uniria em uma nova "Consciência de si", o conflito entre eles vindo a fazer parte de seu próprio processo de constituição. A figura religiosa, "sagrada" neste sentido, que interpretaria e explicaria essas contradições seria um *"tzadik"*, um homem justo e piedoso, um santo, que cumpriria a missão de unificar todas essas contradições, fazendo face a todas as agruras e violências de seu tempo. Ele seria, sob a ótica de Hegel, uma pessoa "mundial-histórica",[88] capaz de captar a essência do "espírito do humano", trazendo-o à consciência a partir de processos impulsivos, inconscientes ou simplesmente contraditórios. Seria uma espécie de "consciência de si" a produzir uma síntese englobante de todo o acontecido. Poderia ser ele mesmo alguém que, em um determinado momento, enfatizaria uma contradição necessária, capaz de produzir a sua unidade. Segundo esta versão da história sagrada judaica, ela seria constituída por várias formas históricas de "consciências de si", desembocando, em sua época, nas contradições entre a "consciência de si ortodoxa" e a "consciência de si revolucionária", cada uma delas engendrando um aspecto de verdade, uma determinação do Espírito, em uma nova conciliação, uma síntese, que viria com a criação do Estado de Israel enquanto entidade político-religiosa que deveria seguir os ensinamentos da Bíblia hebraica.

Diante desta questão, Rav Kook recorre a um ardil filosófico-teológico, o de considerar que os sionistas seriam instrumentos de Deus, que agiria através deles sem que esses o soubessem. Isto é, agiriam segundo ideias nacionalistas e socialistas, mas estariam concretizando a teologia histórica, sob a forma da teodiceia. Estariam, enquanto obra humana, preparando a vinda do Messias e isto a despeito deles mesmos. Trata-se da retomada da ideia hegeliana da "astúcia da razão",[89] qual seja,

---

[88] Ibid., p. 104.
[89] Avineri, Shlomo. *The Making*, p. 193.

a do Conceito ou da Ideia da Liberdade se realizando historicamente, apesar e através dos interesses de cada um dos atores históricos. Fazem algo que os transcende, embora procurem a realização de suas ideias e dos seus interesses mais imediatos; agem segundo orientações que não são, na verdade, as que estão presidindo a sua ação. Assim, Napoleão teria conquistado a Alemanha atendendo aos interesses da França e aos seus próprios, mas seria uma "alma do mundo", efetivando os ideais universais da Revolução Francesa. O seu interesse é particular, mas, através dele, se realiza o universal.

No dizer de Rav Kook: "Opor o nacionalismo judaico, mesmo no discurso, e denigrir os seus valores não é permissível, pois o espírito de Deus e o espírito de Israel [isto é, o nacionalismo judaico] são idênticos. O que eles devem fazer é trabalhar com muito esforço para a tarefa de desvelar a luz e a santidade implícitas em nosso espírito nacional, os elementos divinos que estão no seu cerne. Os secularistas serão, então, obrigados a tomar consciência de que eles estão imersos e enraizados na vida de Deus e se banham na radiante santidade que provém de cima".[90] Note-se a identidade, em suas diferenças, entre o espírito de Deus, representado pelos judeus religiosos, e o espírito de Israel, representado por sionistas nacionalistas e socialistas, ambos, em distintos percursos, caminhando rumo a mesma finalidade. O Absoluto se realizaria, então, pela particularidade dos sionistas políticos, formados intelectualmente em concepções não judaicas. A filosofia da religião teria a função de descortinar o universal no particular, a finalidade no fato histórico, Deus no aparentemente contingente.

Coloca-se, deste modo, o problema da imanência de Deus à história, de um Deus se realizando, se desenvolvendo e se revelando nela, de modo que Ele possa ser dito o seu próprio processo de desvelamento, em cujo caso, estaríamos presos à

---

[90] Citado por Avineri, ibid., p. 194.

dicotomia entre transcendência e imanência, como se a escolha devesse ser assim necessariamente feita. Rav Kook, todavia, não se situa neste tipo de polarização filosófica, na medida em que, seguindo a concepção judaica, Jeová é o Criador do universo, permanecendo desde sempre "transcendente" a este, apesar de lhe ser "imanente", na acepção de presente, de fazer parte da interioridade das coisas mesmas. O seu pensamento inscreve-se em uma tradição religiosa em muitos momentos alheia a tais distinções filosóficas, sobretudo, no caso, pela sua inserção na Cabala e no hassidismo. Ou seja, Deus, conforme esta acepção, estaria "dado" na história, realizando nela o seu percurso rumo à conciliação final na era messiânica, percorrendo seus distintos momentos intermediários, através de perseguições dos mais diferentes tipos, em uma luta de enganos e superações, inclusive de falsos messias. Neste sentido, seria mais apropriado dizer que Deus estaria presente na história, assim como ele está presente em todo o processo cósmico que se fez e se faz em diferentes mundos, o que excluiria precisamente a significação de uma "imanência" exclusiva à história. A sua presença é "universal", na natureza e na história, no cosmos anterior a ambas, sendo partes constitutivas de uma presença maior, a que se fez e se realizou e se realiza em suas diferentes etapas enquanto emanações do divino, mediante suas formas específicas de "bem e mal", em diversas elaborações de um único percurso.

No entanto, Deus não perde sua transcendência enquanto origem das emanações de si que se propagam neste ser seu que, assim, se expande e se efetua. Por permanecer "transcendente", Deus permanece incognoscível, inacessível à razão, somente tendo a Ele acesso os que se preparam pela fé e pela moral a recebê-lo em "iluminações", intraduzíveis em conceitos e categorias racionais. Argumentos, discursos e palavras podem tanto aprisionar o homem em sua vida cotidiana, ficando imerso na finitude e nos prazeres corporais, não tendo nenhuma iluminação divina, quanto podem ser meios e instrumentos de acesso iluminado a Deus, em cujo caso a razão deveria reconhecer os seus próprios limites, subordinando-se à fé. O que é propriamente objeto de conhecimento é o que nos é dado pela abordagem das coisas finitas, que, nesta perspectiva, tornam-se compreensíveis, mas esta forma de intelecção não pode nos desviar do incompreensível, do eternamente "outro", de cuja "luz" surge a contemplação (de tipo mística), não racional, de nosso mundo e dos mundos em geral, "luz que flui do incompreensível para o compreensível por intermédio de emanações da luz do En Sof (infinito, sem fim)".[91] Há aqui um abismo sem fim a separar o Criador da criatura,[92] não podendo o "transcendente" tornar-se totalmente imanente ao mundo, embora a sua presença na natureza e na história possa ser também dita uma forma de imanência. É a dificuldade mesma de aplicação da razão, com suas categorias, isto é, da filosofia, a visões místicas que possuem os seus parâmetros e critérios próprios, fruto de uma outra tradição de abordagem da "realidade", de acepção estranha ao nosso entendimento habitual das coisas.

Segundo Rav Kook, coexistem no judaísmo duas concepções de Deus, que melhor permitem compreender o uso que se pode fazer das categorias de Transcendência e Imanência divinas, a saber, de um lado, "a ausência de um conhecimento absoluto concernente à essência de Deus", descartando, assim, tanto o Deus cartesiano, acessível à razão, quanto o Deus hegeliano, igualmente acessível à razão através de seu processo histórico e fenomenológico, chegando à consciência de si no Saber absoluto; de outro lado, "a certeza do conhecimento relativo à Sua existência absoluta",[93] existência não acessível à razão por ser um absoluto outro dela, algo que se situa em um além do ser e da existência finitos, algo que, neste sentido, poderia ser

---

[91] *Holiness*, p. 208.
[92] Ibid., p. 221.
[93] *Moral Principles*, p. 162.

dito de uma absoluta "Transcendência". E este algo outro será objeto de diferentes nomes, de diversas nomeações, atos intelectuais neste sentido, que qualificam tanto a sua unidade máxima, quanto seus atributos, sem que tal processo possa entrar em uma dicção hegeliana de autodeterminação do conceito. O nome é um ato externo a algo absolutamente existente e incognoscível; o ato de nomear não é um ato de conhecimento se por esta expressão entendermos a entrada na natureza, na essência, da coisa nomeada. A filosofia e a ciência permaneceriam limitadas pela aparência externa das coisas, não podendo adentrar-se na interioridade delas, somente acessível a uma fé voltada, por trabalho, retidão e esforço, para a intuição do divino. A razão permanecerá na sombra das coisas, se não for iluminada por um ato especulativo, que a levaria à antessala do divino: "A natureza da realidade espiritual não pode ser discernida através do exame científico. O conhecimento objetivo, a análise racional, a filosofia – elas revelam apenas os aspectos externos do fenômeno da vida".[94]

Em sua filosofia da religião, ele empreende, mais especificamente, uma reconciliação entre duas tendências e correntes judaicas frequentemente opostas, a do racionalismo *à la* Mendelssohn, imbuído dos valores universais da cultura alemã, e a do misticismo, que seria refratário aparentemente a este tipo de racionalização, situando-se mais diretamente no domínio da fé e, inclusive, da exaltação e do transe místico. Nesta sua elaboração, ele resgata o humanismo mendelssohniano, expondo a mensagem universal do judaísmo, válida para judeus e gentios, em uma humanidade reconciliada consigo mesma no amor e solidariedade ao próximo. Sua preocupação reside não nos particularismos religiosos, judaico inclusive, mas na universalidade formada pela cultura, pela ciência, naquilo que diferentes povos e nacionalidades têm a oferecer de melhor de um ponto de vista

---

[94] *Essays*, "The Road to Renewal", p. 287.

moral e de aperfeiçoamento da humanidade, de sua evolução e progresso.

Tal resgate poderia ser identificado, sob uma outra linguagem, ao misticismo por apresentar ele todo um desenvolvimento da Criação divina, tendo o bem como o seu norte, sendo o mal a sua falha pelo corpo e mente humanos que se tornaram reféns do pecado e do mal agir. Tudo isto incorporado a uma concepção totalizadora do mundo, de seu movimento cósmico à história, sendo essa última a do progresso moral da humanidade enquanto condição mesma da vinda do Messias, reconciliação última do homem consigo através de seus sofrimentos e pecados. O próprio termo de *Aufklärung* comporta a significação de "Esclarecimento", de "Iluminismo", de "Luzes" de uma razão esclarecida consigo mesma. Ocorre o mesmo, na perspectiva da fé, com a "Iluminação" sob a ótica do misticismo, na medida em que os caminhos do homem encontram os de Deus por intermédio da elevação espiritual. "Esclarecimento" racional e "Iluminação" mística se unem e se sintetizam pela mediação da moralidade enquanto condição do trabalho da razão e da fé, da teoria e da prática, porque Deus na acepção mística cria emanações[95] de tipo moral que são as luzes a orientar a ação e a mente humanas. Libertação dos prejuízos e preconceitos segundo a linguagem racional, libertação do pecado e do mal conforme a linguagem mística e religiosa, seguida da elevação espiritual.

Por sua vez, a libertação coletiva, na acepção do bem-estar material, cultural e espiritual da coletividade, não é uma tarefa somente de pessoas voltadas para a comunidade, sem nenhuma preocupação de ordem individual na consecução de valores, mas obra de indivíduos que realizam em si mesmos um esforço de regeneração e de aprimoramento moral, tendo como condi-

---

[95] Ibid., Introdução de Ben Zion Bokser, p. 3.

ção o arrependimento de todo tipo de pecado e de mal agir.[96] Escrevendo no contexto histórico de revoluções sociais, lideradas por partidos mormente comunistas, e por um movimento socialista na Palestina que seguia as mesmas ideias e objetivos, Rav Kook ressalta a dimensão moral da política, não devendo essa se despir de princípios que remontam em sua significação própria à religião. Nem pode tampouco o indivíduo subordinar-se politicamente a uma comunidade que o controle totalmente, pois seria todo o processo do arrependimento, de ordem individual, que estaria comprometido. A religião liberta, não aliena.

---

[96] *Penitence*, p. 50.

IV
DEUS E O MAL EM PERSPECTIVA

Auschwitz coloca problemas de ordem filosófica e teológica que se situam em outra posição em relação às formas de pensar habituais. Posição essa de difícil definição, pois se configura como um abismo do pensar, algo que deixa desorientados todos os que sobre ele se debruçam. As expressões de horror e abominação são sentimentos que expressam tal experiência limite, atinente ao significado da humanidade. Ocorre que tal tipo de experiência limite confronta o pensamento com suas próprias limitações, como se após esse ver algo que não se deixa ver em sua interioridade, nada mais restaria senão voltar à vida normal, ao que é pensável, às formas conhecidas da condição humana. Acontece que, em Auschwitz, tornado símbolo de uma experiência limite, o pensar se vê confrontado consigo mesmo, com suas ideias, categorias e métodos, obrigando-o a tentar dizer algo novo no que diz respeito a esta alteridade histórica. Indagações sobre a realidade, suas formas de abordagem, sua aproximação, têm como pressupostos aquilo que consideramos como sendo a natureza humana, muito especialmente, aquelas formas políticas, morais e comportamentais usuais. Pensamos em função do que consideramos como sendo a condição humana, por mais elástica e mutável que ela tenha sido no transcurso da história, inclusive naqueles comportamentos e ações que consideramos teologicamente, eticamente e filosoficamente enquanto provenientes da maldade. A questão, porém, ganha uma outra dimensão quando vista desde uma outra perspectiva, a de uma forma de maldade que põe a nu uma condição inumana de outra ordem.

A filosofia tem a virtude de oferecer diferentes perspectivas de abordagem, de indagação e de análise da realidade, não se contentando apenas com uma delas, sob o risco de fixar-se, petrificar-se, alienar-se do que acontece. Se a filosofia se paralisa em uma perspectiva, em uma única forma de abordagem da realidade, ela pode vir a renunciar à dúvida e, assim fazendo, distanciar-se do genuíno ato de pensar, de aventurar-se para além das fronteiras conhecidas. Categorias de abordagem da realidade, perguntas que fazemos ao que entendemos como sendo as coisas e a realidade, são também tributárias das abordagens a partir das quais orientamos tais indagações. E abordagens essas que veiculam formas mesmas do que aceitamos como sendo o real, por mais que esse mesmo real só possa ser dito e conhecido conforme essas mesmas perspectivas. E isto ocorre em questões que dizem respeito ao que compreendemos como realidade física ou metafísica, como realidade empírica ou inteligível, assim como mediante formas de conhecimento de facetas ou aspectos dessas distintas realidades através de abordagens psicológicas, sociais, comportamentais, políticas, psicanalíticas, biológicas e assim por diante.

Em consequência, o que viemos a considerar nas tradições filosóficas e teológicas, tanto no judaísmo quanto no cristianismo, como o conceito de maldade é tributário de uma perspectiva propriamente moral, fazendo com que o mal seja visto enquanto mal moral. Ou seja, o mal, sob diferentes óticas, foi tido por relativo ao bem que lhe forneceria os seus próprios parâmetros e limites, dizendo-se em relação ao bem, não lhe cabendo uma dicção própria. Logo, ele surge como um dizer não ao bem tal como estabelecido em costumes, leis ou tradições ou, inclusive, no dizer não a determinadas concepções. Ele surge, portanto, em sua natureza transgressional, pressupondo o parâmetro dado pela regra, norma ou mandamento que foi transgredido. Dito ainda de outra maneira, o mal não teria natureza própria. Ora, o que Auschwitz nos provoca a pensar é uma forma de maldade que não se defina por sua natureza moral e transgressiva, mas como sendo um tipo de ação de outra espécie, a que procura definir-se por si mesma, só aparecendo, em um primeiro momento, enquanto transgressional, para, posteriormente, expor a sua natureza propriamente existencial. Chamemos este outro conceito de mal existencial, por sustentar uma outra forma de condição humana, cujo objetivo consiste na eliminação mesma do que consideramos como ser ou existência humana. Não se trata somente de negar parâmetros morais existentes, mas de criar parâmetros outros que, surgindo do que alguns ainda consideram como transgressão, venham a se constituir por seus próprios critérios e princípios, por mais que sejam alheios ao que a tradição ocidental veio a considerar como sendo os da condição humana, nas diferentes acepções dessa.

Segundo a concepção moral do mal, esse se definiria em relação ao bem, não tendo uma existência própria. O mal não teria a forma do ser, mas a de uma violação dos mandamentos morais e religiosos, sendo uma falta ou ausência de bem que, por sua vez, se definiria e existiria por si mesmo. O seu traço essencial seria a privação. Sob a ótica de um mal relativo ao bem, o seu aparecimento resultaria da transgressão e violação do bem, que, em uma perspectiva histórica, terminaria se afirmando e concretizando, quando mais não seja pelo fato de a existência e o ser prevalecerem sobre a não existência e o não ser. Na perspectiva da teodiceia,[1] por exemplo, sendo o messianismo uma de suas

---

[1] Leibniz, Gottfried W. *Essais de Théodicée sur la bonté de Dieu, la liberté de l'homme et l'origine du mal*. Paris: Garnier Flammarion, 1999.

formas de expressão, o mal e os acontecimentos históricos que o expressam seriam formas do pecado e da transgressão, que seriam superados uma vez que a humanidade fosse moralmente redimida.

Logo, a concepção monoteísta do mal estaria baseada na ideia do Deus único e criador, dos mandamentos religiosos e morais e da redenção do povo judeu e da humanidade, via o seu aperfeiçoamento moral, apresentando-se enquanto forma de salvação de todos os homens. A questão do mal, personificada principalmente no Livro de Jó, defrontando-se com o problema de por que um homem justo como ele sofre os maiores infortúnios e sofrimentos sem jamais ter pecado ou proferido uma palavra maldosa em relação a Deus, recoloca-se no modo mediante o qual Esse testa os seus, inclusive os seus moralmente superiores. O judaísmo está fundamentado na visão de que Deus prova os seus seguidores, submetendo-os às maiores provocações-provações. O percurso do povo judeu seria, então, um percurso de elevação própria – e da humanidade –, de elevação ao Deus único, à observância dos seus mandamentos (*mitsvot*), de tal maneira que ele seja moralmente digno da missão que lhe foi divinamente assignada.

Neste sentido, o judaísmo abre-se à história e não é nada casual que o próprio marxismo e a tradição de esquerda em geral se abriram à ideia messiânica.[2] A redenção da humanidade viria, então, a ser identificada à Redenção humana na Terra, mediante a criação de uma sociedade perfeita, que terminaria por abolir o mal, identificado a uma forma de exploração social. A ideia de perfeição moral seria concretizada em uma nova concepção

---

Cf. também Jonas, Hans. *Le concept de Dieu après Auschwitz. Suivi d'un essai de Catherine Chalier*. Paris: Rivages Poche/Petite Biliothèque, 1994, p. 10, p. 49. Cf. também Lang, Berel. "Evil, Suffering, and the Holocaust". In: Morgan, Michael e Gordon, Peter Eli. *The Cambridge Companion to Modern Jewish Philosophy*. Cambridge University Press, 2007, p. 277-99.

[2] Talmon, Jacob. *Political Messianism*. New York: Frederik Praeger, Publisheus, 1968.

das relações políticas, sociais e econômicas entre os homens. Contudo, na concepção judaica, a Redenção se faz no terreno religioso, no de triunfo dos homens justos sobre os pecadores, do bem sobre o mal, tendo como pano de fundo – e condição – o marco religioso oferecido pela Torá e pelos Livros dos Profetas. Concepção essa que foi retomada e desenvolvida na tradição cristã. Atentemos aqui para a tradição judaica por ter sido ela que orientou, em um primeiro momento, tanto a ação nazista quanto o comportamento de judeus que foram servilmente para os campos de concentração e extermínio. Aqui, talvez se possa dizer que eles seguiram, em seus caminhares, uma concepção do mal moral que sempre esteve presente em suas preces e orações, assim como nas provações políticas, nas perseguições, das quais foram objeto. Os infortúnios da condição judaica são também, de certa maneira, das concepções reinantes do mal e da história que os (des)orientavam. Pessoas e comunidades humanas agem segundo regras, mandamentos, hábitos e tradições que têm em mãos, sendo pensamentos e ideias coisificadas em padrões de conduta.

Salientemos, conforme os propósitos do presente trabalho, quatro momentos ou figuras da história judaica: 1) o dos mandamentos e preceitos divinos revelados por Deus, tendo o seu ápice no Êxodo, nos Dez Mandamentos e na missão mesma de Moisés; 2) o da transgressão e, mesmo, o da perversão destes valores, sendo essas formas do mal. Note-se que o mal ganha a conotação do não ser dos mandamentos, considerados como revelados e tidos, precisamente, por verdadeiros; 3) o dos piores castigos e, mesmo, atrocidades cometidos contra o povo judeu, mas de tal maneira que esses castigos e atrocidades sejam considerados como "merecidos" por terem sido obra divina, produto da ação "má", transgressora. Assinale-se que o mal, nesta acepção moral, é "justificado", sendo interiorizado à própria concepção religiosa e humana daí derivada; 4) o triunfo do bem mediante o resgate de Deus que jamais abandonaria o seu povo, embora a finitude humana o perceba sob a forma de uma relutância em salvá-lo. Ou seja, o povo judeu voltaria à observância dos mandamentos revelados, sendo os seus membros caraterizados por ações justas, baseadas na escolha pessoal, individual, atenta aos dizeres da comunidade religiosa. O bem "vence" o mal, até que um novo período de afastamento de Deus se produza, com a reprodução "histórica" desses momentos lógico-teológicos.

A "humanidade" segundo Himmler

Em contraposição, situa-se o posicionamento de Himmler, o líder supremo da SS, que se coloca a partir de um outro parâmetro de "humanidade" ou, como se queira, de "não humanidade", a partir de critérios próprios, que ganham, então, historicamente destaque. Se continuamos, por exemplo, a falar no sentido corriqueiro de condição humana ou de maldade nas acepções moral e religiosa, suas posições adquirem uma outra significação, por se inserirem em uma outra concepção do homem, da história e do mundo. A certeza, a afirmação peremptória e a ausência de dúvida orientam tudo aquilo que diz ou faz, como se o lugar de seu dizer fosse outro, alheio a nossas formas correntes de pensar e agir. Ele não é, assinale-se, um mero mecanismo de uma máquina muito maior, mas um formulador que exige dos seus, e da germanidade em geral, dos "arianos", obediência, disciplina e seguimento às suas orientações. Elabora, neste sentido, não apenas uma concepção, mas máximas da ação, tendo simultaneamente uma significação teórica e prática.

Em sua dimensão prática, os discursos de Himmler têm, todos, a característica central de estarem voltados para um público específico, composto, na maior parte dos casos, de generais e oficiais da SS e, em outros, de generais e oficiais do Exército, sem contar alguns dirigidos a burocratas civis do regime. Isto significa que ele pode, nestas ocasiões, expor claramente as suas ideias, sem subterfúgios, que poderiam aparecer se direcionados para um público mais amplo. A sua vantagem consiste em que ele fala francamente, diretamente, não usando uma espécie de código, própria de regras de linguagem de outro tipo, as de um público externo, por exemplo. Seus discursos são intramuros, feitos para pessoas que compartilham de suas concepções e precisam, ainda mais, ser persuadidas de que estão no caminho "certo", mesmo que suas novas "certezas" se afastem de suas certezas anteriores, prévias à adesão ao nazismo. Isto permite que se tenha uma visão mais abrangente da concepção propriamente nazista, fornecendo as bases e fundamentos de sua forma muito específica de violência. Estamos, reitere-se, diante de um líder e formulador de ideias, embora nada mais faça, segundo ele, do que esclarecer, dar forma às ideias de Hitler.

Himmler era de formação católica, indo, inclusive, quando jovem, à missa. Não era tampouco nenhum desajustado, vindo de uma família bem formada, com valores, que sempre o valorizou. Até bem depois dos 20 anos, recorria, em várias etapas de sua vida, à ajuda financeira dos pais, com sua mãe enviando-lhe frequentemente comida e guloseimas. Neste sentido, era uma pessoa normal, nada que antecipasse a figura diabólica que veio a ser. Seu antissemitismo, naquela época, era de cunho religioso, não tendo, em sua acepção, nenhuma conotação racial.[3] Digno de nota é, com 23 anos, ter lido a *Vida de Jesus*, de Renan, revelando, de um lado, sua apreciação positiva do catolicismo, e, de outro lado, o fato de ter se empolgado com o antissemitismo do autor.[4] Logo, o catolicismo cumpre, nele, um duplo papel, o de seus valores propriamente morais e o de sua religiosidade impregnada de antissemitismo. No que toca, porém, aos valores morais, ele se vê compelido a abandonar essa religião, visto que

---

[3] Longerich, Peter. *Heinrich Himmler. Uma biografia*. Rio de Janeiro: Objetiva, 2013, p. 45.
[4] Ibid., p. 90.

a misericórdia cristã[5] não se adequava à sua concepção violenta no trato com aqueles que considerava como "sub-humanos" ou "bandidos", duas denominações que recortavam sua significação dos judeus. Foi criado em uma determinada forma de vida, segundo sua regra de linguagem própria, para, depois, não apenas questionar os seus fundamentos, mas para elaborar os seus próprios.

Estava ele persuadido de que sua concepção de mundo possuía uma perspectiva própria, a de se situar em um outro patamar em relação aos valores comuns das sociedades, inclusive as cristãs em suas várias denominações, que, em sua ótica, seriam destituídas de fundamentos por obedecerem a concepções ainda oriundas de sub-homens. Ou seja, ele possuía a convicção de que expressava e representava um conjunto completamente diferente de valores, em uma escala jamais vista na história da humanidade, e que estaria destinado a formar um sistema perene para os "séculos" e, talvez, "milenares por vir".[6] Ele se colocava, portanto, na perspectiva da eternidade, ocupando o lugar que, até então, estava reservado aos princípios e valores religiosos. Trata-se de uma nova forma de absoluto, ancorada em outros conceitos, que, segundo ele, pertenceriam aos costumes e tradições germânicas. Os que deles não compartilhassem, pelo sangue, estariam excluídos, por definição, desta nova forma de religiosidade.

Isto faz com que Himmler venha a entender a moralidade de uma forma completamente distinta, onde se sobressai, imediatamente, o sacrífico[7] dos soldados SS nos campos de batalha, devendo eles se sacrificar em nome de uma nova germanidade, que deveria se tornar exemplar para todos. A obrigação "moral"

---

[5] Ibid., p. 273.
[6] Discurso de 8 de novembro de 1938. Himmler, Heinrich. *Discours secrets*. Paris: Collection Témoins/Gallimard, 1978, p. 27.
[7] Ibid: p. 32.

vem a ser a expressão de um tipo específico de violência, o do necessário derramamento de sangue e o do indivíduo que, por pertencer a esse novo todo, oferece a sua própria vida. A sua exemplaridade, já em 1938, deveria se mostrar em suas funções de guarda de campos de concentração que, posteriormente, se tornarão campos de extermínio. O "novo homem" deveria fazer suas "provas" ao ser "guarda" da violência cometida contra os que se situavam fora desta nova raça. Os guardas e militares SS seriam os "novos homens" encarregados da eliminação dos "sub-homens",[8] seu "sacrifício", sua doação a esta nova concepção, se traduziria por outro sofrimento, o dos que foram mortificados no altar desta nova "condição humana". A Suástica toma o lugar da Cruz e da Estrela de Davi.

"Um povo de senhores deve ser capaz de excluir da comunidade e sem nenhuma caridade cristã os indivíduos que prejudicam esta comunidade; mas, ao mesmo tempo, ele deve respeitar as conveniências e jamais torturar um homem".[9] Note-se que a comunidade, no caso a ariana, a germânica, ofereceria o marco dentro do qual as pessoas evoluiriam, tornando-se, no sentido estrito, os seus membros. Não se trata da sociedade no sentido de associação de indivíduos livres, mas membros de um todo que os liga, aprisiona e define, obrigando-os a seguirem determinados comportamentos, dentro os quais o tipo de violência que exercem. E este tipo de violência não encontra nenhum limite religioso cristão, na medida em que esse deve ser superado e ultrapassado. Tampouco deve seguir os parâmetros do sadismo e da tortura habituais, pois se trata de uma a-racionalidade que se pretende a encarnação de uma nova forma de razão, na verdade, de irrazão, voltada para o mal devendo reger os membros desta comunidade de novos homens, sem escorregar no

---

[8] Cf. Roseman, Mark. *Os nazistas e a solução final*. Rio de Janeiro: Jorge Zahar Editor, 2003, p. 27.
[9] Discurso de 08/11/1938, p. 33.

gozo sádico, apesar desse ter se tornado a regra do Estado SS. O mal, portanto, teria uma positividade própria, uma exemplaridade existencial, que não poderia ser identificada às características da maldade no sentido corriqueiro do termo.

No contexto desta moralidade invertida ou perversa, certamente de nova espécie, um papel aglutinador deveria ser atribuído aos judeus, que funcionavam como uma espécie de imã negativo a dar coesão a essa nova forma de simbiose sociopolítica, imbuída de "novos valores". Já em 1938, antes da decretação da guerra, Himmler adverte aos seus ouvintes – exortando-os a que se preparem para essa nova missão – que eles se verão diante de enfrentamentos de uma "violência inaudita".[10] O nascimento desses novos valores não se fará mediante um parto normal, mas através de um novo tipo de gestação, cuja forma fará da violência habitual algo nem muito digno de atenção. A novidade (in)humana se tornará (sobre)humana, explodindo os parâmetros da "humanidade", o seu instrumento sendo a ação maligna.

Os quadros SS – e posteriormente da Gestapo, neste então ainda não sob o seu comando – deveriam ter clara consciência dessa nova tarefa, que mais corretamente definida deveria ser dita uma missão de tipo religioso, de uma relevância apropriada à "nova" cultura, aos "novos" valores. Observe-se que, neste momento, Himmler procura fazer da Alemanha um país "puro", livre dos judeus, mesmo que, para isto, faça uso de uma "brutalidade sem exemplo".[11] Em um primeiro momento, nos anos iniciais da guerra, utilizará a migração forçada, no meio do inverno, sem mantimentos, com pessoas morrendo no percurso e destinadas a lugares inóspitos ou insalubres, salvo os judeus que ele pensava vender aos EUA para a obtenção de recursos para as SS;[12] em um segundo momento, recorrerá à "Solução

---

[10] Ibid., p. 39.
[11] Ibid., p. 39.
[12] Discurso de 29/02/1940, p. 133.

Final", a eliminação dos judeus nos campos de concentração e extermínio.

Himmler sofre de uma irresistível tentação pelos bens da terra, nos quais estaria imersa a "boa" cultura alemã, a das tradições, dos costumes, dos ancestrais religiosos não cristãos, de um paganismo natural e, sobretudo, o do "bom sangue" alemão. A crítica à técnica, aos modos de vida urbanos, associados ao desenvolvimento industrial, é, para ele, uma condição para a ascensão e perpetuação do nazismo. Chega ele a declarar que a Alemanha deveria ser objeto de um novo êxodo, desta feita, urbano em direção ao mundo rural e não rural em direção ao urbano. Para ele, o mundo industrial "suga o bom sangue do campo".[13] Os que permanecem nos campos estão sobrecarregados de trabalho, sobretudo as mulheres que começam, dada essa fadiga, a ter menos filhos e não colaboram, como deveriam, para a perpetuação deste bom sangue alemão. A Alemanha deveria voltar a ser um país de camponeses, pois é no mundo rural que se faz o "berçário de sangue germânico".[14] Logo, uma das bandeiras nazistas, segundo ele, deveria ser a da volta dos jovens à "terra", pois lá poderiam se nutrir dos verdadeiros valores que se encontrariam na base do "novo homem". O catolicismo cede o passo ao paganismo.

No processo de educação dos jovens alemães segundo os novos valores, baseados na pureza do sangue e da raça, o afastamento e a crítica em relação ao cristianismo são suas condições essenciais e preliminares. O novo conjunto de valores, de pretensões religiosas e absolutas, deve começar pela desarticulação e eliminação de um outro conjunto de valores que tenha a mesma pretensão. Para uma consciência cristã é extremamente chocante, por exemplo, o assassinato de mulheres e crianças. Trata-se de algo que atenta ao que se considera como sendo a

---

[13] Discurso de 08/11/1938, p. 38.
[14] Discurso de 26/07/1944, p. 243.

humanidade do ponto de vista moral. Repugna observar e constatar tais atos, mais ainda cometê-los, o que aparece, então, como algo incompreensível. Tal não é o caso, porém, da nova concepção absoluta, para qual o assassinato coletivo de mulheres e crianças judias é uma condição para que essa "raça" inferior não se perpetue. Himmler coloca-se claramente essa questão ao se indagar sobre o que fazer com elas, uma vez que os homens já tenham sido eliminados. Para ele, nenhuma criança deveria ser preservada, pois se vingaria depois do que aconteceu com seus pais e avós. Tornava-se necessário tomar essa grave decisão de "fazer desaparecer este povo da terra".[15]. O mesmo "argumento" é também utilizado em relação aos *partisans* no Leste Europeu, cujas mulheres e filhos deveriam ser igualmente eliminados.[16]

Embora reconheça que tenha abordado uma tarefa particularmente difícil, pois se tratava de assassinos formados na cultura cristã, ele logo acrescenta que ela foi levada a cabo sem que seus homens e oficiais tenham sofrido em seu coração ou em sua alma.[17] Isto quer dizer que a moralidade cristã não mais guiava os SS, surgindo em seu lugar um "novo tipo de moralidade", a do "sangue". Em uma curiosa inversão de valores, própria desta nova linguagem, Himmler se consideraria criminoso se não cometesse esses atos de assassinato e não precisamente por tê-los cometido. O crime muda de significação! Ou ainda, trata-se da guerra dos "humanos" contra os "sub-humanos", em um "combate racial primitivo, natural e originário".[18]

---

[15] Discurso de 06/10/1943, p. 168. Cf. Friedländer, Saul. *Reflets du nazisme*. Paris: Seuil, 1982, p. 103-7.
[16] Discurso de 16/12/1943, p. 205.
[17] Discurso de 06/10/1943, p. 168. Cf. também o discurso de 05/05/1944, enfatizando que a moralidade dos SS não teria sido atingida pelos assassinatos por eles cometidos, pois, na verdade, encarnavam uma nova forma de moralidade.
[18] Discurso de 16/12/1943, p. 204. Cf. a visão de Victor Klemperer ao abordar os comandos de Himmler como "ordens de sangue". Klemperer,

O nazismo seria o ato inaugural e originário de criação de um novo homem, gestado nesta forma de exercício da violência, de "sacrifício", "moralmente" fundada na "natureza".

Os jovens SS deveriam se preparar para essa tarefa não mais se preocupando com escrúpulos morais próprios do cristianismo, embora o antissemitismo religioso tenha sido a sua porta de entrada. "Os alemães, e particularmente a juventude alemã, reaprenderam a revalorizar o homem do ponto de vista racial; eles começaram a se desviar da doutrina cristã, que dominou a Alemanha durante mais de mil anos, provocou a ruína de nosso povo sobre o plano racial e terminou por provocar o desaparecimento de nossa raça".[19] Ou ainda, em outro discurso,[20] Himmler volta-se acidamente contra os padres, enquanto casta intermediária entre os homens e Deus. Ecoa ele aqui a tradição protestante, embora se afaste evidentemente de seus valores e princípios, com o objetivo manifesto de se colocar, junto com a sua SS, como os novos clérigos de uma relação inaudita com o absoluto. Os SS seriam os novos "mediadores" desta nova religião. O "amor ao próximo" cristão já estaria substituído pelo "amor ao próximo" exigido pelo partido,[21] com o ódio sendo disseminado para os demais.

Assim, em uma festa do solstício,[22] em que o Sol atinge o maior grau de afastamento angular do Equador, Himmler termina por lhe conferir um valor religioso, próprio de religiosidades pagãs, como se nesse movimento astronômico estivesse embutida uma significação absoluta que deveria ser valorizada por si mesma. O curso solar deveria ser imitado pelo curso humano, que teria, então, de adotar uma forma igualmente eterna,

---

Victor. *Diários de Victor Klemperer*. São Paulo: Companhia das Letras, 1999. Entrada de 17 de janeiro de 1939.
[19] Discurso de 22/05/1936, p. 54.
[20] Discurso de 08/11/1937, p. 64.
[21] Discurso de 06/10/1943, p. 171.
[22] Discurso pronunciado em 1938, p. 68.

sendo a doutrina nazista a sua melhor expressão, pois baseada no sangue, na terra e nas gerações por vir que perpetuariam esses mesmos valores. Os nazistas deveriam se desprender das concepções vigentes, do apego à vida urbana e técnica, das diferentes formas de religiosidade cristãs e alçar-se a um novo ciclo do eterno, fazendo com que as suas mentes fossem diferentemente orientadas. "Deve-se dar aos homens, às mulheres e às jovens a noção de algo eterno, de um ciclo natural, de uma crença natural".[23] Nada mais normal, então, que, no interior das SS, nessa nova Ordem, tropa de elite e anunciadora dos novos valores futuros já se concretizando no presente, os casamentos só pudessem se fazer com o consentimento do próprio Himmler enquanto comandante máximo.[24] Assim o exigia a pureza e a perpetuação da raça. A temporalidade pagã toma o lugar da sacra.

A liberdade de escolha, algo hoje tão prezado do ponto de vista social e privado, é simplesmente abolida enquanto valor carente de significação, ou melhor, pernicioso, visto que poderia se traduzir pela introdução de sangue estrangeiro, sub--humano, no melhor sangue alemão. Em uma discussão relativa ao aborto,[25] Himmler resume sua aversão à liberdade de escolha, algo já tão comum segundo ele em 1936, declarando que ela nada mais é do que a expressão do homem atomizado, egoísta e isolado, que, enquanto tal, deveria ser extraído desta condição e inserido em uma nova Ordem, uma nova Comunidade. Essa, por sua vez, estaria alicerçada em novos valores, coletivos e hierárquicos, no ápice dos quais se encontraria Hitler e, em seu nível imediatamente inferior, em comunhão com ele, o próprio Himmler. Utilizando uma imagem religiosa, Hitler seria o novo Deus, o enviado do Absoluto, enquan-

---

[23] Ibid., p. 68.
[24] Discurso de 02/09/1938, p. 73.
[25] Discurso de 18/02/1937, p. 81-2.

to Himmler seria o seu Apóstolo Máximo, espécie de papa da nova Ordem. Desaparece o homem moderno, o homem liberal, que seria nada mais do que "o pecado mortal do liberalismo e do cristianismo".[26]

Por via de consequência, o culto cristão deveria ser substituído por um novo, não deixando nenhuma brecha para qualquer forma de ateísmo, igualmente abominado. A crença no absoluto e no eterno deveria permanecer, embora, agora, encarnada em um novo conjunto de valores. O espaço assim aberto deveria ser preenchido por um novo culto e uma nova crença: o primeiro sendo representado pelo culto dos ancestrais e a segunda pela fé no Destino, no "Muito Antigo", no que, seguindo as tradições germânicas, Himmler denominava de "Waralda".[27] Trata-se, como ele mesmo admite, de uma nova escala de valores, que deveria terminar definitivamente com o cristianismo. "Nós deveremos acabar com o cristianismo, com essa peste, a pior doença que nos atingiu no transcurso de nossa história, que fez de nós os mais fracos em todos os conflitos".[28] Trata-se de um neopaganismo que, por ser posterior à história sacra, carrega desta a sua noção de absoluto e de religiosidade.

E este pronunciamento Himmler o faz no mesmo dia dos obséquios de Heydrich, o segundo na hierarquia SS, dele muito próximo e temido por seus adversários. Heydrich tinha sido morto pela resistência tcheca, que, assim, infringiu um poderoso golpe aos nazistas, atingindo diretamente um de seus comandantes superiores. Note-se que este discurso, de junho de 1942, ocorreu logo após as tropas alemãs terem sido barradas em Moscou e obrigadas a uma guerra desesperada de posições durante o inverno de 1941/2. Do ponto de vista militar, a posição alemã não deixava de ser dramática e, talvez por isto mes-

---

[26] Ibid., p. 81
[27] Discurso de 09/06/1942, p. 156.
[28] Ibid., p. 156.

mo, o discurso de Himmler torna-se ainda mais fanático, enfatizando seus aspectos propriamente religiosos, como o recurso ao "deus" germânico Waralda.

Neste contexto, o cristianismo vem a ser identificado à fraqueza de caráter, à pouca resistência aos avatares da vida e, sobretudo, à não posição de guerreiros. Para ele, um povo cristão seria incapaz de levar a cabo uma guerra como a pretendida pelos nazistas, em vista do estabelecimento de um Reich germânico que se imporia primeiramente na Europa, mas que almejaria a uma escala planetária. Em um típico eco nietzschiano distorcido, a religiosidade e a moralidade cristãs não permitiriam que os alemães se tornassem um povo propriamente germânico, super-homens, sucumbindo a uma moralidade de fracos e, portanto, sob a influência dos sub-humanos. Suas palavras vêm, inclusive, a ganhar uma conotação de saúde, como quando identifica essa religião a uma peste que deveria ser eliminada. A saúde do corpo germânico estaria contaminada por essa doença que deveria, necessariamente, ser vencida.

De uma forma significativa, porém altamente deturpada, é a referência que Himmler faz aos grandes reformadores militares alemães, como Scharnhorst, Gneisenau e Clausewitz,[29] que reestruturaram o Estado prussiano após a sua derrota por Napoleão e, posteriormente, reconstituíram o seu Exército, lutando e vencendo as tropas francesas.[30] É como se ele se situasse nesta mesma linhagem. As tropas aliadas avançavam sobre a Alemanha, suas vitórias eram sucessivas, o fracasso militar do projeto nazista já ficava patente, e, no entanto, o comandante supremo das SS insistia em uma superioridade cultural, que desmoronava a olhos vistos. Mais revelador ainda é a deturpação que ele

---

[29] Discurso de 26 de julho de 1944, p. 223.
[30] Cf. Meinecke, Friedrich. *The Age of German Liberation. 1795-1815*.University of California Press, 1977; Rosenfield, Denis. "Cuál Libertad? Hegel y los reformadores prusianos". *Deus Mortalis*, v. 5, 2006, p. 117-133.

opera nesta sua referência histórica, pois esses reformadores eram leitores de Kant, com o qual se identificavam, sendo imbuídos de uma formação humanista. Talvez Himmler possa ter pensado na xenofobia de Fichte, voltada contra os franceses, em seu *Discurso à Nação alemã*, ou em suas manifestações antissemitas. Aqui haveria um ponto de contato, embora nenhuma menção seja feita a este filósofo.

Para os reformadores, a Germânia não era apenas mais ampla do que a Alemanha, mas ela representava uma comunidade de cultura, daquilo que era mais elevado do ponto de vista da civilização ocidental e de sua moralidade. Lutavam por um ideal, e não por uma comunidade sanguínea, baseada na pureza étnica. Clausewitz, por exemplo, trabalhou depois para o Tsar, para os russos, que, na perspectiva de Himmler, seriam bárbaros, asiáticos, sub-humanos. Para o grande estrategista prussiano, ele não teria, porém, mudado de posição. Gneisenau, em um momento de sua vida, quando chegou a não mais acreditar na capacidade de regeneração militar e política da Alemanha, cogitou em trabalhar para a Inglaterra. O líder civil dos reformadores, Hardenberg, ainda defendia as liberdades e propugnava por uma monarquia constitucional, algo que, em sua vida, não foi concretizado. O ideal de cultura e das mais altas virtudes militares foi, assim, rebaixado por Himmler, tornando-se a expressão de uma comunidade violenta de sangue, sob a tutela de um aparelho policial todo poderoso.

O MAL SEGUNDO MAIMÔNIDES

Coloquemos o mal de Auschwitz e a noção de humanidade segundo Himmler em perspectiva histórica, recorrendo a Maimônides, com o intuito de melhor explicitarmos o contraste relativo às noções de mal e Deus. Não se trata, evidentemente, apenas de uma comparação, mas de uma indagação relativa a diferentes formas de vida, a diversas concepções, onde se joga o destino mesmo daquilo que se considera como sendo a humanidade em sua acepção moral, mas igualmente em seus impasses e desafios. O "destaque" nazista na "história sacra" cristã, a seleção de "leitura" que opera, é também melhor visualizado sob a ótica de uma outra "sacralidade", a judaica.

Maimônides, filósofo e teólogo extremamente fino, não se debruçou sobre o caráter enigmático, provocador, da questão do mal, contentando-se com sua formulação aristotélica de privação de uma forma dada: seja por um processo natural, seja por uma ação humana que produziu tal efeito. Mais concretamente ainda, deve ser ressaltado que ele procurou destituir o mal de qualquer existência positiva, isto é, o mal não existiria positivamente senão sob a forma da privação. Desta maneira, ele procura dele retirar qualquer conotação ontológica, relativa ao seu ser próprio, pois as ações humanas tenderiam naturalmente ao bem, esse sim possuidor de ser. O mal, sob esta ótica, seria a negação do bem, definindo-se por relação a esse, sendo um nome atribuído à negação do bem e do ser. Sua acepção seria moral por ser um termo essencialmente relativo ao bem pressuposto enquanto forma mesma de seu dizer.

A propósito da ética, em sua perspectiva religiosa, Maimônides assinala a íntima imbricação entre a ação reta, moral, e o "tratamento da alma", visto que a ação reta não é a que se caracteriza por uma adequação à legalidade, mas a que empreende uma transformação interior, permitindo ao indivíduo, em suas ações, em sua prática, alçar-se verdadeiramente ao conhecimento de Deus. Ora, para empreender essa tarefa, ele deve abrir a sua alma ao Deus único e eterno mediante o aperfeiçoamento de seus costumes – e de sua subjetividade. Retira-se, assim, qualquer conotação moral de uma mera adequação mecânica, exterior, à observação dos mandamentos, pois o judaísmo não seria, nem poderia ser, uma religião da exterioridade, de mera conformação externa, sem convicção, dos mandamentos religiosos. Ou seja, a "correção dos costumes não seria outra coisa senão o tratamento da alma e de suas faculdades".[31]

No linguajar de um médico como Maimônides, o tratamento da alma seria, analogicamente, um equivalente do tratamento do corpo. Os homens "doentes" são "maus e viciosos", que "se representam o mal como sendo o bem e o bem como sendo o mal".[32] Observe-se que essa consideração do mal enquanto "doença", logo como uma patologia do ponto de vista moral, somente realça novamente sua significação relativa a uma certa noção preliminar do bem admitida enquanto verdadeira, da mesma maneira que a "doença" se contrapõe e se define em relação à "saúde". Qualquer acesso a uma concepção ontológica do mal se encontraria obstaculizada por essa perspectiva médica e moral, estabelecendo o seu marco mesmo de abordagem.

Cabe ressaltar que a questão do mal poderia ter ganho um mais elaborado tratamento filosófico e teológico, quando mais não seja pelo fato de a história do povo judeu ser permeada de perseguições, aniquilações e morticínios dos mais diferentes tipos, que são, na verdade, formas de existência do mal. Formas de existência do mal que, contudo, não são formas, desde esta perspectiva, ontológicas e existenciais, mas morais e abordadas enquanto formas de privação do bem e do ser. Talvez a razão de tal formulação resida na raiz mesma dos textos bíblicos, da Torá e dos Profetas, na medida em que o mal cometido contra os judeus foi interiorizado em ações humanas, compreendidas como retributivas, sob a forma do pecado e do vício. Ou seja, o mal seria um efeito de ações pecaminosas dos judeus, que não teriam atuado segundo os preceitos religiosos, os "mandamentos". Mais ainda, em vários momentos de sua história, os judeus

---

[31] Maimônides. *Le Guide des Égarés suivi du Traité des Huit Chapitres*. Tradução do árabe por Salomon Munk e Jules Wolf. Paris: Verdier, 1979. "Tratado..." p. 645.
[32] "Tratado..." p. 650.

teriam se consagrado à adoração de outros deuses, à idolatria. O mal não seria uma ação aleatória, mas algo necessário, dado o pouco comprometimento dos judeus com a verdade revelada.

A história judaica está repleta de "*progoms*" os mais diversos, das mais absurdas formas de discriminação, da mais completa insegurança existencial e, no entanto, o mal não entra com força na discussão filosófica. Em Hermann Cohen,[33] por exemplo, a sua posição a esse respeito é muito semelhante a de Maimônides. A sua concepção, hoje, considerando a "experiência nazista", não ofereceria instrumentos filosóficos para pensar essa questão, assimilada, sob a forma da carência e da privação, a uma ausência do bem que, de uma ou outra maneira, estaria sempre presente a orientar o pensamento e a ação humanos. Quero dizer com isto que o pensamento judaico já tinha à mão, do ponto de vista histórico, suficientes elementos para uma reformulação do conceito do mal, não necessitando ter "aguardado" o nazismo para essa recolocação do problema. Neste sentido, a assimilação da filosofia aristotélica ao pensamento judaico veio a reforçar esse mesmo marco conceitual, colocando o mal enquanto ausência de forma, destituído de qualquer conotação existencial.

A concepção judaica do mal, segundo Maimônides, está ancorada na ideia de teodiceia.[34] À pergunta sobre a origem do mal, sobre o porquê de serem homens injustos materialmente

---

[33] Cohen, Hermann. *Religion of Reason*. Atlanta, Georgia: Scholars Press, 1995.

[34] Maimônides utiliza essa expressão, identificando-a à metafísica, no final de seu "Tratado dos Oito Capítulos", p. 682. Também na *Epístola do Iêmen*, São Paulo: Maayanot, 2012, p. 14, Maimônides retoma a questão "dos descendentes de Jacob serem degradados e pisados como pó", sendo recompensados posteriormente, saindo "triunfantes". Ou ainda: "Isaías previu através da profecia Divina que enquanto o povo judeu estiver no exílio, qualquer nação que desejar subjugá-lo e oprimí-lo, terá sucesso", p. 14. No *Comentário da Mishná*, São Paulo: Maayanot, 1993: "O Exílio é a punição da idolatria, do incesto, do assassinato, e da violação das leis do ano sabático", p. 82.

recompensados, enquanto os justos não alcançam o mesmo nível de bem-estar ou de felicidade, sobre o porquê e de que forma o mal "existe", segue a sua resposta relativa à sua posição na organização do mundo, ao lugar que ocupa no desenvolvimento das sociedades e, mesmo, no transcurso da história. O "mal" encontraria a sua justificação por tornar possível a própria existência do mundo, visto que sua "existência" é o que faz com que o bem o ultrapasse e o mundo e a história possam alcançar um outro patamar de progresso e de existência. O mal estaria dado na "Criação" do mundo, sendo ele relacionalmente vinculado ao bem, à sua negação. Sem o mal, o mundo não seria uma criatura de "Deus", que o tornou possível para que o bem alcançasse a sua maior concretização. Note-se que o pensamento dos Motécallemîn, criticado por Maimônides, apresentava outro marco conceitual, segundo o qual as "privações" seriam "coisas que existem (positivamente)".[35] O desafio foi-lhe apresentado, mas optou pela reafirmação do marco conceitual da Torá e dos Profetas, de um lado, e da filosofia aristotélica, de outro. O mal, de certa maneira, se torna uma não questão, por ter sido destituído de qualquer conotação existencial, seu significado permanecendo o moral da transgressão dos mandamentos com as punições consequentes, levadas a cabo pelas mãos de outros homens não judeus. O que ocorre, porém, se salientarmos o caráter aleatório da ação má, perpetrada por homens imbuídos por desígnios malignos, que não guardam nenhuma relação com atos ou pensamentos morais?

Ainda segundo os Motécallemîn, as "privações de capacidades", como a cegueira e a morte, não são consideradas por eles como falta de ser, como se o mal fosse um mero termo relacional, porém como algo dotado de ser próprio. Ou seja, o bem e o mal deveriam ser compreendidos como "duas coisas opostas",[36]

---

[35] *Le Guide.*, p. 432.
[36] *Le Guide*, p. 432.

existindo, cada uma delas, de uma forma que lhes é característica. A diferença em relação à posição de Maimônides é de monta, pois isto seria equivalente a dizer que se trata da oposição de duas coisas positivamente existentes. O mal não seria mero não ser, mas teria um ser próprio, por mais que isto possa contradizer toda uma tradição filosófica e teológica. Teologicamente, adverte Maimônides, isto significaria que o mal teria um agente próprio, uma forma de existência que está presente em seu surgimento, levando a considerações do seguinte tipo: "Deus torna cego e surdo e recoloca em repouso o que está em movimento".[37] Isto é, Deus estaria diretamente na origem do mal. O argumento de Maimônides consiste em reformular a nossa própria forma de falar, pois impropriamente diríamos que o mal foi feito, foi produzido diretamente pelo agente da ação. Na verdade, citando Isaías,[38] ele diz que a língua hebraica ao falar das trevas, da escuridão e do mal criados por Deus significa fazer algo do não ser, de maneira que o criado, indiretamente, não seria dotado de um ser próprio, de uma existência positiva. Criar significa fazer sair algo do nada, do não ser. Analogicamente, na linguagem corrente, dizemos inadequadamente que o autor de uma certa privação a fez, quando, na verdade, só poderíamos utilizar o verbo fazer a propósito de uma coisa existente. Assim, é dito que aquele que destruiu a vista fez a cegueira ou aquele que desligou a lâmpada durante a noite fez nascer a escuridão, embora sejam ações indiretas que privam algo de um certo ser já existente.

    A ação estaria, aristotelicamente falando, voltada para a produção de um certo ser, de um bem, de coisas existentes positivamente, e não para a produção de um certo não-ser, de um nada, de coisas que não possuem existência própria, senão por via da negação e da privação de algo dado. Isto significa que "os males

---

[37] *Le Guide*, p. 432.
[38] *Le Guide*, p. 433. *Isaías* 45:7.

só são males em relação a uma certa coisa, e que todo mal, em relação a uma coisa qualquer, consiste no não-ser desta coisa ou na privação de uma de suas condições de bem. Eis por que dizemos, em tese geral, que todos os males são privações".[39] Note-se que Maimônides salienta, com especial ênfase, o caráter relacional do mal, reportando-o a uma certa forma de ser existente, tomado como uma das condições do bem. Não se pode, propriamente, dizer que o mal "existe", senão sob a forma do não-ser. Não se pode aplicar o conceito de existência, da mesma maneira, ao bem e ao mal, ao ser e ao não-ser, sendo os seus significados essencialmente distintos.

Maimônides evita, deste modo, deslocar a questão do mal para a esfera das coisas feitas por Deus, não o introduzindo em sua natureza própria. Ou seja, o conceito de Deus deve permanecer evidentemente ao abrigo de qualquer imperfeição, de qualquer forma de não-ser, pois isto atingiria o seu próprio ser. Logicamente, não caberia nem em sua definição. O Ser transcendente e único, em seu caráter incompreensível, permanece para além das tribulações do mundo, de suas atrocidades e maldades. Essas são atribuídas à matéria mesma da qual o mundo é feito, no caso a matéria homem, cujas ações estão frequentemente voltadas para a privação de formas existentes, formas do bem, essas sim produzidas por Deus. Em consequência, não se pode "afirmar que Deus faça o mal diretamente, quero dizer que Deus tenha primitivamente a intenção de fazer o mal. Isto não poderia ser; todas as suas ações, pelo contrário, são o puro bem, pois ele só faz o ser e todo o ser é o bem... Assim, a verdadeira ação de Deus é o bem, porque é o ser".[40] No caso, a formulação de cunho aristotélica é referendada, por assim dizer, pela citação do Gênesis (1: 31) e pelo rabino Méir, em uma síntese da tradição filosófica, da Torá e do Talmud.

---

[39] *Le Guide*, p. 433.
[40] *Le Guide*, p. 434.

Nesta perspectiva, os grandes males que afligem a humanidade, normalmente oriundos de paixões, tendências, opiniões e crenças, são resultantes de privações, no caso, privação do conhecimento da verdadeira natureza das coisas. Eles são provenientes da "ignorância" e da "privação da ciência".[41] Ou seja, o caminho de superação do mal, para outra forma de humanidade, caracteriza-se pela aquisição do conhecimento, pelo aumento da capacidade racional e, mais concretamente ainda, pelo "verdadeiro conhecimento de Deus".[42] O mal seria progressivamente vencido por uma humanidade voltada para a sua verdadeira forma, para o exercício de sua moralidade, de sua razão, modo esse que aproxima o homem de Deus. A forma humana aproxima-se de Deus pelo uso da razão, pela obediência a preceitos morais e pelo respeito ao Ser único e eterno. Na medida em que a humanidade fizer esse percurso, ultrapassando a "ignorância", ela vencerá progressivamente a sua própria matéria, que possui uma inclinação natural para o não-ser.

O mal não se constitui como um "escândalo" para o pensamento, como uma espécie de irrazão que ultrapassa a razão, como uma forma existencial de não-ser que ponha em questão nossa própria noção de ser. O "mal" possui "causas" por se enquadrar, precisamente, no marco conceitual do bem e de uma teodiceia, possuindo uma razão de ser que remonta à própria Criação divina. Dentre suas causas, convém destacar quatro:[43]

1. O mal provém da própria matéria da qual o homem é constituído, submetido às suas paixões, emoções e desejos. Embora, dentre as espécies criadas no mundo sublunar, segundo o linguajar aristotélico, ele é apenas o "mais nobre dos seres submetidos à contingência",[44]

---
[41] *Le Guide*, p. 435.
[42] *Le Guide*, p. 435.
[43] *Le Guide*, p. 435-42.
[44] *Le Guide*, p. 437.

estando, portanto, submetido aos seus limites e condições. Isto significa dizer que sua posição o faz membro de uma série da Criação, não tendo nela nenhuma posição privilegiada, senão a de enunciar pela palavra o Deus único e eterno. Ocorre que essa sua forma de ser no mundo não é por ele adequadamente compreendida, tendo uma tendência de ver a totalidade do universo como se ele fosse o centro. Ou seja, a criatura homem possui uma visão centrada do mundo, tendo o indivíduo a generalizar a sua circunstância própria, suas dores e sofrimentos, como se fossem cruciais para a compreensão das relações do homem com Deus. Dito de outra maneira, a perspectiva do indivíduo em suas distintas condições não pode ser universalizada. Isto exige, precisamente, uma capacidade de descentramento que só pode ser elaborada por aqueles que se elevam ao exercício da razão, que sejam capazes de se colocarem em uma posição universal, baseada na religião monoteísta.

2. Há uma formulação aristotélica segundo a qual cada espécie existente é dotada da forma que lhe é característica, a ela correspondendo uma matéria que lhe seja própria. Há uma perfeita adequação de forma e matéria, de modo que não se pode exigir do ser humano um tipo de perfeição que não corresponda à matéria da qual é feito. Citando Galeano, escreve Maimônides: "Não te deixe ir a esta vã ilusão que possa se formar, do sangue das menstruações e do esperma, um animal que não morra ou que não sofra ou que tenha um movimento perpétuo ou que seja resplandecente como o sol".[45]. Logo, dada a especificidade dessa matéria humana, não se pode esperar dela nada mais do que ela possa oferecer. Ou seja, atos maus fazem parte da própria constituição dessa matéria humana, segundo a forma que lhe é correspondente. Para não existir o mal, seria necessário, paradoxalmente, que o homem não existisse, pelo menos na forma que o conhecemos.

3. As mais distintas formas de tirania que os homens exercem uns contra os outros, particularmente em situações de guerra, são

---

[45] *Le Guide*, p. 438.

uma outra forma de mal, ela também tributária da "matéria humana". Bastaria olharmos para toda a história da humanidade para constatarmos esse fato, como se ele fosse concomitante à própria história do gênero humano. Poderíamos, igualmente, nos remeter à própria Torá e aos livros dos Profetas, com os mais distintos tipos de relato deste tipo. Chama particularmente atenção que Maimônides não se detenha mais cuidadosamente nesse ponto, dado o fato de ele ter jogado um papel preponderante na história do povo judeu, frequentemente vítima deste tipo de maldade. É essa forma de maldade igualmente tributária da forma/matéria específica do ser humano, propenso ao conflito e à violência.

4. Outra espécie de mal é aquela de caráter retributivo, ou seja, os homens são culpados do que fizeram, sofrendo em consequência de suas próprias ações. Merecem, por assim dizer, o sofrimento que estão padecendo.[46] Trata-se de uma forma própria do mal em sua acepção moral, fruto de ações humanas que se caracterizam pelo pecado e pelo vício. Eis uma forma de mal particularmente presente nos Dez Mandamentos e orientadora do comportamento e do pensamento do povo judeu e, através dele, de toda a humanidade. Um ser que se caracteriza pelo desejo e pela concupiscência terá, enquanto efeito do que faz, um castigo proporcional à ação feita. De nada adianta se lamentar diante do que foi feito, em particular, da transgressão dos mandamentos divinos. Mais particularmente, pode-se dizer que essa espécie de mal origina-se da *"hübris"* humana, de sua desmedida, indo sempre além do que lhe é necessário e moralmente justificado. Aqui, os exemplos de Maimônides são os provenientes do desejo da boa carne, da bebida e do amor físico, além dos que nascem do consumo excessivo de coisas supérfluas.

Considerando, portanto, que o ser humano é dotado de livre-arbítrio, tudo o que lhe acontece seria resultado dessa

---

[46] Cohen, op. cit., p. 227.

faculdade sua que foi criada por Deus, conferindo-lhe a possibilidade de fazer ou não determinadas coisas, mesmo, e sobretudo, aquelas atinentes à transgressão dos mandamentos. É aqui que se pode determinar a moralidade das ações humanas, fruto de atos voluntários, e não coercitivos. Se o homem não pudesse escolher, inclusive agir contrariamente aos mandamentos religiosos e morais, ele seria nada mais do que um animal agindo por impulsos, sem nenhuma consciência ou responsabilidade por aquilo que faz. Ele nem seria merecedor da graça divina, não sendo digno da criação, não sendo um ser nobre, mas vil. Por que, na verdade, Deus criaria um ser não dotado de livre-arbítrio? Seria ele um ser que agiria por mera necessidade natural, incapaz de elevar-se a Deus, nem mesmo sabendo o significado da moralidade. Não haveria por que outorgar-lhe os Dez Mandamentos.

É próprio do judaísmo a responsabilidade do homem no que diz respeito às suas ações, tanto do ponto de vista do bem quanto do mal. A liberdade de escolha é o princípio orientador da ação humana em geral e da ética em particular. O ser humano não seria meramente impulsionado, como se fosse determinado por uma necessidade interior, tipo o "desejo" freudiano ou o "conatus" hobbesiano, nem, tampouco, por uma necessidade divina oriunda da Criação, mas em todas as suas condições de vida se encontra sempre diante de uma escolha que o enobrece ou o avilta. Isto vale também para as situações extremas, onde, por exemplo, os judeus sendo perseguidos e forçados à conversão podem escolher o "martírio" em vez da "submissão."[47] Seria a mais sagrada forma de morrer fazê-lo pela santificação do nome divino. No caso, a observância dos mandamentos e a devoção ao Deus único são obrigações morais e religiosas maiores

---

[47] Maimônides. *Epístola do Iêmen*. Cf. também Fackenheim, Emil. *Encounters between Judaism and Modern Philosophy*. New York: Basic Books, 1973, p. 72.

do que a conservação da vida. A escolha pela morte, no caso, pode ser um exercício nobre da liberdade de escolha.

Note-se, ainda, que Maimônides considera a concepção judaica em harmonia com a filosofia grega, pois "todas as ações do homem são só dele oriundas, que nenhuma necessidade pesa sobre ele a esse respeito e que nenhuma força estrangeira não o obriga a tender a uma virtude ou a um vício...".[48] Graças à sua liberdade, todo homem é responsável daquilo que faz. Aqueles que são maus o são em plena liberdade, e os que são virtuosos também o são em plena liberdade,[49] nada os obrigando a agirem de uma ou outra maneira. Portanto, não se pode atribuir a Deus nenhuma injustiça, pois o que acontece aos homens é algo que eles, de uma ou outra forma, merecem. "Nós outros, enfim, admitimos que tudo o que acontece ao homem é o efeito do que ele mereceu, que Deus está acima da injustiça e que ele só pune aquele dentre nós que mereceu esse castigo".[50] Isto é, o mal, em sua acepção ontológica, seria para Maimônides uma impossibilidade lógica.

Tal posição se coaduna perfeitamente com suas formulações acerca das relações entre regras lógicas e onipotência divina. A propósito desta última, ele assinala que Deus não pode fazer coisas que sejam impossíveis, como moralmente fazer o mal ou logicamente não seguir o princípio de não contradição. Em um caso, Deus seria um ser mau e, no segundo, um ser ilógico, logo irracional. Ou ainda, na acepção lógica, transformar uma substância em acidente ou um acidente em substância ou fazer uma substância corpórea sem acidente.[51] Nesta perspectiva, o *Organon* de Aristóteles seria um cânone filosófico que corresponderia plenamente aos ensinamentos da Bíblia hebraica, havendo uma perfeita concordância de princípio entre ambos.

---

[48] "Tratado..." p. 672.
[49] "Tratado..." p. 677.
[50] *Le Guide*, p. 464.
[51] *Le Guide*, p. 453-4.

Da mesma maneira, seria completamente impossível Deus tornar-se um ser corpóreo ou se fazer ele mesmo não existente. O Deus judaico é um Deus regrado, seja por sua noção própria de existência, seja por suas próprias regras morais, seja pela observância de regras lógicas. O impossível, nos significados assinalados, não é um limite à onipotência divina, mas a forma mesma de sua manifestação.

Deus e o mal

Fugitivo dos nazistas, nascido na Polônia, realizado estudos na Alemanha, tendo sido sua mãe assassinada pelos nazistas e duas irmãs mortas em campos de extermínio, Abraham Joshua Heschel chega a Nova York em 1940, lá vivendo até o final dos seus dias, em 1972. Jamais voltou à Polônia nem à Alemanha, toda sua obra filosófica e teológica tendo sido elaborada nos EUA, onde foi um infatigável defensor dos direitos humanos, contra a Guerra do Vietnã e companheiro de luta de Martin Luther King, que o considerava um "verdadeiro grande profeta". Sua vida foi politicamente marcada pelos direitos dos negros, participou do Concílio Vaticano II e sua obra mostra um grande ecumenismo do ponto de vista religioso, tendo como pano de fundo uma reflexão sobre o significado mesmo de Auschwitz. Nele, observa-se uma reflexão voltada para pensar esta experiência limite da condição humana, por intermédio de instrumentos, que veremos insuficientes, da teologia e filosofia, com destaque para a Bíblia, Maimônides e Martin Buber.

São, porém, poucas as alusões de Heschel, em seu livro *God in Search of Man*, ao fenômeno do nazismo e de Auschwitz. Em uma delas,[52] menção é feita a propósito do não valor do homem em tal tipo de "experiência" teste da natureza humana. Neste

---

[52] Heschel, Abraham Joshua. *God in Search of Man. A Philosophy of Judaism.* New York, Farrar, Strauss and Giroux, 1955/83, p. 170-1.

contexto, suas palavras são especialmente duras e carregadas de uma imensa indignação, pois o que pode bem significar que membros da espécie humana possam abandonar qualquer forma de moralidade e dignidade, afastando-se, radicalmente, da tradição judaico-cristã? Milhões de pessoas foram mortas por serem simplesmente judias, de sua carne humana foi feito sabão, nenhuma culpa tendo lá nascido deste ato. Ocorre, todavia, que o pensamento de Heschel não se volta para a significação teológica e filosófica desta forma de mal racial, existencial, restringindo-se a um contorno propriamente religioso, bíblico: "como podemos assumir que ele [este tipo de homem] possa ter valor de ser abordado e guiado pelo Deus infinito?".[53]

Auschwitz não entra propriamente em cena, à maneira, por exemplo, de Fackenheim, para quem ele se torna o ponto nevrálgico de uma teologia e filosofia propriamente pós-Auschwitz, permeada por essa experiência e procurando dela extrair suas consequências. Heschel emprega, certamente, expressões muito duras a respeito, porém as inscreve em uma espécie de assombro não equacionado pelo horror da maldade: "O mistério da existência judaica nunca foi tão assustador como agora";[54] ou essa outra: "Grande é a nossa mágoa, e grande é nossa tarefa".[55] Com efeito, a abordagem que Heschel faz do mal é frequentemente alusória e indireta, não entrando diretamente em seu tratamento teológico e filosófico, sempre recuando diante deste profundo desconhecido, aterrador. "A ideia da imagem divina do homem não oferece explicação ao terrível mistério da inclinação ao mal em seu coração",[56] sendo o mal o terrível mistério. Em consequência, ele vem a qualificar o nazismo como o "altar

---

[53] Ibid., p. 171.
[54] Heschel, Abraham Joshua. *O último dos profetas*. São Paulo: Manole, 2002, p. 173.
[55] Ibid., p. 173.
[56] Heschel, op. cit., p. 215.

de Satã, no qual milhões de vidas foram exterminadas para descomunal glória do mal".⁵⁷

No parágrafo seguinte, Heschel acrescenta: "Falo como uma pessoa que muitas vezes está assustada e terrivelmente alarmada de que Deus tenha se afastado de nós com desgosto e que inclusive nos tenha despojado da capacidade de compreender Sua palavra".⁵⁸ Será que Auschwitz poderia ter uma causa teológica, a saber, o desgosto, incompreensível, de Deus para com o povo judeu, tornado vítima das câmaras de gás? Será que Auschwitz se enquadraria em uma "explicação" teológica deste tipo? O que pode bem significar o afastamento de Deus à luz (ou à escuridão) de Auschwitz? Qual pecado cometido pelos judeus mereceria o castigo dos campos de extermínio? Caberia a pergunta de se Auschwitz não se inseriria no quadro mais amplo das diferentes catástrofes que acometeram o povo de Israel, não tendo, assim, uma natureza *toto genere* diferente de outras experiências de maldade sofridas pelos judeus no transcurso de sua história. A sua especificidade viria, de certa forma, de sua contemporaneidade, sobretudo por ter nascido em um dos povos supostamente mais cultos da Europa. Isto o leva, mesmo, a afirmar que há "uma ordem sagrada na selva da história; há uma beleza consoladora no desfalecimento de nossas esperanças".⁵⁹

"Assim, há uma centelha sagrada de Deus até nos recessos obscuros do mal. Se não fosse por essa centelha, o mal perderia o seu poder e realidade, e voltaria para o nada (a nadidade). Até mesmo Satã contém uma partícula de Santidade".⁶⁰ Até nessa situação limite, não possuiria o mal existência própria, definindo-se e ganhando existência pelo bem. Se assim não fosse, desapareceria no nada. Para melhor esclarecermos a questão,

---

⁵⁷ Ibid., p. 219.
⁵⁸ Ibid., p. 219.
⁵⁹ Ibid., p. 199.
⁶⁰ Ibid., p. 370.

façamos o seguinte experimento linguístico, substituindo a palavra mal por Auschwitz. Teríamos: "Assim, há uma centelha sagrada de Deus até nos recessos obscuros de Auschwitz. Se não fosse por essa centelha, Auschwitz perderia o seu poder e realidade, e voltaria para o nada. Até mesmo Auschwitz contém uma partícula de Santidade". Faz sentido? Do ponto de vista da versão linguística, sim, pois nada mais fizemos que substituir a palavra mal pela palavra Auschwitz, como se fossem sinônimos. Tal versão, porém, permite ver com mais clareza ao que pode conduzir uma formulação teológica como a de Heschel, que sempre atribuirá ao mal uma posição secundária em relação ao bem. Parece plausível atribuir a Auschwitz, em seus recessos, uma "partícula de Santidade"?

Desde uma perspectiva histórica, Auschwitz e o nazismo em geral não desapareceram por suas contradições internas, por ausência de ser, porém por sua derrota militar. O mal que foi lá mostrado perdurou praticamente até o final da guerra, mesmo quando as chances militares do nazismo já não mais existiam. O mal lá continuava a existir, independentemente de outros fatores. Os trens que levavam aos campos de extermínio continuaram a operar, mesmo sendo muito mais necessários para a consecução dos esforços de guerra. O mal era muito mais importante do que as exigências militares de defesa de uma Alemanha já exaurida. Ou ainda, será que o mal criado ou exposto em Auschwitz se deixaria reduzir à "sedução" de Satã? Satã, na narrativa bíblica, foi criado para seduzir o homem, sendo, nesta perspectiva, uma criação divina voltada para testá-lo, à maneira de Jó que termina reafirmando sua fé no Eterno. Analogicamente, teriam sido os campos de concentração e extermínio criações divinas visando a testar o homem?

Em uma entrevista concedida a Carl Stern, Heschel é instado a se pronunciar sobre o significado de Deus. Ele procura abordá-lo a partir da ideia de santidade e de vitória sobre a insensibilidade, essa mesma que nos faz cessar de admirar o mundo, de ver nele o sublime, de perceber o mistério e de nos indagarmos sobre o sentido mesmo da existência humana. De lá surge uma pergunta reveladora de seu pensamento e de seu pluralismo religioso: "Onde está a santidade? É o que está na Bíblia? É lá que se encontra a santidade?". Sua resposta: "Não acredito em um monopólio. Creio que Deus ama todos os homens. Ele nos deu muitas nações, Ele deu a todos os homens o conhecimento de Sua grandeza e de seu amor. E Deus se encontra em muitos corações no mundo todo. Não está limitado a uma nação ou a um povo ou a uma religião".[61] A Bíblia foi uma contribuição essencial para toda a história da humanidade, a de ter revelado a "grandeza do homem", a de ter mostrado a "tremenda potencialidade do homem enquanto sócio de Deus".[62] O parceiro/sócio de Deus deve mergulhar nos estudos bíblicos para poder se conhecer; conhecendo Deus, deve se contemplar como livre agindo em função do Bem, cujas balizas estão dadas na própria Torá. O homem se conhece como livre, reconhecendo-se como obra da Criação divina. Sem a Bíblia, essa contribuição essencialmente judaica, não haveria humanidade propriamente dita, cujo percurso se faz pelo aprimoramento moral, pelo conhecimento racional e pela elevação religiosa. "Como uma pessoa comprometida com a fé bíblica, diria que o que mantém viva a humanidade é a certeza de que temos um Pai. Mas então também tenho de lembrar que Deus ou é o Pai de todos os homens ou então não é Pai de ninguém".[63] É a universalidade mesmo da história sacra, do Deus uno em sua multiplicidade histórico-religiosa.

Ressalte-se que há duas ordens, por assim dizer, que se cruzam no homem, a de compreendê-lo como fazendo parte do mundo, aquilo que o toma em sua corporeidade, em seus de-

---

[61] Ibid., p. 36-7.
[62] Ibid., p. 37.
[63] Ibid., p. 37.

sejos e, inclusive, em seu entendimento e racionalidade instrumentais; a de compreendê-lo como fazendo parte da ordem do sagrado, do divino, ao qual se tem acesso pela fé, pela moralidade, pela elevação e por uma razão cujos limites ela mesmo se dá. Ou ainda, o homem situa-se na intersecção entre a existência material, tangível, e a existência imaterial, intangível, isto é, espiritual. Atenas e Jerusalém com suas distintas ordem de compreensão, de categorias, cada uma portadora de um jogo de linguagem próprio. São duas ordens complementares, porém distintas, de inteligibilidade do homem. "Os pensadores gregos visavam à compreender o homem como parte do universo, e os profetas visavam a compreender o homem como 'parceiro' de Deus".[64]

Heschel retoma essa mesma questão dos vários caminhos do homem em relação a Deus, caminhos múltiplos que não poderiam ser reduzidos a uma só trilha, que deveria ser seguida incondicionalmente por todos os homens. A obra da Criação seria plural, sendo essa pluralidade dada pela própria história, a história das diferentes religiões. Se Deus tivesse querido uma só religião, que é caminho real rumo a Ele, não teria conferido à história múltiplas maneiras de percorrê-lo. Mas não poderia ser a multiplicidade de religiões o resultado do arbítrio humano, afastando o homem da "verdadeira" religião ou das "verdadeiras" religiões? Colocando a questão em seus termos próprios: "A voz de Deus chega ao espírito em uma variedade de formas, em uma multiplicidade de linguagens. Uma mesma verdade pode ser interpretada e expressa de múltiplas maneiras".[65] Ou ainda: "Sim, creio que é a vontade de Deus que haja um pluralismo religioso".[66] Acolher a Bíblia significa compreender o mundo e Deus, em sua íntima parceria, a partir de um outro jogo

---

[64] Ibid., p. 205.
[65] Ibid., p. 230.
[66] Ibid., p. 46.

de linguagem, a partir de outras categorias que se afastam de nossa maneira habitual de abordarmos as coisas. Em nossa linguagem cotidiana, estamos amarrados a categorias que se prendem às formas da existência material, pressuposto de qualquer atribuição e de expressão de sentido. A existência material molda a nossa maneira de pensar. Ocorre, porém, que, quando nos movemos nas coisas bíblicas, devemos empreender outro movimento, o de nos transplantarmos ao plano das coisas intangíveis, das coisas imateriais, ou seja, devemos nos mover a partir de uma outra forma de existência, a da existência imaterial ou divina, que não está ao alcance das categorias habituais, materiais, do pensar. Na Bíblia, segundo Heschel, são outras as categorias, como as do sublime, do temor, do mistério e da glória.[67]

Logo, a atitude religiosa seria a de admiração ou de estarrecimento diante das coisas do mundo, de sua ordem, de sua magnificência, de seu mistério enquanto precondição mesma do sentimento e do pensamento religioso. Trata-se, aliás, de uma mesma atitude que está na base do pensamento filosófico, cuja pressuposição consiste na admiração diante do mundo. Religião e filosofia, apesar de suas diferenças, partiriam de uma mesma forma de indagação das coisas do mundo, conduzindo a diferentes respostas que, talvez, sejam diferentes formas de expressão do mesmo problema e de seu equacionamento, uma sob as categorias de uma linguagem, outra sob outra. Ocorre, todavia, que o pensar pós-Auschwitz exige uma outra forma de estarrecimento diante do mundo, diante de uma forma de maldade existencial que causa indignação e horror, mas também nos obriga a desvendar uma outra forma de mistério, o de um tipo de ação maligna que se volta contra a própria condição humana. O que nela se vislumbra não é a admiração diante do ordenamento histórico do mundo, mas uma "surpresa" de novo tipo, como se o caos originário tivesse irrompido de outra

---

[67] Ibid., p. 58.

forma e, inclusive, de uma forma qualitativamente distinta, por não ser somente contra todas as conquistas morais da civilização, contra a sua ordem de aperfeiçoamento contínuo, mas por fazer nascer a partir de si, de dentro de si, um outro sentido da "ordem", o que reside em outra lógica, a da "maldade do ser". O horror da maldade histórica pode suplantar a magnificência do mundo natural.

Em seu diagnóstico de época, Heschel enfatiza o que ele denomina de "cativeiro" de Deus. O homem moderno desertou do Absoluto, acostumou-se com a materialidade cotidiana do mundo, com a satisfação permanente senão frenética de seus desejos. O homem moderno deixou de se perguntar pela contingência do mundo, pelos mistérios da existência, pela origem e o destino do homem. Em um mundo assim tornado deserto, Deus afastou-se do homem, porque ele mesmo afastou-se de Deus. A solidão contemporânea seria a condição de um ser que se recusa a alçar-se, a elevar-se ao Absoluto, sendo uma expressão da "miséria humana".[68] Segundo ele: "O homem do nosso tempo pode orgulhosamente declarar: nada animal é estranho para mim, mas todas as coisas divinas são".[69] Que nada animal seja estranho ao homem pode bem significar tanto aquilo que lhe seja familiar no domínio das coisas finitas, quanto, mais especificamente, aquilo que diz respeito à animalidade do homem no que essa possui de mais baixo como de mais alto, aí incluindo a crueldade e a maldade humana. Seria o assombro diante do não familiar.

Acontece, porém, que esse seu diagnóstico de época é particularmente apropriado para aquilo que a tradição religiosa e filosófica considera como o mal moral, o mal relativo à ação humana que transgride valores tidos por absolutos ou universais. Ou seja, estamos diante de situações que se encaixam dentro

---

[68] Ibid., p. 108.
[69] Ibid., p. 169.

dos marcos conceituais vigentes, mesmo que possam ser objetos de lamentação. Aqui sim haveria espaço para o assombro e para o maravilhamento religiosos, que poderiam, desta maneira, ser despertados. O mesmo poderia ocorrer com uma época desprovida de religião, voltada para a sua crítica e a um comportamento ateísta ou indiferente em relação a ela; seria uma época que não mais se coloca as mais importantes e relevantes questões do homem; tratar-se-ia de uma época sem Deus e sem perguntas últimas no que diz respeito à condição humana. A questão, contudo, é de outra ordem quando o problema é o do mal em sua acepção existencial, que não mais se encaixa nos marcos e limites das concepções religiosas.

O ponto de Heschel consiste no assombro religioso-filosófico que se distingue do conhecimento científico que se faz por familiaridade. A sua questão não reside, nesta perspectiva, no assombro diante do mal existencial, histórico por excelência, nem em sua não familiaridade com os marcos conceituais científicos, cotidianos e filosóficos vigentes. O assombro reside na posição do pensamento diante do ordenamento geral do universo, no mistério que se descortina para todo aquele que contempla a natureza e o cosmos. Não é o assombro diante das maldades históricas. O conhecimento em geral, e o conhecimento científico em particular, se caracteriza por se fazer pela familiaridade com os objetos. É nossa familiaridade com as coisas do mundo, com as coisas finitas, que se coloca como a base mesma de nosso conhecimento, estabelecendo uma proporcionalidade entre o ato de conhecer e a coisa conhecida. Não há mistério, mas clareza; não há temor, mas desencantamento. Portanto, todas aquelas categorias do pensamento bíblico, como admiração, assombro, espanto, temor, sublime, grandeza e mistério, desparecem em proveito de seus opostos, em uma aparente proporcionalidade e semelhança do homem que procura conhecer e as coisas conhecidas. Eis por que Heschel utiliza uma fórmula particularmente própria ao caracterizar o pensamento bíblico, voltado para o desconhecido, como um "conhecimento por não familiaridade" (*knowledge by inacquaintance*)".[70]

O sentimento religioso e, por via de consequência, a consciência e o que possa bem se chamar o conhecimento de Deus estão baseados em uma não familiaridade do homem em relação às coisas do mundo, à sua posição mesma no universo. O homem é uma criatura única por assombrar-se diante do mundo em seu conjunto, por interrogar-se por sua experiência em sua própria condição, a vida não deixando de ser um enigma, por mais que procuremos ocultar esse dado básico da inscrição do homem no mundo. Eis por que o sentimento primeiro do homem em relação à sua própria condição e ao universo em geral é o de assombro, de estranhamento, de radical desconhecimento. No decurso da vida humana, os homens tentam velar essa sua condição, apegando-se aos prazeres do corpo e mundanos em geral, aos benefícios da materialidade social, em um afã de esquecer a finitude da própria vida e a expectativa certeira da morte.

Note-se que a obra que poderíamos considerar fundamental de Heschel, *God in Search of Man. A Philosophy of Judaism* (*Deus à procura do homem. Uma filosofia do judaísmo*), foi publicada em 1955, dez anos após o término da Segunda Guerra, com os horrores do nazismo e dos campos de concentração e extermínio sendo já amplamente conhecidos e sete anos após a criação do Estado de Israel. Embora tenha ele também escrito outro livro, *Man in Search of God,* não deixa de impactar o título *God in Search of Man,* pois, considerando a sua posição temporal, a pergunta poderia ser: "Onde estava Deus quando de Auschwitz, onde estava Deus quando judeus, pelo mero fato de serem judeus, foram enviados às câmaras de gás?". Na verdade, seria o homem que estaria, existencialmente, à procura de Deus: "Onde estavas neste momento?". A resposta, "procuran-

---

[70] Ibid., p. 131.

do pelo homem", não faz literalmente sentido à luz da maldade sofrida pelo povo judeu, por Testemunhas de Jeová e pelos ciganos, além dos opositores de esquerda.

A filosofia de Heschel, pós-auschwitziana no tempo, é pré-auschwitziana em seus conceitos e procedimentos. Atentemos, mais particularmente, às suas considerações sobre a prova ontológica de Deus e sobre a sua intuição cosmológica do mundo. É como se, para ele, ainda fosse possível construir uma ponte que cruzaria, por cima, o abismo do mal oriundo do nazismo em sua novidade diabólica. Vejamos, primeiramente, como aborda a prova ontológica da existência de Deus:

1. Heschel defronta-se a um problema caro à tradição filosófica, que teve em Santo Anselmo e Descartes[71] representantes da maior importância. Com efeito, essa prova se encontra, por assim dizer, na intersecção entre a filosofia e a teologia, entre a razão e a fé, tendo suscitado, no transcurso da história, as mais distintas interpretações. Kant, em particular, tornou-a objeto de avaliação em sua crítica a partir da distinção entre a ideia de cem táleres e cem táleres reais, com a intenção de mostrar a impossibilidade da dedução lógica da realidade a partir de uma ideia. Hegel, por sua vez, na *Lógica*, critica a formulação kantiana, retomando a questão de fundamentação de uma metafísica teórica, de uma nova forma de articulação entre a existência do conceito e a existência das coisas finitas via o seu processo de auto-determinação.
2. Ocorre que, segundo Heschel, provas da existência de Deus não seriam, em sentido estrito, "provas", visto que Deus não pode ser provado racionalmente, oferecendo-se a todo aquele que se espanta com a ordem do mundo, com a sua contingência, com o sublime que observarmos na natureza, com o mistério de nossa existência e das coisas que nos indagam sobre o nosso ser e nos impelem a uma busca, que se situa na origem da fé. A fé, enquanto resposta à

---

[71] Rosenfield, Denis. *Raison et Métaphysique moderne*. Paris: Vrin, 1997.

indagação existencial, é pressuposta pelo trabalho da razão. Deus apresenta-se a todo aquele que o procura, oferecendo-se à razão, sua existência, neste sentido, não estando em questão.

3. Na esteira de Maimônides e Santo Anselmo, Deus funcionaria na argumentação racional à maneira de uma realidade dada que é a pré-condição do ato mesmo de conhecer. "Assim como não há pensamento sobre o mundo sem a premissa da realidade do mundo, não pode haver pensamento de Deus sem a premissa da realidade da existência de Deus".[72] Sob esta ótica, o conhecimento da existência de Deus seria o reconhecimento de sua existência previamente admitida enquanto dada, presente à consciência. Ou seja, a razão reconhece algo que lhe é apresentado pela fé.

4. É bem verdade que trabalhamos com duas acepções diferentes de existência, a da existência material e tangível e a da existência imaterial e intangível, também dita espiritual. No primeiro caso, estamos tratando com os objetos de nossa existência cotidiana, empírica, cujo conhecimento parte de sua realidade mesma, imediatamente dada. No segundo caso, aparece como se fosse do mesmo tipo de realidade dada, uma condição que se apresenta sob a forma de uma exterioridade, mas completamente diferente por tratar-se da existência espiritual, imaterial e intangível.

5. Logo, as "provas da existência de Deus podem somar força à nossa crença; elas não a produzem".[73] A razão funcionaria como um reforço à crença, como quando Arnauld, o célebre interlocutor de Descartes e grande teólogo[74] do século XVII, elogia a prova cartesiana da existência de Deus, dizendo que ela é definitiva no que diz respeito a isto que Heschel denomina de reforço, um "somar forças". Note-se que a crença de Antoine Arnauld não estava em

---

[72] Heschel, *O último profeta*, p. 79.
[73] Ibid., p. 77.
[74] Arnauld, Antoine. *De la fréquente communion*. Paris: chez Antoine vitré, 1648. Rosenfield, Denis. "Arnauld entre a filosofia e a teologia". In: *Analytica*. Volume 5, número 1-2, 2000.

causa, porém como todo grande teólogo, no caso católico e jansenista, tinha um interesse manifesto pela filosofia e pelo trabalho da razão.

6. Heschel emprega uma afirmação bastante provocadora para o conhecimento filosófico, dizendo que a "afirmação 'Deus existe' é uma narração incompleta".[75] A sua completude viria da fé entendida como pressuposição desta afirmação. A narração filosófica teria enquanto condição a narração bíblica que lhe forneceria suporte, sempre e quando fosse compreendida como uma tarefa de apropriação pelo crente de Deus de seus mandamentos. Ocorre também que a "narração incompleta" seria uma forma de caracterizar a incompletude da própria razão que não deveria se dar uma tarefa impossível de cumprir por si mesma, sozinha, sem a necessária ajuda da crença. Se a "afirmação 'Deus existe' é uma narração incompleta", ela o é pelo fato de, a nível de princípios, a razão não poder jamais levar a cabo por ela mesma esse esforço de completude.

7. Segundo Heschel, a afirmação "Deus existe" não é, em termos kantianos, uma operação sintética, pois nada acrescenta a, senão sob o ponto de vista da elucidação, um conhecimento previamente dado no nível da consciência. A consciência de Deus é primeira em relação ao seu conhecimento racional. A afirmação "Deus existe" contém menos do que foi previamente dado, oferecido à consciência, sempre e quando essa se pôr e se predispor à busca do inefável, intangível e misterioso. A realidade absoluta do divino e a dimensão espiritual de toda a existência constituem um tipo de presença que se apresenta enquanto condição mesma do trabalho da razão. "Nosso pensamento não é mais do que uma pós-crença".[76]

8. Eis o ponto de partida de Heschel: "Nosso ponto de partida não é o conhecido, o finito, a ordem, e sim *o desconhecido dentro do co-*

---

[75] Heschel, op. cit., p. 78.
[76] Ibid., p. 78.

nhecido, o infinito dentro do finito, *o mistério dentro da ordem*".[77] Ou seja, é a presença espiritual do Absoluto que irrompe na presença material das coisas; é a existência do Absoluto que surge na existência empírica do mundo; é o mistério que aparece na ordem aparentemente inteligível das coisas.

9. As provas da existência de Deus seriam "essencialmente explicações de algo que já nos é intuitivamente claro".[78] Logo, o que a tradição filosófica veio a considerar como provas da existência de Deus, atos propriamente racionais, seriam nada mais do que explicitações de algo ao qual teríamos de antemão acesso sob a forma da intuição. A intuição seria primeira, a razão secundária e auxiliar. Ou melhor, a razão, de fato, nada provaria, sendo uma operação meramente analítica de explicitação do que nos é dado pela intuição.

Ocorre que, para que tenhamos acesso a essa realidade transcendente via coisas materiais, é de antemão necessário que o Deus transcendente já tenha sido intuicionado, de modo que possamos ter uma outra leitura da realidade material. Ou seja, a realidade material só ganha uma conotação transcendente se, de certa forma, o transcendente já estiver garantido, isto é, já tenha havido um acesso a ele. Em linguagem hescheliana: Deus "é real sem ser exprimível".[79] Eis por que faz parte da experiência religiosa o assombro diante do mundo, a admiração pelo ordenamento do universo, uma espécie de êxtase que pode alcançar o homem quando se volta para essas formas do desconhecido, abandonando as certezas da vida imediata e material. "A consciência do inefável é o ponto em que deve começar a nossa indagação. A filosofia, seduzida pela promessa do conhecido,

---

[77] Ibid., p. 73.
[78] Heschel Abraham J. *O homem não está só*. São Paulo, Editora Paulinas, 1974, p. 88.
[79] Ibid., p. 32.

abandonou muitas vezes os tesouros do incompreendido mais profundo aos poetas e aos místicos, embora sem o sentido do inefável não possa haver problemas metafísicos, nem consciência do ser como ser, do valor como valor".[80]

Contudo, esse ponto de partida de Heschel não deixa de ser, como qualquer ponto de partida, o produto de uma escolha de por onde começar. Há esta opção pelo ordenamento do universo, pelo maravilhamento frente ao mundo, pela intuição de que tudo isto se vincula ao Absoluto que assim se manifesta e pode ser, neste sentido, captado. Poderia, todavia, ter feito outra escolha, a da história do homem, atravessada pela violência, por guerras crescentemente mais cruéis, pelo desordenamento que resulta na barbárie. A Bíblia está repleta de exemplos deste tipo, embora, nela, haja, em todos, o seu enquadramento em uma teodiceia. Mais recentemente e, talvez, mais propriamente, poderia ter ele optado por Auschwitz, pela ameaça de criação de uma forma de humanidade totalmente voltada para o mal. Neste caso, seria muito difícil chegar a uma espécie de "intuição histórica" de Deus, que teria enquanto resultado um ordenamento divino do mundo. Heschel opera uma mudança de perspectiva, eludindo, desta maneira, a questão central que nasce da teologia pós-Auschwitz, a saber, onde estava Deus naquele momento? Como colocar a questão da mútua necessidade entre Deus e o homem em uma condição dialógica? Não seria essa formulação "Deus necessita do homem" ou a da parceria entre Deus e o homem modos de dizer finitos, formas de expressão voltadas para melhor abarcar a relação entre o homem e Deus? Ou seja, ele estaria utilizando uma forma alegórica para compreender o mistério da revelação divina, forma ainda mais particular por ser uma forma posterior aos campos de extermínio. De um lado, essa formulação permitiria uma espécie de espelhamento do homem em Deus colocando-o como parceiro em função

---

[80] Ibid., p. 20.

de suas próprias fraqueza e fragilidade em busca do inefável e da explicação existencial de sua vida. De outro lado, essa formulação permite isentar Deus de qualquer responsabilidade em relação a Auschwitz, como se a pergunta onde estava Deus neste momento devesse ser substituída por outra: o que fez o homem de seu livre-arbítrio? Teria havido uma sorte de rompimento da parceria entre o homem e Deus que se traduziria pelo assassinato em massa dos judeus.

A mesma questão "onde estava Deus"[81] é retomada em outros escritos. Considera ele também a história um "palco para a dança da força e do mal, sendo o juízo do homem incapaz de distinguir ambos, e Deus dirigente do espetáculo ou indiferente a tudo".[82] Contudo, a sua resposta consiste em uma simples retomada dos argumentos de Maimônides válidos para outra época ao assinalar que o nazismo teria acontecido por responsabilidade do homem, por ter abandonado Deus, por O ter exilado, por não seguir valores morais, por ter apagado a distinção entre o bem e o mal. A "culpa" seria "nossa".[83] Como, todavia, pode o Deus da Justiça, "o Deus das viúvas e órfãos", distinto por isto mesmo de Zeus, Deus grego, apaixonadamente interessado em beldades femininas, irado contra aqueles que lhe despertam ciúmes,[84] desinteressar-se tanto da sorte destas mesmas viúvas e órfãos? Há uma evidente desproporção entre a culpa e o castigo, sendo esse de tal grau que desafia qualquer tipo de retribuição.

O mundo vem à existência e, neste sentido, a uma existência espiritual, imaterial, sempre e quando o homem fizer parte deste processo, for parceiro da Criação divina. A criação contínua do mundo é um ato do homem aproximando-se de Deus,

---

[81] Ibid., p. 157.
[82] Ibid., p. 157.
[83] Ibid., p. 157.
[84] Ibid., p. 149.

reverenciando-o, não sendo o ato de um Deus isolado, separado do mundo, em particular do humano, mas de um Deus parceiro do homem que espera deste o cumprimento de suas obrigações, de seus mandamentos. Poder-se-ia, inclusive, dizer que um mundo abandonado ao mal, seria um mundo que deixaria de ser recriado, totalmente abandonado por Deus, um mundo em que o homem O teria abandonado. O mundo da maldade seria o da não criação contínua. Segundo Heschel, o homem é "livre para agir em liberdade e livre para perder a liberdade".[85] Ao escolher o mal, o homem perderia a sua liberdade, ele se tornaria servo de si mesmo, relegando voluntariamente o espírito que deveria guiá-lo. O homem é livre para agir livremente, de acordo com o Bem neste sentido, e livre para contrariar o Bem, mesmo para destruí-lo. O homem, porém, não é livre para não ter liberdade, visto que essa lhe foi outorgada por Deus: "não somos livres de termos de escolher".[86] A escolha é algo que se impõe ao homem, qualquer que ela seja: "somos, de fato, compelidos a escolher".[87]

Entretanto, o que significa uma escolha humana, no caso de Auschwitz, voltada para uma forma de maldade que procura precisamente abolir toda liberdade, toda vinculação do ato livre com o dever-ser moral? O mal colocar-se-ia, ontologicamente, como uma realidade que não apenas põe à prova o homem, mas procura abolir nele qualquer traço de união entre o ato livre e o Bem, entre a escolha e o dever-ser, entre a liberdade e Deus. A existência do mal seria de outra ordem daquela que o Bem lhe reservou moralmente. A radicalidade da existência do mal entra, por assim dizer, em outro jogo de linguagem, outra forma de "vida" ou de "não vida", que não se encaixa mais na do mal em sua acepção moral ou bíblica. Escolher o mal existencial, vincular a liberdade

---

[85] Heschel, op. cit., p. 412.
[86] Ibid., p. 412.
[87] Ibid., p. 412.

à realidade ontológica do mal, consiste em um ato de total supressão da liberdade, da moralidade e de Deus.

Tomada em sua radicalidade, essa teoria do livre-arbítrio concedido por Deus teria como contraponto uma concepção do homem enquanto "texto obscuro para si mesmo".[88] Ou seja, no interior desta obscuridade, a liberdade colocar-se-ia enquanto ausência de limites, única forma de dar conta do mal em sua maior radicalidade. Escreve Heschel: "Certamente é concebível que o homem possa continuar a existir sem ser humano. O ser humano e a condição de ser humano são expostos a perigo, esta última até mais do que o primeiro. A condição de ser humano sempre precisa ser salva do caos ou da extinção".[89] Se o seu livre arbítrio não se exercer em direção a Deus, no cumprimento dos mandamentos, o caos e a extinção seriam o seu destino. Dito de outra maneira, o mal está sempre à espreita e tanto maior será esse mal, tanto maior será a queda, quanto maior for o afastamento de Deus.

"O ser humano não tem limites, mas *ser* humano implica em respeito pelos limites".[90] Isto quer dizer que Deus criou o ser humano enquanto não tendo limites, podendo oscilar do bem supremo ao mal radical. A condição humana seria uma espécie de suspensão entre esses dois polos, cuja vereda rumo ao divino equivaleria a um comportamento moral atento aos mandamentos divinos. Só haveria, portanto, ser humano propriamente dito enquanto reconhecimento dos limites, reconhecimento dos limites que seriam muito mais amplos do que os kantianos, fundados em um ato intelectual em que a razão se dá seus próprios limites no reconhecimento da lei moral que ela própria se outorga. Em Heschel, esse reconhecimento dos limites se dá pelo reconhecimento do ser humano enquanto criatura divina que deve respei-

---

[88] Heschel, Abraham Joshua. *Quem é o homem?*. São Paulo: Triom, 2010, p. 22.
[89] Ibid., p. 44.
[90] Ibid., p. 111.

tar e obedecer ao Ser que o criou, Ser transcendente e único, cujas leis são de natureza revelada. Em um caso, trata-se de uma limitação racional; de outro, de uma limitação pela fé. Cabe, então, a pergunta: o que significa que Deus tenha criado um ser de tal complexidade, um ser que é um texto obscuro para sim mesmo, e capaz das maiores maldades? Poder-se-ia dizer que Deus seria isento de responsabilidade neste tipo de criação? Será que Deus teria criado um ser o mais perfeito possível, dentro da condição mesma da materialidade e da finitude humanas? O que seria essa teologia da radicalidade do livre-arbítrio que, simultaneamente, reconhece o seu caráter misterioso?

Como falar de Deus?

Os doutores do Talmud, os Rabis, se diziam *Hakhamim*, palavra que envolve várias significações, dentre as quais, a de sábio, *savant*, aquele dotado de conhecimento "científico", o homem racional. Note-se a dificuldade de tradução, pois temos tanto o significado próprio de sabedoria, quanto o de homem de ciência, enquanto a sua atividade própria era a de se dedicarem aos comentários da Torá e do Talmud e ao comentário dos seus comentários no transcurso de séculos. Teríamos, certamente, problemas, hoje, em considerar um homem com tal grau de conhecimento, "cientista", "filósofo" ou mesmo "sábio", pois essas significações modernas se aplicariam com dificuldade ao comentarista da Torá ou ao comentarista do comentarista, ou ao comentarista do comentarista do comentarista, sempre tendo como referência a mesma mensagem bíblica. No entanto, esses rabinos, ao se referirem aos filósofos gregos, utilizavam o mesmo nome: os *Hakhamim* da Grécia.[91] O espelhamento das significações é, aqui, da maior valia para que possamos nos

---

[91] Levinas, Emmanuel. *Quatre lectures talmudiques*. Paris: Les Éditions de Minuit, 1968, p. 18.

aproximar desta acepção que foge de nossos parâmetros habituais de pensamento e nomeação. Os *Hakhamim* seriam os "filósofos" do judaísmo talmúdico ou seriam os gregos os *Hakhamim* desta outra fonte da cultura ocidental? Trata-se do mesmo uso da razão?

No fatídico ano de 1940, já em plena guerra, porém antes da implantação dos campos de extermínio, Étienne Gilson, o célebre filósofo tomista, deu uma série de conferências em inglês na Universidade de Indiana, EUA, que foram posteriormente reunidas em um livro intitulado *God and the Philosopohy*, publicado pela Universidade de Yale. Digno de nota é o fato de ele, preliminarmente, referir-se a filósofos e professores que muito o influenciaram, com especial menção a Bergson, naquele momento ainda vivo, tido por ele como o maior filósofo de então, e a Lucien Lévy-Bruhl. Ambos eram judeus, o primeiro, o tendo iniciado nas especulações filosóficas do Deus da tradição judaico-cristã, o segundo, o fazendo ter um primeiro contato com Tomás de Aquino.

Já naquelas circunstâncias o antissemitismo grassava na Alemanha, tendo a França, por sua vez, uma tradição antissemita própria. Nestas circunstâncias, essas duas menções a filósofos judeus contrastam, precisamente, com esse ambiente de podridão política e, inclusive, intelectual. Não esqueçamos tampouco que filósofos e escritores importantes se declaravam antissemitas. Ademais, Gilson adota, desde o início de seu trabalho, a perspectiva filosófica das provas da existência de Deus a partir das tradições judaica e cristã, unidas sob um mesmo conceito de Deus. O que significa dizer que ele coloca-se em uma posição de união entre essas duas religiões mediante o procedimento teológico de aceitação de um Deus comum e, filosoficamente, adotando as provas de sua existência enquanto pertencentes a ambas. Seria tentado a dizer que as provas filosóficas da existência de Deus constituem uma espécie de ponte filosófica entre essas duas religiões.

Em sua perspectiva, Gilson acrescenta que a influência propriamente filosófica do judaísmo se deu quando do catolicismo que, em sua pregação dos Evangelhos, teria tornado o Deus dos judeus em Deus de todos os homens, um Deus efetivamente universal. Observe-se a ênfase dada na continuidade entre judaísmo e cristianismo e não em sua descontinuidade, tratando-se, em suma, do mesmo Deus, em etapas diferentes de transmissão de uma mesma mensagem religiosa. Digno ainda de nota é que tal referência tenha sido feita em uma época que já prenunciava o extermínio dos judeus, o que, neste sentido, seria uma afronta não apenas a um povo determinado, mas à própria humanidade através da noção de um Deus único, universal a todos os homens, fundamento, precisamente, da civilização.

Mais especificamente, Gilson toma como ponto de partida filosófico o Deus judaico, tal como se apresenta na Livro do Êxodo, que, na Bíblia hebraica, é, certamente, o de maior repercussão metafísica e moral. Tratar-se-ia, em certo sentido, da maior formulação religiosa e filosófica do povo judeu. Em particular, ele cita a passagem deste livro em que Moisés pergunta a Deus o que dizer quando interpelado por judeus ávidos de saberem quem os envia. A reposta, na tradição cristã, se fez sob a expressão "eu sou quem sou", enquanto, na hebraica, tinha a forma futura do "serei quem serei", o verbo estando originariamente no tempo futuro e não no presente. De onde surgirá a proposição de maior relevância metafísica por introduzir uma nova noção de existência: Jeová (Yahweh) tem o significado daquele "que é", "que existe".[92] Logo aquele que existe imaterialmente, eternamente, conjugando em si mesmo o presente e o futuro, em uma acepção totalmente diferente daquela que empresta o significado da existência material, transitória, temporal e precária, isto é, a existência sensível. A forma do futuro permite, inclusive, a interpretação de que Deus será aquilo que os seus trans-

---

[92] Ibid., p. 61.

missores fizeram na obediência dos seus mandamentos, ou seja, Deus será, existirá, através do seu povo e de seus descendentes. Deus depende daqueles que o acolhem e reconhecem.

Coloca-se a questão de como nomear este ser que se dá enquanto existente não apenas no presente, mas perpetuamente projetando-se para o futuro, acoplando, desta maneira, o conceito de existente ao de atemporalidade, e fazendo-o mediante um diálogo constante com os seus destinatários. Filosoficamente, o nome de Deus, enquanto Jeová, significaria "simples existência",[93] apresentando-se enquanto revelada em sua simplicidade mesma. Note-se que a linguagem do Êxodo está voltada para uma tribo de escravos, apenas libertos, que, em suas circunstâncias, devem poder se alçar a essa compreensão. Não pode se tratar de uma linguagem, digamos rebuscada, que teria dificuldades de encontrar interlocutores que lhe conferissem a sua verdadeira significação. A mensagem deve estar em consonância com a comunidade de linguagem e de vida à qual se dirige. Mesmo assim, a conquista conceitual da religião judaica é enorme ao ter introduzido uma acepção totalmente diferente da existência enquanto existência imaterial, transcendental, espiritual, revelada, em tudo distinta de nossa acepção corrente de existência, enquanto material, transitória, empírica, independentemente de qualquer revelação.

Mais ainda, estabeleceu um novo vínculo entre essas duas formas de existência, em que uma funciona enquanto expressão da outra, expondo uma outra conexão entre a ordem do transcendental e a do finito. Nesta perspectiva, passa a não mais ser possível conceber a existência material em si mesma, independentemente da existência espiritual e divina, que é considerada, então, causa de toda existência material. Ou seja, as acepções correntes do ser só ganham a sua plena significação quando

---

[93] Maimon, Solomon. *An Autobiography*. Urbana e Chicago: University of Illinois Press, 2001, p. 181.

postas em relação à nova noção de Ser supremo. Da mesma maneira, a noção de causa ganha a conotação específica de uma causalidade divina que é causa de tudo e, em si mesma, incausada. Uma noção de causalidade não material.

Salomon Maimon observara[94] precisamente que o nome Jeová (para os talmudistas Shem haezam) é o "nome próprio de Deus", aquele que expressa a sua essência, sem nenhuma referência às suas operações, ações. Trata-se de Deus enquanto existente, dotado de uma forma específica de ser, que é dita segundo esse nome singular. Ora, é essa forma peculiar de existência que é considerada como expressando a sua essência, em cujo caso seríamos logicamente obrigados a dizer que a essência de Deus é a sua própria existência, a partir deste nome próprio Jeová. É claro que, para estabelecer essa equivalência entre essência e existência, torna-se necessário que a noção mesma de existência sofra todo um processo de ressignificação, vindo a significar uma existência de outro tipo: una, transcendental, imaterial, incausada. Pode-se, então, compreender que essas determinações da existência corresponderiam à sua própria essência, introduzindo a noção de um Ser supremo, perfeito, causador de todas as outras formas de ser.

Eis por que os outros nomes de Deus possuem uma toda outra conotação, na medida em que expressam atributos que Deus possui em comum com o homem, com todas as outras criaturas, havendo uma graduação de Ser até o ser supremo propriamente dito. Assim, "Elohim" significa "Senhor", "Juiz"; "El" significa "O Todo Poderoso"; "Adonai" significa também o "Senhor". Todos esses nomes de Deus, salvo o de Jeová, seriam nomes analógicos, derivados de atributos humanos que seriam, então, aplicados a Deus em graus diferentes de ser. Jeová seria, assim, o único nome próprio em seu sentido mais eminente. Logo, o Deus judaico, poder-se-ia dizer, seria o Deus metafísi-

---

[94] Ibid., p. 182-3.

co por excelência, possibilitando um outro tipo de interpelação filosófica, baseada em novos conceitos como "existência imaterial", "criação do mundo", "criação da natureza", "livre-arbítrio", "liberdade de escolha", "Ser supremo", "ordenamento imaterial do mundo", "homem enquanto criatura". Note-se a referência a conceitos filosóficos e não religiosos, que se situariam em um outro registro, no da linguagem propriamente bíblica, mediante conceitos como "Deus único", "temor", "obediência", "mandamentos morais absolutos", "prescrições ou regras a serem seguidas", "amor", "assombro", "arrependimento" e assim por diante.

Neste sentido, o Deus judaico, em sua prolongação cristã, colocou a questão do nome de Deus enquanto "eu sou", "eu existo", enquanto princípio de todas as coisas, o que quer dizer que colocou uma outra questão propriamente metafísica, a da relação entre um ser imaterial, que existe eternamente, dotado de uma forma específica de existência, e os seres materiais, sensíveis, que, em sua pluralidade, se prestam a distintas formas criadas de temporalidade. Ou seja, a questão da existência em suas diferentes acepções tornou-se o problema filosófico por excelência. Isto faz, inclusive, com que Gilson diga que a filosofia dos cristãos é "existencial" por direito próprio.[95] Ou ainda, a pergunta filosófica por excelência também poderia ser formulada da seguinte maneira: "o que é o ser?", e não mais à moda grega: "o que é a natureza?".[96]

Uma vez estabelecida essa confluência entre as tradições judaico-cristãs de um lado, e a filosofia grega de outro, surge um problema filosófico de natureza completamente distinta, a saber, o de quais são os limites da razão, até onde essa pode ir na exploração desta outra forma de existência, nomeada em um ser que é dito "aquele que é ou existe", sem outra fundamenta-

---

[95] Gilson, Étienne. *Dios y la filosofía*. Buenos Aires: Emecé Editores, 1945, p. 62.
[96] Ibid., p. 64.

ção senão este ato de dizer e sua recepção religiosa, primeiro no povo judeu, e, posteriormente, no cristão. Ou seja, há um "infinito vazio metafísico",[97] no dizer de Gilson, que medeia – ou deixa de mediar – um Ser supremo cuja forma de existência é imaterial e inacessível racionalmente ao espírito humano, um ser auto-suficiente, e um mundo de criaturas, dotadas de formas de existência material, finita, cuja mais nobre, o homem, se caracteriza por ser a de uma busca incessante de sua essência própria. O homem do Eclesiastes à procura do sentido da vida, à procura daquele que é por si mesmo, o Sumo ser. Como pode a razão ultrapassar essa distância infinita, como pode a razão conhecer o que lhe aparece como incognoscível?

No começo, biblicamente falando, surge o ser finito enquanto violência e desordem. Sua forma primeira de existência se apresentaria sob a forma do caos. Na ótica de Levinas: "...o ser por si mesmo é apenas violência e que nada se opõe mais a esta violência do que a lei da Torá que lhe diz não".[98] No Livro do Gênesis, o caos primeiro através do qual se faz a criação e o seu ordenamento natural; no Livro do Êxodo, a desordem das relações humanas se fazendo através da escravidão e do politeísmo. A mensagem da Bíblica hebraica seria um dizer não à violência originária, que pressupõe, da parte dos homens, em particular do povo hebreu, a responsabilidade moral de dizer não. O mundo, nesta acepção originária, seria o local da desordem, do caos, do abandono e da desolação, sendo a Torá a elaboração ou a revelação de uma concepção que propõe uma outra forma de organização do mundo e da vida moral.

Mais especificamente, Levinas faz uma espécie de filosofia moral da linguagem sacra ao comentar um texto do Talmud, em uma análise baseada na leitura do Êxodo, embora possa remeter, na verdade, a toda a Torá. Assinala ele que a função original da pa-

---

[97] Ibid., p. 73.
[98] Levinas, op. cit., p. 85.

lavra, do discurso, não consistiria em uma nomeação de objetos para a comunicação com outrem, mas em assumir uma posição de responsabilidade em relação ao outro. A filosofia em sua acepção originária seria uma filosofia moral, articulando metafisicamente os dois sentidos da existência, o imaterial e o material, o infinito e o finito: "a responsabilidade seria a essência da linguagem".[99] Engajar-se através da palavra significa assumir uma responsabilidade, o que modernamente aparece no próprio conceito de contrato. Conceito que, aliás, se encontra na origem das formas políticas do contratualismo. Neste sentido, o judaísmo situar-se-ia na origem destas formas modernas de instituição da sociedade e do Estado. Contudo, a questão é, aqui, de ordem metafísica engajando uma forma de estar-aí do homem no mundo, indagando sobre o seu ser e a sua causalidade na esfera do não material.

Ressalte-se, com este propósito, três traços do significado filosófico do judaísmo enquanto origem e fonte da cultura ocidental. Atentemos a *Jerusalém*:

1. Poderíamos dizer que, no *Começo*, havia o caos. O mundo seria, seguindo o livro do Gênesis, constituído de uma matéria caótica cuja forma teria sido dada pela Criação divina. Ou seja, o conceito de Criação teria a acepção de uma dação de racionalidade a uma matéria caótica, a ordem regrada que asseguraria o desenvolvimento do mundo, no sentido material da palavra. Logo, o conceito de Criação ao possuir essa acepção de dação de racionalidade, de dação de ordem, de regramento, significa tornar o ser, concebido inicialmente como caos, ser sensato, ser racionalizado, ser ordenado. A Bíblia hebraica teria a acepção de um dizer não ao caos originário do ser, conferindo-lhe uma outra significação, a de uma racionalidade que lhe confere um outro sentido, o próprio. Ocorre, contudo, que caberia a seguinte pergunta: será que a oposição entre transcendência e imanência ainda tem

---
[99] Ibid., p. 46.

significação se optarmos por essa concepção do ser dotado de sentido pelo ato criador? A rigor não haveria ser sem o ato de sua Criação, mas caos, ausência de sentido.

2. Poder-se-ia ainda dizer que, no *Começo*, havia violência, desordem humana, seguindo, desta feita, o livro do Êxodo. Quando Moisés liberta os judeus do Egito, extraindo-os da escravidão, ele os conduz ao Monte Sinai onde os Dez Mandamentos lhes são outorgados, revelados. Ao dirigir-se a este povo de escravos, acostumados à violência, à submissão e, em linguagem hobbesiana, vivendo em um estado de guerra de todos contra todos, ele lhes transmite as Tábuas da Lei, de valor universal, que deveriam passar a reger a sua conduta. Neste sentido, o judaísmo estaria alicerçado em um conceito moral do ser, o dos princípios e valores universais, que seriam assumidos com responsabilidade para todo o sempre. O livro do Êxodo formularia um novo conceito de ser, desta feita, o de sua universalidade moral, dirigida a toda a humanidade, sendo os judeus os seus veículos primeiros e intermediários, os transmissores da mensagem. A Torá seria um dizer não à violência originária do real, à desordem humana, onde não reinava nenhum sentido universal do homem. O mundo dos homens se descortinaria, assim, de outra maneira, apresentando-se como negação do que, desde então, e para todo sempre, seria a violência. Surgiria a ordem moral do ser, que deveria passar a dominar, doravante, toda a humanidade: "O ato pelo qual os israelitas aceitam a Torá é um ato que dá sentido à realidade. Recusar a Torá significa levar de volta o ser ao nada".[100] A realidade careceria de sentido, sendo somente o jogo bruto da vontade de poder, o desregramento próprio da violência, uma vida sem norte, o nada da imoralidade. A Torá acolheria moralmente o homem, sem o que a sua vida careceria de sentido, estando ele abandonado à desolação de um mundo sem significação: admitir a Torá significa "admitir as normas de uma justiça universal".[101]

---

[100] Ibid., p. 90.
[101] Ibid., p. 141.

3. Daí decorre a dimensão messiânica do judaísmo, que seria nada mais do que a realização desta acepção moral do ser, entendida, deste modo, como efetivação futura da concepção moral da humanidade, quando todos os homens seriam redimidos. Seria igualmente tentado a dizer, retomando a linguagem hegeliana, que estaríamos diante da espiritualização do ser, do ser que se descobre enquanto espírito no transcurso da história. A história estaria – sempre – alcançando o seu desfecho, a sua realização, a culminação de seu desenvolvimento. Não haveria aqui necessariamente uma dimensão utópica, embora ela possa ser uma de suas traduções, como é o caso do messianismo político, do qual Marx é um representante. Contudo, não necessariamente precisaríamos recorrer a essa dimensão utópica, permanecendo na ideia de uma concepção moral do homem, em constante aperfeiçoamento, reconhecendo, preliminarmente, que o homem não cessará jamais de ser matéria, constituída de caos, desordem e violência, exigindo um constante dizer não a essa dimensão sua. A Bíblia hebraica seria uma resposta, contemporânea, às concepções baseadas na realização ilimitada do desejo, do egoísmo desenfreado, da dominação do outro. Conviria, ainda, ressaltar que se trata de uma concepção moral do homem e não a de uma política de tipo marxista, a primeira baseada na liberdade e na responsabilidade, enquanto a segunda estaria baseada em um forma de organização estatal que aboliria, precisamente, a liberdade de escolha que se encontra no fundamento do judaísmo e da vida moderna.

Coloca-se, então, como questão central a do estatuto da liberdade, a de seu significado último, pois dele depende todo o processo de responsabilização, sobretudo quando remetido a questões extremas como as provenientes da maldade em sua acepção existencial. Responsabilização do homem diante dos seus atos ou responsabilização de Deus por ter concedido ao homem um tipo de arbítrio que pode se voltar contra aquilo mesmo que podemos considerar como criação, ordem, regramento e contenção da violência. Há uma fórmula muito sugestiva de Elie Wiesel[102] quando escreve que o projeto nazista consistia em fazer do mundo não apenas *Judenrein* (limpo de judeus, purificado deles), mas *Gottrein* (limpo de Deus, purificado dele). O que pode bem significar um projeto de Criação que inclua a possibilidade de que ela própria deixe de ser? O que pode bem significar um projeto de Criação divina que inclua como possibilidade que Deus desapareça do mundo?

Se ainda quiséssemos perseverar nesta via da "responsabilidade divina", teríamos de dizer que o "erro" de Deus teria consistido em dotar o homem de liberdade, o que seria um "erro", por assim dizer, "originário", que remontaria à própria Criação do mundo e a seu relato no livro do Gênesis. Mas teria sido possível Deus ter criado um mundo sem o homem, restrito, por exemplo, ao mundo natural? Faria sentido um mundo que não louvasse a Deus, que não o honrasse, que não o negasse, inclusive? Um mundo carente de um ser que pudesse escrever a Bíblia, expondo a Criação, os seus meandros, os seus chamamentos, o seu desenvolvimento? Um mundo desprovido de um ser que, em sua liberdade, pudesse seguir os seus mandamentos de ordem religiosa e moral? Um mundo sem o homem não poderia propriamente ser chamado mundo. Seria um mundo mudo e, neste sentido, um mundo sem Deus.

Eis por que o lugar atribuído ao homem é da maior importância, porque da mesma maneira que o homem precisa de Deus, Deus precisaria do homem. Deus precisa do homem para que o seu nome seja louvado, para que o seu mistério seja respeitado, para que os seus distintos nomes sejam estudados e para que os seus mandamentos sejam observados. Deus chama o homem a si, pois assim a Criação encontra o seu caminho – mesmo a sua validade – e o próprio homem colocar-se-ia no caminho da Redenção. O homem só pode encontrar Deus se for ao seu

---

[102] Wiesel, Elie. *Les portes de la forêt*. Paris: Éditions du Seuil, 1964, p. 165.

encontro, se se esforçar para se colocar no seu encalço, se se apropriar da Bíblia e de sua herança. Sem esse esforço, o resultado só poderia ser o vazio do nada. Nas palavras de Heschel: "Há uma associação entre Deus e o homem. Deus necessita de nossa ajuda. Eu definiria o homem como uma necessidade divina. Deus necessita do homem".[103]

Essa solução teológica, contudo, não está isenta de perigos, uma vez que atribui a Deus uma carência, a carência que só pode ser preenchida pelo homem e por suas ações. A ideia de "perfeição" divina, de um ser completo e independente, não conviria, nesta perspectiva, ao ser de Deus, salvo se a entendermos sob a forma de um falar analógico, que necessitaria, por exemplo, à la Maimônides, de uma correção racional. Ocorre, porém, que a formulação de Heschel não é aqui analógica, nem emprega parábolas ou outro tipo qualquer de expressão metafórica. Pelo contrário, procura colocar-se racionalmente no cerne mesmo das questões teológica e filosófica. Assim compreendidas, essas questões nos remeteriam a uma interpretação do ser divino e de seu agir que colocaria o homem enquanto "parceiro" de Deus, constituindo um tipo de parceria que estaria, de certa forma, dentro da natureza mesma de Deus. Não seria uma parceria entre duas entidades distintas, um contrato entre partes, mas uma parceria de Deus consigo mesmo ou, em sua outra vertente, uma parceria do homem consigo mesmo naquilo que possui de mais elevado e digno de si. Como se faria essa parceria à luz da maldade existencial? Como se dariam os chamamentos e as suas respostas?

O MAL ENQUANTO QUESTÃO

Onkelos, um nobre romano sobrinho de Adriano, convertido ao judaísmo e que se tornou além de um homem piedoso um grande sábio, tradutor da Torá para o aramaico, vivia na Palesti-

---

[103] Heschel. *O último dos profetas*, p. 36.

na quando seu tio mandou buscá-lo para ser julgado em Roma, provavelmente para ser morto devido à sua conversão. Segundo a história, teriam sido três incursões, todas elas malsucedidas, pois Onkelos sempre conseguia converter ao judaísmo os soldados romanos. Na última delas, reza a lenda, os soldados tinham ordens de não deixá-lo falar, pois a conversão era sempre o seu desfecho. Fizeram o estipulado até um determinado momento em que lhe perguntaram o porquê de uma mezuzá (batente) na porta de sua casa. A sua resposta foi a de que elas simbolizavam a defesa da casa pelo Deus dos judeus, que estava assim protegida, não necessitando de soldados. Ou seja, o Deus judaico seria mais poderoso do que os exércitos romanos. Teriam também esses soldados sido convertidos.

A questão que não podemos deixar de suscitar é a de se essa fala de Onkelos ainda teria validade, pois as tropas nazistas não respeitaram as mezuzás, foram mais fortes do que elas, adentrando-se nos lares judeus e enviando os seus moradores como gado ao abatedouro, denominados de campos de extermínio. Poderia essa lenda ser repetida, visto que Deus estava ausente diante das hordas da SS? Não se trata, evidentemente, de uma pergunta banal, sobretudo quando nos confrontamos às barbaridades cometidas nos campos de concentração e de extermínio. Não se trata tampouco de uma indignação moral, por mais elevada que seja, caindo em parâmetros conceituais que se aplicariam também a outras barbáries. A questão que se coloca é a da especificidade deste fato, sua novidade radical à luz da história. O que há nele de novo que exigiria um outro esforço de pensamento, uma outra concepção do homem, do mundo e da história?

Não convém todavia, esquecer que, religiosamente, a vinda do Messias seria precedida pelas piores catástrofes, tanto em Maimônides quanto no Talmud[104] e na mística judaica. Segun-

---

[104] *Le Talmud*. Traité Pessahi. Paris: Gallimard/Folio essais, 2003, 118a ...os sofrimentos que precederão a vinda do Messias..."

do essa última, a catástrofe é compreendida por estar inscrita em um marco religioso conceitual que lhe conferiria significação. Não se trata apenas de um massacre, de um assassinato coletivo, de uma expulsão, mas de qual é a acepção de cada um destes fatos conforme a concepção religiosa vivida naquele então. Assim, a expulsão dos judeus da Espanha, em 1492, inscreveu-se em um parâmetro existente que se mostrava, porém, insuficiente para dar conta do ocorrido. Surge, então, em uma releitura teológica, a ideia do caráter redentor da catástrofe, que terminará por dar lugar à Cabala em sua acepção messiânica na obra, por exemplo, de Isaac Luria.[105] É a ideia de que a era messiânica estaria próxima, precisamente por esta catástrofe ter acontecido, sendo essa um signo anunciador daquela. O fato reside em sua inscrição em uma concepção de mundo que lhe confere sentido.

Nas filosofia e teologia judaicas, Emile Fackenheim[106] seja talvez o pensador que melhor conseguiu reformular a questão do mal, afastando-se, decisivamente, da concepção maimonídica, perguntando-se, perplexo, como Deus permitiu o nazismo, ou ainda, onde estava quando esses agentes do mal perpetravam as priores atrocidades contra o povo judeu. A sua perplexidade não é a de um errante no mundo, de alguém que tenha se afastado dos preceitos de Deus, mas de quem os observando coloca questões que fogem do marco conceitual do judaísmo e, mais precisamente, do pensamento ocidental. A sua filosofia a propósito do Holocausto recoloca o problema do mal em termos ontológicos, não podendo mais ser pensado apenas nas acepções morais das tradições judai-

---

[105] Scholem, Gershom G. *Les grands courants de la mystique juive,* Paris, Payot, 1977, p. 264.
[106] Cf. Fackenheim, Emile. *What is Judaism?* New York, Collier Books, 1987; *The Jewish Bible after the Holocaust. A Re-reading.* Bloomington e Indianápolis. Indiana University Press, 1990; *Penser après Auschwitz.* Paris: Les Éditions du Cerf, 1986.

ca e cristã. Auschwitz põe em cena a razão defrontando-se com uma forma de irrazão que não consegue abarcar, que a transborda.

Nesta perspectiva, uma outra abordagem da questão do mal seria a de considerá-lo sob a forma de sua existência própria, sem que para isto intervenha a sua definição negativa em relação ao bem. Ele seria uma forma de existência oriunda da ação humana que só poderia ser considerada sob a forma da transgressão se adotássemos uma perspectiva moral. Se a abandonarmos, ele necessitaria ser analisado sob o modo de uma ação humana que se dá seus próprios parâmetros e, inclusive, suas formas próprias de "justificação". Quero dizer com isto que o mal desta forma conceitualizado poderia ser definido enquanto mal ontológico ou existencial. Neste sentido, o nazismo não seria uma forma de mal moral, mas uma forma de mal ontológico, cuja radicalidade, por assim dizer, escapa de nossos parâmetros racionais habituais, colocando-se, precisamente, como um desafio para o pensamento. Como pensar o que foge do campo mesmo do que viemos a considerar como racional? Como se pode pensar como autônoma essa forma de "irrazão"?

Hannah Arendt, ao refletir sobre o caso Eichmann, em uma carta a Scholem,[107] aborda o conceito de mal desde uma perspectiva quantitativa, como se ele tivesse apenas se potencializado na época da técnica e da alta industrialização. O assassinato coletivo não teria mais uma dimensão por assim dizer artesanal, pré-nova técnica, mas industrial, em escala até então desconhecida. Eis por que ela chega a escrever que o mal "nunca é 'radical'", por ser somente extremo, não possuindo tampouco "profundidade" nem dimensão "demoníaca". O conceito de mal

---

[107] *The Correspondence of Hannah Arendt and Gershom Scholem.* The University of Chicago Press, 2017, carta 133. Cf. Lafer, Celso. *A reconstrução dos direitos humanos.* São Paulo: Companhia das Letras, 1988, p. 179.

radical, utilizado nas *Origens do totalitarismo*, a partir da retomada de uma alusão kantiana na *Religião nos limites da simples razão*, já não é mais agora de valia, pois ao perscrutá-lo nada se encontra, uma vez que só o bem teria "profundidade" e poderia ser "radical". Ao se investigar a natureza do mal sob o nazismo, só se encontraria a sua banalidade, não possuindo ser em si mesmo. É uma banalidade que choca ao significar homens "normais" que, sob determinadas circunstâncias, abandonam toda "normalidade", alçando-se "simplesmente" ao exercício industrial da morte violenta. O problema torna-se, assim, de capacitação profissional. Desta maneira, Arendt se interdita a pensar o mal sob a sua forma existencial, restringindo-se à sua acepção moral, que é negativa em relação ao bem que, ele, possuiria raízes próprias.

Quanto à banalidade de Eichmann, o processo revela um homem melífluo, afeito ao uso de duplicidades e dubiedades, senhor de si, controlando perfeitamente o que diz, sempre se escudando em ser uma pobre vítima de uma máquina muito maior do que ele. Omite sua responsabilidade de uma forma calculada e deliberada. O contraste, por exemplo, é flagrante quando confrontado a um manuscrito de declarações suas, anterior à sua captura, a um jornalista holandês, Willen Sassen, ex-nazista, com páginas corrigidas à mão por ele mesmo. Lá se jacta de todo o seu poder, assume suas responsabilidades, diz que teria gostado de ir além, expõe o seu imenso prestígio. Milhões de judeus deveriam ser mortos sim, porque eram o "inimigo" a ser destruído.[108] Confrontado a este documento, seu único argumento foi que teria bebido demais! Até a bebida serve como desculpa, para além de ser uma simples mentira.

Lá, assim como em outros testemunhos de nazistas colegas seus, aparece um personagem fanático, cioso de seus deveres, apressando-se nas matanças, indo, inclusive, além das ordens recebidas. O que contava era assassinar o máximo de judeus no

---

[108] Ibid., p. 95.

menor espaço de tempo. Contradições são inúmeras, tudo para fazer apagar a sua responsabilidade. Na prisão em Jerusalém, interrogado pelo comissário Less, falava sem parar, em um relato em muitos pontos verossímil, assumindo pelo menos parcialmente sua responsabilidade. Confrontado com falas suas, se desdiz e procura sempre evadir-se. Prefere citar um livro, o de Poliakov, *Breviário do ódio*, em vez de relatar a sua própria experiência como carrasco. Assume supostamente a posição de "historiador", discutindo documentos, em vez da de ator político em uma das mais terríveis experiências da humanidade. Hannah Arendt simplesmente caiu em sua armadilha.

O procurador-geral, Gideon Hausner, em seu requisitório, coloca Eichmann em sua posição de responsável das matanças por ele mesmo organizadas, distante, evidentemente, de suas trapaças e ardis, como se fosse um mero coadjuvante na orquestração e organização do Holocausto. Baseia-se, para além dos testemunhos abundantes, nos interrogatórios do comissário Less e em seus depoimentos ao jornalista nazi-holandês. A partir desses últimos, reconhece que, ao receber ordens, agiu "com todo o fanatismo de um velho nacional-socialista",[109] colocando todo o seu empenho na realização de seu "projeto", com um zelo tal que lhe permitiu ser reconhecido pelos seus superiores. Gabava-se de sua "competência". Estava imbuído de estar realizando uma missão, pois o destino lhe teria conferido "um horizonte espiritual" que o designara particularmente para esta tarefa.[110] Sua adesão voluntária ao empreendimento de assassinato do povo judeu – e dos que a ele foram associados como ciganos e Testemunhas de Jeová – correspondia plenamente à sua concepção de mundo, à missão que estaria preenchendo. Não há nada banal neste tipo de comprometimento. É a consciência de si nazista em ação.

---

[109] Ibid., p. 108.
[110] Ibid., p. 109.

Himmler, também, poderia ter sido um excelente objeto de análise, exemplar em sua maldade, uma espécie de protótipo histórico. Enquanto pai de família, aparece como alguém aparentemente normal, preocupa-se com a construção da casa e de seus jardins, apesar de seus traços sádicos com uma criança que adotou para criação. Escreve regularmente à sua mulher, embora logo tenha uma amante, com quem teve dois filhos. Sua mulher, Marga, quando de sua ida a Dachau, para visitar um Instituto de Botânica, pertencente ao complexo deste campo de concentração, construído em condições penosas pelos detentos, considerou esse lugar um "jardim encantado".[111] Do ponto de vista sexual, estava de acordo com a política da SS de expansão demográfica por meios naturais, fora das convenções, sempre e quando o casal ou casais fossem "arianos". Conforme a sua formulação, cada casal deveria ter pelo menos quatro filhos. Contudo, não é essa a questão. Ela reside em que fez parte da decisão que levou à criação dos campos de concentração e, depois, de extermínio, mediante sua política sistemática de eliminação violenta de judeus, ciganos, Testemunhas de Jeová, deficientes físicos e psicológicos, e adversários políticos como socialistas e comunistas. Ressalte-se a deliberação pela maldade, a de início da cadeia de ordens que deveria ser cumprida pelos subalternos. É ele que cria a cadeia produtiva da morte, implementada pela SS, pela Gestapo, pelos comandantes e guardas dos campos de concentração e extermínio, pela polícia civil, todas reunidas sob o seu comando.[112]

Vladimir Jankélévitch assinala, a propósito, que, olhando de perto, "o carrasco é mais bem simpático e o sadismo não se lê sempre na face de um sádico".[113] Não haveria, portanto, por

---

[111] Wildt, Michael e Himmler, Katrin. *Heinrich Himmler segundo a correspondência com sua mulher. 1927-45.* Paris: Plon, 2014, carta de 19 de julho de 1941.
[112] Ibid., p. 22 da Introdução e toda a correspondência.
[113] Jankélévitch, Vladimir. *L'imprescriptible. Pardonner? Dans l'honneur et la dignité.* Paris: Éditions du Seuil/Pont, 1986, p. 30.

que se surpreender com a "banalidade" de personagens como Eichmann ou Himmler, pois se trata de um problema de quem vê, dos parâmetros empregados, não conseguindo perceber o outro por trás daquela face aparentemente normal. Ao contrário de uma certa mensagem por alguns aceita, os nazistas em sua grande maioria eram sádicos, apesar de pretenderem apresentar-se ideologicamente como impessoais, não afeitos a emoções no sofrimento, tortura e morte alheia, como se fossem a expressão de uma outra "sobre-humanidade" por vir, conforme já observado. Os exemplos dos campos são abundantes, os mais destacados sendo o do tipo de morte infringida a bebês e crianças, que, sob o olhar de mães impotentes, tinham de suportar as suas crias sendo atiradas contra os muros, esfacelando os seus cérebros ou sendo objeto de tiro ao alvo. O carrasco podia, posteriormente, ser "normal", "banal", ao escrever carinhosamente à sua mulher e aos seus filhos.

Posteriormente, Hannah Arendt, em seus *Diários de pensamento*, reelabora esta questão, recolocando-a em termos ontológicos e reconhecendo a limitação filosófica de uma abordagem estritamente moral.[114] Quando nos defrontamos com questões de ordem moral na vida cotidiana, quando qualificamos uma pessoa ou uma ação como má, tal conduta dá lugar a sentimentos morais como compaixão, comiseração e, mesmo, perdão. A relação com o outro assenta-se em parâmetros morais tanto para o bem quanto para o mal, engendrando, inclusive, um terreno comum de entendimento e moralidade. Quando passamos, porém, para os fenômenos históricos que seriam nomeados pela expressão de "mal radical", esses sentimentos desaparecem, dando lugar a expressões de horror, de não reconhecimento, de alteridade absoluta, não ensejando nenhuma comiseração nem compaixão, nem perdão, aos seus executores.

---

[114] Arendt, Hannah. *Journal de pensée 1950/1973*. Paris: Seuil, 2002, p. 135, julho de 1951, e p. 149, setembro de 1951.

Isto é, as categorias morais não mais se aplicam a tal tipo de experiência histórica, pois foram, por assim dizer, implodidas no momento em que a relação com o outro é objeto de um rompimento total.

Os termos de "bem" e "mal" são termos relativos, um se posicionando em relação ao outro, com a primazia do ser, do positivo, sendo atribuída ao primeiro. Entretanto, valeria a mesma correlação no que toca ao termo de "mal radical"? Poderia ser ele correlacionado ao termo de "bem radical"? A própria formulação da pergunta remete, na verdade, a um problema de ordem ontológica, na medida em que a utilização arendtiana do termo de mal "radical" surgiu da necessidade, nas *Origens do totalitarismo*, de nomear um fato, correspondente, portanto, à descrição de um fenômeno. Ora, neste sentido, poder-se-ia dizer que o "mal radical existe", não sendo, ao mesmo tempo, apropriado dizer-se que o "bem radical existe",[115] salvo, talvez, nos relatos religiosos de anjos, não se aplicando este termo nem aos santos, que sempre tiveram antes a experiência do mal e do pecado, à qual se seguiria a salvação e a redenção. O termo "bem radical" nada nomeia, não se aplicando a nenhuma descrição de um fato. Mais especificamente ainda, o "mal radical" existiria historicamente, suscitando, por sua mesma existência, uma abordagem de tipo ontológico. Dito de outra maneira, a existência tomada enquanto predicado poderia ser atribuída ao "mal radical", não cabendo o mesmo procedimento lógico no que diz respeito ao "bem radical". Logo, a ideia de mal radical corresponderia à necessidade de elaboração de um conceito que excede, transborda, a acepção tradicional da maldade em sua significação moral, passando a exigir um enfoque existencial. E é este transbordamento que se torna objeto de pensamento ao propiciar a reflexão sobre esta espécie de sem fundo da natureza humana.

---

[115] Ibid., p. 370, abril de 1973.

Na linha de não enquadramento de Auschwitz nas categorias das teologias judaica e cristã, encontra-se Hans Jonas, acompanhado por Catherine Chalier, ao sinalizar para a elaboração de um conceito positivo de mal, pois sua acepção de mera privação torna-se falha, insuficiente, ao defrontar-se com esta significação inaudita de deformação da natureza e da liberdade humanas. Em Auschwitz, Deus teria ficado "mudo",[116] cabendo pois à filosofia indagar o seu silêncio, silêncio de uma teologia que não sabe o que dizer, presa em parâmetros conceituais que não lhe fornecem nenhuma explicação. Isto o leva a elaborar um conceito de Deus destituído do atributo da onipotência, na medida em que, ao criar o mundo, Ele teria aberto, por assim dizer, espaço para que obstáculos a ele se oponham, aqueles que se caracterizarão pela liberdade humana, sobre a qual não teria mais doravante poder. De certa maneira, o homem se emanciparia de Deus, passando a agir segundo diretrizes e orientações próprias, situadas para além da ação divina. O mal ganha aqui a acepção uma existência própria, "um mal positivo, que implica uma liberdade com plenos poderes, mesmo diante de seu Criador".[117] Ao criar o mundo Deus teria se autolimitado, atribuindo à criatura a capacidade de ela agir de uma forma ilimitada por sua própria conta.

Tal formulação tem origem na concepção mística da Cabala, que, segundo a formulação de Moises Cordovero, ressalta enquanto princípio que "Deus é toda a realidade, mas toda realidade não é Deus".[118] Isto significa que Deus está presente em toda a sua Criação, sem que, no entanto, esta presença sua se traduza pela sua integralidade, ou ainda, que sua substância aí esteja em sua totalidade. A sua substância, graças às suas ema-

---

[116] Jonas, Hans. *Le concept de Dieu après Auschwitz. Suivi d'un essai de Catherine Chalier*. Paris: Rivages Poche/Petite Biliothèque, 1994, p. 12.
[117] Ibid., p. 36.
[118] Scholem, Gershom G. *Les grands courants*, p. 270.

nações, em diferentes graus de intensidade, segundo a maior ou menor proximidade do "Ein-Sof", o "Infinito", o incognoscível, fazendo-se assim diferentemente presente à maneira de seus "atributos" em expansão, suas "luzes" que, neste processo, adquirem diferentes formas. Processo esse que se caracteriza por um equilíbrio que nasce de seus próprios desequilíbrios, por potências opostas que se enfrentam neste percurso, perfazendo, deste modo, o processo da Criação. Conforme a perspectiva, pode tratar-se de um Deus transcendente à realidade mundana ou um Deus que se encontra imanente a ela, embora essas categorias de transcendência e imanência talvez não sejam apropriadas para compreender um tal desenvolvimento cósmico, sendo a realidade tal como a conhecemos somente a última etapa deste processo. O mal, sob esta ótica, seria não somente o mal moral, mas o mal cósmico, pertencente à estrutura mesma da Criação, fazendo, por assim dizer, parte de sua estrutura formal. O mal seria, enquanto criado, proveniente de Deus, porém sob a forma de uma alteridade cujo destino seria o de ser absorvida em uma unificação vindoura de toda a Criação com o seu Criador.

Conforme Isaac Luria, o primeiro ato do Ein-Sof não seria um ato de revelação e emanação, mas um ato de dissimulação e de restrição.[119] Tratar-se-ia, portanto, de um ato interno à sua própria natureza, um ato de contração, de restrição em si, denominado de zimzum, ato esse que se desenvolve e se faz presente em todo o processo do mundo e de sua Criação. No ato de emanação, o infinito se finitiza, engendrando sua própria alteridade, dando lugar a uma espécie de teodiceia cósmica. Ao se limitar desta maneira, o Ein-Sof cria simultaneamente as potências do bem e do mal, com a primazia sendo dada à primeira, que se se realiza nos embates cósmicos e humanos. Para dar lugar ao

---

[119] Scholem Gershom. *La kabbale*. Paris: Gallimard/Follio, 2007, p. 221.

mundo,[120] Deus teria sido obrigado a se retirar para dentro de si, sendo então realizada a Criação e, posteriormente, a Revelação, com o intuito de que, uma vez todo o processo do mundo efetuado, esta sua alteridade volte a si, na reunificação de Deus consigo mesmo. Para que apareça a emanação divina no sentido místico, é necessário que haja uma retração na interioridade divina, ou seja, a alteridade nasce desta contração de Deus em si mesmo, de onde surgirá igualmente o mal.

Deus teria se contraído em sua expansão, produzindo luzes que foram se cristalizando na sucessão das esferas celestes e em suas formas de transição de uma a outra, lugares, por assim dizer, de transição e de emprisionamento de sua própria luz pelas potências da escuridão, como os "vasos celestes", que, quebrados, teriam produzido pedaços, estilhaços e fragmentos que se dispersaram pelo universo. Seriam as catástrofes cósmicas, identificadas ao trabalho das potências demoníacas, que se farão, depois, presentes nas formas do mal moral como perseguições e expulsões. Seus exemplos para as coisas naturais são a semente que abandona a sua casca ao fazer germinar algo ou, em outra linguagem, a rejeição da placenta como um "resto" do bebê. Todo processo de criação implicaria um jogo dialético em que, inclusive, as coisas mais perfeitas não deixam de produzir ou implicar imperfeições. Ou melhor, por serem perfeitas são frutos da imperfeição. Pode ocorrer, como ocorre efetivamente, que o processo de criação do outro se perca em sua unilateralidade ou em seus fragmentos que deverão ser trazidos novamente à sua unidade. O mal seria uma fixação no fragmentário, na alteridade que se contrapõe e se recusa a uma nova unidade.

Etapa deste processo cósmico é a figura do Adão primordial, que não deve ser confundido com o Adão no sentido metafórico ou imaginativo, e neste sentido terreno, do termo. Ao fazer parte deste processo cósmico, nele as luzes se propagaram principal-

---

[120] Scholem, op. cit., p. 278.

mente por sua cabeça, de onde surge a linguagem e a escritura, concretizadas no hebraico enquanto língua santa capaz de decifrar o Ein-Sof, cujas letras e sinais seriam de natureza a nos dar acesso à essência divina, entendida enquanto processo de emanação. A luz se faz linguagem, tal como a conhecemos no homem em sua comunicação consigo e com Deus. Surgirão, portanto, da "cabeça" do Adão primordial as "figuras" do mundo que empreenderão um longo processo de "restauração" dos "vasos quebrados", de restabelecimento do equilíbrio, de tal maneira que o plano da Criação seja reposto, o que Isaac Luria denomina de "tikkun",[121] cuja forma terrestre última seria a "redenção". Aqui o mal cósmico e o mal histórico seriam superados. Ou seja, a Criação seria concebida como um longo drama cósmico, permeado de crises, confusões, catástrofes cósmicas e humanas, exílios e maldades, culminando em uma espécie de restauração universal, o bem vencendo o seu combate contra o mal, a unificação vencendo a separação, a fragmentação e a exclusão. Note-se que, teologicamente, o caminho empreendido por Cordovero e Luria os contrapõe ao racionalismo de Maimônides, para quem, tal noção, estaria em contradição com a teoria filosófica dos atributos divinos, dentre os quais a impassibilidade, a imutabilidade e, também, a onipotência divinas.[122]

A questão colocada é a de que o mal, em sua acepção ontológica, romperia com a concepção mesma da teodiceia ou da teogonia. Tal forma de mal existencial não seria recuperável em uma perspectiva escatológica, implodindo-a, visto que se colocaria enquanto obstáculo intransponível, algo não passível de uma mediação que o perpassaria. É como se Deus tivesse criado o mundo, permitindo a existência de um tipo de mal que não poderia ser relativizado, que não caberia em uma perspec-

---

[121] Scholem, op. cit., p. 236.
[122] Hayoun, Maurice-Ruben. *Maïmonide et la pensée juive*. Paris: PUF/Questions, 1994, p. 312.

tiva propriamente moral ou metafísica. Ou seja, haveria algo no mundo que se oporia diretamente à realização de um plano messiânico, que poderia levar a criação divina à sua perfeição escatológica. Haveria um tipo de mal que romperia com a cadeia do ser e, por via de consequência, com a cadeia do bem.

V
A MENINA E O COLCHÃO FÉTIDO

Vichy, cidade tornada centro político francês sob a dominação nazista, é o símbolo de um regime no qual a República se suicidou legalmente.[1] A sua morte se fez de uma maneira constitucional, segundo certos preceitos, ao sabor dos remanescentes de uma maioria parlamentar escolhida para referendar tal decisão proposta pelos novos governantes. Pétain e seu grupo operaram da mesma maneira que Hitler, a saber, eliminaram legalmente a Constituição republicana em vigor. Não se tratava de um mero ato de força, embora esteja este presente politicamente, mas de uma transição tendo como objetivo guardar a legalidade ou a legitimidade como era costume de o marechal de dizer. Nesta perspectiva, o general De Gaulle, ao abrir a dissidência, passou a ser considerado como um "traidor", que não mais obedeceria ao "novo" ordenamento do Estado. Instrumentos legais republicanos foram empregados para destruir a própria República. O regime autoritário assim constituído, instalando-se mediante estes atos, e através da paralisia e anulação progressiva do Senado e da Câmara, é consoante com a finalidade explícita de supressão da democracia e das liberdades, em

---

[1] Aron, Robert. *Histoire de Vichy. 1940-1944*. Paris: Arthème Fayard, 1954, p. 97.

uma aparente transição de uma soberania a outra, até a servidão final diante do Estado nazista.

Pétain foi, assim, investido de poderes que lhe permitiam revisar a própria Constituição. Neste sentido, não deixa de ser problemático sustentar a legalidade da República de Vichy, pois se no Armistício o marechal tinha atuado conforme as prerrogativas do seu cargo, os atos institucionais subsequentes infringem a mesma ordem constitucional. Embora De Gaulle, neste momento, nada representasse, ele não deixava de ter razão ao sustentar a ausência da legalidade do regime de Pétain, apesar de ser ele reconhecido pela sociedade francesa, conferindo-lhe, desta maneira, legitimidade. Ou ainda, conviria fazer a distinção entre a continuidade administrativa do Estado francês, assegurada pelo governo de Vichy, e a descontinuidade constitucional na qual se assentava. Contudo, mesmo a continuidade administrativa, preservada em 1940, desaparece progressivamente a partir do final de 1942, com a perda da frota, do Exército preservado até então, da Zona Livre e a fragmentação do Império. Acrescente-se, ainda, que a França fora submetida a uma divisão territorial, esquartejada administrativa e politicamente, com a Zona Ocupada, a Zona Livre, o Norte/Pas-de-Calais, submetido à jurisdição nazista centrada no comando militar da Bélgica, um pequeno território controlado pelos italianos até sua derrota e a anexação das regiões da Alsácia e da Lorena.

O que, em um primeiro momento, apareceu como um ato visto por alguns como soberano, traduziu-se, na verdade, pelo apagamento progressivo da própria autoridade estatal, vindo a ser posteriormente uma simples aparência com a invasão nazista da zona "livre". A partir do início de 1943, o governo de Vichy tornou-se uma mera sombra do que pretendia ser, o marechal vendo a sua autoridade minguar e o mais importante colaboracionista de sua equipe, o presidente do conselho, Pierre Laval, vindo a acumular as funções de chefe de governo e, de fato, de Estado também, mediante um ato institucional assinado por ele próprio. Assinale-se que Laval submetia-se, apesar de pretender seguir os termos do Armistício e oferecer uma aparente "resistência" a suas infrações, às ordens e intimações de Hitler e Ribbentrop, pretendendo-se, mesmo assim, íntimo do embaixador alemão, Otto Abetz. A sociedade francesa deixava progressivamente de se reconhecer neste jogo de aparências que revelava o seu verdadeiro fundo.

Seguindo essa mesma linha, os atos institucionais, que passarão a ser empregados pelo novo "presidente", irão ab-rogar, inclusive, os direitos humanos que serviam de fundamento à sua Constituição. A sua abolição, em julho e agosto de 1940, se traduziu, seguindo a extinção dos pilares da democracia parlamentar, entre outros aspectos:[2] a) pela abolição da presidência da República, vindo o marechal a assumir as funções de chefe de Estado; b) pelo fato de o novo "presidente" passar a deter a prerrogativa de nomear ministros e secretários de Estado que só a ele se reportavam; c) pelo exercício de funções legislativas até a constituição de uma nova Assembleia que não virá a se constituir, detendo ele poderes autoritários; d) pela disposição das Forças Armadas, podendo decretar o estado de sítio, negociar e ratificar tratados internacionais; e) pelo poder de julgar seus predecessores republicanos a seu bel-prazer, ficando todos submetidos ao seu arbítrio; f) pelo estabelecimento do delito de opinião e pelo efeito retroativo das leis, algo impensável no interior do marco legal da *Declaração dos direitos do homem de 1789*; g) pela criação do delito de pertencimento a organizações doravante proibidas como os maçons, isto é, estabelecendo para tal fim processos sumários contra pessoas tidas por "perigosas" por ameaçarem a Defesa Nacional e a Segurança Pública, aí incluindo os gaullistas; h) logo em outubro, pela publicação da lei relativa ao estatuto dos judeus, proibindo-lhes o exercício da maior parte das funções públicas, funções dirigentes na im-

---

[2] Ibid., p. 221-4.

prensa e na indústria, além da autorização de prisão para judeus estrangeiros e retirando dos judeus algerianos o estatuto de cidadãos franceses.

A adesão ao novo regime, em seus primórdios, capturou boa parte das elites francesas, para além do apoio popular, como se ele fosse a garantia, graças à glória de Pétain enquanto herói de Verdun, visto que o pior teria assim sido evitado, a saber, a dominação completa dos nazistas sobre o Estado e todo o território francês. A Resistência francesa só vai se constituir verdadeiramente a partir do segundo semestre de 1942 e, sobretudo, a partir de 1943. Os comunistas só terminaram se engajando após a invasão alemã da União Soviética, pois o partido seguia as consignas de Moscou. De Gaulle é ainda uma voz isolada em Londres, tido por muitos como alguém que tinha abandonado o seu país. Por exemplo, o Cardeal Gerlier, que viria a se tornar um importante opositor, ainda proclamava naqueles primórdios: "Pétain é a França".[3] François Mauriac, que se tornaria um incondicional do general De Gaulle, exclamava extasiado: "As palavras do marechal Pétain, na noite do dia 25 de junho (1940), transmitiam um som quase intemporal". Mesmas palavras aliás, que empregará para laudar o general De Gaulle oito anos depois, exprimindo ele igualmente uma "voz intemporal".[4] A Igreja católica se alinhou então ao novo governante, com seu trem cortando parte do território nacional com os sinos das Igrejas e das catedrais saudando a chegada do "velho providencial". Até mulheres ofereciam os seus bebês ao seu toque, como se ele fosse uma unção, renovando o rito dos reis taumaturgos, próprio da monarquia de direito divino.[5] Seja ainda dito que a "Revolução Nacional", apregoada por Pétain e os seus, estava voltada para uma reafirmação dos valores religiosos tradicio-

---

[3] Ibid., p. 162.
[4] Ibid., p. 36.
[5] Ibid., p. 162-3.

nais, da família e da pátria, que teriam sido desvirtuados pela República, pelo liberalismo, pelo parlamentarismo e pela laicidade do Estado.

Em suma, nem os antigos reis de França detiveram tal poder[6] e, no entanto, ele se curvou aos alemães, algo impensável para um monarca. Enquanto o marechal se reivindicava das tradições do humanismo cristão, seu governo, sob a direção de Laval, mandava crianças separadas à força de seus pais para Drancy e, depois, para Auschwitz[7] pelo simples fato de serem judias. E isto dentro da zona dita livre, antes, portanto, de sua extinção. Cenas de horror se desenrolavam nesta dita normalidade de Vichy, como quando uma mãe judia pede um tempo à polícia para terminar de dar de mamar ao seu bebê antes de sua separação dele. Obtém o prazo e quando a policial volta defronta-se com a seguinte cena: o bebê foi estrangulado por sua mãe que, logo após, se suicidou. Já naquele então, setembro de 1942, o mesmo Cardeal Gerlier condena veementemente o tratamento dado aos judeus, em que nem bebês, crianças, mães e idosos eram poupados, em protesto diretamente dirigido ao marechal.[8] E sua declaração foi lida em todas as igrejas de sua Diocese, Lyon. A sua percepção tinha neste ínterim totalmente mudado.

Embora a percepção dos diferentes atores políticos estivesse fortemente arraigada na tradição jurídica francesa e na figura heroica do marechal, já era, porém, perceptível que os nazistas não iriam cumprir as cláusulas do Armistício, sendo esse meramente um instrumento para facilitar a sua forma de dominação, vindo a infringir progressivamente suas cláusulas. Bastava para tanto olhar para o desrespeito nazista pela própria Constituição alemã, apesar de dizer segui-la, quanto observar para

---

[6] Ibid., p. 221.
[7] Ibid., p. 504.
[8] Ibid., p. 506.

o descumprimento de todos os seus pactos internacionais, ao qual se seguiam atos de força para fazer cumprir a sua vontade de poder. A violência e o terror eram seus instrumentos. Ou seja, acreditar que Hitler iria seguir o Armistício por ele mesmo assinado seria uma total ingenuidade, tal como os fatos o comprovaram. Aliás, tal divórcio entre seguir o Armistício, apegando-se a suas cláusulas, como pretendia fazer Pétain e seu grupo, diante de uma ação nazista que o infringia a qualquer momento, terminou por produzir uma espécie de esquizofrenia política no governo de Vichy, obedecendo esse a um tratado sem nenhuma aderência à realidade. Agiam segundo uma percepção "jurídica" descolada das relações políticas e militares, para além do afastamento de uma sociedade, cuja vida era muito distinta da Revolução Nacional apregoada.

Quem falava, então, em nome da França em 1940 e nos anos seguintes? Do ponto de vista legal, a maior parte dos franceses estava convencida de que Pétain os representava. De Gaulle discordava frontalmente, sustentando que um país ocupado e tutelado não tinha mais nenhuma autonomia, guardando somente a fachada de um Estado propriamente dito. Não teria, neste sentido, legitimidade nenhuma, não mais representando a nação, que se encontraria sem representantes políticos, embora alguns pretendessem assumir esta posição. No entanto, De Gaulle não exprimia nenhuma legalidade em suas ações, sendo sustentado, em um primeiro momento, por uma potência estrangeira, o Reino Unido, opositor e rival de longa data da França. Em um movimento de tipo performativo, ele colocou-se enquanto representante da nação, pois os detentores do poder do Estado, em sua opinião, eram meros usurpadores, para não dizer, empregando suas palavras, traidores. Ocorre, como já o dizia Talleyrand, que a traição é apenas uma questão de local e data, as posições sendo mutantes conforme as circunstâncias. Logo, denominar o outro de traidor, depende da posição e da perspectiva que cada um ocupa. Para Pétain, De Gaulle era um "traidor" por indisciplina, insubordinação e por desrespeito da hierarquia militar, tendo abandonado a França, vindo a trabalhar com a Inglaterra, que passou a ser considerada como inimiga, principalmente após o bombardeio inglês da frota francesa em Mers-el-Kébir. Para De Gaulle, por sua vez, Pétain era um "traidor", por ter se acomodado às condições servis do Armistício, tornando a França um Estado tutelado, colaborarando com os alemães, os verdadeiros inimigos.[9] Tinha a convicção profunda de que representava a França, os seus valores mais nobres e sua posição no mundo. Para De Gaulle, ainda, tratava-se de reconstruir o Estado francês que tinha sido desmantelado por sua elite política e partidária antes da guerra e destruído militarmente pela derrota militar. Sob Vichy, a França tinha se tornado um "pseudo-Estado".[10]

Ironicamente, De Gaulle, por sua vez, foi considerado um "traidor" no final da década de 1950 quando da Guerra da Argélia, por generais do Exército, ao ter abandonado a "Argélia francesa". Antes disto, fora destituído pelo regime de Vichy de sua nacionalidade, condenado à morte por deserção e perdido sua patente de general de brigada.[11] O general, em sua irascibilidade característica, nem admitiu em seu entorno, nem muito menos para além dele, que alguém duvidasse desta identidade profunda, quase mística, entre ele e a França. No início da guerra, seus atos eram meramente atos de fala através da BBC que, aliás, os controlava na espera de que produzissem efeitos. Só por eventual adesão suscitada poderiam se traduzir por força política e militar. Célebre tornou-se seu discurso de 18 de junho de 1940, apesar de poucos o terem ouvido, quando, muitos, depois, falariam como se o tivessem feito. Foi, progressivamente, conquis-

---

[9] Gallo, Max. *De Gaulle. La solitud du combatant*. Paris: Pocket, 2011, p. 19.
[10] Ibid., p. 101.
[11] Jackson, Julian. *De Gaulle: uma biografia*. Rio de Janeiro: Zahar, 2020, p. 228.

tando esta posição, vindo a constituir as Forças Francesas Livres que, mesmo em seu auge, eram numericamente inferiores e em armamento às forças regulares do Estado francês, obedecendo a Pétain e, em sua perda de Poder, ao almirante Darlan e ao general Giraud. Em todo caso, no transcurso de toda a guerra, estabelecer-se-á um problema de dupla lealdade: ao Estado francês desmoronando em virtude da presença territorial e administrativa cada vez mais maciça da Alemanha e à "nação" que se concretizava em torno da figura de De Gaulle. Figura ímpar que guardava um só objetivo: a grandeza e a independência da França, seja opondo-se aos alemães, seja aos ingleses, seja aos americanos, seja aos russos.

Períodos de guerra são tempos sombrios, em que as pessoas esgueiram-se nas sombras, só com muita dificuldade conseguindo discriminar o próximo. Vê-se um alguém com imprecisão, não se sabendo como esse alguém pode ser identificado por suas opções políticas, morais e religiosas. Há um algo em frente, sem que se consiga ver o seu quê. Numa situação de guerra externa, por assim dizer, os inimigos se reconhecem por seus uniformes, por sua língua, por suas táticas e estratégias, normalmente em um campo de batalha, em território próprio ou alheio. A situação muda completamente de figura quando o inimigo, vitorioso, se torna uma força ocupante, vindo a controlar e a tutelar a vida dos vencidos, atribuindo-se diretamente ou indiretamente poderes governamentais. As denominações mudam, porque as faces dos amigos e inimigos adquirem outras feições. Franceses unidos no *front* externo tornam-se desunidos internamente, o amigo podendo ter se tornado inimigo. Outros antagonismos, outras inimizades começaram a surgir conforme a guerra se desenrolava: resistentes contra colaboradores, "resistentes materiais e espirituais" contra os nazistas, gaullistas contra petenistas, além dos conflitos internos a cada um destes grupos. Os "resistentes materiais", em cidades, nos maquis e em Londres, comunistas, os diversos movimentos de resistência e gaullistas, os "resistentes espirituais", em particular, católicos e protestantes, dentre os quais os padres Henri de Lubac, Chaillet, Gaston Fessard e Yves de Montcheuil, o cardeal Gerlier, o Monsenhor Saliège e o pastor Boegner, presidente da Federação Protestante da França.

Os *Pères* Henri de Lubac, Chaillet e Gaston Fessard, assim como o grupo ao qual pertenciam, tateavam em suas ações, confiando e desconfiando do próximo, segundo as circunstâncias, e criaram um jornal clandestino, Les Cahiers du Témoigage Chrétien (*Os cadernos do testemunho cristão*), voltado para a defesa dos valores religiosos e morais, entendidos em sua significação verdadeiramente universal, pois este era para eles o desafio do tempo presente. Não podiam ficar inertes diante do antissemitismo, identificado por eles à perseguição mesma do povo de Jesus, pregando aos seus. Já agora, o cardeal Gerlier, de Lyon, em uma carta ao Grande Rabino da França, Kaplan, em 21 de janeiro de 1942, mostra toda a sua dor e indignação face "às odiosas perseguições das quais são vítimas em nosso solo nossos irmãos de Israel". À indignação moral, acrescenta sua posição religiosa e teológica: "Nestes tempos de Natal, os cristãos pensam com emoção ao dom que o povo de Deus fez à humanidade e eles sabem que se o Menino Jesus voltasse a viver na França, seria no campo de Drancy que ele gostaria de viver junto aos seus infortunados irmãos".[12]

Outro testemunho importante reside na atuação do Grão Rabino Kaplan, que, tendo vivido a ascensão do nazismo, a invasão da França, a liberação e o pós-guerra foi, além de partícipe direto, um fino observador da cena política e religiosa francesa, salvando vidas, arriscando a sua própria, lutando pela tolerância e fornecendo um diagnóstico preciso do antissemitismo, voltado não apenas para os judeus, mas contra os

---

[12] Lubac, Henri de. *Résistance chrétienne à l'antisémitisme. Souvenirs 1940-44*. Paris: Fayard, 1988, p. 185-6.

pilares mesmos do cristianismo. Não procurava ele circunscrever a questão judaica, mas conferiu-lhe uma significação muito mais ampla ao considerar que o combate ao antissemitismo era um combate a todas as doutrinas do ódio e da violência.[13] Em uma conversa com o cardeal Gerlier,[14] ele sustentara que a questão judaica era judaico-cristã, uma vez que os judeus seriam apenas os primeiros da fila no projeto nazista, devendo eles ser seguidos pelos cristãos, apesar das acomodações e do antissemitismo do governo de Vichy. O sacrifício de uns seria sucedido pelo dos outros.

Sua visão foi premonitória, vindo isto efetivamente a ocorrer com os nazistas em atos ditos de represálias coletivas, multiplicando massacres na França. É o caso da cidade de Oradour-sur--Glane, em 10 de junho de 1944, um pouco antes da derrocada alemã diante das tropas aliadas, queimando vivas em uma igreja mais de seiscentas mulheres e crianças.[15] Isto não lhe impediu contudo, sobretudo depois da guerra, de chamar a hierarquia católica às suas responsabilidades, voltando os seus esforços contra o antissemitismo cristão, enraizado na Igreja e nos ensinamentos e livros de catequese, admiravelmente demonstrado no livro de Jules Issac, *Jesus e Israel*. Poder-se-ia salientar duas recompensas suas na aproximação com os prelados franceses, uma na *Conferência de Seelisberg*, em 1947, e nas *Orientações pastorais dos cristãos em relação ao judaísmo*, em 1973, graças ao Comitê episcopal francês. Foi um grande interlocutor de católicos e protestantes, sempre em vista de uma maior aproximação. Durante a guerra, e também após, teve contato estreito com esses "resistentes espirituais", com destaque para o padre Chaillet e o cardeal Gerlier.

---

[13] Kaplan/Pierrard. *Pierre Pierrard interroge le Grand Rabbin Kaplan. Justice pour la foi juive.* Paris: Le Centurion, 1977, p. 56.
[14] Ibid., p. 129-31.
[15] Aron, op. cit., p. 601.

E o que acontecia neste campo de deportação? Extramuros a percepção da realidade era uma, intramuros outra, aterradora, atingindo o corpo e o espírito. Palavras nem mais conseguiam exprimir o sofrimento existente. A razão se vê desarmada em seu esforço de explicação. Perguntas sobre o que significa ser francês e homem avultam, ganham significações inauditas, lançando interrogações que atingem a própria condição humana. A partir deste campo tristemente célebre foram enviadas para a morte 4.000 crianças judias, órfãs, entre 2 e 12 anos, cujos pais tinham sido anteriormente enviados para os campos da morte, em linha direta para a Polônia. Os alemães, com a ajuda da polícia francesa, conseguiram a proeza de realizar tal operação em apenas duas semanas, em agosto de 1942. Os relatos de partida destas crianças, em condições sub-humanas, são de cortar o coração. O destino da morte já se fazia presente nos vagões dos trens abarrotados, onde eram deixadas à sua própria sorte. Muitas lá pereceram, enquanto as sobreviventes foram gasificadas chegando em Auschwitz. Eram "criminosas" pelo mero fato de serem judias.[16] Na perspectiva dos que (sobre)viviam em Drancy, campo administrado por franceses sob a direção de alemães (passa a ser administrado diretamente pelos alemães apenas em julho de 1943), de onde saíam levas de deportados, não havia desvio de percepção de uma realidade vista de uma forma indistinta, mas confronto direto com o horror.

René Blum, irmão do ex-primeiro-ministro da Frente Popular, Léon Blum, aí penosamente sobrevivia enquanto prisioneiro por ser judeu. Quando da eclosão da guerra, estava nos EUA em uma *tournée* por ser diretor do Balé de Montecarlo, podendo por lá ter permanecido, porém decidiu voltar para o seu país enquanto

---

[16] Wellers, Georges. *L'Étoile jaune à l'heure de Vichy*. Prefácio de Jacques Delarue e posfácio de R. P. Riquet. Paris: Fayard, 1973, p. 244-7. Cf. Klarsfeld, Serge. Vichy-Auschwitz. *La solucion Finale et la question juive en France*. Paris, Fayard, 2001 e *La Traque des criminels nazis*. Paris, Éditions Tallendier, 2015.

francês que era. Assim, porém, não entenderam as autoridades francesas que o enviaram para este campo. Perdeu força muscular pela ausência de comida, deslocava-se com muita dificuldade, tinha edemas nos pés, suas forças o abandonavam, (sobre)vivia deitado, mas, mesmo nesta condição, não tinha perdido a sua candura nem sua retidão moral. Um dia pede a seu amigo, Georges Wellers, companheiro de infortúnio, para visitar o pavilhão das crianças órfãs judias. Queria ver com seus próprios olhos o inacreditável. Com extremas dificuldades sobe e desce escadas com este objetivo até adentrar em um lugar fétido, com excrementos de crianças que nem idade tinham para se controlar, abandonadas, salvo pelo trabalho de algumas voluntárias igualmente apenadas, vivendo sob péssimas condições, com diarreias constantes e alimentação insuficiente. Neste cenário lúgubre, René Blum entra em contato com uma menina de 12 anos, junto à sua irmã de 4 anos. A menor dormia em um colchão sujo de cocô.

Eis o relato:

Após reconhecer as estrelas amarelas de seus dois interlocutores, dando-lhe assim confiança, ela mostra, indignada, um jornal escrito em francês, expondo as supostas boas condições sob as quais viveriam os judeus nestes campos, em uma mentira escandalosa.

Blum lhe diz: "Minha querida, você sabe bem que se trata de um jornal alemão. Tu és francesa não?"

A réplica é imediata: "Eu não quero ser francesa! Os franceses são maus, maus, eu os detesto!"

O músico, docemente, reitera que são os alemães os responsáveis desta situação, no que é interrompido vivamente: "Não é verdade! Não é verdade! São os franceses que vieram à nossa casa. Eles procuraram minha pequena irmã em todos os lugares, pois minha mãe a tinha escondido. Eles a encontraram porque ela chorou... Depois vieram na escola para me prender. A Beaune-la-Rolande foram os agentes alfandegários franceses que prendiam meu pai e minha mãe e nos levaram eu e minha irmã. E aqui são os policiais (franceses) que nos guardam".

René Blum não recua e estabelece a distinção entre os bons e os maus franceses, apenas estes últimos estando a serviço dos alemães, concluindo que nada podiam fazer. A resposta não tarda: "E por que nada podiam fazer? Poderiam poder não ter ido procurar minha irmã! Poderiam ter nos deixado com nossos pais. Eles são maus, nojentos!".

Cansada do "diálogo", na verdade de surdos, a criança se estira sobre o seu fétido colchão, fecha os olhos e diz aos seus interlocutores em um tom indiferente: "Me deixem tranquila! Quero dormir!".[17] O seu recado é claro: não me amolem com essa conversa fiada.

René Blum, meses depois, é também enviado a Auschwitz!

OS RESISTENTES ESPIRITUAIS

No imediato pré-guerra, o papa Pio XI lançou um poderoso alerta em relação à natureza propriamente anticristã do nazismo. Em sua Encíclica, *Mit brennender Sorge* (*Com ardente preocupação*), publicada em março de 1937, ele volta-se sobretudo para a disputa referente às violações alemãs da Concordata, em particular o ensino confessional e o controle ideológico da juventude, sem nenhuma referência neste texto às perseguições sofridas pelos judeus. Em única referência a eles, retoma a posição antijudaica cristã de que os judeus, em seu conjunto, constituem intemporalmente um povo infiel, culpado, neste sentido, do deicídio. Se teve clareza sobre o nazismo, não se pode dizer o mesmo a propósito do antissemitismo. Todavia, isto não o impede de se posicionar contra o antissemitismo racial em uma célebre declaração pública a peregrinos belgas, segundo a qual "nós, cristãos, somos espiritualmente semitas", algo de muito impacto à época. Poder-se-ia talvez dizer que começa a operar aqui uma mudança de mentalidade. E é precisamente esta conjunção entre a En-

---

[17] Ibid., p. 146.

cíclica e a Declaração que servirá de base à teologia e à atuação política dos "resistentes espirituais" franceses, cujos textos são plenos de referência a Pio XI, justificando, assim, suas posições no interior mesmo da Igreja, quando outros setores eclesiásticos estavam participando direta ou indiretamente da colaboração com os nazistas. Note-se, em contraste, que essa Encíclica e essa Declaração não exerceram nenhuma influência sobre Carl Schmitt, na época plenamente aderente ao nazismo, embora sempre tenha procurado se posicionar como conservador católico, uma espécie de imagem de marca a acobertar sua mensagem explicitamente anticristã e anti-eclesiástica, neste sentido papal.

Eis algumas questões doutrinárias, de profundo impacto nos "resistentes espirituais".

Primeiro, a Encíclica, dirigida em sua escritura aos prelados e aos católicos alemães, considera o nazismo enquanto inimigo do catolicismo, da Santa Escritura, ao colocar-se contra o Cristo e a Igreja, mediante o ódio, a difamação e uma hostilidade de princípio contra o cristianismo (§ 5). O Corpo místico de Cristo é o próprio alvo, sendo o nazismo uma questão católica. O campo da disputa doutrinal é perfeitamente delimitado, visto que com esta forma político-ideológica de anticristianismo não pode haver nenhuma contemporização, nenhum compromisso possível: os princípios são irreconciliáveis. E, dentre eles, destaca o papa tomar a raça, o povo e o Estado como se fossem não apenas independentes dos valores religiosos, morais, mas tendo, inclusive, a pretensão de se substituírem a ele, erigindo um "culto idolátrico", colocando-se como se divinos fossem (§ 12). Seria a subversão mesma da ordem das coisas criadas, da ordem dos valores, tais como foram queridas por Deus. Ou ainda, seria uma "violação espiritual do templo" substituir a Cruz do Cristo pela Cruz gamada, uma fraude, uma contrafação a atingir o cerne mesmo do cristianismo.[18]

---

[18] Maritain, Jacques. *Témoignage sur la situation actuelle en France par un dirigeant d'Action catholique*. Prefácio. Montreal: Éditions de l'Arbre, 1941, p. 10.

Segundo, o documento papal posiciona-se claramente contra o nacionalismo, insurgindo-se contra toda tentativa de cercear uma religião em marcos nacionais ou raciais, algo frontalmente contrário à sua mensagem propriamente universal. Religião, segundo sua própria definição, não pode ser nacional, racial ou de sangue, tornando-se um *nonsense* falar de um Deus ou culto nacional, algo já presente nesta etapa do nazismo, concretizando-se ainda mais nos anos posteriores. Pio XI viu o mal que aí emergia e se afirmava, apoderando-se, inclusive, do coração de prelados e católicos em geral, afastando-se esses do catolicismo. Seria o reino profano em profunda separação com o sacro. O Estado não pode tomar o lugar da Igreja, sendo ele particular, enquanto essa é universal. Ousar um líder político colocar-se em uma posição divina, absoluta, suprimindo a distância incomensurável entre o Criador e a criatura, seria nada mais do que o ato de um "profeta do nada" (§ 21).

Terceiro, a Encíclica estabelece a distinção entre a autoridade espiritual da Igreja e a autoridade temporal do Estado, devendo esse subordinar-se aos princípios daquela, na medida em que ela se enraíza no direito natural (§ 36), cunhados por Deus na razão, em valores de perfil universal, à diferença dos valores temporais e transitórios próprios do terreno da política. Ou seja, seria uma usurpação a autoridade estatal arrogar-se detentora de valores universais, ancorada que está na particularidade, mais especificamente no Estado nazista que procura a ela substituir-se. Ou seja, a união provém da fé em Cristo, nenhum Estado nacional podendo ter a pretensão de ocupar essa posição. "Se homens que não são sequer unidos na fé em Cristo vêm apresentar a vocês a imagem sedutora de uma Igreja nacional alemã, saibam que isto é nada mais do que uma rejeição da única Igreja do Cristo, a evidente traição desta missão de evangelização universal à qual só uma Igreja mundial pode satisfazer e se adaptar" (§ 26). Note-se que o nazismo é tido como uma "traição" mesma aos princípios cristãos, algo que teria se tornado "normal" a católicos e prelados durante o nazismo e a ocupação da França.

Quarto, nenhum Evangelho estatal ou partidário pode se substituir ao verdadeiro Evangelho do Cristo, não havendo aqui nenhum compromisso possível, mesmo que queira apresentar-se sob a vestimenta do cristianismo, em uma tentativa de engano dos crentes. Eis por que o papa se vê na obrigação religiosa de esclarecer os fiéis e os padres para que não se afastem da mensagem evangélica, caminho esse que já vinha sendo trilhado por muitos. O sagrado estaria sendo invadido e destruído pelo profano, com uso maciço de propaganda impressa e radiofônica, em explícita referência à política de Goebbels de conversão das almas e de obediência incondicional ao Führer, colocado em uma posição absoluta, divina neste sentido. É a hostilidade mesma do nazismo à Igreja (§ 41). Nada mais anticatólico que o *Führerprinzip*.

Quinto, os danos são significativamente fortes na juventude, sendo essa obrigada em associações a abandonar os princípios do cristianismo, a educação confessional, tornando-se vítima da doutrinação nazista, voltada para a realização de princípios totalmente outros. Os crentes não mais respondem em sua consciência a Deus, mas a uma ideologia imposta agressivamente, baseada na exclusão daqueles que a ela se opõem. O papa não deixa de chamar os prelados ao sacrifício se necessário for em sua resistência a este anticristianismo. Chega a fazer referência aos que, em sua fidelidade religiosa, já estavam presos em campos de concentração por afirmarem a mensagem universal do Cristo. Ora, as associações de jovens, organizadas pelos nazistas, estavam, segundo ele, imbuídas de um "espírito inimigo" ao cristianismo e à Igreja, colocando os pais diante de uma "insolúvel alternativa", "visto que não podem eles dar ao Estado o que exige roubando de Deus o que é de Deus" (§ 41). Ou ainda, aquele que "canta o hino da fidelidade à pátria terrestre não deve, pela fidelidade ao seu Deus, à sua Igreja, tornar-se um desertor e um traidor de sua pátria celeste" (§ 44).

Em sintonia com a posição papal, os "resistentes espirituais" procuravam preservar a alma francesa e cristã, dar voz aos "bons franceses", evitando o seu aviltamento, porém eram minoritários no clero, apesar de lutarem com todos os seus meios, consoante com o exemplo de Jesus Cristo e dos Evangelhos. Em contraposição, a maioria dos católicos e a Igreja da França tinham aderido ao Armistício de 1940 e, sobretudo, ao governo de Vichy, também composto por católicos, fazendo valer não apenas o princípio da obediência à autoridade constituída, mas também à sua orientação religiosa. O silêncio chegara a ser ensurdecedor, algo angustiante para uma consciência cristã voltada para o amor ao próximo. Note-se que este governo edita, segundo o testemunho do *Père* Chaillet, entre 8 de outubro de 1940 e 16 de setembro de 1941, isto é, em menos de um ano, 57 textos antissemitas, entre leis, decretos e portarias.[19] Para se ter uma ideia do seu empenho, entre 1933 e 1940, mais de 250 leis, decretos, portarias e regulamentações contra os judeus foram publicadas na Alemanha.[20] Impossível não se escutar a fala da pobre menina!

Silêncio sepulcral, mesmo conivente, de parte da alta hierarquia católica que acreditava na autoridade constituída e via, inclusive nela, a representação de uma "França forte, nacional e de inspiração cristã".[21] Pregava a obediência em torno do marechal e reiterava publicamente declarações de apoio, sustentando o dever eclesiástico de submissão ao poder estabelecido.[22] Muitos dos seus membros eram católicos praticantes, inclusive

---

[19] Cardinal Henri de Lubac. *Résistance chrétienne au nazisme*. Organização de Jacques Prévotat. Prefácio, Introdução e notas de Renée Bédarida. Paris: Cerf, 2006. Apresentação de Renée Bédarida a "Um novo 'fronte' religioso", p. 154, nota 9. Bédarida, Renée. *Pierre Chaillet. Témoin de la résistance spirituelle*. Paris: Fayard, 1988, p. 164.
[20] Wellers, op. cit., p. 34.
[21] Bédarida, Renée, op. cit., p. 102.
[22] Ibid., p. 102.

Xavier Vallat, alvo sistemático dos *Cadernos*, comissário-geral para as Questões judaicas, repartição criada em março de 1941, posteriormente substituído em maio de 1942 por outro notório antissemita, Darquier, dito de Pellepoix, imposto pelos alemães. A passagem de um a outro pode ser também compreendida como a passagem do antissemitismo cristão ao racial. Em julho deste mesmo ano, os judeus são sinistramente presos em Paris, em evento conhecido como a *rafle* de Veld'Hiv" e, em agosto, milhares de judeus estrangeiros, internos ou refugiados em zona não ocupada, são entregues pelo governo francês aos alemães.[23] O manto do silêncio da censura alemã e francesa imperou novamente.

Havia, todavia, outro tipo de silêncio, o dos que simpatizavam com a "resistência espiritual", mas, por obediência eclesiástica, não ousavam publicamente manifestar as suas posições. Nem a sua fraca "legalidade" o governo de Vichy conseguia mais manter, muito menos a sua legitimidade, uma vez que a força invasora perseguirá os seus próprios fins à revelia das "autoridades" francesas. O inimigo a ser combatido aparece escancarado, mesmo para consciências dúbias e omissas. Criam-se, então, as condições de um despertar, mas mesmo nesta via a transição será lenta, pois os que vêm a comparecer publicamente são mormente os que já estavam ganhos à causa, como os arcebispos de Lyon e Toulouse. O trabalho de avivar as consciências, empreendido pelos *Cahiers* e logo pelo *Courrier do Témoignage Chrétien*, para além das obras sociais e de organizador da resistência do *Père* Chaillet, continuará o seu curso. Para eles, a renovação espiritual não se esgotava nas conquistas materiais que logo se tornarão importantes.

A Igreja católica foi um pilar do regime de Vichy durante toda a sua vigência. O Cardeal Suhard, de Paris, o sustentou até o final, a ponto de De Gaulle não o deixar participar de uma

---

[23] Ibid., p. 160.

cerimônia em Notre-Dame quando da liberação. O marechal, quando de suas recepções oficiais em Vichy, sempre contava em sua mesa com padres e bispos, muitos dos quais tinham por ele devoção. A insurgência dos católicos se fez principalmente pelos padres reunidos em torno do *Témoignage Chrétien*, principalmente em Lyon e seus arredores, mas também nos EUA com Jacques Maritain que, no início de 1942, escrevera a De Gaulle uma carta de incentivo, na qual frisa que o resistente é aquele que melhor encarna a tradição francesa de unir cristianismo e liberdade.[24] Destaque-se que *Témoignage Chrétien* ganha relevância não apenas por ser um movimento de Resistência, como Combate, Liberdade, Franc-Tireur, Defesa da França, O Homem livre e Liberação-Norte entre outros, mas também por ser aquele que levou mais a sério o problema do racismo e do antissemitismo[25] e, sobretudo, por ter empreendido todo um trabalho de elaboração filosófica e teológica visando a dar conta das questões colocados pela história, pela política e pelos valores em suas novas configurações temporais, inclusive em seus casos mais extremos. "Resistência espiritual", para eles, não era apenas um empreendimento de contestação do nazismo e do regime de Vichy, pelas liberdades e contra a repressão e as perseguições, mas, igualmente, um esforço "espiritual" consistente em pensar o seu tempo. *Témoignage Chrétien* foi um movimento político e espiritual.

O texto inaugural do *Père* Gaston Fessard, "França, tome cuidado para não perder a tua alma", primeiro número do *Cahiers du Témoignage Chrétien* de 1941, está precisamente voltado para salvaguardar a "alma" dos franceses, sua concepção do mundo e do homem tanto em termos de religiosidade cristã, quanto de direitos humanos na tradição inaugurada politica-

---

[24] Gallo, op. cit., p. 199.
[25] Jackson, Julian. *France. The Dark Years 1940-44*. Oxford University Press, 2001, p. 416.

mente em 1789. Isto significa que a "mística" nacional-socialista, baseada no sangue e na raça, é compreendida enquanto anticristã, representando uma concepção de mundo (*Weltanschauung*)[26] em tudo oposta a ela, na verdade, procurando destruí-la. É a lógica da contraposição entre amigo e inimigo em uma luta à morte. Acontece que a atuação nazista é insidiosa, procurando seduzir, como se ambas concepções tivessem fundamentos comuns, podendo se acomodar entre si, tendo como instrumento a mentira. Após esta primeira etapa, seu passo seguinte consistia em comprometer o seu suposto amigo a partir de interesses comuns, porém de tal sorte que, quando o interlocutor vinha a ter consciência de que estava fazendo algo contrário a seus valores e princípios, a rota da perdição já estava traçada. A "colaboração" é a sua expressão. Por último, vêm a destruição e a perversão, quando a alma já corrompida curva-se à concepção de mundo vitoriosa militarmente. A doutrina racial, com todas as suas consequências, teria, então, vencido. Vários prelados católicos e altas autoridades da mesma religião ficaram neste percurso, tendo o antissemitismo como um dos "valores" compartilhados. É a consumação da derrota espiritual, em uma espiral progressiva de escravidão.

Detenhamo-nos no significado mesmo da colaboração, pois torna-se necessário fazer a distinção entre uma colaboração material e uma espiritual. A primeira é uma cooperação visando a evitar um mal maior, considerando a condição de escravidão dos vencidos, outra muito diferente consiste na renúncia aos próprios valores que, inclusive em tal situação, devem permanecer íntegros. O escravo trabalha, presta serviços, não renuncia a pensar por si mesmo, nem necessariamente abandona

---

[26] Fessard, Gaston. *Au temps du prince-esclave*. Apresentação e notas de Jacques Prévotat. Paris: Criérion/Histoire, 1989. "France, prends garde de perdre ton âme", p. 70. Cf., também, *Journal de la Conscience française. 1940-44*. Prefácio de René Rémond. Paris: Plon, 2001.

sua prévia concepção de mundo. Não há nenhuma transição automática da colaboração material para a espiritual, constituindo dois domínios distintos. Em linguagem religiosa, renunciar a valores significaria "pecar", transgredir mandamentos divinos, algo que deve ser de todas as maneiras rejeitado.[27] Resistir espiritualmente quer dizer manter a integridade humana, pois, se assim não fosse, o homem se tornaria um mero animal a obedecer ordens tanto no domínio objetivo quanto no subjetivo. Um ser sem consciência nem pensamento, não aderente a valores e princípios livremente escolhidos, um animal sem alma! Um Estado que governaria desta maneira constituiria uma autoridade sem legitimidade ao ter abandonado sua Causa, seus Ideais, seus valores, seu "Bem comum". Era a realidade mesma de Drancy. Não aceitar o "pecado", por mais que seja imposto, significa resistir espiritualmente. Eis os limites da colaboração, mesmo em uma condição de escravidão.

Sob estas condições, tinha o *Père* Chaillet a nítida percepção de que o seu trabalho deveria ser clandestino, não apenas para a sua própria sobrevivência e a de seus companheiros de luta, mas, também, porque a maioria dos católicos, leigos ou não, estavam se omitindo diante de suas responsabilidades em relação ao tempo presente. Estavam se tornando espiritualmente cativos. Toma uma atitude corajosa de nada comunicar de suas atividades aos seus superiores da Ordem nem da Igreja, assumindo igualmente uma atitude de nítida desobediência em relação às autoridades temporais, por mais que se apresentassem enquanto católicas. Cabia a ele e aos seus recuperar o espírito do cristianismo em sua universalidade, mesmo contra as orientações presentes das autoridades religiosas e administrativas. Segundo suas próprias palavras nos *Cahiers do Témoignage Chrétien*, seria sua missão alertar a opinião pública contra "os

---

[27] Ibid., p. 105.

equívocos do silêncio que é uma forma de cumplicidade.[28] Era ele um homem "ferido e indignado em sua consciência cristã pelas fraquezas e as demissões do mundo eclesiástico".[29] Note-se, ainda, que ele, além de teólogo, era um notável estrategista político, infatigável em seu trabalho pastoral. Tinha uma visão ecumênica do mundo, não se limitando apenas às suas fronteiras eclesiásticas. Confraternizava e participava da resistência junto a protestantes, judeus, socialistas e comunistas, embora desses últimos se distancie logo após a liberação, dada a relação orgânica deles com o partido comunista da União Soviética, do qual seguiam as orientações.

Coerentemente com suas posições, este grupo de "resistentes" não apenas desobedeceu consignas de alguns de seus superiores hierárquicos, como pregou abertamente a não obediência às autoridades constituídas.[30] Ou ainda, na visão deles, uma Igreja colaboracionista seria aquela que não cumpriria o seu papel de mediação histórica, abandonando o seu próprio conceito, não realizando a sua missão. Uma Igreja que não seria o "Corpo místico" de Cristo. Em uma carta a seus superiores de abril de 1941, o *Père* de Lubac, por sua vez, ressaltara que, ao escrevê-la, estava imbuído da tarefa de servir a "Igreja do Cristo em sua aflição (*détresse*) presente",[31] aí incluindo as denúncias do hitlerismo, relativas aos campos de concentração que estavam sendo implantados na França, às esterilizações e mortes de doentes graves ou mentais na Alemanha e às perseguições antissemitas. A "resistência espiritual" se fazia no interior mesmo da Igreja.

Quanto ao embate com o totalitarismo, no nível conceitual, surgem duas concepções de mundo que se defrontam, uma que

---

[28] Bédarida, op. cit., p. 152.
[29] Ibid., p. 154.
[30] Ibid., Prefácio, p. VII-IX.
[31] Ibid., "Carta a meus superiores", p. 109 e p. 112-4.

aborda o nazismo enquanto forma de neopaganismo, cujo antissemitismo seria uma faceta de seu anticristianismo, voltado para "expulsar o Cristo da humanidade";[32] a outra que considera o nazismo como uma autoridade à qual se deve obediência, tendo com ela uma certa afinidade ao permitir, em uma parte do território, um governo francês e, então, católico. Neste último caso, haveria um terreno comum ao antissemitismo racial e ao religioso. O *Père* de Lubac chega a alertar, inclusive, os seus superiores de que este novo antissemitismo já produzia consequências desastrosas nas elites católicas e nas casas religiosas. O primeiro se colocava diretamente na luta contra o antissemitismo enquanto anticristão; o segundo a ele não apenas se acomodava, como promulgava leis antissemitas de próprio punho, consoantes com as orientações nazistas. A questão reside em que se torna, todavia, problemático simplesmente circunscrever o nazismo enquanto neopaganismo, sem ao mesmo tempo reconhecer que ele também se enraíza no antissemitismo cristão.

A posição destes jesuítas, politicamente, consistia no combate ao antissemitismo, contra a perseguição nazista, reconhecendo a mesma linhagem religiosa entre judeus e cristãos, de tal maneira que a sua defesa dos primeiros significava a defesa dos segundos e, na verdade, da própria cristandade. Por outro lado, a sua leitura teológica colocava judaísmo e cristianismo em um linha de continuidade, sendo o segundo a culminação do primeiro, abordado, assim, sob o signo da anunciação de Cristo. Antigo e Novo Testamento estariam unidos, de modo que um não poderia ser compreendido sem o outro, isto é, o cristianismo deveria ser lido a partir do judaísmo, como esse a partir daquele. Não haveria propriamente uma linhagem temporal, senão da religião judaica à cristã, uma vez que a leitura inversa seria atemporal, segundo uma abordagem enraizada na

---

[32] Ibid., "Novos maquiavéis", p. 453.

história sacra católica e em seus prolongamentos na Igreja. Ou seja, Cristo não teria vindo ao mundo para abolir o judaísmo, mas para realizá-lo (*l'accomplir*).[33]

Conforme a leitura proposta, a questão judaica seria uma questão cristã, enquanto na dos eclesiásticos afinados com o governo de Vichy, ela seria meramente judaica, sem nenhum parentesco com a cristã, salvo sob a modalidade negativa do antissemitismo. No entanto, no caso da abordagem judaico-cristã, torna-se necessário ressaltar novamente que ela é política e teológica, porém em um sentido específico, o de atribuir ao cristianismo uma finalidade que estaria já embutida no judaísmo, como se esse, uma vez tendo se realizado na figura de Jesus Cristo enquanto Messias, teria levado a cabo a sua missão histórica. O judaísmo fora da história da Igreja já não teria nenhuma função propriamente dita. Isto faz com que o *Père* de Lubac escreva que a civilização ocidental estaria constituída por três pilares, Grécia, Roma e os Evangelhos,[34] e não Jerusalém, na medida em que, sob os Evangelhos, ele incluía tanto a religião judaica (Antigo Testamento) quanto a cristã (Novo Testamento). "O Deus de Jesus é o Deus dos profetas, acabando de se revelar. Jesus não veio para rejeitar, mas para realizar o melhor da mensagem da qual o povo de Israel é portador".[35] A questão judaica, portanto, é abordada sob uma ótica moral e humana, traduzindo-se pelo combate político, mas de tal maneira que ela está contida na própria concepção cristã, nela ganhando explicação e justificação. Ou seja, sua posição se situa no interior mesmo da religiosidade católica e em seu conceito de salvação,[36] tendo como corolário que a perseguição aos judeus é compreendida como um falseamento, uma deturpação da mensagem

---

[33] Ibid., "Um novo 'fronte' religioso", p. 184.
[34] Ibid., "Explicação cristã de nosso tempo", p. 135.
[35] Ibid., p. 135.
[36] Ibid., "O antissemitismo e a consciência cristã", p. 355.

cristã e da experiência da Cruz. Defende-se os judeus, enquanto o judaísmo estaria teologicamente superado.

O nazismo era, portanto, considerado como uma doutrina anticristã, baseada na particularidade do sangue e do solo, sem nenhuma conotação universal, tendo ainda como alvo essencial a eliminação mesma do povo de Deus. Segundo o Monsenhor Saliège: "A Virgem, o Cristo, os primeiros discípulos eram de raça judaica".[37] O antissemitismo era uma doutrina a ser por eles enfrentada espiritualmente e praticamente, via apoios à comunidade judaica, a ações junto ao governo de Vichy, a protesto contra leis antissemitas, à defesa de crianças subtraindo-as às perseguições, escondidas em mosteiros, igrejas e lugares cristãos em geral. O nazismo era considerado como doutrina neopagã que, enquanto tal, deveria ser combatida sem nenhuma ambiguidade, apesar de reconhecerem que muitos católicos tinham se aliado à colaboração com os alemães, traindo, neste sentido, suas próprias concepções religiosas. Note-se, porém, que, embora reconheçam esse fato, mostrando a presença de um antissemitismo cristão que teria propiciado o acolhimento do novo antissemitismo racial, os *Pères* de Lubac e Fessard não lhe atribuem uma significação propriamente sacra, judaica, que se tornará central na teologia protestante no pós-guerra.

Assinale-se que suas posições situam-se no plano político, moral e religioso na luta pelos valores universais do cristianismo, na defesa do povo de Israel – e de Cristo – e no combate ao antissemitismo, caracterizando as suas ações como de natureza "espiritual". Há, então, uma adequação entre a ação, a doutrina cristã e a luta contra as perseguições no interior de um mesmo marco teológico e filosófico, isto é, os fatos, por mais horrorosos que sejam, caem dentro – e são perfeitamente interiorizados – na própria doutrina cristã, assim verificada e validada, graças à própria mensagem que transmite. Há indignação diante do

---

[37] De Lubac. *Résistance chrétienne...*, p. 161.

nazismo e do antissemitismo, mas não há perplexidade, não há indagação que diga respeito aos fundamentos religiosos e à própria figura divina de Jesus Cristo. A filosofia e a teologia não são desafiadas. Não há uma "questão cristã" posta pela "judaica". Logo, não há tampouco espaço, nascido desta fratura, para que a problemática do mal possa ser colocada.

História, autoridade e Igreja

Autorité et bien commun,[38] do *Père* Gaston Fessard, é um livro escrito durante a ocupação alemã (1941-2), tendo sido integralmente publicado após a libertação da França em 1944. Neste sentido, deve-se levar em conta a precaução de linguagem, um vez que, naquele momento, o livro deveria passar pelos censores, que poderiam impedir precisamente a sua aparição. Contudo, a leitura do livro faz saltar à vista a sua crítica à República de Vichy e o que significa uma nação invadida. Mais precisamente, torna-se necessário frisar que se trata de um livro de época, escrito ao sabor dos acontecimentos, procurando compreender o que estava ocorrendo. Trata-se da intelecção do tempo presente, sem o recuo histórico que propicia julgamentos mais distanciados. Tarefa tanto mais difícil pois o tempo não joga a favor, obrigando o filósofo a pensar, a utilizar todos os seus recursos intelectuais, para captar o que está se desenrolando. Hegelianamente, como ele mesmo o reconhece, a tarefa da filosofia consiste em apreender o seu tempo, a sua época, no pensamento, porém, no seu caso, de captá-lo naquele momento determinado, em que os juízos estão ainda mais submetidos a percepções nem sempre claras, em terreno muitas vezes pantanoso, quando não se sabe exatamente onde fincar o pé.

---

[38] Fessard, Gaston. *Autorité et bien commun*. Nova edição revista e aumentada pelo padre Frédéric Louzeau. Paris: Éditions Ad Solem, 2015.

Assinale-se, preliminarmente, que o *Père* Fessard extrai dos cursos de Alexandre Kojève, imediatamente anteriores à guerra, a ideia central da *Fenomenologia do espírito* em torno da relação senhor/escravo quando aplicada à esfera política, histórica, embora seu contato com esta obra seja em muito anterior. Ele a encontra, casualmente, em um livreiro, em Munique, em 1926, a estuda profundamente desde aquele então, começando a dominar o alemão, propõe um comentário detalhado do Prefácio para a *Revista filosófica* em 1929, tendo, inclusive, traduzido uma parte substancial dela. Entretanto, nem seu comentário nem sua tradução parcial foram autorizados pelo seu Superior Provincial, em 1930. A censura consistia em seu suposto viés hegeliano e, neste sentido, protestante. Do ponto de vista histórico, note-se que a primeira tradução francesa da *Fenomenologia do espírito*, de 1807, foi publicada por Jean Hyppolite em 1941, à qual se seguiu o seu *Comentário* em 1946, sendo a tradução inglesa de 1912 e a italiana de 1920.

Sob esta ótica, deve ser lida a ocupação nazista enquanto força invasora que domina o Estado francês, expondo a sua potência e impondo suas próprias leis, aparecendo como "vencedora", enquanto os vencidos adotam a posição dos derrotados. Fazem a dolorosa opção pela submissão, em vez da morte, renunciando à liberdade. Duas formulações hegelianas assim se conjugam, a da relação senhor/escravo e a do conceito de Estado, tal como apresentada na *Filosofia do direito*. Desta última, extrai esse conceito, correspondente à realização da Ideia da Liberdade, que já teria se realizado no Estado moderno, embora Hegel sempre tenha tido o cuidado de não identificar o conceito de Estado, a sua racionalidade, a qualquer Estado real, empiricamente existente, mantendo a sua distinção.

Embora em seu texto o *Père* Fessard não tenha utilizado o conceito de "atualidade histórica" devido aos problemas da censura, ele não deixa de dar forma à sua concepção filosófica, conforme observado por ele mesmo em seu Prefácio de

1947[39] à tradução italiana de seu livro, não autorizado, por sua vez, pelos superiores da Companhia de Jesus em Roma.[40] Na verdade, ele é sua versão do conceito hegeliano de *Wirklichkeit*, normalmente traduzido por "efetividade" ou "realidade efetiva", para contrapô-lo ao de "realidade" (*Realität*) em sua acepção de dada ou imediata, designando com isto a distinção entre o efêmero e o permanente, o transitório e o subsistente. Neste sentido, o conceito de "atualidade histórica" significa o que ganha permanência através mesmo daquilo que é transitório, ressaltando o seu caráter de histórico e não simplesmente lógico. Seu pensamento está sempre voltado para o empírico, para o presente, para o imediato, com a preocupação de nele revelar o eterno, o atual e o mediado. Ou seja, o seu "livro gira em torno do problema da atualidade histórica que é ligação do eterno com o temporal",[41] do conceito com o tempo em linguagem hegeliana, do Cristo com a temporalidade dada em sua acepção católica.

O filósofo Louis Lavalle, em uma carta a Gaston Fessard, sublinhara precisamente este último ponto ao assinalar que a sua concepção é a de uma síntese entre a morte e o amor, entre Hegel e São Tomás.[42] Mais precisamente, o histórico da "atualidade histórica"[43] significa um passado que permanece presente, oferecendo-se a todos os que querem pensá-lo e, sobretudo, pretendem agir na atualidade, em sua acepção daquilo que irrompe reclamando ser decifrado. Deciframento, por sua vez, que sinaliza para o futuro graças a uma intervenção que deve se fazer no presente sob o modo da liberdade de escolha, da decisão. Ou seja, graças ao conceito de "atualidade história" apre-

---

[39] Ibid., Prefácio de 1947, p. 230-5.
[40] Ibid., carta ao *Père* Gorostarzu, p. 237-9.
[41] Ibid., p. 232.
[42] Ibid., p. 232-3.
[43] Fessard, Gaston. *De l'actualité historique*. Paris: Desclée de Brouwer, 1960, p. 10-1.

senta-se um pensamento voltado para a decisão e a intervenção no presente, capaz de trazer o eterno para o efêmero, sendo esta transição obra da escolha em liberdade, constituindo, desta maneira, a verdadeira realidade humana.

Hegel, todavia, não pensou, naquele então, a transição de um não Estado, ou um Estado patológico ou defectivo, para o Estado propriamente dito, nem se preocupou com a decadência do Estado, em outro tipo de transição, para uma condição de não ser ou de não existência. Ora, é essa precisamente a situação com a qual se defronta o *Père* Fessard, quando a França, vencida, tinha deixado praticamente de ser um Estado, dividida político-juridicamente logo após a derrota, entre zonas diretamente ocupadas e uma tutelada sob o domínio formal do marechal Pétain, que ainda aparecia como alguém cuja missão seria a de conservar o Estado, por mais problemática que fosse, praticamente impossível. Aqui, Gaston Fessard lança mão da relação senhor/escravo para lhe atribuir, seguindo Kojève, uma significação propriamente política e histórica. Ou seja, ao introduzir a relação senhor/escravo para dentro do conceito de Estado que cessa de existir, ele se vê em posse de um conceito, de um instrumento, que lhe permite pensar a passagem de um Estado para o seu não ser e, a partir desta sua posição, a possibilidade de sua transição para o ser, para o Estado propriamente dito. Isto faculta-lhe pensar o que Hegel não pensou, a saber, as transições políticas do ser ao não ser e deste a aquele. E a pensar não apenas sob o modo empírico de um simples desaparecimento e de novo nascimento, mas filosófico, mediante os conceitos hegelianos de luta à morte e de reconhecimento.

E o faz porque passa a compreender a guerra como um modo da relação senhor/escravo, o primeiro procurando eternizar-se no seu exercício de Poder, não dando lugar ao reconhecimento, baseado na relação de igualdade que entre ambos poderia começar a se constituir. "Com efeito, o que é uma revolução ou uma guerra? Senão uma luta à morte entre a autoridade de direito, recorrendo a seus apoios essenciais, e um novo poder de fato que tende a se desenvolver para fazer valer a sua ordem própria".[44] Ocorre, porém, que este novo poder de fato pode tanto vir a criar por conta própria uma nova legitimidade, produzindo valores que sejam reconhecidos pelos vencidos, pelos "escravos", como pode fazer com que estes se perpetuem nesta condição mediante o "terror da morte", de modo que a submissão resultante tenha como único fundamento o "medo" da perda de ser. A vitória cria uma relação de escravidão que pode tanto perdurar quanto dar lugar a uma nova relação que os faça ambos compartilharem uma nova posição comum, sendo que neste interstício se estabelece o tempo da política, da história.

Mais particularmente, a queda do Estado rumo ao não ser tem como resultado o que ele denomina de passagem do "Bem comum" ao "mal comum", a partir do momento em que a "idolatria louca" tinha tomado conta da época, quando predominava uma concepção de mundo alicerçada na noção de raça. Ele não se contenta com a formulação hegeliana que estabelecia esta queda como sendo a do Estado para o estado de natureza na versão hobbesiana, mas a reformula em termos éticos, político-morais, como os de Bem e Mal, a partir da acepção de "valores" que se tornaram "comuns". Ou seja, a autoridade constituída pela "força" desdenha o Bem comum enquanto valor e passa a negar e a perseguir os seus próprios representantes.[45] Trata-se, portanto, da ação de uma autoridade, ilegítima neste sentido, que abole os parâmetros éticos, legais e morais, precipitando o desmoronamento do Estado e abrindo, desta maneira, espaço para a desobediência civil, para as "resistências" espirituais e materiais. A própria pergunta sobre a diferença entre o transitório e o permanente se traduz politicamente por esta outra diferença, entre uma au-

---

[44] Fessard, op. cit., p. 55.
[45] Ibid., p. 78.

toridade legítima e uma ilegítima, isto é, entre uma autoridade dotada de espírito e uma sem.

Segundo o *Père* Fessard, a autoridade, para ser plena, alicerça-se em três pilares: o fato, o direito e o valor. O fato diz respeito a aquele que detém a soberania do Estado, o que se impôs pelo uso da força, o vencedor, seja em uma guerra, seja numa guerra civil, seja em uma revolução. O direito concerne à organização deste poder de fato, que passa progressivamente a se reger por leis, culminando em uma Constituição, controlando o arbítrio da força e, inclusive, em muito a reduzindo. O valor, por sua vez, versa sobre o reconhecimento dos cidadãos entre si enquanto tais, em sua igualdade diante do Estado, mas também no conceito cristão do amor, compreendido como "troca recíproca de bens reais e concretos", como "reconhecimento recíproco, onde toda autoridade se transcende",[46] o que, em sua ótica católica, significa o "aspecto espiritual do Bem comum", sob a égide da Igreja que teria a missão de "representar junto a todo poder essa convocação (*sommation*) suprema da autoridade".[47]

A repercussão no nível da ação é clara, para não dizer imediata. Sob esta ótica, a questão a ser colocada é a de como os "cidadãos" do Estado derrotado devem agir em relação aos vitoriosos, aos que detêm a "força", podendo fazer uso dela a seu bel-prazer, nem tampouco tendo qualquer preocupação com o Estado de direito, já abandonado na própria Alemanha. O "Estado" ocupante aparece cruamente como mero exercício da força, embora o governo de Vichy procurasse ainda se apresentar sob a forma da organização jurídica, algo tão caro ao espírito francês. Isto é, como deve o cidadão agir quando o Estado se afasta do seu conceito? Questão tanto mais espinhosa ao suscitar uma outra ordem de problemas, a da desobediência em relação à força ocupante e aos seus representantes, aos seus tu-

---
[46] Ibid., p. 73.
[47] Ibid., p. 77.

telados. Ele coloca, portanto, a questão das autoridades legítima e ilegítima, essa última dispondo diretamente da força e não hesitando em exercê-la, sem preocupação com o "Estado de direito", nem, muito menos, para aquilo que lhe parece essencial: a sua legitimidade.

Em sua situação concreta, pergunta-se o cidadão pelo como deve agir, se deve seguir o que é estipulado pela força ocupante, pelo Estado de Vichy, não soberano na verdade, convivendo com a *Wehrmacht* e a Gestapo, não autônomo em suas decisões, ou se deve simplesmente decidir independentemente segundo os outros parâmetros de sua nacionalidade, materiais e espirituais, isto é, se deve "colaborar" ou "resistir". O *Père* Fessard elabora, assim, o conceito de "Príncipe-escravo", visando a caracterizar essa dualidade inscrita na natureza mesma de Estado-servo. Nas palavras de Raymond Aron: a noção de "Príncipe-escravo" significa um "governo que se pretende soberano, mas que é, de fato, submetido ao 'vitorioso parcial'. Logo, a obediência devida a um tal governo é no máximo limitada e condicional".[48] Surge dessa elaboração a máxima da desobediência devida a um governo cuja autoridade reside somente na força, do Estado de direito não lhe restando senão uma vestimenta precária. O verdadeiro senhor dos franceses é a potência alemã ocupante, vitoriosa, enquanto os frangalhos do Estado francês são caracterizados como os de um "Príncipe-escravo", de uma autoridade ilegítima.

Trata-se, então, de um Estado não apenas politicamente subordinado, tutelado, tendo perdido o seu poder de decisão sobre o seu próprio destino, mas de um Estado que abdicou dos seus valores, dos seus princípios. Assim compreendido, ele cessa de ter valores e princípios próprios, passando a seguir os da potência invasora, conquistadora, vivendo na "perversão". O Estado francês tinha, dentre os seus valores e princípios, a doutrina dos

---

[48] Ibid., nota 1, p. 223.

direitos humanos, sua mensagem universal, independentemente de credo, religião, condição social, e a sua concepção cristã do homem e do mundo, de modo que ao assegurar o bem-estar e a segurança dos seus cidadãos, assim como a ordenação jurídica, conferindo legalidade e legitimidade à autoridade constituída, ele estava respaldado nestas ideias maiores. Ora, no momento em que o Estado francês subordina-se à concepção nazista do mundo, baseada na raça e no sangue, ele abandona sua própria concepção em proveito de outra, que em tudo a nega. O Estado "Príncipe-escravo" torna-se literalmente um Estado sem alma, sem moralidade, destituído, diríamos no caso dos indivíduos, de uma subjetividade própria. Ou ainda, uma coisa é um Estado derrotado na guerra "aceitar a escravidão em relação ao vitorioso para salvar a sua existência",[49] outra muito diferente reside na renúncia aos seus valores, à sua concepção de mundo.

Estabelece-se uma luta, por assim dizer, entre duas concepções de mundo, uma nacional e católica, alicerçada no Estado francês, com sua noção de organização jurídica e Bem comum, fundada, por sua vez, em sua religião e em seu conceito de Bem universal, e, de outro, a nazista, baseada no exercício da força, no terror da morte, na submissão dos seus cidadãos e dos outros conquistados, veiculando outra forma de religiosidade, racial, afirmando sua superioridade sob a forma ariana do super-homem, nascida do cristianismo, mas visando a substituí-lo por outra forma de religião. Surge historicamente uma disputa entre diferentes noções de Bem e de sagrado, desorganizando e reorganizando as relações humanas, religiosas, morais e política, de tal modo que os pontos de referência objetivos, os parâmetros de comportamento, são postos em causa. Instaura-se um combate político, histórico e "religioso" pela noção do sagrado, embora, bem evidentemente, a primeira sendo caracterizada como verdadeira, sendo a segunda a sua perversão.

---

[49] Fessard. *Au temps*, p. 105.

Instado pelo seu editor italiano a atualizar seu livro com vistas à publicação, e a contragosto, pois um livro de princípios mantém a sua atualidade, Gaston Fessard assinala, em 1947, que seu conceito de "Príncipe-escravo" guardava sua plena validade, podendo ser aplicado, em novo contexto histórico, aos governos comunistas da Polônia, Romênia e Hungria por serem esses somente aparentemente "soberanos", enfeudados que estavam à União Soviética, dada a sua peculiar noção de um "Bem universal", o comunismo, segundo o qual todos os Estados por ela "liberados/conquistados" deveriam lhe prestar incondicional obediência. A questão colocada é a de se os cidadãos destes países, seu exemplo sendo o dos cristãos poloneses, deveriam "colaborar" ou "resistir" a este Estado "Príncipe-escravo", visto que a concepção de mundo comunista seria já supranacional, tendo como seu correlato que as autoridades desses Estados satélites deveriam orbitar em torno do seu eixo, o partido comunista soviético. O mesmo princípio valeria para os Estados francês e italiano, considerando a importância respectiva dos seus partidos comunistas, participando de eleições e almejando chegar ao governo, seguindo, sob esta ótica, orientações contrárias ao seu interesse nacional, ao seu Bem-comum.[50] Essa posição, aliás, será retomada nos EUA, no pós-guerra, por um pensador alemão, católico fervoroso, Waldemar Gurian,[51] amigo de Maritain.

Em um novo cenário, o seu combate ao nazismo se traduz pelo combate ao comunismo, na medida em que ambas concepções de mundo são estruturalmente semelhantes, compartilhando dos mesmos princípios, dentre os quais a ideia de uma luta à morte interna e externa, com o objetivo de subjugar os seus nacionais e outras nações, segundo uma concepção de pretensão global, seja baseada na raça, seja na classe e no partido.

---

[50] Ibid., p. 226.
[51] Gurian, Waldemar. *Le bolchevisme danger mondial*. Paris: Éditions Alsatia.

Apesar de o comunismo ter nascido de uma religiosidade messiânica, lá onde alcançou o Poder sua dominação tornou-se tirânica, sob a forma da "ditadura do proletariado", na verdade, "ditadura do partido" e de seu secretário-geral. Seu resultado não foi a "comunidade do bem", mas a do "mal",[52] entrando em cena este último conceito enquanto forma relativa do primeiro. Em uma França onde a aliança com os comunistas era apregoada, sendo que, no pós-guerra, cristãos, inclusive jesuítas, se aproximaram do marxismo e do comunismo, o *Père* Gaston Fessard não foi em nada propenso a essa parceria, mantendo uma posição que diríamos próxima de Hannah Arendt e Friedrich Hayek. Em seu Posfácio de 1969, ele reitera este ponto, caracterizando tanto o nazismo quanto o comunismo como "religiões seculares".[53] Citando abundantemente o relatório Khrouchtchev de 1956, ele observa que sua crítica ao culto stalinista da personalidade veio, desde sempre, acompanhada pela caracterização da liderança do partido enquanto sagrada, não podendo ser submetida a questionamentos, da mesma forma que o marxismo-leninismo, em seus princípios "científicos" e "universais", era tido por "sacro".[54]

O *Père* Fessard, com toda certeza, leu este relatório no jornal *Le Monde*, na edição de 6 de junho de 1956, tendo como base a tradução inglesa publicada no *New York Times* no dia 4, que, por sua vez, era uma tradução da polonesa, feita ela a partir do russo. Não estava ele naquele momento acessível em sua língua original, permanecendo, neste sentido, "secreto".[55] Atento às intrigas de seu tempo, Gaston Fessard o toma pelo que ele é: um documento verdadeiro. Não era essa, contudo, a opinião

---

[52] Fessard, op. cit., p. 98.
[53] Ibid., p. 152.
[54] Ibid., p. 155-7.
[55] Lazitch, Branko. *Le Rapport Khrouchtchev et son histoire*. Paris: Éditions du Seuil/Point, 1976, p. 22-3.

preponderante na França, com o partido comunista, através de seu secretário-geral Maurice Thorez, duvidando de sua veracidade, chamando-o de um "relatório atribuído ao camarada Khrouchtchev", e Sartre, por sua vez, tomando a sua publicação naquele momento como sendo uma "falta" e uma "loucura" e considerando, conforme sua teoria mirabolante de defesa do comunismo, que os trabalhadores não estavam preparados para recebê-lo.[56] Para Fessard importava a verdade, o que não era o caso de Thorez, nem de Sartre.

No relatório, apesar da palavra sagrado ser utilizada uma única vez a propósito dos "princípios leninistas sagrados do partido",[57] ela estrutura todo este documento, apresentando os princípios do comunismo, em especial a sua elaboração por Lênin, assim como toda a organização e a trajetória do partido, como tendo uma validade absoluta, a sua "verdade" não estando comprometida por desvios e erros cometidos em seu nome. O "culto da personalidade" de Stálin seria um "desvio", um "erro", que não comprometeria a concepção marxista-leninista, à prova de toda a história. Há em todo o texto uma recorrente contraposição entre o "sagrado" (Lênin, os princípios do comunismo, a concepção marxista-leninista, o partido) e o "herético" (Stálin, seus asseclas, em particular Béria, a "errônea" aplicação dos princípios, a manipulação do partido). Lênin, em particular, é colocado em um pedestal como se a sua "humanidade", a sua encarnação da verdade, não fosse deste mundo, sendo de natureza absoluta, logo divina. De seu caráter sacro, derivaria sua "potência político-moral".[58]

Neste sentido, a posição do *Père* Fessard ecoa a do general De Gaulle, para quem os comunistas franceses constituíam um problema à parte, visto que eles prestavam, primeiramente, le-

---

[56] Ibid., p. 28-9.
[57] Ibid., p. 73.
[58] Ibid., p. 96.

aldade à URSS e à sua ideologia, segundo sua proposta internacionalista de dominação mundial e, só secundariamente, deviam lealdade ao Estado e à nação francesa. O general tinha enquanto princípio incondicionado a sua lealdade ao Estado, princípio esse a nortear sua conduta tanto em relação ao regime de Vichy, quanto aos comunistas, passando pelos ingleses, alemães e americanos. Sua desconfiança em relação aos comunistas, com as tropas soviéticas se dirigindo à Europa do Oeste, só tendia a aumentar, conforme a derrota nazista se aproximava. Os comunistas franceses, portanto, não seriam confiáveis, não sendo verdadeiros cidadãos por seguirem, em suas ações, as consignas emanadas da União Soviética e de seu partido comunista, que estendia suas longas mãos a todos os partidos comunistas do mundo. Os franceses não eram exceção, subordinando-se plenamente a esta orientação. Sua submissão aos comunistas soviéticos foi total em 1939, quando do pacto germano-soviético. Só se tornaram resistentes quando a Alemanha invadiu a URSS e não por uma razão essencialmente nacional, própria da França. De Gaulle, deles, se distanciava plenamente.

Em texto reescrito pouco antes de sua morte, em 1978, cuja primeira versão em forma de opúsculo data de 1945 no *Témoignage Chrétien*, tendo suscitado um amplo debate, alguns defendendo suas posições na via da identificação do nazismo ao comunismo, outros as criticando em virtude das alianças que, naquele então, já se teciam entre os prelados católicos e os comunistas, traduzindo-se, posteriormente, em organizações como Ação Católica, Juventude Operária Cristã, Comissão Episcopal do Mundo Operário entre outras, atingindo seu ápice nos anos 70 do século passado. Reelaborando o seu texto, ele não arreda de suas formulações, porque, em sua perspectiva, o combate era o mesmo, só havendo, naquele momento, um outro inimigo. Mantém, assim, uma crítica acerba aos comunistas por seu ateísmo, por representarem uma outra concepção de mundo em tudo diferente da mensagem evangélica e eclesiástica, não se podendo identificar a luta por Justiça social com a assimilação e, mesmo, a submissão ao marxismo e ao comunismo, com destaque ao partido comunista francês, entre outros na figura de seu secretário-geral à época, George Marchais. O seu desfecho seria também o debate sobre a Teologia da Libertação nos anos 1970, tratada inclusive com sarcasmo.[59] Nesta aliança, a Igreja estaria abdicando de sua fé e de seus princípios, o que explica tanto a capa quanto a última frase de seu livro: "Igreja da França tome cuidado de (não) perder a sua fé" ou "Não deixe perverter a tua fé em nenhum dos seus membros".[60]

O problema do mal ganha, neste contexto, um destaque especial, pois ocorre um deslocamento de sua formulação durante a guerra, sob a dominação nazista, em que aparece enquanto algo radical ou diabólico, para outra concepção, a do capitalismo enquanto mal maior que deveria ser erradicado. Tal transferência tem uma clara conotação política, levando com ela a Igreja católica, produzindo uma espécie de ocultamento de outro mal, que estaria, desta maneira, sendo "esquecido". O mal vem a adquirir um protagonismo propriamente político, perdendo relevância filosófica e teológica, salvo em um sentido enfraquecido nessa sua última acepção. Ou seja, se, com Auschwitz, a problemática do mal surgiu publicamente com uma força inaudita, sem necessariamente traduzir-se pela elaboração do conceito de mal existencial, apesar de pistas serem suscitadas e pensadas a propósito de sua positividade, radicalidade e diabolicidade, com o comunismo, em sua encenação de luta de classes e ditadura do proletariado, ele se (re)encaixa em sua significação tradicional ao ser identificado ao capitalismo que, sob esta ótica, deveria ser destruído e superado, tornando possível a afirmação ou reafirmação do Bem na sociedade socialista/comunista.

---

[59] Fessard, Gaston. *Eglise de France prends garde de perdre la foi!* Paris: Fayard, 1979, p. 35.
[60] Ibid., p. 254.

O socialismo/comunismo, em sua abstração, é tido por "Absoluto", como se fosse uma "metarregra" a medir e julgar o capitalismo e todas as sociedades anteriores, algo divino a julgar o mundo sem a ele pertencer, salvo sob a forma idílica, no futuro, de uma sociedade sem classes. Metarregra, porém, que não se julga a si mesma por não se aplicar ao comunismo existente na União Soviética e nos países do Leste Europeu, sob a forma do então dito "socialismo real". Não era uma questão para católicos/socialistas/comunistas os massacres e extermínios existentes naqueles Estados, a penúria social, o terror, a polícia política e o sufocamento geral das liberdades, mas o "capitalismo", encarnação do mal! Um padre-operário, François Francou, que tinha se tornado crítico em relação à sua própria experiência de vida, bem coloca esta questão ao considerar que a "redução de todo mal ao mal social e do mal social à exploração capitalista" e a "assimilação da liberação humana e cristã à sua única dimensão econômica e política" contradizem o "sentido cristão do homem", "as bases mesmas de uma ética cristã e as perspectivas da fé e da esperança cristã".[61] O debate interno à Igreja ganha, então, uma relevância propriamente histórica e política, e a bem dizer filosófica.

Fundamental para o *Père* Fessard era o resgaste da noção de transcendência,[62] abandonada por aqueles que estavam apregoando uma cidade de Deus na Terra, em flagrante contradição com os textos bíblicos. Não se pode confundir a defesa dos pobres e desvalidos com uma organização estatal que, em seu nome, a todos oprime e os destitui de sua liberdade. Sem um Deus transcendente, a noção de "Bem universal" estaria submetida a "religiões seculares", cujos emissários e agentes políticos propugnariam por uma ideologia de tipo universalista, como se assim o transcendente pudesse ser substituído.

---

[61] Ibid., p. 205 e p. 101-2.
[62] Fessard, op. cit., p. 123.

Ocorre, porém, em sua visão, que essa mesma transcendência teria um veículo, um agente terreno, que a incorporaria e a representaria, sob a forma da Igreja, que forneceria na história os parâmetros do sagrado, a servir de referência para cidadãos, grupos sociais, comunidades e Estados, em uma espécie de testemunho do eterno, do Absoluto. Seria a comunhão dos homens entre si através da comunhão conjunta em Cristo, por intermédio da Igreja católica.

Neste sentido, a história do mundo, através da história da Igreja, teria um componente sagrado a comunicar constantemente a mensagem dos Evangelhos. Caberia à Igreja, no transcurso dos acontecimentos históricos, reiterar constantemente, renovando a sua comunicação, a mensagem de Jesus Cristo, dando o exemplo e mostrando aos homens um outro caminho, para além daqueles da mundanidade e dos prazeres terrenos. Se a história transcorre horizontalmente, a mensagem religiosa seria sempre vertical, descendo de cima para orientar concretamente os homens, sem o que haveria o simples arbítrio, o contingente, da sucessão temporal. A história seria uma espécie de "recapitulação"[63] operada pela Igreja, através de seu exemplo e mensagem, tendo a vida de Jesus Cristo, sua experiência, como seu eterno parâmetro. Ou seja, o eterno enquanto mediação do temporal estaria desde sempre presente, devendo constantemente reinstituir o seu gesto originário, a revelação crística no transcurso mesmo da história. O Bem comum, Bem universal, é o corpo mesmo do Cristo que se dá, se perfaz, através do corpo místico da Igreja.[64]

A história é compreendida em um sentido universal em sua acepção sacra, toda ela se organizando em torno da figura do Cristo e de sua Igreja, acolhida, transmitida e tendo essa experiência no transcurso da história. Ou seja, é em torno Dele que se organiza toda a história, cujo desdobramento primordial

---

[63] Ibid., p. 127.
[64] Ibid., p. 142.

consiste na distinção entre o Antigo e o Novo Testamento, esse último sendo a concretização e a superação do anterior. Logo, "a história é, aos olhos da Igreja, um drama humano e divino em seu conjunto e indissociavelmente".[65] Não haveria, no sentido estrito, uma história universal e uma sacra; haveria apenas uma, na significação crística do termo, tendo como referência temporal a atuação da Igreja, expressão concreta da presença do eterno no efêmero e transitório. O ritmo do eterno pulsa no temporal conforme os ensinamentos da Igreja. É a mensagem católica que é assim vivenciada e seguida historicamente, segundo diferentes formas de sociedade e comunidade, conforme os padrões variáveis de cada uma delas, sem que daí se siga uma qualquer variação ou mudança no que diz respeito ao caráter divino desta concepção.

Com tal propósito, ele elabora filosoficamente e teologicamente a dialética paulina do pagão e do judeu, o primeiro sob a figura do convertido, o segundo sob a do rejeitado e incrédulo, engendrando neste processo o vir a ser cristão, nova e definitiva figura. Dialética em um sentido assumidamente hegeliano, como ele mesmo o reconhece em uma contraposição sua com Alexandre Kojève,[66] com as posições se invertendo, podendo ocorrer uma alienação histórico-temporal quando uma delas se fixa, se imobiliza. Seriam ambas figuras "categorias históricas", aplicáveis à realidade que se apresenta e desenvolve, porém cujo significado não seria alterado pela própria história, somente o seu modo de aparição e concretização. "Válida para a história universal, a dialética paulina projeta as mais vivas luzes sobre a natureza humana e o papel do Cristo redentor".[67]

---

[65] Fessard, Gaston. *De l'actualité historique*, p. 87. Conferência pronunciada na Igreja Saint-Louis de Vichy, em 15 de dezembro de 1940. "Do sentido da história".
[66] Ibid., "Novos ensaios", p. 229.
[67] Ibid., "Teologia e história. A propósito do tempo de conversão de Israel", p. 107.

Assim, por exemplo, o nazismo seria compreendido sob o modo do pagão convertido que recai na idolatria, assumindo a vestimenta da vontade de potência, abandonando os princípios mesmos de sua adesão ao cristianismo, enquanto o marxismo/comunismo, seria, por sua vez, a vestimenta do judaísmo, adotando a forma histórica de um messianismo temporalmente realizável, assumindo, seguindo o seu ateísmo, a renúncia do além. A história, então, passa a ser concebida sob o modo da dialética do pagão e do judeu, que seria o seu eixo mesmo de concepção, não vindo ela, porém, acompanhada de nenhum tipo de temporalização da história sacra que se desdobraria em etapas, perfeitamente delimitadas. Tal intento seria, nada mais, do que um curvar-se do cristianismo diante das formas profanas da história universal, que adota tal forma de periodização,[68] tal como aparece seja na concepção hegeliana, seja na marxista. Não haveria etapas histórico-temporais, mas a dialética do pagão e do judeu apresentando o vir a ser cristão historicamente enquanto síntese das duas, no aguardo da Redenção final conforme estipulado biblicamente pela Segunda vinda do Cristo, que seria o "fim e o desfecho" da história.[69]

Note-se que esta formulação do reconhecimento enquanto valor universal da missão eclesiástica, enquanto dotada de autoridade espiritual, não se encontra em Hegel. Não apenas ele não confere nenhum "valor especulativo" às "representações de paternidade, de maternidade e de filiação",[70] descartando, por via de consequência, qualquer papel histórico à Igreja, enquanto "maternidade humano-divina", como confere à linguagem religiosa, a da "criação", "revelação" e "redenção", um papel secundário em relação à do conceito, à da razão. A tentativa de Gaston Fessard de introduzir uma "linguagem de natureza

---

[68] Ibid, p. 100-1 e p. 112.
[69] Ibid., p. 87. Conferência.
[70] Fessard, op. cit., p. 57.

divina" em Hegel, tendo seu lugar adequado na "Consciência" do "isto" e do "meu", do "visado", reside em uma proposta sua de recuperar a "Paternidade divina e a Maternidade da comunidade eclesiástica", tendo como pano de fundo a questão da "presença real" de Cristo na Eucaristia,[71] e não enquanto mera representação conforme a teologia protestante. Mais precisamente, a Igreja, segundo Hegel, não cumpre nenhum papel de mediação histórica, sendo a sua construção própria a uma religião determinada, não preenchendo nenhum papel na história mundial. Neste sentido, ele não aceita a doutrina católica do "Corpo místico" da Igreja, assumindo a doutrina protestante da liberdade da subjetividade, fundada na razão.

O DITO DO NÃO DITO

No imediato pós-guerra, o problema de Auschwitz, salvo raras exceções, nem objeto de reflexão filosófica e teológica foi, senão sob a forma de uma perplexidade no que diz respeito à presença/ausência de Deus, sem que o próprio conceito de maldade tenha sido, por sua vez, objeto de reelaboração. No entanto, o assunto foi, na França por exemplo, ocasião de uma ampla discussão em jornais e revistas, com os historiadores se debruçando sobre o tema, tendo, inclusive, à sua disposição, os testemunhos e relatos dos sobreviventes dos campos de concentração e extermínio. De 1944 (data da libertação da França), e sobretudo a partir de 1945 (término da guerra), até 1950, e com maior ou menor força nas décadas seguintes, material empírico não faltava. Intelectuais e religiosos judeus, católicos e protestantes se debruçavam sobre o tema, com polêmicas mais ou menos fortes acerca da "particularidade" ou da "universalidade" da questão judaica, inclusive com tinturas recorrentes de antissemitismo. Convicções e suportes de pensamento foram

---

[71] Ibid., p. 66.

abalados, sem que tenha se efetuado a passagem da condenação moral a uma formulação propriamente filosófica e teológica. Uma "questão judaico-cristã", na acepção dos *Pères* de Lubac e Fessard, tornava-se apenas uma "questão judaica".

Ocorre que, sob este prisma, não haveria propriamente "questão judaica" se abordada exclusivamente na perspectiva de sua particularidade, na medida em que, tendo se tornado "judaico-cristã", não poderia ser mais simplesmente isolada. A própria questão da "particularidade" ou da "universalidade" da questão careceria de sentido, visto que ela já embutiria em sua religiosidade conexa uma dimensão universal. Seria, na verdade, um falso problema dos que ainda procuraram considerar o judaísmo como algo à parte, como se a própria religiosidade cristã, para além de seu espelhamento, não tivesse sido também comprometida pela perseguição nazista. Ou seja, a questão judaica é judaico-cristã, vindo ela a ser universal por sua própria essência, uma vez que o cristianismo tornou-se a fonte mesma do que veio a denominar-se de civilização ocidental. A universalidade estaria no cerne mesmo do destino do povo judeu nas perseguições nazistas e em sua culminação em Auschwitz, de tal modo que querer fazer dele algo particular seria equivalente a dizer que os princípios do cristianismo e da humanidade em geral não estiveram em questão. São os princípios mesmos da religião cristã que foram postos em causa por esta nova forma de paganismo político, veiculando, por sua vez, seus próprios "valores e princípios".

Historicamente, não teria havido grande silêncio a respeito,[72] o qual seria nada mais do que um mito, mas o que poderíamos denominar mais propriamente de uma lacuna de pensamento, consoante com uma época travada em sua autoconsciência, perdida em sua fratura interna. Nos anos 1944-50, a sociedade francesa absorvia avidamente o que aparecia nos testemunhos

---

[72] Azouvi, François. *Le mythe du grand silence*. Paris: Fayard/Folio, 2015.

horrorosos dos resgatados dos campos de extermínio e concentração, a condenação era generalizada, a surpresa enorme, porém este movimento social de opinião pública não se traduziu por reflexões filosóficas e teológicas correspondentes. Em 1946, um procurador nos processos de Nuremberg, Henri Monneray, problematizou os crimes cometidos contra os judeus como não sendo meramente um crime justaposto a outros, mas um "crime perfeito", "o crime por excelência", o "crime testemunha".[73] Atento estava à novidade do que estava ocorrendo, publicando um livro coletando vasta documentação, *A perseguição dos judeus na França e em outros países do Oeste*, com prefácio de René Cassin e introdução de Edgar Faure. Esse último, de uma forma lapidar, caracteriza o tipo de assassino: a Alemanha inventou o "funcionário assassino".[74] Um pastor protestante, Charles Westphal, em 1947, coloca também este problema em uma perspectiva efetivamente universal: a questão judaica tornou-se a "questão das questões".[75] Elementos de uma consciência de si estavam presentes.

O livro de Raymond Aron, *Introdução à filosofia da história*,[76] de 1948, é um exemplo desta lacuna de pensamento, na medida em que, precisamente, discorre sobre as condições do conhecimento histórico, sobre o significado mesmo de uma filosofia da história que procura abarcar o seu todo em processo de vir a ser, sem se colocar a questão toda próxima historicamente de Auschwitz, a desta "outra" guerra dentro da Grande Guerra. Seu olhar está dirigido a esta última enquanto pano de fundo de Estados em crise, de uma sociedade seja tentada pelo pessimismo, seja por soluções utópicas, perdendo o sentido mesmo da

---

[73] Ibid., p. 139.
[74] Ibid., p. 140.
[75] Ibid., p. 84.
[76] Aron, Raymond. *Introduction à la Philosophie de l'histoire*. Paris: Gallimard, 1948.

finitude humana, da historicidade do homem que tudo perpassa. Da história pensada, em sua acepção espiritual, à história contada por seus agentes ou espectadores, passando pela sucessão aleatória dos fatos à qual se tenta aplicar relações causais, em uma tentativa englobante de estudo, não sobra, paradoxalmente, lugar para aquele que foi um grande evento cujos relatos se multiplicavam na imprensa francesa sobre os campos de concentração e extermínio e o resgate dos sobreviventes. Note-se que ele mesmo, em uma espécie de cegueira do pensamento, chegou a reconhecer que, durante sua estadia em Londres, na guerra, jamais tinha ouvido falar destes campos, ressaltando, todavia, que isto se devia provavelmente a que não tenha querido informar-se, visto que tal espécie de acontecimento, de maldade, fugia do escopo mesmo do seu modo de pensar.

Contudo, a questão judaica ressurge, segregada, a propósito de uma declaração antissemita de De Gaulle[77] em 1967, tendo como ocasião a guerra entre Israel e os países árabes daquele mesmo ano. A posição de Aron é de crítica acerba, mordaz, sem que isto signifique, porém, qualquer posicionamento intelectual a respeito de Auschwitz. Na verdade, ele termina por se esquivar de seu não posicionamento anterior recorrendo à atualidade política de uma fala do presidente, do qual foi aliado, quando se trata de duas questões distintas: a do antissemitismo francês, posterior ao extermínio, e a dos campos que transcende a judaica por ter se tornado um problema judaico-cristão, próprio à condição humana. Quando, neste livro, se debruça sobre o período da guerra, ele o faz acidentalmente e de uma forma secundária, referindo-se ao totalitarismo, particularmente comunista, sem maior análise a respeito. Um livro de Filosofia da história não se defronta com o problema central do sentido mesmo da história à luz de uma violência inaudita,

---

[77] Aron, Raymond. *Essais sur la condition juive contemporaine*. Paris: Éditions Tallandier/Texto, 2007.

própria de uma ação voluntariamente maligna. Analogamente, na Inglaterra, um manual de tipo universitário, de W. H. Walsh, *Philosophy of History*,[78] é publicado em 1951, sem que esta questão tampouco venha à cena, embora se preocupe com o sentido mesmo da história. É como se a vida universitária seguisse o seu ritmo, desatrelada da história.

Note-se que De Gaulle era insensível ao extermínio dos judeus nos campos da morte, não por qualquer antissemitismo, fazendo esse parte da cultura católica na qual foi educado, mas por não se enquadrar em sua concepção da história, compreendida como guerra entre as nações, inerente, por assim dizer, à espécie humana. Muitos dos seus colaboradores próximos eram judeus, no que jamais se constituiu em um problema para ele, desde o começo do seu exílio em Londres, apesar de algumas manifestações antissemitas ao considerar, durante sua visita a Stálin, os comunistas poloneses como um grupo incômodo de rabinos. Não cabia em sua compreensão do mundo e da história, diria em sua mentalidade, uma guerra dentro da guerra como a dos nazistas perpetrada contra os judeus ou, mais concretamente ainda, sua concepção de guerra entre nações que se sucedem historicamente, em ciclos que se repetem de apogeu e declínio. Logo, a questão não consistiria no nazismo e no fascismo, mas nas tendências imperiais ou de potência da Alemanha e da Itália, ou nos interesses do Império britânico ou dos EUA e da Rússia enquanto potências mundiais. Isto faz com que se omita em relação a Auschwitz[79] e elogie Hitler como um grande estadista em íntima comunhão com seu povo.[80]

---

[78] Walsh, W. H. *Philosophy of History. An Introduction.* New York: Harper Torchbooks, 1960. Cf. Maritain, Jacques. *Pour une Philosophie de l'histoire.* Paris. Seuil, 1957.
[79] Jackson. *De Gaulle*, p. 873-4.
[80] Ibid., p. 553.

Houve, assim, uma espécie de segregação da "questão judaica", como se ela não fosse ela mesma "cristã". Relacionalmente, judeus, cristãos e nazistas vieram a formar uma figura centrada na maldade e na morte violenta, sendo uns vítimas, outros carrascos, embora esses últimos tenham progressivamente, conforme se desenvolvia a sua ideologia, se tornado pagãos. Judeus, ciganos e Testemunhas de Jeová, além de socialistas e comunistas, de um lado, de outro, carrascos educados nas religiões protestantes e católica. Na Alemanha, os envolvidos nesta relação mortífera e maléfica apresentavam-se – ou eram apresentados – nesta própria configuração, em uma luminosidade aterradora segundo os protagonistas diretos, e em *dégradé*, entre os que não queriam ver, mas em contornos menos nítidos em outros países, seja pela omissão, seja pela colaboração, seja por afinidades antissemitas. Poder-se-ia abrandar a responsabilidade, contudo não desapareceria o problema. Se, de um lado, a "questão é judaica", de outro, ela é igualmente "cristã", uma estando essencialmente vinculada à outra, partindo-se, inclusive, da própria indagação de por que pessoas religiosamente criadas, católicas e protestantes, voltaram-se com tal ferocidade contra o povo de Jesus ou compactuaram de uma ou outra maneira contra este "grupo", este "povo", esta "nação", esta "religião". Cortar os termos desta relação, isolando um dos polos, significaria uma fragmentação da realidade e uma renúncia do pensamento.

Se a questão judaica é exclusivamente – e separadamente – tratada, como se fosse algo à parte, perde-se com isto a própria problematização filosófica e religiosa atinente ao cristianismo e, de uma forma mais geral, à história sacra. Na perspectiva dessa última, a fratura tornar-se-ia interna à teologia, não podendo ser "sanada" por sua mera desconsideração. Neste sentido, a expressão "morte de Deus", tendo se tornado filosoficamente popular, o foi aparentemente por sua extração dostoievskiana ou nietizschiana, quando, mais profundamente, é resultado de um problema colocado pela época, pelas grandes guerras e, de uma forma mais extrema, por Auschwitz, na figura conjunta e indissociável de judeus e cristãos. Separar esta expressão de seu processo sacro e mundial significaria amputá-la de sua base propriamente histórica, recorrendo a uma espécie de cronologia das ideias filosóficas. Na superfície, discutir-se-ia um problema atemporal, a-histórico, teológico em sua abstração, quando, mais essencialmente, de uma forma indireta, para não dizer travestida, estaríamos diante das figuras cristãs e judaicas entrelaçadas em Auschwitz. Ou ainda, a "morte de Deus", judaico e cristão, é a própria questão em sua acepção sacra e universal. O ateísmo seria, nas circunstâncias do pós-guerra, o dito do não dito de Auschwitz.

É o caso de boa parte, senão da esmagadora maioria, de intelectuais e filósofos pós-1945 que se debruçaram sobre a história de uma filosofia ou cultura em crise devido ao seu próprio desenvolvimento, sem nenhuma necessidade de confrontação com a questão mais radical do mal e de sua natureza. Há uma espécie de fuga em direção a fórmulas filosóficas como se o pensamento pudesse se revitalizar e se perguntar no interior de sua própria história, sem olhar para fora, para o que aconteceu e estava acontecendo na história. Ora, no nazismo, não apenas Deus morreu, mas todos os valores de uma civilização que remonta tanto a Atenas quanto a Jerusalém. Lá não se brincava com artimanhas filosóficas ou literárias, mas com crematórios em cuja fumaça desaparecia no horizonte aquilo que até então se considerava enquanto natureza humana, como os valores mais universais de cultura e de liberdade. Há uma espécie de afazia eloquente discutir Nietzsche ou Dostoiévski enquanto formas de pensamento sem levar minimamente em conta a história real. Parafraseando negativamente Hegel: "é como se não fosse tarefa da filosofia apreender o seu tempo no pensamento".

Não haveria a possibilidade de uma abordagem histórico-universal de Auschwitz independentemente do sentido sacro da vida humana, quando a questão consiste precisamente no significado da condição humana em experiências limites, em que o homem se defronta judaicamente e cristianamente com a tentativa de eliminação de Deus sob a égide da ação maligna, tendo a si mesmo enquanto parâmetro. Se o dito do não dito não é dito, a história não tem condições de chegar à consciência de si mesma, impossibilitada que se encontra de alçar-se a uma dimensão universal. O dizer de sua fratura interna não se consuma e, ao não ser enunciado, uma época, uma sociedade, pode tornar-se afásica. Na ausência de seu dizer, de sua locução de si, a história assim vivenciada torna-se uma história muda, meramente fatual, incapaz de pensar-se a si mesma, incapaz de ressignificar-se. Tratar-se-ia, ainda, de uma objetividade sem subjetividade, de uma história sem reflexão, teologia e filosofia.

Neste cenário, chama atenção o *Père* Henri de Lubac,[81] escrevendo logo após a Segunda Guerra Mundial, em 1948, não ter feito nenhuma menção aos problemas teológicos e filosóficos suscitados por Auschwitz. É como se o problema do conhecimento de Deus não tivesse sido atravessado por essa questão, como se Deus lá não tivesse em certo sentido "morrido", morte essa perpetrada por cristãos tornados pagãos. Consoante com esse posicionamento, não há em seu livro uma teologia voltada para problemas ou diálogos inter-religiosos, em posição de igualdade, embora a teologia judaica esteja particularmente presente em questões como o Deus inominável, incognoscível, transcendente, todo outro (*tout autre*) e assim por diante,[82]

---

[81] Lubac, Henri de. *De la connaissance de Dieu*. Paris: Editions du Témoignage Chrétien, 1948. Terceira edição ampliada publicada sob o nome *Sur les chemins de Dieu*. Paris: Aubier, 1956. A teologia do Padre Henri de Lubac teve uma profunda influência no século XX. Ele é um dos poucos teólogos citados pelo Cardeal Bergoglio em seu livro-diálogo com o Rabino Skorka (Bergoglio, Jorge; Skorka, Abraham. *Sobre o Céu e a Terra*. São Paulo: Editora Schwarcz, 2013).

[82] Lubac. *O Hino a Deus, de Saint Grégoire de Naziance*. O final do livro é particularmente ilustrativo, com formulações, do mesmo tipo, que encontramos, por exemplo, em Maimônides.

que veio a ser incorporada à tradição cristã, principalmente agostiniana. Quiçá isto se deva à pouca relevância atribuída ao antissemitismo cristão, com todos os problemas teológicos e religiosos daí decorrentes e à convicção de que os fundamentos mesmos do catolicismo foram reconfirmados e reassegurados, sobretudo graças à luta moral e política pelo seu grupo conduzida. Auschwitz seria um problema político e moral, não teológico e filosófico.

No último capítulo de *Do conhecimento de Deus*, "Da atualidade de Deus", ele discorre sobre o que ele considera como grandes questões de seu tempo: o ateísmo e o marxismo, permeado por abundantes citações de Nietzsche. Ou seja, o abismo do Holocausto, abismo do pensamento, da razão e da fé, não comparece enquanto questão. Poder-se-ia dizer que o abismo do pensamento não poderia, paradoxalmente, ser considerado enquanto objeto de pensamento. Seria, inclusive, tentado a dizer que o marxismo, o ateísmo e as diferentes formas de niilismo terminaram sendo uma espécie de trampolim para o não pensável não ser pensado, como se a filosofia e a teologia pudessem se acomodar a este diálogo interno, desatento à atualidade aterradora, optando por seguir uma trilha já conhecida. Uma consciência teológica se recolheria em si mesma através de um deslocamento da realidade vivida à história temporal das ideias, na medida em que estas impactam essa própria consciência. Por que o ateísmo e não outras formas, essas sim reais, de eclipse, desaparecimento ou morte de Deus?

Tornara-se, de certa forma, fácil "dialogar" com o ateísmo, mostrando as suas inconsistências, com o materialismo de Feuerbach, e também com o marxismo, ao expor que a realização do comunismo não poderia apagar o chamado e o apelo da transcendência. Produz-se, então, uma espécie de alienação da realidade, alheia ao significado de Auschwitz, historicamente presente, e alheia igualmente ao antissemitismo de Feuerbach e Marx, ambos cultivados no caldo de cultura do antissemitismo cristão. São eles resgatados enquanto interlocutores filosóficos e teológicos a partir dos seus respectivos ateísmos, relegando assim a dimensão teológica e filosófica, e não política, do antissemitismo e, por via de consequência, dos campos de concentração e extermínio. O diálogo assim estabelecido situa-se no interior mesmo de uma certa história da filosofia e da teologia, embora em linha de discussão com os problemas colocados em debate na França do pós-guerra. Ou ainda, discute-se o destino do homem e da humanidade, sem o reconhecimento preliminar de que a humanidade até então conhecida tinha sido gasificada nos campos de extermínio.

No que diz respeito ao primeiro ponto, a "morte de Deus", proclamada por Nietszche, seria o produto de uma sociedade voltada para a imanência dos bens materiais, para o seu usufruto, recusando-se a qualquer olhar da transcendência. Como se o "todo outro" tivesse sido identificado ao "esse outro" da materialidade e do relativismo. "Desespero atroz de uma sociedade que os ídolos temporais seduziram e onde morre asfixiada a 'mens' ávida de eternidade".[83] O problema consiste na morte do "espírito ávido de eternidade", que teria sido causada pela sociedade do hedonismo, da busca incessante dos prazeres, que veio a ser identificada ao capitalismo. Ou seja, seria o capitalismo o responsável pela "morte de Deus", tendo os seus ídolos tomado o lugar do verdadeiro Deus. O cristianismo, neste sentido, se afastaria do capitalismo, vindo ele a se tornar um acerbo crítico do lucro e da economia de mercado. A "morte de Deus", em Auschwitz, não ingressa na cena filosófica e teológica, em seu lugar entrando o capitalismo e o hedonismo.

Se tivesse recorrido à teologia judaica, a de Hermann Cohen,[84] por exemplo, veria uma crítica à idolatria de fundo te-

---

[83] Henri de Lubac, p. 144.
[84] Cohen, Hermann. *Religion of Reason*. Atlanta, Georgia: Scholars Press, 1995.

ológico e, sobretudo, moral, contundentemente voltada contra os vários deuses que tomaram o lugar do "Único". Ou ainda, poderia ter elaborado a via posteriormente empreendida por Fackenheim, para quem o nazismo seria uma espécie de culto idólatra, com sacrifícios e rituais macabros de violência, onde nem crianças eram poupadas. Não se trata de uma mera perversão do ponto de vista psicológico, mas de uma conduta que põe em questão os parâmetros mesmos da humanidade e da cristandade: a existência do mal. Ora, essa via não é vislumbrada no livro do *Père* de Lubac, como se o problema não fosse a malignidade da ação humana exposta cruamente no nazismo, porém o "mal" oriundo dos prazeres materiais e do usufruto de bens relativos e passageiros.

No que diz respeito ao segundo ponto, o do diálogo com o marxismo, há uma curiosa coincidência entre a crítica marxista da religião enquanto ópio do povo e uma reelaboração desta formulação, visando a mostrar que, embora essa possa ser válida em algumas circunstâncias, ela não possui a universalidade pretendida. De um lado, há o resgate social do marxismo e, de outro, a apresentação de sua incompletude teológica. Em suas próprias palavras, a "teoria de Marx sobre a religião é já pouco exata – ou, pelo menos, ela é incompleta".[85] Seguindo a mesma linha de raciocínio, ele acrescenta que o povo, na medida em que se proletariza, perde o gosto da religião.[86] Ou seja, a "alienação social" asfixiaria o "interesse pela religião". Um veria na superação do capitalismo o surgimento das verdadeiras condições da fé religiosa; o outro na realização do paraíso terreno que prescindiria de qualquer transcendência e religião.

Observe-se que, em seus escritos de "resistência espiritual", durante a guerra, o Père de Lubac, particularmente em os "Fundamentos religiosos do comunismo e do nazismo", adotara ou-

---

[85] Lubac, p. 145.
[86] Ibid., p. 145.

tra posição ao assinalar que ambas doutrinas e suas respectivas práticas estavam assentadas em princípios de tipo religioso, configurando-se em religiões seculares, também denominadas de "religiões substitutas" (*religions de remplacement*).[87] Mais especificamente, ressaltara suas semelhanças estruturais, assentadas em "concepções de mundo" (*Weltanschaungen*),[88] com visões globais e estruturantes da vida humana, por mais que a inumanidade termine prevalecendo, no caso do marxismo em sua prática, não em sua teoria, enquanto no nazismo tanto na teoria quanto na prática. Embora ambas concepções sejam excludentes entre si, em uma luta que se tornará à morte nos campos de batalha, apesar de suas semelhanças terem também conduzido ao pacto Molotov/Ribbentrop em1939, possuem a mesma pretensão de serem substitutas à religiosidade cristã, uma por considerá-la enquanto "ópio do povo", a outra, por ser a religião dos fracos, dos escravos.

Embora neste texto de combate a sua maior parte seja dedicada ao nazismo, e não ao comunismo, Henri de Lubac não deixa de explicitar que os princípios de sua análise são os mesmos, sendo aplicáveis da mesma maneira a ambos os casos. Contudo, neste opúsculo posterior à guerra, sua formulação apresenta uma diferença importante, na medida em que considera que o comunismo e o catolicismo podem ser, por um certo período, companheiros em sua missão terrena por terem objetivos sociais e políticos comuns. O argumento é claro: "'O proletariado não tem pátria'. Em um sentido análogo, e por motivos semelhantes, o proletariado não tem religião. Em uma sociedade tal que a nossa, a religião tende a ser um artigo de luxo, que toda uma parte sua pode não procurar. A supressão do proletariado não devolverá automaticamente Deus ao homem, mas ela é uma condição para que Deus lhe seja en-

---

[87] Lubac. *Fundamentos*..., p. 202.
[88] Ibid., p. 223-7.

tregue".[89] O capitalismo, ao criar o proletariado moderno, o teria destituído da religião, que se tornaria um artigo de luxo de acesso privilegiado aos "burgueses", poderíamos acrescentar, pois algo coerente com o seu argumento. Seria, portanto, necessária a supressão do proletariado, logo, do capitalismo, para que a presença de Deus se faça ao conjunto dos homens, em particular aos proletários. Isto é, a revolução seria uma condição para que Deus apareça aos homens.

Adotando outra posição, o *Père* Fessard já aplicara nestes mesmos anos (1947-8) de escritura ou publicação de *Do conhecimento de Deus* e do *Drama do humanismo ateu* o seu conceito de "Príncipe-escravo" ao Estado comunista, interditando tal colaboração e diálogo entre comunismo e catolicismo. Observe-se a "desatenção" de De Lubac, em 1948, em relação às atrocidades cometidas pelo comunismo e às tentativas deste regime em acabar com toda forma de religião, em particular com o cristianismo vigente na Rússia e em boa parte da União Soviética. Ou seja, o regime que tudo fez para abolir a religião é identificado a uma condição da própria religião. Por sua vez, o capitalismo, que se caracteriza pela liberdade de expressão e de religião, é identificado ao regime que deveria ser abolido!

Sob outra ótica, em sua apresentação da "obra de vida" (*Lebenswerk*) de Henri de Lubac, Hans Urs von Balthasar faz dela uma exposição baseada na história sacra e, mais particularmente, católica, tanto do ponto de vista teológico quanto político. Os seus parâmetros são os do catolicismo, repetindo as fórmulas tradicionais da relação entre o Antigo e o Novo Testamento, segundo as quais o segundo teria superado definitivamente o primeiro, realçando, inclusive, a sua função missionária no mundo. E entenda-se político na acepção das lutas e perseguições que permearam a vida do *Père* de Lubac no interior mesmo da Igreja, seja na Cúria romana, seja no Clero francês, seja na

---

[89] Lubac, op. cit., p. 146-7.

Companhia de Jesus. Mais apropriadamente, dever-se-ia dizer que se trata de uma história sacro-político-eclesiástica, voltada para dentro de si mesma, sem janelas para o mundo de fora, salvo naquelas influências que repercutiram teologicamente ou filosoficamente em seu interior como o ateísmo enquanto fenômeno de época ou, ainda, o budismo. Nenhuma menção é feita à resistência espiritual do *Père* de Lubac, do *Père* Fessard e de seu grupo de padres e jesuítas no transcurso da Segunda Guerra, como se não fosse essa uma questão histórica digna de análise, senão filosoficamente e teologicamente, pelo menos politicamente e enquanto experiência mesma de vida. Se o sofrimento entra em linha de consideração, não é o dos que padeceram a guerra, a discriminação, a tortura ou o extermínio, mas o sofrimento infringido ao *Père* de Lubac por homens representando a Igreja ou, em seus últimos anos, o do estado da Igreja em seu conjunto.[90] A obra, tal como apresentada, é a de uma Igreja voltada exclusivamente para si mesma, sem a abertura e a coragem demonstrada por esses jesuítas.

Em *O Drama do humanismo ateu*, livro em sua maior parte redigido entre 1941 e 1943, escrito sob as condições da censura, impresso ainda sob a Ocupação, o *Père* de Lubac defrontara-se com uma questão de época, a do humanismo ateu. Não se trata de um ateísmo qualquer, baseado em uma simples recusa empírica de Deus, mas de um humanismo, portador de uma mensagem universal, representado por figuras como Feuerbach, Marx, Nietzsche e Kierkegaard. Um humanismo confrontado com os atributos morais de Deus, que, embora originados no homem, teriam sido apropriados pelas religiões. Volta-se de Deus ao homem, trazendo deste o que teria de melhor e mais elevado, expondo, também, o mecanismo da alienação operada das propriedades propriamente humanas. Ocorre que, para

---

[90] Balthasar, Hans Urs von. *The Theology of Henry de Lubac*. San Francisco: Communio Books Ignatius, 1991, p. 106.

o *Père* de Lubac, tal processo de "desalienação" seria produto de uma desapropriação do homem, que seria destituído de sua relação com Deus enquanto criatura, submetido a toda uma história baseada na Revelação e na Salvação na figura do Cristo. Ou seja, ele "é o absoluto em função do que tudo se organiza, em relação ao que tudo deve ser julgado".[91]

Observe-se que este texto, mais propriamente teológico e filosófico, é, em sua primeira versão, contemporâneo aos escritos de "resistência espiritual", alterando a forma de abordagem, porém mantendo os mesmos princípios de análise. Nos escritos combatentes, Nietzsche aparece enquanto precursor da doutrina nazista por intermédio de sua teoria do "super-homem", do elogio da força, da crítica ao cristianismo enquanto religião dos fracos, judaizante, neste sentido, embora ressalte igualmente que tal formulação não se traduza por posições antissemitas. Marx, por sua vez, aparece como precursor do comunismo, mediante seu conceito da "luta de classes", da eliminação da burguesia, a supressão filosófica da religião, tendo como resultado no leninismo a "ditadura do proletariado" e a tentativa política de abolição da religião em todas as suas formas, incluindo a cristã. O humanismo ateu, nestes filósofos, é abordado analiticamente, ressaltando suas articulações essenciais, com o objetivo de bem conhecer o seu opositor, para melhor contestá-lo, enquanto nos textos de combate o seu propósito é diretamente político, ambos ressaltando a defesa dos valores e princípios da concepção católica.

Sob esta ótica, a "terra, que sem Deus não poderia cessar de ser um caos, senão para tornar-se uma prisão, é, na realidade, o magnífico e doloroso campo onde se elabora o nosso ser eterno".[92] Sem Deus, o homem viveria como simples ser caó-

---

[91] Lubac, Henri de. *Le drame de l'humanisme athée*. Paris: Éditions SPES, 1959, p. 132.
[92] Ibid., p. 11.

tico, desordenado, sem rumo, em suma, decaído sem salvação. A história, compreendida em seu sentido sacro, é onde o Ser eterno se realiza, não sem um trabalho, de um lado, magnífico e glorioso, de outro, laborioso e sofrido, permeado pelo mal e pelo pecado. Em todo caso, a ordem é dada pela sua afirmação enquanto divina, em sua perspectiva, de mundo entendido em sua acepção católica e eclesiástica. Do ponto de vista de seu combate ao humanismo ateu, realça-se, para ele, que um mundo sem Deus seria o caos ou, na melhor das hipóteses, uma prisão, pois privado da mensagem religiosa, tal como se deu pela "experiência" de Deus ao ter se tornado humano na figura de Jesus, em sua acepção de Messias. Todo fato histórico é, então, aspirado, interiorizado sob a ótica do catolicismo, aí encontrando sua explicação e justificação.

O *Père* de Lubac retraça os antecedentes do humanismo ateu sob o modo de uma volta ao paganismo dos séculos XVIII e XIX, sem, porém, mencionar o neopaganismo político em sua versão nazista, tal como o analisa em suas "Lembranças" e "Escritos" da guerra. Observe-se, aliás, que sua reconstituição filosófica remonta ao paganismo antigo, enquanto lugar mesmo das luzes da consciência moral e das leis contidas no coração do homem.[93] Um seria uma forma de ateísmo embasado em uma nova concepção do humanismo, outro um paganismo de outro tipo, alicerçado na maldade e na violência. A razão disto poderia ser estabelecida, talvez, pelos cuidados com a censura, porém, por outro lado, poderia ser igualmente abordada sob a ótica da história sacra, que inviabiliza que fatos históricos de outra natureza sejam por ela interiorizados. Em todo caso, sob sua ótica, não caberia à teologia captar seu tempo no pensamento se isto vier a significar uma releitura ou um questionamento de seus próprios valores e princípios. A história, quando entra em sua teologia, o faz sob o modo de uma história sacra decaída, pró-

---

[93] De Lubac. "O antissemitismo e a consciência religiosa", p. 136.

pria de uma sociedade que perdeu a crença em Deus, baseada na técnica, na racionalidade instrumental, no interesse, na alienação social e religiosa e na satisfação do eu, avessa a qualquer forma da transcendência e propensa, neste sentido, à barbárie. Seria uma história sacra capturada pelo mundo moderno.

Procedimento análogo é empregado no que diz respeito ao desenvolvimento deste paganismo moderno, principalmente em Nietzsche, tido por neopagão, prescindindo completamente da ideia de Deus, como se isto, conforme sua concepção, não implicasse na perda mesma de qualquer universalidade efetiva, de qualquer luz para além de uma vida terrena fragmentada, fechada em si mesma. Enquanto, no humanismo ateu e em sua expressão kierekegaardiana, expondo com especial fineza os paradoxos de um cristão se debatendo com o cristianismo, haveria uma discussão intensa com Deus, uma contraposição frutífera e estimulante, carregada de história, paixão e significação, mas, no ateísmo, digamos vulgar, haveria uma mera decisão, arbitrária, de evacuar Deus da cena filosófica, religiosa e cultural, produzindo somente um mundo desprovido de valores, de *páthos*, de significação, aberto ao nada. Ou seja, sua posição teológica e filosófica situa-se na interioridade mesma da história das ideias sob uma perspectiva católica, concebida autonomamente,[94] em seus momentos de ascenso e descenso, de ganhos e perdas. Ou ainda, "cada época tem suas heresias. Cada época também vê se renovar o princípio dos assaltos contra a fé".[95]

Uma história sem rumo

Na Alemanha, no entanto, a realidade era bem mais sombria, com graduações de luminosidade levando diretamente para a escuridão, em linguagem bíblica, para as trevas. Era mais fácil

---

[94] De Lubac, op. cit., p. 20-1.
[95] Ibid., p. 115.

discriminar quem era quem, os carrascos e as vítimas, os perseguidores, os assassinos e os assassinados. Ficava também mais difícil não reconhecer o papel e a responsabilidade das religiões protestantes e católica no antissemitismo cristão enquanto berço e caldo de cultura do antissemitismo racial. A realidade era muito menos nuançada do que na França, sem maiores *dégradés* entre o preto e o branco, com a morte assustando ameaçadoramente, não a da doença, mas a de uma patologia social até então desconhecida. Lá não aparecia a Igreja enquanto "corpo místico", visto o seu comprometimento majoritário com a doutrina nazista. Mais especificamente, Karl Jaspers vem a considerar o seu tempo como o das mais "terríveis catástrofes" (*furchtbarsten Katastrophen*),[96] quando tudo se vê em negro e a própria história humana é dada como perdida, não se furtando a um diagnóstico de época, que serve como pano de fundo e ponto de inflexão de sua reflexão sobre a história. Concretamente, sua própria época e, em particular, seu país, tido até então como a expressão de uma das mais elevadas culturas humanistas, tinha desembocado nos campos de concentração e extermínio. Suas religiões cristãs se mostraram impotentes na resistência à barbárie, tendo a ela sucumbido, apresentando-se diante do mal que delas triunfou sob a forma do nazismo.[97]

Logo, posições como as dos *Pères* Fessard e de Lubac tornaram-se inaceitáveis para Karl Jaspers na medida em que ele não mais podia acolher formulações filosóficas e teológicas centradas religiosamente, como se a história em sua significação fosse sacra, aduzindo, em sua descentralização, provocada pela experiência do nazismo, que diferentes religiões formam a vida do

---

[96] Jaspers, Karl. *Einführung in der Philosophie*. Munique: R. Piper & Co. Verlag, 1971, p. 80.
[97] Jaspers, Karl. *Vom Ursprung und Ziel der Geschichte*. Frankfurt/Hamburg: Fischer Bücherei, 1955, p. 207. *The Origin and Goal of History*. New Haven e Londres: Yale University Press, 1953, p. 214.

planeta, sendo a diversidade cultural um fato incontornável. A pluralidade religiosa seria, neste sentido, algo que poderia ser atribuído à própria divindade, não podendo ocorrer o privilegiamento de uma única via como se ela fosse a verdadeira e a absoluta. Tal recorte histórico configuraria uma seleção feita segundo uma orientação particular, não podendo se reivindicar como a de um Deus único, visto que o Único se oferece historicamente em sua diversidade cultural. Em outros termos, a centralidade do cristianismo foi descentralizada político-historicamente, tendo para isto contribuído o conhecimento histórico doravante acessível à apreensão de outras concepções religiosas como a chinesa, a persa e a hindu, em suas diversidades respectivas, para além da judaica, que foi objeto específico do ódio racial. A história universal, segundo sua formulação, deveria partir doravante da diversidade empírica em um espírito de pluralidade e de tolerância, concretizando-se no abandono do conceito de história sacra. Ou seja, qualquer abordagem do significado da história em seu conjunto teria como condição a dessacralização em suas diferentes abordagens religiosas.

Neste seu livro *Origens e meta da história*, datado de 1949, tendo uma parte sua sido reproduzida por ele mesmo em sua *Introdução à filosofia*, de 1953, ele se debruça sobre o significado da história, enfrentando, assim, os problemas correlatos da história mundial e da sacra, suscitados pela sua experiência de vida e da história. Apresentará, então, uma outra concepção histórica, indagando sobre o seu sentido (ou ausência de), capaz de levar em conta a experiência recentemente vivida. Quando da recepção de seu livro na França, graças a uma resenha do *Père* Fessard,[98] este ponto entra diretamente em discussão, uma vez que esse teólogo católico não podia acolher uma história dessacralizada, permeada pelo sem sentido e pelo arbitrário da

---

[98] Fessard, op. cit., Recensão do livro de Karl Jaspers *Origem e sentido da história*, publicada em 1954, p. 292-3.

ação humana. Critica precisamente Karl Jaspers por não atribuir à Revelação cristã um significado histórico-mundial, nem tampouco um papel correspondente à Igreja católica, visto que sua posição abarca várias religiões, não concedendo a nenhuma delas um papel exclusivo ou predominante do ponto de vista sacro-histórico. Poder-se-ia mesmo acrescentar que se tornara extremamente problemático para o filósofo alemão falar de uma missão histórica da Igreja no cenário nazista, sob pena deste discurso aparecer como soçobrando no ar, com as palavras perdendo o seu significado, dada a sua não participação religiosa e eclesiástica na resistência ao nazismo.

Sob o domínio nazista, a Gestapo espreitava e controlava o cotidiano das pessoas, o vizinho podia ser um inimigo, um informante, um denunciador. Se a pessoa era obrigada a colocar no braço uma estrela de Davi, a sua identidade e o seu destino já estavam selados. O problema para os casais Jaspers (cristão) e Klemperer (judeu) não era o de se iriam para os campos, mas o do seu quando, o momento do desenlace fatal. A vida era uma luta contra o tempo, uma tentativa muitas vezes desesperada de evitar a morte violenta. Ambos casais conseguiram sobreviver, um de maneira menos penosa, outro mais, porém tinham em comum um signo distintivo, que os diferenciava dos alemães, digamos normais, e dos judeus, também "normais", a saber, constituíam casamentos mistos, o que os nazistas denominavam de *mischlinge*. Logo, viviam sob o signo da discriminação, da perseguição e, mais particularmente, da insegurança, o amanhã não sendo jamais assegurado. Tanto um pensador quanto o outro sabiam o que estava acontecendo, o casal Jaspers já quase resignado diante de sua ida iminente para um campo, o casal Klemperer lutando desesperadamente para sobreviver, numa corrida frenética contra a morte, de sua residência perdida para um prédio de *mischlinge* em condições precárias, escapando milagrosamente do bombardeio de Dresden, tirando a estrela do braço e vagando em várias localidades até a chegada das tropas aliadas.

Karl Jaspers viveu o dia a dia do mal, a morte violenta o espreitando. Testemunhou o quanto a decadência moral e espiritual de uma nação rompia os laços com sua cultura, que tinha se tornado um marco da humanidade, inclusive uma referência do ponto de vista ético. Escapou de um dos últimos comboios que teria levado o casal para um campo de concentração, e para o seu extermínio, por meras duas semanas. Sua ida estava prevista para 15 de abril de 1945, soube ele, quando foi salvo pelas tropas americanas, que chegaram a Heidelberg no dia 1º daquele mês. O acaso interferiu diretamente em seu destino e sua sobrevivência. Sua indignação moral em relação ao nazismo se traduziu por uma perplexidade diante do mundo, dando lugar a expressões que condensam o seu pensamento: a "maldade" que surge repentinamente entre homens "normais", a necessidade de um novo "conhecimento do homem", inúmeras pessoas que desapareceram de uma "forma diabólica", o "rompimento total da comunicação entre os homens", "o fim do homem", "o arbitrário absoluto", o "mal".[99] O pensamento perseguindo as rupturas da realidade.

Em um texto de caráter nitidamente moral, escrito em 1945 e publicado no ano seguinte, Jaspers se debruçou sobre os problemas da nação alemã, tentando cernir a especificidade nazista desde a perspectiva de seu humanismo. Eis por que o seu livro está focado nas várias acepções da culpa,[100] centrada no problema da responsabilidade alemã. Retorna à sua indignação ética, tendo como pano de fundo a própria cultura alemã do pré-guerra na qual se educou e viveu, sempre atento ao que esta tradição tinha de melhor. Ocorre, porém, que a questão do mal e das categorias usadas para explicá-lo são aquelas prove-

---

[99] Jaspers, Karl. *Autobiographie Philosophique*. Paris: Aubier, 1963, p. 130-1, p. 187 e p. 199.
[100] Jaspers, Karl. *A questão da culpa. A Alemanha e o nazismo*. São Paulo: Todavia, 2018.

nientes desta mesma cultura cujos ideais humanistas tampouco foram capazes de oferecer resistência à irrupção generalizada da violência, da morte e do terror ameaçando o cotidiano das pessoas. Ou seja, está igualmente presente um problema da ordem do pensar, a saber, o de aplicar ao "mal dito diabólico" as categorias de um pensamento pertencente a uma época revoluta. A própria expressão de "mal diabólico" procura ressignificar a maldade a partir de um problema que seria quantitativo – a intensidade da maldade – e não qualitativo, sinalizando para algo novo, como se o encaixe desta forma de maldade ao pensamento ainda fosse possível. Note-se que a própria qualificação de "diabólico" remete ao Diabo, que é uma figura, ou melhor, uma categoria do pensamento religioso. O que está em questão é o desencaixe deste pensamento em relação a esta nova forma de maldade.

No entanto, tais expressões de ordem moral, próprias de um homem digno, formado na mais alta cultura filosófica e literária alemã, tendo-lhe fornecido os parâmetros de seu juízo, não se traduzem por uma elaboração filosófica que dê conta precisamente do "mal", da "violência" e do "fim do homem" entre outras formulações suas. Em outro breve texto após a guerra, no início dos anos 50, cujo título é altamente sugestivo: "Razão e irrazão de nosso tempo",[101] Jaspers volta-se contra o "espírito antifilosófico"[102] reinante que teria levado ao nazismo, destacando, dentre outros aspectos, o materialismo, o egoísmo, a indiferença em relação ao outro, a ausência de transcendência. Mais especificamente, ele escolhe como alvos o marxismo e a psicanálise enquanto alternativas "espirituais", culturais, que estariam destinadas ao fracasso. Ou seja, ele se volta para discutir tais correntes de pensamento que se impunham no pós-

---

[101] Jaspers, Karl. *Raison et déraison de notre temps*. Paris: Desclée de Brouwer, 1953.
[102] Ibid., p. 64.

guerra sem se debruçar, todavia, sobre o significado da ruptura vivida no nazismo e sobre o pensamento do "novo" que, então, apareceu sob a forma inaudita da maldade.

Apesar de uma reflexão histórica que parte de uma consideração do acontecido em sua época, da terrível violência que lá se desenvolveu, tornando-o objeto de pensamento, ele o faz de uma maneira a não lhe conferir um significado propriamente filosófico, na medida em que o assimila a outros eventos históricos.[103] De um lado, pode-se dizer que ele figura como norte mesmo do seu pensamento tentando abordar um fato determinado na perspectiva do significado da história em seu conjunto, conformando uma reflexão que o tem como ponto de partida ou evento incontornável; de outro lado, este tipo de fato não é de natureza distinta a de outros fatos históricos, embora ressalte que ele é sem precedentes, algo que parecia impossível.[104] Em sua busca do significado do nazismo, esse não será a ocasião de pensar uma outra espécie de violência, distinta de outras, ou um tipo de maldade, de essência diferente, mas de inscrevê-lo em um fenômeno abordado enquanto civilizatório, ou de crise de civilização, por ele denominado de época científica e tecnológica. O nazismo, então, se explicaria por esta crise cultural, decorrente do império da ciência e da tecnologia, que, em nome de seus critérios de conhecimento e de verdade, massifica o pensamento e a cultura das pessoas, fazendo com que percam o sentido mesmo do homem, da humanidade. Ou seja, o problema não consistiria no nazismo, mas na ciência e na tecnologia, sendo essas sem precedentes, não o mal. Ou ainda, o mal seria imutável, traduzindo-se por guerras sem sentido que, no entanto, seriam todas de igual natureza, diferenciando-se apenas por um incremento quantitativo e não qualitativo.[105]

---

[103] Jaspers. *Vom Ursprung*, p. 52; *The Origin and Goal of History*, p. 43.
[104] Ibid., p. 52; *Origin*, p. 43.
[105] Ibid., p. 135 e p. 143; *Origin*, p. 138 e p. 147.

Ao empregar indistintamente os termos de *Weltgeschichte* e *Universalgeschichte*, o primeiro significando "história mundial" e o segundo "história universal", faz coincidir estas duas significações em uma só, em uma acepção profana e não sacra, não prevalecendo, portanto, nenhuma conotação religiosa que devesse eventualmente ser privilegiada. Sob esta ótica, ele opera quatro grandes recortes, dando especial destaque para o terceiro, voltado à compreensão do homem moderno. O primeiro corresponderia ao nascimento das línguas, à invenção dos instrumentos e ao uso do fogo, sendo a época prometeica a partir da qual os homens começaram a se ver uns aos outros mais diretamente, entre 5000 e 3000 antes de Jesus Cristo. O segundo corresponderia à época das grandes culturas do Egito, da Mesopotâmia, do Indo e, mais tarde, em Hoangho na China. O terceiro corresponderia ao que ele denomina de "base (*Grundlegung*) espiritual da humanidade",[106] entre 800 e 220 antes de Jesus Cristo, desenvolvendo-se, independentemente, na China, Índia, Pérsia, Palestina e Grécia. A quarta corresponderia à época da técnica científica, desenvolvida na Europa a partir do fim da Idade Média e, espiritualmente, nos séculos XVII e XVIII.

Note-se que a "base espiritual da humanidade" não é a da história sacra cristã, centrada no aparecimento de Jesus Cristo, nem tampouco a hegeliana que, embora mundial, não deixa de privilegiar o nascimento do cristianismo, mas um conjunto de atores dispersos que englobam distintas épocas, como Confúcio e Lao Tsé na China; na Índia, os Upanichadas e Buda; em Irã, Zaratustra; na Palestina, os Profetas (Elias, Isaías, Jeremias e o Segundo Isaías); na Grécia, Homero, Parmênides, Heráclito, Platão, os trágicos, Tucídides e Arquimedes. Ou ainda, Jaspers vem a considerar a todos enquanto filósofos,[107] homens igualmente dotados de sabedoria, respondendo cada um a seu modo

---

[106] Jaspers, op. cit., p. 77.
[107] Ibid., p. 79.

às questões relativas à existência humana, isto é, configurando uma síntese entre diferentes tipos de cultura, entre as culturas "oriental" e "ocidental". Pensam eles por si mesmos, afastando-se das formas vigentes dos mitos, fazendo face interiormente ao mundo todo, sejam eles os pensadores solitários e perambulantes da China, os ascetas da Índia, os filósofos da Grécia e os Profetas de Israel, por mais distintas que fossem suas crenças e convicções.

A terceira época, a "axial" (*Achsenzeit*), da história situa-se séculos antes do aparecimento de Jesus Cristo, sendo ela, em sua diversidade histórica em distintos povos e culturas, caracterizada pelo questionamento, pela pergunta pelo significado do mundo, pela reflexão e, sobretudo, pelo surgimento do conceito de Ser e de consciência de si. Ou seja, o eixo da história seria a autoconsciência adquirida por esta experiência crucial do homem na pluralidade mesma de culturas sem nenhuma conexão espacial entre si. Não há unidade histórico-geográfica, mas várias e diferentes culturas, religiões e filosofias, cada qual com sua específica forma de questionamento, todas elas tendo, porém, comum o que ele denomina de espiritualização do homem. O próprio pensamento torna-se objeto da consciência[108] e não apenas os objetos do mundo circundante. Nenhuma destas "histórias" poderia ter a pretensão de ser exclusivamente sacra, como se cada uma delas tivesse a chave do significado do conjunto da história. Em particular, a religião cristã, ao fundar transcendentalmente a história mediante as categorias da criação, da queda, dos estágios da revelação, das profecias, do aparecimento do filho de Deus, da redenção e do julgamento final,[109] seria válida somente para este grupo humano de crentes, não se estendendo para além dele. O que a história apresenta é a experiência dos credos, da fé do absoluto em distintas concep-

---

[108] Jaspers, op. cit., p. 15; *Origin*, p. 2.
[109] Ibid., p. 31; *Origin*, p. 19.

ções, podendo todas elas estar acessíveis aos homens que, entre si, começam a se comunicar e, neste sentido, a se reconhecer em sua alteridade, não cabendo aqui nenhuma imposição religiosa, teológica ou eclesiástica. A verdade não pode ser capturada particularmente através de uma fé determinada. Os caminhos do Senhor são múltiplos, sendo eles os alicerces mesmos do espírito do homem.

Trata-se de indagações diferenciadas da condição humana, mas centradas em um mesmo tipo de questionamento da existência, de um questionamento por si mesmo livre. A história mundial assim entendida, desenvolvendo-se espacialmente em lugares distantes uns dos outros, simultaneamente, sem comunicação entre si, lançou os fundamentos mesmos desta "época axial". Tal concepção da história se faz sob o modo da descentralização, vindo a conjugar-se espiritualmente e temporalmente no futuro, sem que se possa conceder privilégio a nenhuma. Tem-se, assim, as fontes espirituais da civilização em sua acepção universal, sem que, naquela época, tivesse se produzido uma junção entre elas, o que só será possível na época moderna graças aos novos meios de comunicação, capazes de unir histórias locais, particulares, em um todo universal. Apresentam-se, então, as bases de uma nova forma de cultura efetivamente universal, o que, em sua concepção, deveria se traduzir por sociedades democráticas, plurais, abertas à diversidade de culturas, remontando, neste sentido, a diferentes histórias particulares, devendo ser praticadas em um novo espaço público em que concepções distintas sejam livremente debatidas. A meta a ser perseguida seria a da unidade da humanidade sob estas novas formas a serem criadas e concretizadas de solidariedade humana.

Desta época provém a concepção do homem segundo a qual ele vem a tornar-se "consciente do ser em seu conjunto, de si mesmo e de seus limites"[110] em um filosofar aberto a estes

---

[110] Jaspers, op. cit., p. 78.

distintos pensadores. Note-se que esta consciência é a do ser em seu conjunto, porém entendido nesta inscrição mesma do homem nesta sua forma de existência a partir da qual chega a si no reconhecimento de seus próprios limites. É o homem existencialmente nu, por assim dizer, sem outro suporte nem para cima nem para baixo, salvo aquele que ele mesmo adquirir via sua autoconsciência. Ele faz, assim, a experiência vital do caráter aterrador do mundo e de sua própria impotência, devendo enfrentar suas próprias escolhas na realidade dada e naquela que, para o futuro, possa construir. Ele coloca-se a pergunta radical "de penetrar diante do abismo (*Abgrund*) para a libertação e a salvação".[111] A experiência do abismo da própria existência humana, algo particularmente presente na catástrofe vivida por sua geração sob o nazismo, não lhe retira a esperança de uma sua libertação e salvação, sem que, no entanto, se tenha destas nenhuma garantia, nem religiosa, nem escatológica, nem politicamente messiânica, pois nem a história universal nem a história sagrada nos fornecem nenhuma salvaguarda, nenhuma saída. As experiências possíveis são as do "abismo" e da "salvação", ou ainda, da "clareza da transcendência", isto é, vivências diferenciadas, sem suportes definidos, delimitados, fundadas apenas nelas mesmas. Em um mundo sem garantias, a violência pode novamente irromper, fazendo saltar limites que aparentemente poderiam resistir a este tipo de implosão que rompe barreiras e não reconhece aquilo mesmo que tomamos como sendo humanidade. Religiosamente e moralmente, "retorna a pergunta de se Deus ou o Diabo rege o mundo. E é um crença infundada a de que no final certamente o Diabo estaria a serviço de Deus".[112] O mal pode também triunfar.

Contudo, em sua concepção filosófica, Karl Jaspers atribui à história um sentido transcendente, embora não possa ser consi-

---

[111] Ibid., p. 78.
[112] Ibid., p. 84.

derado enquanto sacro, na medida em que sua periodização histórica é a da história universal em um sentido amplo, não concedendo privilégio a qualquer religião, nenhuma podendo ter uma validade de tipo universal, sendo todas em suas respectivas positividades particulares. Toda periodização sacra seria, neste sentido, elaborada a partir da ótica de uma religiosidade específica. Ele não deixa, porém, de caracterizar a existência humana como sinalizando para algo outro, da ordem do transcendente, que aparece, na temporalidade histórica, enquanto pertencente ao surgimento do eterno. Eterno esse que reside, em seu aparecer, no exercício radical da liberdade que se encontra, em sua escolha entre o bem e o mal, diante de algo outro que se posiciona em sua interioridade mesma. Liberdade da existência individual que se situa para além das formas históricas e positivas das diferentes religiões, não viabilizando, portanto, nenhuma história no sentido sagrado, salvo ao considerar a própria liberdade como princípio incondicional da existência humana[113] e de sua história. O transcendente surge no presente, não podendo dele ser separado por mais sombrios que sejam os tempos atuais, mas somente a existência humana, em seu ato livre, no seu exercício, pode acolhê-lo e reconhecê-lo, algo interditado ao ato servil. "Não é um mais além, nem duração, nem algo estranho à História. É, no tempo, aquilo que transcende o tempo. Jaspers chama-o *transcendência*. Mais tarde, chama-o, por vezes, Deus".[114]

No período axial e, para além dele, em toda a história posterior, a questão do Ser, do sentido da vida, do significado da humanidade é fruto da elaboração de um questionamento mediante o qual o homem defronta-se consigo mesmo espiritualmente, no pensamento, sinalizando para além de si, para o

---

[113] Jaspers, *Einführung*, cap. IV e V.
[114] Hersch, Jeanne. *Karl Jaspers*. Brasília: Editora Universidade de Brasília, 1982, p. 20.

transcendente. O transcendente é um conceito que expressa algo outro, remetendo-nos a uma reflexão situada para além de nós mesmos, seja no contato com outros indivíduos, seja com outras culturas ou comunidades, seja a algo que confira sentido à nossa própria existência. A Transcendência vem a ser um nome que se exprime através das ideias de Ser, Divindade ou Uno, conforme distintas formas de abordagem, estabelecendo uma outra forma de relacionamento do homem consigo mesmo. Ou ainda, o pensamento relaciona-se como uma forma de Ser supremo posto pelo pensamento, pelo questionamento acerca do significado da vida, algo constante em diferentes culturas que se caracterizam pelo período axial ou são dele legatárias. O Transcendente, neste sentido, transcende a história, embora seja dito historicamente, empiricamente, de distintas maneiras. Isto é, cada uma destas culturas diz Deus ou a Divindade de uma maneira particular, mas o surgimento da questão é comum a todas elas. As formas de expressão e comunicação de Deus ou da Divindade divergem, mas todas elas compartilham a mesma noção do absoluto, do incondicionado, do universal. As particularidades são históricas, submetidas à historicidade, mas o seu significado remete a algo que transcende estas distintas culturas, esses distintos *éthos*.

Em outra perspectiva, sob o nazismo, a ação maligna seguiu o seu caminho pela destruição da linguagem, analisada, em 1947, por Victor Klemperer,[115] ao discernir a sua especificidade na obliteração do pensamento. Autor de um célebre diário feito durante a guerra, abundantemente citado por historiadores, debruçou-se sobre esta questão teórica por ser, dentre outras razões, filólogo de profissão, tendo sido professor na República de Weimar até ser proibido pelas novas regras nazistas a exercer

---

[115] Klemperer, Victor. *LTI. A linguagem do Terceiro Reich*. Tradução, apresentação e notas de Miriam Bettina Paulina Oelsner. Rio de Janeiro: Contraponto, 2009.

o seu trabalho, perdendo a sua cátedra pelas Leis de Nuremberg. Sua tese de doutorado, feita na França, foi sobre Montesquieu. Judeu de nascimento, filho de rabino, protestante por conversão, no seu dizer, para ser um alemão como outro qualquer, casou-se com uma alemã, o que terminou lhe fornecendo posteriormente uma brecha legal para não morrer em um campo de extermínio. Sobreviveu sob condições precárias, agarrado à vida da escritura e da reflexão. Conforme suas próprias palavras, "naqueles anos, meu diário foi minha vara de equilibrista, sem a qual eu teria me arrebentado inúmeras vezes".[116] O seu trabalho de resistência residiu em sua análise e em seu controle da linguagem, atento a que seu desmoronamento estava se traduzindo por uma nova forma de servidão.

Em seu livro, mostra como a ação maligna concentra-se na língua escrita e falada com o intuito de empobrecer o pensamento, procurando, com isto, inviabilizar o próprio ato de pensar, argumentar e julgar. São as palavras, a pontuação, o uso de aspas, a importação de expressões, as inovações do discurso, o uso da retórica, as intermináveis repetições de chavões político-ideológicos, as exclamações e, evidentemente, o monitoramento e o controle do que todos fazem do que os outros dizem, ouvem e escrevem. O pensamento é coletivamente cerceado, sem que as pessoas falantes cheguem a se dar conta do que estão fazendo. A partir do momento em que a linguagem fica embotada, tomada por palavras cujo significado foi pervertido, refém de neologismos ou meras invenções cujo único propósito consiste em tornar as pessoas robôs de um processo estatal e partidário de manipulação, os cidadãos tornam-se escravos como se marionetes fossem. A nova "linguagem" os subjuga.

A linguagem cessa de expressar o que as pessoas sentem, a razão não mais raciocina, a consciência não mais opera, as pessoas só aparentemente se comunicam com as outras, cessando,

---

[116] Ibid., p. 48.

na verdade, toda e qualquer comunicação e diálogo, não havendo nem mais as formas religiosas e morais da súplica e da oração.[117] O ruído da fala se traduz pelo silêncio do pensamento. As vítimas tornam-se, assim, objeto desta manipulação, por falarem, muitas vezes, como os demais, tornando-se algozes de si mesmas. A ação maligna abre caminho graças à duplicidade da linguagem, criando o seu duplo perverso, em um arremedo de normalidade, isto é, graças à nova "normalidade". Eis um dentre tantos exemplos: "agora anoto apenas a expressão cada vez mais frequente: 'Corresponde ao saudável sentimento de justiça do povo', sempre utilizada quando se dá início a uma nova crueldade. E com isso liquida-se o *intermezzo* contemplativo".[118] Ela tem como pressuposto, para se tornar coletivamente ainda mais eficaz, o empobrecimento e a perversão da linguagem, produzindo uma paralisia do ato mesmo de pensar e, por via de consequência, de reconhecer o outro. Calar a linguagem, retirar-lhe a sua liberdade, significa deformar a natureza humana mediante a inviabilização do pensamento. Sem a linguagem, os homens não mais conseguem reconhecer-se entre si, podendo a servidão instalar-se mais comodamente, como se nova normalidade fosse.

A questão com a qual se defronta Klemperer consiste no uso pervertido da linguagem e, consequentemente, em como se pode pensar se as palavras carecem de significado ou, em todo caso, cessam de ter um e adquirem outro através da propaganda oficial e da imposição policial. O que pode bem significar pensar com palavras de significados flutuantes, introduzidos na fala por outro meio de dominação estatal, fazendo com que as pessoas não mais consigam identificar-se a si mesmas e em relação a outras, nem tampouco comunicar-se com os demais da forma

---

[117] Ibid., p. 65.
[118] Klemperer, Victor. *Diários de Victor Klemperer*. São Paulo: Companhia das Letras, 1999. Entrada de 6 de dezembro de 1938.

até então habitual, "normal", neste sentido? Ele, em seu círculo social, na medida em que ainda tinha um, perdendo-o progressivamente, voltando-se para si mesmo, constata o fato "linguístico" de que judeus e não judeus passaram a usar uma linguagem "comum" como se normal fosse, cuja significação nazista, porém, era evidente, evidente para ele, que ainda pensava, e não para os demais que perdiam progressivamente a capacidade de se comunicarem da forma usitada até o momento e, mais do que isto, se incapacitavam para pensar. Isto seria quase o equivalente a fazer cálculo sem números!

VI
O DEUS ENFORCADO

Elie Wiesel, em seu livro *A noite*,[1] relata a cena impressionante de enforcamento de uma criança, "um anjo com olhos tristes",[2] em um ritual que propriamente deveríamos denominar de tenebroso, de macabro. Dois adultos foram também simultaneamente enforcados. Acontece que esta criança, devido a seu pequeno peso, agonizou, dependurada, durante meia hora, com a língua ainda vermelha e os olhos não apagados. Um silêncio absoluto reinava no campo. De repente, atrás de Wiesel, um homem lhe fez a seguinte pergunta: "– onde está então Deus? E eu sentia em mim uma voz que lhe respondia: – onde está ele? Aqui, – ele está pendurado aqui, nesta forca...".[3] Se extramuros, as palavras já não significam, qual linguagem pode dar conta deste "fato", agora intramuros?

Choca nesta morte a sua falta completa de sentido. Há mortes que correspondem a um ciclo natural de vida que, por mais que nos afetem no caso de familiares, por exemplo, não deixam de fazer sentido, pelo menos considerando as condições da finitude humana. As diferentes religiões encontram formas de

---

[1] Wiesel, Elie. *La nuit*. Paris: Les Éditions de Minuit, 2001.
[2] Ibid., p. 102-3.
[3] Ibid., p. 103.

lhes dar sentido, seja assegurando uma outra vida, seja obedecendo a rituais de passagem com suas preces correspondentes. Há, em todo caso, um arcabouço religioso e conceitual que lhes confere significação. Tudo, no entanto, muda se nos confrontamos com um tipo de morte que foge a todos os arcabouços filosóficos, religiosos e teológicos, suscitando, então, a pergunta – plena de sentido – "onde está então Deus?", feita em um contexto sem sentido. Formulações do conceito de Deus que estariam baseadas em posições do tipo "Eclipse de Deus" ou "Deus *absconditus* são manifestamente insuficientes, pois sempre caberia a pergunta de "por que ele teria se eclipsado em um momento destes?"; ou "a de que pode bem significar um Deus que se esconde diante de um mal que afeta o próprio conceito de existência humana?"; ou "a de onde estariam os atributos da bondade e da onipotência divinas?"; ou "a de se seriam eles falhos ou incompletos, em cujo caso perderiam o seu caráter de absoluto e de perfeição?". Trata-se de perguntas sensatas, elaboradas segundo os parâmetros conceituais de toda uma tradição filosófica, teológica e religiosa.

Ainda desde uma perspectiva filosófica, poder-se-ia colocar a questão do significado da existência de Deus, pois o que bem poderia dizer um Deus existente destituído de sua onipresença. Deus existiria, mas não teria estado presente em Auschwitz, como se não existisse naquele momento. Ora, o conceito de Deus enquanto existência perene e necessária não poderia prescindir, precisamente, de sua presença atual em todos os momentos temporais, dada a sua eternidade que se situa para além do tempo e de sua sucessão. Quando falamos corriqueiramente de algo existente, vinculamos implicitamente a ideia de sua presença atual, de algo que se encontra ao alcance da mão ou de algo que pode ser reativado ou, se ausente, tornado presente de uma ou outra maneira. Ocorre que, com Auschwitz, surge uma ruptura radical entre a existência de Deus e a sua presença em um universo concentracionário e de extermínio. Tampouco poderíamos recorrer à fórmula de que "Deus está morto", pois ele não teria aguardado o "enforcamento concentracionário" para morrer, correspondendo, mais bem, a uma discussão interna entre filósofos, situada, igualmente, no interior de uma certa tradição, onde adquire significação. Há uma necessidade presente de criação de um novo conceito que dê conta de algo teologicamente e filosoficamente novo a ser pensado. E talvez o caminho desta elaboração poderia consistir na seguinte expressão: tratar-se-ia do "Deus enforcado"?

A voz interior provém, no caso, da subjetividade de um judeu cuja fé foi arrasada nos campos de concentração e, ainda assim, dá uma resposta cuja forma paradoxal ecoa a própria tradição teológica judaica. A resposta, em seu caráter propriamente aterrador, situa-se dentro de toda uma tradição religiosa e teológica que tem no Livro de Jó um dos seus pontos marcantes. Contudo, inclusive no seu interior, coloca-se a questão de um tipo de morte que visa não somente à existência dessa criança ou desses dois adultos, mas à existência mesma do povo judeu. O que poderia bem significar o Deus de Abraão, Isaac e Jacó se o objetivo de eliminação do povo judeu enquanto tal tivesse sido atingido? O que poderia bem significar Deus cuja existência foi enunciada por um povo e, por seu intermédio, ganho uma outra forma de universalidade pelo cristianismo? Os pensamentos de Pascal, por exemplo, nem poderiam ter sido enunciados. Ou ainda, o que poderia significar o monoteísmo sem a existência do povo judeu, o povo que o enunciou e lhe deu forma?

A expressão "Deus enforcado" sinaliza para uma postura filosófica de novo tipo, não restrita a argumentações filosóficas contrapostas a outras argumentações filosóficas, a formas de fazer filosofia que se limitem à análise das formas lógicas da linguagem ou a novos enfoques de filósofos e de suas obras à luz de novas questões linguísticas; ela remete, mais bem, à necessidade de introdução de uma nova relação entre a história e a filosofia, colocando a história no centro da reflexão filosófica propriamente dita. A filosofia deveria confrontar-se ao mundo real e deixar o conforto da Academia e de suas formas de retribuição e reconhecimento. Em outra linguagem, Auschwitz coloca a questão de outro modo de formulação das relações entre o *a posteriori* e o *a priori*, pois o seu próprio evento se situa fora – ou à margem – dos que pensam a partir dessas distinções. Ou ainda, poderíamos redizer a mesma coisa perguntando-nos pela forma de ingresso do empírico no conceitual. Repensar a condição humana aponta para esta direção. Nos campos de concentração, o mundo está invertido, a reviravolta é completa. Nem a prece possui a mesma significação, em uma situação limite em que tudo parece perder sentido. A busca de sentido não deixa de ser, de certa maneira, insensata. Outra cena de reverso da realidade é descrita por Wiesel,[4] quando, sozinho com seu pai, sua mãe e irmãs já tendo sido encaminhadas aos fornos crematórios, observa que os homens começam a recitar o Kadisch, a reza dos mortos. Acontece o mais inusitado, a saber, os recitantes rezam para si mesmos, à espera de seu fim próximo.

Ora, o Kadisch é recitado por familiares que, assim, honram os seus mortos, jamais uma reza de vivos em relação à sua própria morte. A sua pergunta é das mais pertinentes, significando, precisamente, essa reversão da realidade e da normalidade: "não sei se já aconteceu, na longa história do povo judeu, que os homens recitem a reza dos mortos em relação a eles mesmos".[5] Para uma morte única, a desta forma extrema de maldade, uma reza também única, numa completa reviravolta da realidade e, mesmo, daquilo que a humanidade tinha, até então, por natureza humana. Se a natureza humana cessa de ser aquilo que era considerado enquanto tal, se essa espécie de mal invade a vida dos homens, se mortos-vivos recitam a sua própria reza

---

[4] Ibid., p. 57.
[5] Wiesel, ibid., p. 57.

de morte, nossas categorias e pensamentos já não mais servem para descrever e explicar tal tipo de realidade. Wiesel, teologicamente perplexo, faz a seguinte exclamação: "pela primeira vez, senti a revolta crescer em mim. Por que deveria santificar Seu Nome? O Eterno, Senhor do Universo, o Eterno todo poderoso e Terrível se calava, pelo que iríamos agradecer-Lhe?". De onde poderia vir a santificação de seu nome se os judeus foram de tal maneira abandonados? Qual seria o nome de Deus se o seu mundo criou essa forma de maldade? Que criação é esta?

A questão, portanto, dirige-se à natureza mesma de Deus, ao que ele é. Não se trata de uma questão ancorada somente no nome de Deus, em suas diferentes denominações, mas de algo mais profundo, por assim dizer, concernente à sua própria essência. Considerando o que permitiu que fosse feito ao povo judeu, ele termina por colocar em xeque a sua própria mensagem, começando na particularidade desta tribo e dirigindo-se universalmente ao gênero humano, ao seu aperfeiçoamento moral. Ou seja: "O que és Tu, meu Deus, pensava com cólera, comparada a essa massa dolorida que vem Te gritar a sua fé, a sua cólera, a sua revolta [nesta noite de Rosh Hashaná]. O que significa a Tua grandeza, senhor do Universo, frente a toda essa fraqueza, frente a esta decomposição e podridão?".[6]

A pergunta, encolerizada, sobre a natureza de Deus se cruza com a reza em um campo tendo como contexto maior a festividade de Rosh Hashaná, o ano-novo judeu, em uma situação onde não há nada a ser comemorado. Como pode Deus ser louvado, honrado e reconhecido se os seus "crentes" são remetidos à podridão, à desonra, à completa falta de reconhecimento, deixando progressivamente de ser humanos? Como podem esses não mais humanos bem-dizer Aquele que os criou? Ou teria Ele os criado para ser tragados na total desumanidade, no mal extremo? Como pode se produzir uma situação de mútuo

---

[6] Ibid., p. 105.

reconhecimento se não mais homens nada mais podem esperar, senão que a maldade se exerça com ainda mais força sobre eles? Em situações deste tipo, formulações como a de Abraham Joshua Heschel,[7] segundo o qual Deus responde aos que O procuram, aos que por Ele clamam, carecem de significação, pois os que pereceram nos campos foram os que clamaram por Deus. Ele omitiu-se diante dos que O procuraram e louvaram, escondeu-se deles.

O oficiante do serviço religioso, pois disto mesmo ainda se tratava nesta condição extrema, parava a cada instante, "como se ele não tivesse a força de reencontrar sob as palavras o seu conteúdo. A melodia se estrangulava em sua garganta".[8] Qual é bem o significado de bem-dizer a Deus, de pronunciar essas palavras se elas perdem o seu sentido no contexto em que são proferidas? As palavras se divorciam do seu significado dado por toda uma tradição religiosa, que, na nova condição, é praticamente e teologicamente questionada pelos nazistas, por aqueles que se colocam, precisamente, enquanto instrumentos desta nova forma de maldade? O que pode bem ser a melodia religiosa se não há nada a ser cantado, nada a ser comemorado? Wiesel, então, qualifica a sua própria posição como a de um "observador estrangeiro",[9] estrangeiro a toda essa tradição religiosa, teológica e filosófica, o que lhe permite fazer, precisamente, esse tipo de indagação. Ou ainda, ao se situar fora desta comunidade de linguagem, fora desta forma de vida, fora dessas regras que a regem, dentre as quais as religiosas, ele pode, assim, elaborar uma outra forma de questionamento, onde conceitos tais como vida, morte, transcendência e condição – e natureza – humana ganham uma outra significação.

---

[7] Heschel, Abraham Joshua. *God in Search of Man*. New York: Farrar, Straus and Giroux, 1976.
[8] Wiesel, op. cit., p. 106.
[9] Ibid., p. 107.

Auschwitz é uma realidade histórica, temporalmente e espacialmente delimitada, nomeando um campo de extermínio. Para além de sua materialidade, dá forma a um símbolo, o que Hegel denominaria de figura ao ser um evento marcante da história mundial, transcendendo o seu tempo e seu lugar, embora o seja desde a perspectiva da maldade. Um nome que veio a adquirir uma significação universal. Vários outros campos de concentração e extermínio existiram durante o nazismo, dentre os quais, Chelmo, Sobibor e Treblinka, apenas para nomear os mais importantes, porém nenhum veio a ser propriamente o símbolo de uma época, mesmo que, em seu nome, todos os outros campos de extermínio estejam incluídos. O seu significado é coletivo, não individual.

Em sua especificidade, "Auschwitz não é uma 'atrocidade de guerra', mas uma obra de ódio".[10] Nele, o mal irrompe de uma forma única, sem que aqui se procure extrair qualquer exclusivismo,[11] a sua singularidade devendo ser realçada em uma perspectiva universal. Não se trata de algo próprio apenas da história judaica, mas da apresentação histórica de um tipo de ação "política", que tem uma acepção universal para além de sua particularidade. Auschwitz apresenta um padrão de maldade, que se coloca enquanto critério para julgar eventos para além desta experiência inaudita de extermínio. Isto quer dizer que tal padrão de juízo moral – e existencial – passa a valer enquanto régua para qualquer outro evento, para qualquer outro povo, para qualquer outra coletividade, para qualquer outra ação, a partir do qual se possa aferir graus de maldade, procurando, assim, evitar o pior, a saber, a repetição deste evento histórico e de outros. Inclusive, retrospectivamente, pode-se melhor avaliar

---

[10] Jankélévitch, Vladimir. *L'imprescriptible. Pardonner? Dans l'honneur et la dignité.* Paris: Éditions du Seuil/Pont, 1986, p. 35.
[11] Lévy, Bernard-Henri. *O espírito do judaísmo.* São Paulo: Três Estrelas, 2018, p. 52-8 e p. 65.

outros tipos de maldade. Neste sentido, ele tem uma significação universal, na medida em que passa a fazer parte da história mundial por ter sido um evento que fez época, ao qual se volta para melhor aprender com as ações humanas e para melhor avaliar a que ponto pode a humanidade chegar em seu processo de degradação da natureza humana.

Em sua materialidade, Auschwitz é um campo de extermínio, com toda uma hierarquia administrativa voltada para o extermínio dos judeus, Testemunhas de Jeová e ciganos, outras nacionalidades usufruindo de algumas "regalias" neste reino do terror, como a de não serem imediatamente enviadas para as câmaras de gás e os crematórios, dedicando-se mormente a tarefas burocráticas. Em sua organização, primava a morte violenta, seja sob a forma imediata do extermínio quando da chegada dos judeus ao campo, seja sob uma forma lenta como a das doenças e mal-nutrição, seja sob uma forma gradual na execução e nos riscos de tarefas administrativas ou de limpeza dos crematórios, câmaras de gás e carregamento dos cadáveres que se amontoavam por milhares a cada dia. Lá toda sorte de sadismo e perversão operava, em uma completa subversão da realidade e do significado mesmo das palavras. O lema de entrada dos campos, *Arbeit macht frei*, o "trabalho liberta", era um dos tantos engodos de uma realidade terrível que se aproximava. Era o "trabalho escravo" dos que padeciam da morte lenta ou gradual ou a ausência mesma de trabalho na morte imediata. Exploradores do "trabalho escravo" respondiam pelos nomes de grandes empresas alemãs, como I. G. Farben, Krupp e Hermann-Goering Werke.[12]

Em seu simbolismo, Auschwitz tornou-se uma figura do mal, onde mesmo este nome veio a adquirir várias significações, não mais se reduzindo ao que era denominado, segundo a tradição, o mal moral ou religioso em sua contraposição ao

---

[12] Poliakov, Léon. *Histoire de l'Anti-sémitisme*. Tomo II. Paris: Pluriel, 1981, p. 515.

bem. O mal veio a significar um tipo de ação voltado para o extermínio de judeus e ciganos pelo mero fato de terem nascidos tais, uns pela sua existência considerada racial, outros por sua existência cultural, na medida em que estes últimos, em muitos casos, tinham o físico "ariano". Nesta sua acepção, o mal não é mais somente a transgressão de regras e valores morais, religiosos e jurídicos, mas uma espécie de ação que vai além da violação de regras tidas por humanas, ganhando a significação de uma forma de conduta voltada para o extermínio de pessoas, povos e nações pelo simples fato de sua cama de nascimento ser diferente de outra. O conceito de mal acopla-se não apenas ao da transgressão, mas ao da existência. Em sua acepção existencial, torna-se mais fácil compreender como esta realidade dada organizava-se sob a forma da "indústria da morte",[13] da organização administrativa em que seus membros SS perdiam a noção mesma de humanidade, tornando-se meros executores de ordens, por mais maldosas e incompreensíveis que fossem desde uma perspectiva moral ou religiosa. O mal era denominado de bem e o bem de mal. Trata-se de uma degradação do ser humano em escala técnica e industrial, utilizando-se dos recursos da ciência, fazendo com que máxima de Hobbes,[14] *Homo homini lupus*, se tornasse uma realidade cotidiana, vivida, em uma dimensão certamente não pensada pelo filósofo inglês. A "sede do mal"[15] era a sua lógica própria.

Ocorre, porém, que a máxima hobbesiana era particularmente pertinente, por ser ela um princípio, ao contrário da formulação de Hobbes, produzido e aplicado pelo próprio Estado. Em seu modo interno de funcionamento, a morte violenta, a tortura, a noção do inimigo a ser aniquilado e o assassinato coletivo em escala industrial tornaram-se seus atributos

---

[13] Poliakov, Léon. *Auschwitz*. Paris: Gallimard/Folio, 2006, p. 163.
[14] Ibid., p. 161.
[15] Ibid., p. 134.

principais. Conforme vimos a propósito de Carl Schmitt, este tipo de Estado é, propriamente, não hobbesiano ao funcionar sob o modo do "estado de natureza". O universo concentracionário expressa e veicula a concepção nazista de mundo, em particular do humano e da política. Ele é, neste sentido, a culminação do desenvolvimento do Estado nazista que se torna assim, na feliz expressão de Eugen Kogon, um "Estado SS". "Era um mundo em si, um Estado em si, uma ordem sem direito, no qual se jogava um ser humano que, a partir deste momento, utilizando suas virtudes e seus vícios – mais os vícios do que as virtudes – só combatia para salvar a sua miserável existência, simplesmente para sobreviver".[16] A condição humana ficava para trás, nos portões mesmos dos campos.

Toda sorte de experiências "científicas" lá se acumulavam, sob as ordens do tristemente célebre dr. Mengele, executadas, principalmente, em gêmeos e anões de toda idades, incluindo bebês. Eis outra invenção nazista, a do médico criminoso, pervertendo o significado mesmo da medicina. Médicos tornam-se criminosos, aproveitando-se das condições concentracionárias para levarem a cabo seus experimentos em seres humanos, seguindo todo um protocolo que remontava ao Comando-Geral da SS em Berlim. Em campos de concentração como Buchenwald, os kapos e os seus auxiliares eram escolhidos dentre os criminosos, cuja brutalidade e ausência de critérios morais tinham estreito parentesco com os quadros SS. Criminosos tornaram-se os novos "funcionários" públicos. Neste campo, que não era de extermínio, tal condição só foi mudada quando a SS perdeu o controle interno da administração, no momento em que os criminosos, os "verdes", foram substituídos pelos "vermelhos", os membros do partido comunista e seus simpatizantes.[17]

---

[16] Kogon, Eugen. L'État SS. *Le système des camps de concentration allemands.* Paris: Seuil / Point, 1970, p.11.
[17] Note-se ainda que o livro de Kogon, de 1946, é produto de um relatório

O crime passa a ser o modo de funcionamento mesmo do Estado, conduzido por um órgão estatal/partidário, surgido enquanto milícia, a SS, que interioriza nos campos a morte violenta, coletiva, enquanto seu modo de operação. Observe-se que os seus dirigentes, soldados SS e seus subordinados, eram, via de regra, cumpridores de ordens, embora fossem voluntários, pessoas sem julgamento próprio, sádicos e perversos em sua maioria, sendo criminosos segundo as qualificações do Estado tradicional e do Estado de direito, tendo, ademais, em seu entorno, um bando de criminosos que eram os seus serviçais. Dentro dos campos, os seus lá "residentes", se é que se pode utilizar esta palavra, quando não são imediatamente exterminados em sua chegada, tornavam-se escravos, devendo trabalhar para o Reich e, em particular, para a SS. Empresas buscavam esta força de trabalho "especial", que virá a morrer de malnutrição e ausência de condições sanitárias, levada à exaustão por estes "empresários" e pela própria administração carcerária.

No universo concentracionário, não havia nem mesmo a opção pela escravidão. Quando esta ocorria, era por ato de escolha dos carrascos, segundo seus critérios de força física entre outros. Os que não iriam para as câmaras de gás e para os fornos crematórios eram assignados ao trabalho escravo que, no entanto, se distinguia do antigo por levar intencionalmente ao esgotamento físico por ausência de comida, condições insalubres, jornadas exaustivas em baixas temperaturas e doenças. O trabalho escravo era a morte lenta, o extermínio por etapas, enquanto as câmaras de gás eram a morte súbita imediata. Até as empresas alemãs trabalhando nos campos e guetos, apesar de seus elevados lucros, queixavam-se deste tratamento dado à sua mão de obra que, conduzida ao esgotamento, não podia cumprir adequadamente com

---

por ele elaborado a pedido dos militares americanos em 1945 e enviado ao Comando-Geral aliado. Nasce este relatório de um genuíno desejo americano de saber o que lá tinha acontecido, tendo o escritor lá "vivido" por sete anos.

suas funções. A SS matava a mão de obra por ela mesma explorada. Note-se, ainda, que aos judeus não lhes era dada nenhuma opção. Na Inquisição, pelo menos, podiam escolher a conversão que lhes preservaria a vida; no nazismo, não havia escolha, senão a morte retardada por intermédio do trabalho escravo. Trata-se de um estado de sub-condição humana.[18]

A AMBIGUIDADE DO SACRIFÍCIO

François Mauriac, em seu prefácio ao livro de Elie Wiesel, *A noite*, dá um interessante depoimento da confluência entre a adesão ao catolicismo, cujos parâmetros permaneceriam válidos durante e após a experiência de Auschwitz, e o reconhecimento do que nela se passou em sua singularidade, sem, porém, deixar de ser atravessado pela dúvida e pela perplexidade diante do novo, extravasado no choro e no abraço. O contexto é, primeiramente, da maior relevância, pois o célebre escritor recebe um jovem israelense para uma entrevista. A desconfiança inicial dá lugar a uma proximidade, que logo se torna pessoal ao transmitir ao seu jovem interlocutor toda a sua indignação em relação à deportação de crianças e jovens judeus operada pelos nazistas e pela Polícia francesa em 1942. Confessa que, naquele então, nada sabia do seu destino, mas tinha ficado interiormente dilacerado por aquelas imagens de crianças sendo extraídas de suas mães, que, impotentes, nada podiam fazer. A maior parte foi gasificada em Auschwitz, poucas voltaram. Foi todo o mundo da *Aufklärung* e da Revolução Francesa que ruiu diante de seus olhos.

Neste momento, seu "entrevistador" declara que era uma delas, alguém que tinha visto desaparecer, na fumaça, sua pequena e amada irmã e sua mãe, tendo assistido durante todo o tempo

---

[18] Poliakov, Léon. *Bréviaire de la haine*. Paris: Editions Complexe, 1986, p. 116 e p. 259.

à morte lenta e dolorosa de seu pai no campo. O "entrevistador" torna-se "interlocutor" de questões existenciais: Deus e o mal absoluto. Wiesel é o judeu perplexo diante do seu destino e do povo judeu, não cessando jamais de exclamar: onde estava Deus? É Ele surdo aos homens e aos seus sofrimentos, mesmo os mais extremos? Mauriac, por sua vez, vê nas crianças deportadas e gasificadas, a repetição de uma outra experiência crucial, a do Cristo na Cruz, sendo que, em seu mistério insondável, algo divino teria ocorrido novamente. Retoma, aliás, a mesma colocação em um outro prefácio seu ao assinalar que no extermínio organizado dos campos seres humanos eram levados à maior indignidade, à tortura e à morte, surgindo a "sombra de uma imensa cruz".[19] Wiesel questiona o judaísmo, Mauriac vê confirmado o seu catolicismo. Em Fackenheim e Wiesel, a perplexidade do judeu face a Deus; em Mauriac, a confirmação da crença em Cristo. Acontece que o pensado por Mauriac permaneceu interior, não foi dito, não ganhou a forma objetiva da fala e do diálogo, tendo permanecido subjetivo. Em vez da fala, o abraço e o choro tomaram o seu lugar.[20]

Observe-se historicamente que Jesus histórico em muito se distancia do Jesus teológico, elaborado e construído pela Igreja no transcurso dos séculos. O primeiro é um indivíduo muito bem-dotado intelectualmente, melhor formado do que Paulo em sua educação judaica,[21] tendo um perfil visto pelos outros como o de um profeta, frequentando e pregando em sinagogas, observador das leis,[22] conhecedor da Bíblia e do Talmud, próximo de seitas judaicas como os essênios e, sobretudo, ganhando

---

[19] Prefácio de François Mauriac a Poliakov, ibid., p. XI.
[20] Mauriac, François. Prefácio a Wiesel, Elie. *La Nuit*. Cf. Barré, Jean-Luc. *François Mauriac. Biographie intime*. Tomo II. Paris: Fayard, 2010, p. 323.
[21] Flusser, David. *Jesus*. São Paulo: Editora Perspectiva, 2010, p. 12. Cf. Wilson, Edmund. *Os Manuscritos do Mar Morto*. São Paulo: Companhia das Letras, 1993.
[22] Ibid., p. 37.

progressivamente consciência de si mesmo e do que vem a acreditar como a sua missão, na identificação mesma a seu sobrenome Cristo enquanto Messias. O indivíduo Jesus e o Messias Cristo. Segundo, o Jesus segundo a narrativa teológica que teria vindo para superar (e eliminar) o judaísmo, repleta de preconceitos em relação aos judeus em geral (e não a tal ou qual seita ou aos sacerdotes do Templo, em particular os saduceus e os Filisteus), com desconhecimento ou má-fé em relação à mensagem moral do judaísmo, que encontra seu prolongamento em Jesus Cristo, ao defini-lo como obediência meramente formal à lei e assim por diante. Alguém que teria vindo para prolongar e transformar o judaísmo foi tornado aquele que teria a função de deixá-lo para trás via trabalho de Igreja, tornada então seu "Corpo místico". Eis por que a teologia protestante pós-Auschwitz volta-se para o primeiro século do Cristianismo, o dos judeus-cristãos, seguindo a Bíblia, obedecendo à liturgia judaica e aos seus preceitos e reconhecendo a Jesus como o Messias.

O "Deus enforcado" passa a ser referência para uma leitura teológica que nele procura ver uma "repetição" do sacrifício de Jesus Cristo na Cruz, por mais que o seu significado apareça distinto. A "Forca" (com maiúscula) vem a ser identificada à "Cruz", como se estes dois símbolos pudessem ser assimilados a uma mesma experiência do Sacrifício divino. Ocorre a apropriação de uma leitura religiosa, na medida em que ver a "Forca" como "Cruz" poderia permitir simplesmente a reafirmação de uma abordagem cristã do "Sacrifício", convalidando esta fé religiosa ou, em todo caso, conferindo sentido a um ato arbitrário e violento de assassinato, sob as mais terríveis condições. O texto de Wiesel, porém, expõe a perplexidade, a indagação radical da existência de Deus, revelando um homem intelectualmente e genuinamente desarmado para enfrentar um "fato" que foge de seu marco de leitura, assim como de seu interlocutor ao fazer-lhe a pergunta: onde estava Deus?

A propósito da convalidação da crença cristã, Martin Buber, sempre voltado para a conciliação, não deixa, porém, de ser atento a diferenças que possam sinalizar, também, para uma nova forma de diálogo, no caso, o diálogo inter-religioso, baseado na igualdade, teológica, dos dialogantes. Em uma carta a Lina Lewy, quando da morte precoce de um aluno cristão seu, Leonhard Ragaz, a quem era muito afeiçoado, em uma referência ao Holocausto, às câmaras de gás, à "hora mais escura de nossa história", ele assinala que este evento teria um significado não apenas para os judeus, mas também para os cristãos em uma acepção teológica e religiosa precisa, a saber, se Jesus fosse o Messias, o mundo já estaria salvo. Ora, Auschwitz teria a acepção de um mundo não redimindo, à espera da redenção messiânica que, segundo ele, se estenderia sobre milênios. A redenção estaria para ocorrer no futuro, não tendo se realizado na atualidade, neste agora, surgindo como um mundo dilacerado pela violência mais extrema. "De pé, preso e algemado, no pelourinho da humanidade, nós demonstramos com o corpo sangrento de nosso povo o caráter não redimido do mundo".[23] Auschwitz contraditaria a crença cristã. Ele reconhece o papel messiânico desempenhado por Jesus Cristo, algo não reconhecido pelos judeus, mas daí não se seguiria a afirmação de que o Messias já teria chegado na figura histórica de Jesus. Isto faz com que, conforme Ragaz, o judaísmo não teria sido superado pelo cristianismo, mas ambas religiões seriam ramos diferentes de uma mesma árvore, iguais no seu valor, e que deveriam reconhecer-se enquanto tais, isto é, cada uma devendo vir a ser si mesma para ser capaz de chegar à outra.[24]

Ocorre, ademais, que entre a Crucificação de Jesus e o Enforcamento da Criança transcorreram séculos em que os judeus foram tratados como "deicidas", "assassinos", "advogados do

---

[23] Friedman, Maurice. *Martin Buber's Life and Work. The Later Years, 1945-65*. Detroit: Wayne State University, 1988, p. 47.
[24] Ibid., p. 48.

Diabo", "homens maus", "vis" e "hipócritas", "ávidos por sangue", unindo nesses dizeres e qualificações a massa ignorante e os "sábios", "santos" e "doutores" da Igreja em uma irmandade do ódio: "a violência cega das massas ignorantes se unindo estreitamente à ciência fria dos teólogos".[25] Perseguições, assassinatos e massacres foram feitos em nome da Cruz. As "sentenças doutorais" se juntavam à "fúria popular" e à "fraternidade" do maior arbítrio em uma espécie de contabilidade divina, culminando em Auschwitz.[26] O símbolo da Cruz para personificar a Forca judaica é, no mínimo, ambíguo ao permitir uma outra leitura, a de que os teólogos da Cruz, no transcurso dos séculos, principalmente a partir do século II, advogaram pelo extermínio dos judeus, ao arrepio, aliás, dos Evangelhos, apresentando um judeu como o Messias.

Ao tornarem todos os judeus responsáveis pela morte de Jesus Cristo, os que o teriam "crucificado", coletivamente, a elite sacerdotal e o povo, em Jerusalém ou na Diáspora (havia mais judeus nesta do que naquela, que jamais tinham sequer ouvido falar de Jesus Cristo), à parte de todos os judeus que não viviam na Cidade Santa e, tampouco, tinham ouvido falar do "profeta", como era chamado, ou do "Messias" (denominação usada por poucos, principalmente pelos discípulos), naquela época e por toda a eternidade, eles prepararam o calvário dos judeus, na consciência cristã, para as perseguições, os massacres, os *pogroms* e, finalmente, Auschwitz. A Cruz foi manchada pela doutrinação religiosa dos cristãos, católicos e protestantes, sendo, assim, necessário distinguir o significado teológico originário da Cruz de seu uso teológico-político. Como, então, torná-la uma chave de leitura da "Forca" e, por extensão, das câmaras de gás e dos crematórios, que se tornaram possíveis graças ao caldo de cultura antissemita?

---

[25] Isaac, Jules. *Jésus et Israël*. Paris: Fasquelle Éditeurs, 1959, p. 353.
[26] Ibid., p. 352.

Observe-se, aliás, que a ideia do sacrifício do Messias seria estranha à própria concepção judaica, a qual tem o seu foco em um Messias "libertador" de Israel, de seus infortúnios, perseguições e guerras, inaugurando para este povo e, através dele para toda a humanidade, um estágio final de solidariedade humana, de felicidade coletiva e de ausência de violência, os homens reconhecendo-se entre si a partir de um mesmo ideal de Justiça. Um Messias supliciado e servidor, que pregaria o reino de outro mundo, e não deste, seria quase uma contradição em termos, pois deixaria de ser o emancipador. O Messias seria, além disto, egresso da linhagem do Rei Davi, um rei do povo judeu, restabelecendo um período de paz e de prosperidade. Ressalte-se que o nome Messias, na época, significava Rei, o Ungido de Deus no governo dos homens.[27] Como o "Deus enforcado" poderia ser tido, analogicamente, por um emancipador do povo judeu das garras dos nazistas, Aquele que os libertaria dos campos de concentração e de extermínio?

Note-se, metodologicamente, que o livro de Jules Isaac, consiste em uma desconstrução histórica da teologia, atento ao primado dos dogmas e dos preconceitos sobre os fatos propriamente ditos, segundo são transcritos pelos textos bíblicos. Trata-se de uma espécie de reconstrução da história das ideias religiosas, tendo como pano de fundo o Holocausto. Foi escrito entre 1943 e 1946, publicado neste último ano, na solidão e no retiro, tomado por um coração dilacerado, dedicado à sua mulher e à sua filha, exterminadas por Hitler, cobre o antissemitismo teológico não apenas na história do cristianismo, mas é focado em teólogos e religiosos dos anos 1930 e dos primeiros seis anos da década de 40, abarcando, portanto, o período de ascensão e consolidação do nazismo, mesmo o seu apogeu nas câmaras de gás e nos crematórios, seja na Alemanha, seja na França, seja entre os católicos, seja entre os protestantes.

---

[27] Isaac, ibid., p. 288-33.

Isto é, o antissemitismo cristão continuava atuante enquanto os judeus eram discriminados, perseguidos e gasificados. Qual era, nestes duros anos, a mensagem cristã que estes teólogos estavam transmitindo ao mundo?

O que pode bem então significar uma teologia pós-Auschwitz, capaz de extrair ensinamentos da longa história de antissemitismo cristão, de afastamento da mensagem mesma de Cristo?

Mark Lindsay[28] verbaliza a inquietude e a crença interior de Mauriac, procurando teologizá-la. Ao fazê-lo, citando, aliás, o mesmo texto de Wiesel, *A noite*, a propósito da presença de Deus na criança enforcada, ele procura ver neste testemunho, analogicamente, a experiência de Cristo, como se neste sofrimento estivesse lá uma solidariedade em relação a toda a humanidade, como se a criança na Forca, dependurada, fosse de uma forma certamente misteriosa uma nova presença cristã e divina. Recorre, para isto, a uma declaração muito posterior de Wiesel, em 1990, em que diz que lá deveria ter havido uma presença divina. Ora, na *Noite*, há apenas o abandono total dos judeus nos campos de extermínio, em que a pergunta principal não é a da presença de Deus, mas a de sua total – e obscura – ausência. A questão não é a de um Deus atual e efetivo, mas a da maldade humana em sua forma extrema, questionando, mesmo, a existência divina. Deus não se revela em Auschwitz, porém teria se revelado na Cruz.

Mauriac e Lindsay usam a analogia, o que quer dizer que, de fatos distintos, eles procuram identificar aspectos que os aproximariam, que os tornariam, de certa maneira, idênticos, embora reconheçam as suas diferenças. O problema consiste

---

[28] Lindsay, Mark. *Reading Auschwitz with Barth*. Prefácio de Martin Rumscheidt. Princeton Monograph Theological Series 202, 2014. Cf. também Hunsinger, George. *Karl Barth: Post-Holocaust Theologian?* New York: T&T Clark Theology, 2019.

em identificar em eventos diversos aqueles atributos que reduziriam as suas diferenças mais marcantes, até o ponto de neles identificar uma certa comunidade de essência e natureza. A identidade far-se-ia por intermédio do aspecto do sofrimento indizível, cuja repercussão seria universal, válida para toda a humanidade. E mesmo indizível pelo fato de o homem ficar sem um dizer diante de tal monstruosa "novidade". Vejamos, agora, mais precisamente, os problemas da analogia.

Primeiro, Cristo na Cruz é um evento que se situaria dentro da interioridade divina, por mais misteriosa que seja. Deus se faz homem, transmitindo então a sua mensagem para um conjunto de crentes judeus, com o intuito de que essa sua mensagem fosse compreendida como uma nova expressão de sua revelação, posterior à de Moisés. Conforme a cristologia proposta, Deus se apresentaria de uma nova forma ao povo judeu para que essa sua mensagem fosse transmitida aos gentios e, assim, a toda a humanidade em uma nova comunicação sua. Ocorre, porém, que a criança enforcada não se situa dentro de um processo próprio à natureza divina, sendo, por sua vez, o resultado de uma ação maligna, cujo objetivo consistia precisamente em anular qualquer presença divina, dela nada devendo resultar. Ela é a relação do carrasco com sua vítima. Cristo foi a ocasião de fundação de uma nova religião, enquanto, inclusive hoje, Auschwitz não conseguiu granjear uma forma de reconhecimento universal, mesmo sob a forma da condenação, tendo dado lugar no imediato pós-guerra ao silêncio, a nenhum dizer. Produziu, nos sobreviventes, o abandono, para alguns o desespero e o suicídio.

Segundo, na Cruz ocorre a revelação, uma mensagem sendo transmitida por Deus de sua presença, de uma forma, aliás, que seria ainda mais compreensível do que a do seu comparecimento no Monte Sinai pelo fato de ter oferecido seu filho em sacrifício, fazendo-se, deste modo, humano. Em Auschwitz, Deus foi literalmente enforcado, não apresentando o menor traço de revelação, nem proposta de redenção. O que "se revela" em Auschwitz é a malignidade extrema de uma forma de ação humana, que não se reconhece minimamente em nenhum padrão das religiosidades existentes, salvo na da consideração de Hitler como um novo Messias, alguém enviado para a redenção dos alemães, de sua história, de seu "povo", com toda a sua carga histórica de antissemitismo. Não há Cruz no enforcamento, no sofrimento daqueles judeus, sobretudo naquele relato atroz da criança enforcada, e dos milhões que ali se fizeram presentes, cada um repetindo em seus próprios corpos a mesma experiência, sendo exclusivamente deles, apesar do compadecimento de outras pessoas externas, moralmente atingidas, porém não lhes atribuindo, por isto, uma validade universal, o que se fez presente, inclusive, nas discussões posteriores acerca do caráter único e singular deste evento. Se fosse a Cruz, a sua singularidade/universal teria sido imediatamente reconhecida, principalmente entre os cristãos de diferentes confissões, o que não foi o caso.

Terceiro, se não há, no sentido teológico, revelação, o que é que aparece? O que lá surge é o mal existencial, a forma extrema de aniquilação da humanidade desde uma perspectiva moral e religiosa, bloqueando qualquer caminho à revelação, sendo historicamente o Cristo substituído pelo Führer. O que lá se apresenta é um testemunho, o da maldade que exige ser pensada nesta sua forma mais demoníaca. Se há um absoluto aqui envolvido é o da maldade e não o da divindade. Auschwitz é teologicamente relevante por expor – e oferecer ao pensamento – uma forma de maldade que não se encaixa nos textos religiosos judeus e cristãos, dada a sua posição de negação aniquiladora de Deus, não havendo nenhuma mensagem de salvação ou de redenção possível. O mal requer ser pensado teologicamente e filosoficamente, por mais que tal formulação possa parecer paradoxal, por se situar para além dos Escritos sagrados do judaísmo e do cristianismo. Nenhuma teodiceia[29] é tampouco aqui possível.

Jesus, do hebraico Yeshua, é o indivíduo, o humano, o igual aos demais, sendo a forma grega comum do nome Josué, nome judaico bastante comum à época, pronunciado como "Yeshua",[30] enquanto Cristo significa, como sabemos, o Messias, o que veio para a salvação dos judeus e da humanidade, segundo a Bíblia hebraica. O nome da pessoa indica a sua individualidade, sua existência determinada em um período de tempo e em um espaço determinado, como a sua consideração enquanto Jesus de Nazaré, enquanto o seu "sobrenome" é de outro tipo, por não conotar uma linhagem familiar, como normalmente ocorre, mas por significar uma universalidade, de tipo divino. A denominação Jesus Cristo, então, tem a especificidade única de significar um humano/divino, onde aparece a forma do filho, não somente de José e de Maria, mas a de filho de Deus, explicitando desta maneira, uma singularidade que adquire a conotação de divina, de absoluta e, neste sentido, de universal.

Nele confluem, portanto, um indivíduo que faz história, cuja existência vem acoplada à sua própria mensagem, e uma nova forma de revelação, após a de Moisés no Monte Sinai. A história será, neste sentido, abordada novamente segundo esta nova perspectiva sagrada, dando lugar, posteriormente, a um novo calendário, determinado pelo antes e depois de Cristo. Logo, tal evento histórico produz uma descontinuidade na sucessão dos fatos históricos, conferindo-lhe uma outra ordem de significação. Jesus Cristo passa a ser lido enquanto existência que transmite, em seu périplo até a Cruz,[31] uma mensagem, a do

---

[29] Cf. Ricoeur, Paul. *Le Mal. Un défi à la philosophie et à la théologie*. Genève: Labor et Fides, 2004.
[30] Flusser, op. cit., p. 7-8.
[31] Balthasar, Hans Urs von. *Teologia da História*. São Paulo: Novo Século, 2003, p. 16.

logos encarnado, e não a do logos reflexivo que tenha se debruçado sobre fatos como os gregos abordaram a natureza, o que entendiam como mundo físico. A vida individual de Jesus é lida desde a perspectiva de Cristo, sua existência entendida como vinda do Messias em sua missão de salvação da humanidade.

A especificidade de Jesus Cristo reside em que não é ele a concretização de um universal abstrato, mas uma particularidade cuja existência adquire, assim, uma significação universal. O caminho lógico é o da passagem do particular ao universal, na geração mesma de uma nova universalidade, o cânone da universalidade abstrata não se adequando logicamente a este novo tipo de "conhecimento" e de mensagem. A normatividade é engendrada neste novo tipo de fato que se torna um evento histórico em sua acepção divina. Nisto residiria sua unicidade, seu caráter único, sua irrepetibilidade, nada lhe podendo ser equiparado. "A teologia no sentido estrito nunca pode, portanto, abstrair, ela só pode fazer resplandecer o conteúdo normativo, a partir do fato concreto, que não se pode colocar entre parênteses".[32]

Se considerarmos o pecado como "causa da cruz, e Cristo não teria vindo de modo algum como redentor se a culpa da Humanidade não lhe tivesse dado a ocasião de resgatar, dessa maneira, sua fiança pela Criação",[33] qual seria a analogia possível entre a Cruz e a Forca, na figura de uma criança angelical, que estaria redimindo, dependurada, em morte lenta por asfixia, os pecados dos outros, no caso, mais especificamente, do povo judeu? Se tal fosse o caso, seis milhões não teriam perecido, mas teriam sido salvos, divinamente resgatados. Partindo de tais premissas, mais bem condições de universalização, de transmissão da mensagem divina, qual seria, então, o sentido de equiparar a existência de Jesus na "Cruz" com a do "Deus enforcado"?

---

[32] Ibid., p. 17.
[33] Ibid., p. 44.

O "Deus enforcado" não tem nome nem sobrenome, não tem individualidade, salvo a de sua cena aterradora que a todos os presentes parece sem sentido, carregando um forte questionamento da existência mesma de Deus. Não é indivíduo nominado, seu nome tendo desaparecido em seu périplo pelo campo, deixando a sua humanidade neste seu percurso, nem tem uma conotação divina como a de um Messias que veio para a salvação, mas a sua vida expõe a antivida a que ele, e os seus companheiros de infortúnio, foram submetidos. A forca não seria uma forma de mensagem, mas de antimensagem, não do Deus que se fez homem, do absoluto que se fez indivíduo, mas do Diabo que se fez carrasco, da maldade que se fez história. Não há conteúdo normativo naquele ato, naquela cena, senão a de ausência de qualquer norma e regra ali presente, exceto sob o modo da anti-humanidade, de sua total negatividade.

Qual é a palavra do Deus enforcado senão o seu silêncio, eloquente em sua significação, mas desprovido de divindade, porém carregado de anti-humanidade. Seu sacrifício é propriamente sem sentido. Onde estavam seus eventuais discípulos, os que veiculariam a sua mensagem? Ausentes, salvo na perplexidade de seu único sobrevivente, aliás por acaso, enquanto os demais desapareceram. Não há mensagem crística aqui possível. Se há unicidade é a do caráter único deste tipo de maldade. Ou ainda, na "vida de Cristo, o fático não só coincide com o normativo de 'fato', a não ser 'necessariamente', porque o 'fato' é, às vezes, a manifestação de Deus e protótipo humano de toda autêntica humanidade para Deus".[34] Fosse válida a analogia, fosse a Forca a Cruz, teríamos isto sim o protótipo do inumano, a ausência de Deus e o aparecimento existencial do mal. Poderia a doutrina cristã ser assim validada?

---

[34] Ibid., p. 18.

A QUESTÃO

A problematização feita por Lindsay da obra de Barth, visto esse não ter pensado teologicamente Auschwitz, embora contra ele ter lutado moral e politicamente desde 1933, bem mostra a dificuldade de, neste evento, ver algo "revelado". Barth se engaja, desde o início da dominação nazista, na luta contra a "coordenação" (*gleichgesschaltet*), a subjugação da Igreja protestante aos ditames religiosos e políticos de Hitler, propugnando por uma completa independência eclesiástica, liderando o combate da "Igreja confessional", de oposição ao nazismo, contra a Igreja dos "cristãos alemães", alinhada ao nazismo. Note-se o imenso caminho percorrido de enfraquecimento da razão – e da religião protestante – desde que Hegel escreveu, em uma carta a seu amigo Niethammer em 12 de julho de 1816, que a função central do protestantismo consistiria na "formação geral do Espírito", onde escolas e universidades seriam institutos "religiosos" do saber.[35] As "igrejas" protestantes seriam as escolas e as universidades e não a "Igreja" no sentido propriamente católico do termo. A razão seria elevada à posição de árbitro supremo de todas as questões, inclusive religiosas, contando, para isto, com o apoio de uma religião determinada, a protestante.

Ernst Fraenkel ressalta, a propósito, que os nazistas procuravam controlar, formar e supervisionar o corpo e a alma das pessoas, enquanto a doutrina luterana preservava esta última do controle estatal, subordinando-se a esse em outros pontos restantes: econômicos, sociais, políticos e raciais. Daí surge, inclusive, o que se pode denominar de ambiguidade da própria Igreja confessional em relação aos judeus não cristãos, privilegiando os judeus convertidos, e às perseguições nazistas em geral. Karl Barth foge desta ambiguidade ao afirmar a liderança

---

[35] Rosenfield, Denis. "A metafísica e o absoluto". In: *Filosofia política*, Rio de Janeiro, v. 3, 2002, p. 163-82.

espiritual da Igreja sobre o Estado, não podendo esse se substituir teologicamente àquele, o que seria a heresia nazista. Caberia à Igreja anunciar o Evangelho e se submeter à ordem estabelecida pelas Sagradas Escrituras.[36] A Igreja dos cristãos alemães, por sua vez, entregou a própria alma. A propósito desta disputa inter-religiosa, há um episódio particularmente interessante quando um dos ministros da Igreja confessional chegou a ser condenado pela Suprema Corte da Prússia a respeito desta questão, em março de 1935, devido a uma disputa, segundo as ordenações nazistas, que poderia favorecer indiretamente aos comunistas em sua guerra contra o Estado.[37] Bastava uma autoridade nazista denominar alguém, grupo social ou comunitário, como "inimigo" para que esse se tornasse tal *ipso facto*.

Mesmo anteriormente a Auschwitz, a posição de Barth foi clara em relação ao sufocamento total das liberdades que então se desenhava, orientando-se politicamente por suas posições teológicas. Eis por que, no pós-guerra, ele teria tido razão, em sua perspectiva, em dizer "Não"[38] a uma qualquer teologia que teria como questão central Auschwitz, porque aqui aparece a maldade e não Deus, para além do fato desta maldade não se inscrever, não estar contida, nos Textos revelados, sendo algo, então, outro. O "Não" quiçá seja revelador de um silêncio necessário, o de não ter nada a dizer sobre esta suposta "novidade". Ou seja, Auschwitz se situaria fora dos marcos da teologia cristã, fazendo parte de uma história do mundo, logo da história da Criação, em que a intervenção da palavra divina se faria

---

[36] Barth, Karl. *L'Église en péril*. Apresentação de Michel Leplay e tradução de Liliane Ruf-Burac. Paris: Desclée de Brouwer, 2000, p. 64-5.

[37] Fraenkel, Ernst. *The Dual State. A Contribution to the Theory of Dictatorship*. Oxford University Press, 2017, p. 18-9. Sobre o foco da disputa na questão doutrinal da "liberdade de consciência" segundo Lutero, assim como sua concepção terrena de subordinação ao Estado enquanto terreno do mal, p. 118-9.

[38] Lindsay, op. cit., p. 65-83.

sob a égide moral e política do não e sob a teológica do silêncio. Seria tentado a dizer que a teologia assim caracterizada seria a de uma fortaleza sitiada, resistindo ao mal que a cerca, mas não tendo nada a dizer sobre ele, cuja função seria arregimentar dentro de si os seus adeptos conforme a concepção cristológica. A mensagem cristã seria a mesma, o que se coloca como problema é somente a sua transmissão aos homens diante de novos fatos, por mais questionadores, e malignos, que sejam.

Ocorre em Barth o mesmo problema colocado por Hegel, a saber, o de esse conceber o processo de efetivação do mundo segundo o critério da Ideia da Liberdade, entendendo esta última como sendo necessariamente orientada por uma escolha do Bem enquanto princípio e relativizando do seu interior uma opção pela maldade destituída de positividade ou de essência própria. A história universal na acepção hegeliana teria um norte dado pela universalização crescente do Bem, o mal sendo uma etapa ou obstáculo que seria superado por esta marcha ascendente da razão, algo situado na contingência da história, algo a ser recuperado mesmo na maior profundidade de seu abismo. A história não é concebida em sua indeterminação, tanto para o bem quanto para o mal, enquanto duas alternativas próprias e de natureza distintas. Barth refaz teologicamente este mesmo percurso filosófico hegeliano, concebendo os eventos humanos como sendo enquadráveis sempre na perspectiva do Bem a ser realizado, inscrito que está nos Evangelhos e em sua cristologia.[39] A malignidade do mal não tem aí uma posição teológica.

Conforme tal formulação, não há um questionamento da fé, da crença em Deus, mas uma releitura das relações entre o "Antigo" e o "Novo" Testamento, que, em suas próprias denominações, são questionados, pois não haveria mais leitura teológica possível que poderia fazer a economia de Auschwitz. Contudo, o princípio desta releitura consiste na reafirmação da

---

[39] Ibid., p. 104.

presença divina do Cristo a orientar qualquer recolocação do problema, reenviando, portanto, a princípios hermenêuticos e não a um questionamento da ausência de Deus, seja ele Jeová ou Cristo. Pelo contrário, Cristo na Cruz seria um princípio mesmo de interpretação de Auschwitz, de reafirmação de dogmas aceitos, preliminarmente, como verdadeiros no sentido revelado do termo. "Jesus Cristo sofre de uma maneira indizível nos sofrimentos dos judeus. Isto pode somente significar que ele fez verdadeiramente seu os sofrimentos da Shoah".[40] Os judeus em Auschwitz personificariam, tornariam presente, Jesus Cristo.

Há, porém, uma inflexão importante aqui. A Forca não é assimilada à Cruz, porém ambas compartilhariam o mesmo atributo do "sacrifício", que passa a ser estendido a todo o povo judeu, no passado, naquele presente, e no futuro posterior de criação do Estado de Israel. Ela viria a fazer parte da "história sagrada". Neste sentido, o "Deus enforcado", ao contrário do sustentado por Barth, teria um significado teológico nestes teólogos protestantes, como Mark Lindsay, George Hunsinger, Alice e Roy Eckardt e Franklin Littell. O conceito básico para abordar o indizível seria, então, o de sofrimento de Jesus Cristo, devendo, assim, ressuscitar o povo judeu na consecução de sua história e na criação, naquele momento impensável, do Estado de Israel e, posteriormente, quando novamente sitiado pelos Estados árabes, na conquista de Jerusalém na Guerra de 1967, impregnada de significado religioso. No dizer de Alice e Roy Eckardt: "Israel representa uma resposta ao mal radical que existe no mundo, contra o qual todos nós temos a obrigação de lutar".[41] É como se os judeus tivessem renascido das fuma-

---

[40] Hunsinger, George. "After Barth: a Christian Appreciation of Jews and Judaism". In: Hunsinger, George. *Karl Barth, the Jews, and Judaism*. Michigan: Grand Rapids, Erdman's Publishing Co, 2018, p. 73.

[41] Eckardt, Alice e Eckardt, A. Roy. *Long Night's Journey into Day*. Detroit: Wayne State University Press, 1988, p. 151.

ças dos fornos crematórios. Ou seja, a vitalidade do judaísmo se faria novamente presente, saindo paradoxalmente revigorado após esta catástrofe inaudita. A singularidade judaica se mostraria neste ato de renascimento após uma experiência de extermínio, em uma superação muito maior do que aquelas que este povo já tinha vivido nas perseguições que permearam a sua história, atestando, certamente de forma misteriosa, a presença de Deus, a preservação da Aliança, assim renovada.

Assim formulada, a questão não é a de onde estava Deus em Auschwitz, nem a do tipo de maldade que lá apareceu, mas a do papel histórico do antissemitismo cristão enquanto antessala do nazismo. Os "sacrifícios" da história judaica teriam culminado neste "Sacrifício" maior; ou seja, o nazismo não teria sido possível sem o antissemitismo religioso como seu caldo próprio de cultura. Surge, desta maneira, a necessidade teológica de uma releitura das posições antijudaicas do Novo Testamento, de suas repercussões, reações e transmissões, na medida em que cristãos vieram, precisamente, a adotar posições antissemitas. Cristãos foram os carrascos, planejadores e executores de "Auschwitz". Releitura essa que vem acompanhada de uma assunção de responsabilidade dos próprios cristãos no surgimento e consolidação do nazismo em sua implacável perseguição racial aos judeus. Isto é, o comprometimento moral torna-se uma pressuposição, a tomada de responsabilidade vem a ser a condição de um novo posicionamento teológico.[42]

Hermeneuticamente, o "Antigo Testamento" passaria a ser lido a partir do "Novo" e esse a partir daquele, sem que se estabeleça entre ambos uma hierarquia no nível da Verdade revelada, ou ainda, um não poderia ser corretamente interpretado sem o outro, ambos fazendo parte de uma mesma tradição religiosa, cujo princípio consiste no monoteísmo judaico e em suas prolongações na

---

[42] Torrance, Thomas F. "The Divine Vocation and Destiny of Israel in World History". In: Ibid., p. 123.

figura de Jesus, embora possa se estabelecer aqui toda uma discussão relativa a de se ele seria um "profeta", talvez o maior de todos, ou o próprio "Messias", "filho de Deus". Nada disto, porém, seria de natureza a impedir um diálogo, baseado não apenas no mútuo respeito, mas no reconhecimento de que "Judeus e Cristãos pertencem juntos a um mesmo povo de Deus internamente diversificado".[43] Tratar-se-ia de uma só fé desdobrada em duas pela história de sucessivos mal-entendidos, produzindo uma oposição e antagonismo que, após Auschwitz, deveria, por sua vez, dar lugar a uma necessária reunificação teológica. Nesta perspectiva, a figura histórica de Jesus deveria ser compreendida como a de um judeu falando para judeus, no interior de uma mesma comunidade, concepção e tradição. "A sua mensagem era para o povo judeu, mas para todo o povo judeu, sem nenhuma exceção... A Bíblia dos primeiros cristãos era o Antigo Testamento".[44]

Do ponto de vista da interpretação teológica, o cristianismo teria de ser repensado e a releitura do "Novo Testamento" deveria ter enquanto princípio reitor o abandono de posições antijudaicas graças à retomada de estudo do "Antigo Testamento" atento ao cotejamento de textos e citações, a comparações, contextualizando as afirmações em ambos Livros, recorrendo, portanto, a uma e à outra tradição. Um se conservaria e não se negaria no outro. Isto significa que o "Novo Testamento" não teria vindo para superar o "Antigo", estabelecendo uma espécie de ruptura ou cissura, mas para complementá-lo e prolongá-lo seja lá o que pensem a respeito rabinos, padres e pastores que mantenham suas posições tradicionais, pré-Holocausto. "Toda possibilidade de triunfalismo cristão foi consumido nas chamas de Auschwitz".[45]

---

[43] Ibid., p. 119.
[44] Küng, Hans. "From Anti-Semitism to Theological Debate". In: Ibid., p. 138.
[45] Hunsinger, George, op. cit., p. 63.

A CRUCIFICAÇÃO DOS JUDEUS

A crucificação dos judeus é, por sua vez, um conceito elaborado por Franklin Littell para dar conta do Holocausto a partir de uma reflexão sobre a experiência judaica na história, seu desenvolvimento a partir – e apesar – de todas as perseguições e massacres, apresentando um processo único de cultura, religião, costumes e nação, sem por isto perder o sentido da universalidade e a mensagem de redenção da humanidade. E o faz tendo como parâmetro a história do cristianismo, que, em seu próprio antissemitismo, a partir principalmente do segundo século com os Padres da Igreja, Inocêncio III, o imperador Constantino, abandona, para se demarcar, as suas origens judaicas, tornando-se propriamente um Poder de Estado, primeiro na própria Roma e depois com o papado. Para Franklin Littell, haveria aqui um perda da mensagem propriamente evangélica, que terminaria desembocando no antissemitismo nazista, com cristãos, católicos e protestantes, seja ativamente, seja por omissão, tornando-se cúmplices de Hitler. Os carrascos, inclusive SS, eram cristãos batizados. Onde, pergunta-se ele, perdeu-se a mensagem cristã? Tivessem sido Jesus Cristo, Pedro e Paulo contemporâneos do Holocausto, certamente teriam terminado os seus dias em Auschwitz.[46]

Os herdeiros de Cristo não seriam os cristãos nazistas, mas os filhos de Abraão, Isaac e Jacó. Seriam os judeus e não os cristãos que teriam levado ao mundo, mediante o seu sacrifício, a mensagem evangélica. Logo, quando ele utiliza a teologia cristã, por intermédio do conceito de crucificação dos judeus, ele o faz não para justificar o cristianismo em sua história, em uma espécie de aplicação de uma fórmula preconcebida, como se o

---

[46] Littell, Franklin H. *The Crucifixion of the Jews. The Failure of the Christians to Understand the Jewish Experience*. Prefácio de Michael Berenbaum. Macon, Georgia: Mercer University Press, 2017, p. 24.

seu arcabouço conceitual fosse para isto suficiente, mas para problematizá-lo a partir da própria história cristã de antissemitismo e de afastamento da doutrina cristã propriamente dita, tal como surge já nas narrativas dos evangelistas Marcos e Mateus ao manifestarem posições antijudaicas, ao contrário do relato de Lucas. E essas falsificações históricas terão consequências religiosas e teológicas, ao eliminarem e distorcerem a simpatia do povo judeu de Jerusalém e de outras regiões, como a da Galileia, por Jesus, com mulheres acompanhando o seu calvário, chorando e batendo no peito.[47] O abandono do Jesus histórico e sua apropriação pelo religioso por uma Igreja nascente fez com que a simpatia tornara-se hostilidade, o que supostamente "demonstraria" o ódio dos judeus, a sua falta de "amor", como será posteriormente representado.[48]

Jesus, Pedro e Paulo eram judeus que pregavam para judeus, aliás, para uma minoria judaica que morava na Terra de Israel, na medida em que a maioria dos judeus já vivia na Diáspora, nunca tendo ouvido sequer falar de Cristo. Só posteriormente com a pregação para os judeus e a introdução de ritos pagãos no cristianismo que a demarcação – e perseguições – em relação aos judeus se iniciaram e se propagaram. Aí entram falsidades que se tornaram objeto de credo, como a ideia de que os judeus seriam um povo deicida, algo muito próprio para a aproximação com os romanos, verdadeiros artífices do julgamento e morte de Cristo, identificando, assim, a "mensagem" religiosa com a do Poder. No entanto, os judeus não apenas sobreviveram, mas continuaram veiculando para si e para os que pretendiam reconhecê-los uma outra concepção do homem e do mundo. Todavia, para o Poder cristão constituído, o espelho tornara-se uma ameaça.

Neste sentido, o conceito de crucificação dos judeus veicula um significado não exclusivamente cristão, mas judaico

---

[47] Flusser, op. cit., p. 125.
[48] Ibid., p. 183-9.

e, sob esta ótica de abordagem, universal. Primeiro, em uma visão propriamente ecumênica ao identificar religiosamente as mensagens judaica e cristã, colocando Jesus Cristo, Pedro e Paulo como judeus entre judeus, conforme diferentes orientações, algo, aliás, muito próprio da história judaica, sempre permeada pela Torá, apesar de suas distintas interpretações, alguns reconhecendo, na história posterior, a tradição rabínica, consubstanciada no Talmud, outros não, a exemplo dos caraítas. Não se trata de uma ponte ecumênica sob a forma do politicamente correto, mas uma fidelidade à história, algo que foi omitido e velado pelo cristianismo posterior.[49]

Segundo, em um resgate não do cristianismo, mas do judaísmo, ou ainda, do cristianismo em suas origens, comungando dos mesmos princípios e valores. Ou seja, o significado veiculado não é o de salvar os cristãos no Holocausto dos judeus, mas também o de responsabilizá-los por dele participarem ativamente ou passivamente. Seria o momento de silêncio da mensagem cristã, o seu quase apagamento, não fossem os seus poucos resistentes. Ora, no entender de Franklin Littell, esta mensagem mostrou-se, preliminarmente, nos gritos dos que marcharam rezando para as câmaras de gás, na observância da lei judaica sob as condições mais atrozes que poderiam ser imaginadas, e, posteriormente, no testemunho e na perseverança dos judeus. Conseguiram não apenas sobreviver, mas mostrar um renascimento espiritual, concreto.

Terceiro, este renascimento espiritual operou sob o modo de um novo mandamento elaborado por Fackenheim,[50] o 614, conforme o qual os judeus não deveriam dar a Hitler uma vitória póstuma, que se traduziria pelo desaparecimento do povo judeu, inclusive, por medo ou assimilação. O mandamento atual

---

[49] Little, op. cit., p. 24-8.
[50] Fackenheim, Emil. *Quest for Past and Future*. Bloomington & London: Indiana University Press, 1968, p. 20.

dos judeus seria o da sobrevivência, expondo aos seus carrascos e ao mundo a sua resistência e a sua perseverança na manutenção de sua memória e de suas tradições, por mais diferentes que possam ser encaradas no interior do próprio judaísmo. A diversidade é constitutiva de sua história. Não importa tratar-se de judeus sionistas, reformistas, conservadores, ortodoxos ou ultraortodoxos, por mais conflitantes que sejam entre si. Ou seja, apesar do acontecido aos judeus – e aos não judeus – deveriam eles continuar a acreditar em Deus, sob pena de o mundo tornar-se unicamente um lugar de desamparo e abandono. Precisa-se, portanto, da recuperação da memória e, principalmente, da compreensão do significado do Holocausto, reverenciando as vítimas e os resistentes, independentemente das confissões religiosas.

Quarto, o Holocausto dos judeus deu lugar ao seu próprio renascimento, resultando na criação do Estado de Israel três anos após a Segunda Guerra, submetido a subsequentes guerras de defesa, sofrendo a viva ameaça da aniquilação, como na Guerra de Independência, na de 1967, resultando na conquista de Jerusalém, e na do Yom Kippur, em 1973, onde, especialmente nessa última, a iminência de um novo Holocausto foi assim percebido e ressentido. Abre-se assim uma nova etapa da história judaica, em que convivem a Diáspora e um Estado Judeu. Isto significa do ponto de vista da história do judaísmo a sua vitalidade, obra dos judeus em sua luta pela sobrevivência, e, teologicamente, a reafirmação dos princípios da nação e da religião judaicas. Por via de consequência não se pode mais dissociar a experiência judaica de sua nova experiência política e religiosa em um Estado próprio, o que viria a significar a volta do antissemitismo sob a forma do antissionismo.

Quinto, isto significa que os cristãos deveriam reconhecer a vitalidade e a perseverança da crença judaica, identificando-se com esta história que deveria ser, segundo Franklin Littell, a sua própria. Ou seja, a ideia da crucificação de Jesus teria sua validade consubstanciada na história do povo judeu, principalmente pós-Holocausto e na criação do Estado de Israel. A crucificação de Jesus seria contemporaneamente a crucificação dos judeus, vista agora na perspectiva de reconhecimento da experiência religiosa judaica e não apenas cristã, e, nesta, sob a ótica dos primeiros séculos da cristandade e não na do antissemitismo cristão posterior. Não foram pastores e padres que transmitiram a mensagem cristã, salvo nos poucos resistentes, mas os judeus nos campos de extermínio e em seus testemunhos posteriores. Ou ainda, Jesus Cristo renasceria no moderno Estado de Israel e não na omissão dos cristãos diante do Holocausto.

Sexto, o povo judeu "é também o do Deus dos cristãos",[51] na medida em que é o povo da mensagem religiosa e do sofrimento, expondo em sua história a fidelidade ao Deus único e aos seus mandamentos, mediante seus eventos de significação universal, como a Torá, o dito Antigo Testamento, a ideia da Criação do Mundo, o Êxodo, os Dez Mandamentos, Cristo e a sua mensagem, a disseminação do cristianismo no mundo com a participação dos judeus da Diáspora, alvos privilegiados do trabalho missionário, a conservação de suas próprias leis e tradições através de suas várias outras concepções e correntes e assim por diante. Franklin Littell procura com isto significar que a história do povo judeu é também uma história cristã, carente ainda de ser reconhecida enquanto tal. Nesta perspectiva, o Holocausto passa a ser lido sob a ótica do cristianismo. "Quando o corpo de Cristo é descoberto em Auschwitz, ele será levantado dentre as vítimas, não escondido entre os guardas e administradores católicos e protestantes".[52] A experiência do povo judeu é testemunho e memória dos – e para – os cristãos. Um se espelha no outro.

---

[51] Littell, ibid., p. 57.
[52] Ibid., p. 131.

Para melhor compreendermos a aplicação deste esquema teológico cristão da ressureição de Cristo, tornada crucificação dos judeus, faz-se necessário retomar a distinção entre *Heiligegeschichte* (história sagrada) e *Weltgeschichte* (história mundial). Conforme a primeira, a história seria considerada enquanto sagrada, sendo os seus momentos selecionados segundo esta ótica de leitura, sendo dela excluídos fatos que a contrariem ou que nela não se encaixem. O Êxodo do Egito, as destruições do(s) Templo(s) de Jerusalém, a vinda de Jesus Cristo, os primeiros anos do cristianismo, a constituição da Igreja, a Reforma protestante em Lutero e Calvino seriam exemplos de eventos históricos significativos, os que conferem o sentido mesmo da história. Seus livros fundadores seriam a Torá e os Evangelhos ou o que tradição cristã veio a considerar como o "Antigo" e o "Novo Testamento". Conceitos como bem e mal, mandamento religioso e pecado, vício e virtude seriam todos abordados desde esta perspectiva, o que significa dizer que não haveria lugar para a elaboração de um conceito ontológico de maldade. Logo, os fatos históricos seriam lidos nesta mesma perspectiva teológica, encaixando-os conforme uma finalidade histórica que lhes conferiria sentido, sendo a vinda do Messias ou a ressureição de Cristo seus pontos culminantes. O mundo não seria o lugar do abandono, da ausência de Deus ou do desespero de uma vida sem sentido, mas o processo mesmo de sacralização de eventos históricos que, assim, ganhariam significação.

O tempo, segundo a concepção cristã, seria o da temporalidade da criatura,[53] em sua acepção estrita de criada por Deus, e não por um processo natural qualquer. Seu significado não seria mundano, mas sagrado, inscrito que está na ordem da Criação. Ocorre que, nesta, a temporalidade ganha uma significação específica, que não seria a do acaso dos processos naturais e históricos, em fatos que contingentemente se sucedem, mas a de

---

[53] Balthasar, op. cit., p. 24

uma eternidade presente na temporalidade da criatura, instaurando uma história de caráter sagrado. Teríamos, assim, duas linhas do tempo: a da sucessão passado, presente e futuro, no desenrolar por assim dizer natural e histórico e a da eternidade, Jesus Cristo fazendo-se presente no passado, no presente e no futuro, implícita ou explicitamente, sendo anunciado, fazendo efetivamente presente em seu périplo terreno, e, através da ressureição e da anunciação, tornando-se presente em um futuro que se realiza através da Igreja e de sua missão. Ou ainda, mais genericamente, haveria a presença do eterno em cada agora. Sob esta ótica, a temporalidade da criatura não poderia dar espaço a algo que a contradiga diretamente, capaz de anulá-la, sob a forma ontológica do mal, mas apenas sob a forma do mal moral inscrito que está em seu desenvolvimento mesmo. A temporalidade sagrada é autorreferenciada, cujo processo sendo dado pelos seus Textos bíblicos, desdobrando-se conforme parâmetros presentes na Criação, na Revelação e na Redenção, segundo a acepção que distintas religiões atribuem a esta tríade.

Segundo uma abordagem católica tradicional, a sua referência primordial, primeira e principal, seria a vida mesma de Jesus Cristo. Vida essa que, em sua atualidade, se mostra como culminação e concretização de toda a tradição judaica anterior, cuja história é retraçada em Abraão, Isaac, Davi e Salomão, nas Leis e nos Profetas;[54] vida essa que condensa em si toda a história bíblica anterior e também dá início a uma nova história, revelada e salvífica, expondo-se posteriormente nos testemunhos de Discípulos, no trabalho dos Apóstolos e em todo o processo de formação e consolidação da Igreja, em suas formas mundanas e políticas, enquanto formas mesmas de Estado; vida essa, porém, que faz da história de Israel "essencialmente pré-história de Cristo", tornando-a um 'resíduo' na verdadeira Terra da

---

[54] Ibid., p. 40-3.

Promissão, que é Cristo".⁵⁵ Ou seja, tal forma de temporalidade procura, de um lado, ressignificar a história sagrada anterior, a judaica, e, de outro, moldar a temporalidade histórica não sagrada, carente de absoluto, procurando, assim, conferir-lhe significado através da atividade missioneira e de conversão. Ora, a temporalidade da criatura ao tornar-se autorreferenciada sagradamente, desde esta perspectiva, tende a enclausurar-se em si mesma, não tendo abertura e muito menos parâmetros para explicar o que cai fora dos seus próprios marcos conceituais. A percepção e o entendimento de "fatos" históricos originam-se dentro dela mesma, resistindo ao que lhe vem do "exterior", em sua "novidade". Não seria inteligível uma história que não se produzisse à imagem e à expressão do Cristo, isto é, que não seguisse o plano da Revelação e Salvação segundo a concepção cristã ou a da temporalidade e mortalidade próprias da Criatura.

A *Weltgeschichte*, por sua vez, caracteriza-se por ser mundial, permitindo uma leitura dos fatos históricos que, em sua particularidade mesma, são tidos por serem universais. Seleciona-se os fatos que, no transcurso da história, em sua contingência mesma, ou em sua aparente contingência, valem não apenas para aquela sociedade, comunidade ou época histórica, mas para todo o processo de desenvolvimento da humanidade. O Êxodo dos judeus teria o significado da libertação, Atenas o da razão em seu uso filosófico e político, Roma o de um Estado organizado segundo leis, o da vinda do Cristo a do Absoluto que se realiza na história, o da Reforma protestante a da liberdade subjetiva. Cada uma destas épocas históricas não é tratada somente em sua particularidade, mas conforme a sua contribuição ao conceito de humanidade que desta maneira se produz. Seus textos fundadores seriam os da filosofia de Leibniz e de Hegel, cuja fortuna se fará posteriormente no messianismo po-

---

⁵⁵ Ibid., 83-4.

lítico em suas distintas vertentes socialistas e no marxismo e comunismo. Contudo, o esquema desta concepção da filosofia da história, ao tomar emprestado a sua forma "sagrada", compartilha com essa uma concepção da finalidade histórica que exclui fatos que fujam dos conceitos orientadores de bondade e de maldade, de liberdade e de servidão, fazendo com que aquele fato que, eventualmente, contradiga este esquema seja desconsiderado ou esvaziado de sua significação para nele ser incorporado.

Em suma, o menino enforcado não é uma experiência salvacionista, redentora,[56] mas tão somente uma experiência de eliminação definitiva, não se podendo dela extrair nenhuma mensagem que justificaria a concepção cristã, quando mais não seja pelo fato de os próprios carrascos serem nessa concepção batizados. Ali não haveria salvação nem renascimento, mas somente uma experiência limite da condição humana, quando Deus se eclipsa e todos os credos só conseguem, com esforço, balbuciar algumas palavras. Nada foi apresentado, salvo o mal existencial. Não se contempla o menino na Forca da mesma maneira que Jesus na Cruz. O combate ao mal, pelo testemunho e pela memória, pela perseverança e pela luta de sobrevivência, foram os que resultaram em novas facetas do judaísmo, dentre as quais a da realização da ideia sionista. Foi obra de homens que aprenderam com a história e não o resultado de uma intervenção divina.

Por via de consequência, abordar Auschwitz desde a perspectiva do conceito de crucificação é uma tentativa de incluir um fato que resiste à razão, ao sentido, em um esquema preconcebido, que viria, assim, a ser testado. A experiência de Auschwitz passa a ser vista sob a ótica da "história sagrada", substituindo a figura do Cristo pela do povo judeu, aplicando os conceitos de crucificação e de ressureição, ou ainda, de sofrimento e de ressureição, conceitos esses que, segundo a época,

---

[56] Berenbaum, prefácio, op. cit., p. X-XI.

valeriam seja para os judeus seja para os cristãos e, melhor ainda, tendo simultaneamente validade para os dois. Ocorre que tal procedimento intelectual serve principalmente como uma espécie de apelo teológico, moral e político dirigido aos cristãos, devido à sua história de antissemitismo e à sua participação e omissão no Holocausto. Não tem, porém, ele a mesma significação uma vez abordado desde a perspectiva da história em seus eventos significativos, aqueles que fazem época, os que têm uma validade para toda a história, seja para o bem ou para o mal, seja para a liberdade ou para a servidão. A equação crucificação/sofrimento e Auschwitz e ressureição e Israel exibe aqui todo o seu caráter problemático, ganhando sentido desde uma abordagem sagrada, porém o perdendo sob a ótica de uma história cuja significação possa resultar de uma nova forma de maldade, a ontológica e existencial, aquilo que a *Heiligegeschichte* considerava como "diabólico".

O PENSAMENTO PERPLEXO

A teologia judaica, nas figuras de Arthur Cohen e Richard Rubenstein, tem na perplexidade um traço seu maior, algo já assinalado em Wiesel e Fackenheim. Pensar o impensável torna-se o seu *leitmotiv*, em torno do qual vai mover-se a reflexão, sob o risco de cruzar as fronteiras mesmas da tradição religiosa na qual estão inseridos. Pensar o impensável significa ir além dos marcos conceituais dados ou existentes, seja os da cultura ocidental, seja os do judaísmo, seja os do cristianismo, seja os da filosofia em geral. Significa ir além, extrapolar, sem que se saiba ao certo o destino desta aventura do pensamento, podendo chegar a terras incógnitas ou, mesmo, a meros deslocamentos de tradição ou de oscilações frequentes entre elas. Note-se, ainda, que a perplexidade é uma característica da própria teologia e religião judaicas, afeitas aos paradoxos, aos equívocos das palavras e aos jogos de linguagem. Não sem razão Maimônides intitulou a sua obra maior *Guia dos perplexos*. Ainda mais perplexos estão filósofos e teólogos que se debruçam sobre o "significado" de Auschwitz, se é que racionalmente possamos lhe atribuir um significado.

A perplexidade pode expressar-se por indagações que situem o pensador simultaneamente dentro e fora da própria concepção judaica, embora, em Maimônides, ela se situe dentro desta mesma concepção, inclusive no emprego que faz da filosofia de Aristóteles. O uso filosófico da razão não vai além dos marcos da teologia, permanecendo nos seus próprios limites por intermédio do reconhecimento da validade dos seus princípios tomados enquanto absolutos. Já em Richard Rubenstein estes limites são claramente ultrapassados mediante recurso ao misticismo oriental, tal como o budismo, enquanto Arthur Cohen, por sua vez, ao ir além da razão, se posiciona no interior da religiosidade judaica, o que implica a aceitação dos limites mesmos do judaísmo. De qualquer maneira, o recurso ao misticismo pressupõe a insuficiência da razão e a busca de um outro que lhe forneça a chave de leitura de um evento que a extrapola, seja esse outro interno ou externo à própria tradição judaica.

O problema do recurso ao misticismo consiste em que a razão dificilmente consegue controlar a imaginação, em condição de êxtase ou de suposta comunicação direta com Deus, que lhe forneceria os seus graus e degraus em uma escala cosmológica, remontando à própria interioridade divina. Da interioridade de Deus nasceriam estados e processos que se expandiriam cosmologicamente em jogos de forças opostas, inclusive demoníacas, produzindo rupturas e novos engendramentos, em uma espécie de destruição criativa, levando à afirmação final do Bem na natureza, no homem e na história. Todo o processo far-se-ia através de uma unidade primeira que se diferenciaria de si, reunificando-se neste seu movimento de si mesmo e, assim, perpetuamente. O paganismo encontra aí uma de suas fontes. Ocorre que a imaginação é aqui transbordante, via utilização de imagens e figuras que capturam a mente dos crentes que acreditam em seus mediadores, isto é, os místicos que teriam o acesso direto ao Absoluto. Opera a crença ou a descrença, salvo em alguns casos em que a razão possa se reconhecer em algumas de suas imagens (como a do outro da interioridade divina, enquanto fazendo parte de sua natureza), sem que tenha de compartilhar suas imagens cosmológicas de vasos que se quebram e em perturbações e instabilidades cósmicas.

Acontece, porém, que este deslocamento da história para o cosmos, do mal dos homens para o mal universal em sua forma não humana, não resolve a questão colocada por Auschwitz devido a que teria sido efetuada uma mera transferência conceitual, reposicionando o mal em uma outra esfera, mais ampla, mais englobante. Ou seja, o mal teria sido então deslocado para a natureza mesma de Deus e não sendo considerado somente enquanto produto da liberdade de escolha. Entender a liberdade de escolha enquanto capacidade ilimitada de opção indiscriminada tanto para o bem quanto para o mal, implica também tornar Deus responsável por ter dado ao homem poderes absolutos. No entanto, a sua responsabilidade permaneceria indireta, cabendo a esse a decisão pelo bem ou pelo mal, assumindo inteira responsabilidade por suas ações. Se sairmos do mal histórico, humano, e formos para o cosmológico, ele passaria para a interioridade mesma de Deus enquanto seu próprio outro, um tipo de outro que, em Auschwitz, teria fugido do seu controle, o que exporia a sua impotência.

A perplexidade de Arthur Cohen permite-lhe avançar na elaboração do conceito de mal ao lhe atribuir existência, sendo, portanto, caracterizado como um mal de tipo ontológico, o que ele denomina de "tremendum do mal".[57] Ocorre que esta

---

[57] Cohen, Arthur. "Thinking the Tremendum: Some Theological Implications of the Death Camps" e "Autobiographical Fragment: the Holocaust". In: *An Arthur Cohen Reader*. Editado por David Stern e Paulo Mendes-

sua abordagem da questão da maldade está baseada em uma concepção da "infinitização do homem", consistente em uma retomada, diria social, da *hübris* do homem moderno que, centrado em si mesmo, egoísta, se coloca enquanto centro de tudo. Ou seja, a ausência de limites do homem moderno, seu ir para além da finitude, não se caracterizaria pelo seu encontro com o verdadeiro infinito que seria Deus, mas com uma espécie de falsificação sua, o poder ilimitado do homem. Poder ilimitado esse que sob o manto, sob o disfarce do gozo da vida, termina na destruição, no gozo mesmo da morte, no prazer sádico de ver cadáveres amontoados nos campos e, por extensão, nas destruições cotidianas. Mais especificamente, essa "infinitização" conduziria a uma celebração da morte que, em Auschwitz, ganharia um caráter orgiástico.[58] Seria, e aí reside o problema, uma espécie de contraparte da sociedade de consumo moderna, centrada no egoísmo e nos prazeres materiais, na exclusão do outro, levando a condição humana a uma situação limite.

A perplexidade de Richard Rubenstein,[59] diferentemente de certas formulações católicas e protestantes, que reafirmam os seus parâmetros de pensamento quando confrontadas ao desafio de pensar Auschwitz, o faz oscilar da concepção judaica a concepções não judaicas ao recorrer, por exemplo, ao misticismo oriental, em particular ao budismo. Segundo a teologia cristã pós-Holocausto, a figura de Cristo enquanto "Messias" e "filho de Deus" seria revalidada, por assim dizer, por intermédio de sua presença direta ou indireta em Auschwitz, expondo o sofrimento dos judeus como o seu próprio. Conforme Rubenstein não haveria como considerar a presença de Deus

---

Flohr. Detroit: Wayne State University Press, 1998, p. 250. Cf. também Paulo Mendes-Fohr. *The Tremendum*. New York: Continuum, 1993, p. 231-3.
[58] Ibid., p. 245.
[59] Rubenstein, Richard L. *After Auschwitz*. 2ª edição. Baltimore e Londres: The Johns Hopkins University Press, 1992.

em Auschwitz segundo a teologia judaica tradicional, pois isto significaria tornar os nazistas operadores divinos, como se os seus crimes se inscrevessem em um caminho de tipo messiânico, precedido de catástrofes desta espécie. Tampouco haveria recurso teológico na manutenção de um Deus cuja Aliança com o povo judeu estaria baseada na "escolha", visto a manifesta impropriedade deste termo visto à luz (ou escuridão) de Auschwitz. O Holocausto, na verdade, conduziria à "morte de Deus".

Nietzsche é retomado enquanto fio condutor desta releitura da existência de Deus, embora ele faça a distinção entre "a morte de Deus" e a "morte cultural de Deus", como se afirmando a segunda não estaria suprimindo a primeira. Com efeito, como distinguir "a morte cultural de Deus" "da morte de Deus", salvo se houver o salto para outra cultura ou religião (budismo), em cujo caso Deus seria preservado sob outro nome ou formulação conforme outra concepção culturalmente diferenciada. A questão, porém, consiste em que o Deus judaico e o cristão são culturais, pertencentes a uma mesma cultura que se diferenciou internamente, sem abandonar os mesmos princípios e valores apesar de conflitos e mal-entendidos. Abandonar o Deus cultural significaria abandonar a própria Bíblia.[60]

A teologia, confrontada ao caráter único e aterrador de Auschwitz, desprovida de categorias para compreender um evento que transcende, à sua maneira, tudo até então conhecido, encontra sérias dificuldades de pensar Deus em sua ausência, de pensar seus atributos diante da enormidade do acontecido, de pensar a sua Aliança com o povo judeu e, por seu intermédio, com os cristãos. Que Deus é esse que permite tal experiência limite da condição humana? Que Deus é esse que desaparece da cena do mundo quando era tão necessário? Foge Deus de suas responsabilidades com sua Criação? Os atributos de Deus são

---

[60] Ibid., p. 170-3.

postos imediatamente em questão. Como atribuir-lhe a onipotência se se mostrou tão impotente diante dos campos de concentração e extermínio? Como atribuir-lhe a onisciência se não pôde prever acontecimentos deste tipo e, se os pôde, é por que os nazistas estariam inscritos em seu plano da Criação? Como atribuir-lhe a suma bondade se crianças e bebês são torturados e assassinados pelo mero fato de serem judias, no caso, de pertencerem ao povo por Ele mesmo escolhido? Qual é o sentido da escolha se os eleitos tiveram esse destino de um terço de seus membros serem engolfados no abismo da maldade? Há sentido em falar de teodiceia, se o Bem foi desta maneira acossado pelo Mal? As provas clássicas da existência de Deus, baseadas nos conceitos de perfeição e infinitude não são tampouco de valia, na medida em que são categorias da criatura humana elaboradas pela razão. Ou seja, como falar de perfeição e infinitude divinas diante de Auschwitz? É a maldade que se potencializa em seu supremo ser, mostrando-se como diabólica.

Auschwitz é um poderoso instrumento de descrença, desembocando em um questionamento radical da existência de Deus. O que é este ser que permite e contempla uma ação maligna desta espécie? Dá para acreditar em um ser omisso? Nem as categorias da moralidade são de utilidade, sobretudo aquela da bondade para caracterizar a sua natureza própria. Muito menos a de um ser misericordioso, que dá livre curso a uma ação destruidora daquilo que se considerava como humanidade em sua acepção propriamente moral. O que sobra? Como o pensamento perplexo busca recuperar a crença em Deus? Restaria atribuir-lhe uma espécie de drama existencial. Deus teria compartilhado a experiência limite de Auschwitz, chorando ao ver o que estava ocorrendo com aquelas criaturas marchando para as câmaras de gás e, mesmo nesta condição, evocando o seu nome e louvando-o. Deus teria chorado junto às vítimas? Deus teria gemido ao ver os gritos das pessoas sendo conduzidas ao seu extermínio, sob as condições mais indignas, como sendo despidas antes de entrarem nas câmaras de gás? Deus teria gritado ao ecoar os gritos, choros e gemidos destes seres por Ele mesmo abandonados?[61] Ocorre que estamos aqui na linguagem mesma das emoções que são transferidas, transplantadas, para Deus como uma espécie de último recurso para compreendê-lo e, quiçá, abandoná-lo. Se Deus deu a Torá no Monte Sinai, então, seria o bom momento de devolvê-la!

Note-se que não estamos mais situados na linguagem racional das provas da existência de Deus, nem na linguagem racional de seus atributos essenciais, tampouco na linguagem moral de atribuição do Bem à sua natureza, mas na linguagem emocional do cotidiano dos homens. A razão e a moralidade passam a segundo plano, as emoções tomando os seus respectivos lugares. Eis também os problemas das concepções cristãs e judaicas de explicação de Auschwitz baseadas no conceito de sofrimento, sob a forma do "sofrimento de Jesus Cristo" e do "sofrimento de Deus", cuja significação é a mesma em duas perspectivas religiosas diversas. Segundo a ótica de abordagem, seria o sofrimento do "Deus pai" ou do "Deus Filho". Uma outra expressão sua seria igualmente a expressão de um "povo sofredor" para caracterizar o povo judeu.

Ora, o sofrimento é uma emoção propriamente humana, salvo sob o modo "emocional" de transmissão de uma mensagem divina sob a forma do Cristo na Cruz, algo que estaria ao alcance de seres humanos naquela época e naquela comunidade. E mesmo aqui Jesus Cristo morre e é ressuscitado, expondo claramente a potência divina, o que já cai sob uma outra forma de linguagem. Em Auschwitz, nenhuma de suas vítimas foi ressuscitada, desaparecendo para sempre nas fumaças dos fornos crematórios. Emoções são mais facilmente compreensíveis, porém são inapropriadas para caracterizar a natureza divina, pois isto equivaleria a reconhecer em Deus uma natureza carente,

---

[61] Eckardt, Alice e Eckardt A. Roy, op. cit., p. 83-95.

passível de dor, que teria imensa dificuldade em se reconhecer em sua Criação. Se Deus assim sofre, não haveria um outro ser, o Diabo no caso, que seria a causa de seu sofrimento, um ser que teria se apropriado de sua criatura sob a forma do nazismo?

Desde uma perspectiva teológica, Alice e Roy Eckardt enfrentam a questão do mal, em sua acepção existencial, conferindo-lhe, portanto, realidade, e não apenas falha ou carência, na figura do Diabo.[62] O resgate religioso é apropriado ao permitir pensar um ser causador de uma malignidade extrema, sob o risco, porém, de restabelecer a ideia de uma dualidade criadora do mundo, a de duas potências, a do bem e a do mal, em embate constante, à maneira de Schelling em suas *Investigações sobre a liberdade humana*, texto contemporâneo à *Fenomenologia do espírito* de Hegel. Embora, do ponto de vista de uma humanidade supostamente esclarecida, o Diabo seja uma mera caricatura religiosa carente de realidade, da mesma maneira que Deus para os ateus é inexistente, essas categorias religiosas poderiam ser de utilidade hermenêutica na medida em que são simétricas ao bem e ao mal, com a vantagem de que sua formulação permite dotar esses seres de uma realidade própria, em cujo caso é conferida existência a essas categorias morais. Na acepção corrente, só o Bem teria realidade, enquanto o mal dela seria carente. Nesta nova formulação, o mal passaria a ser compreendido sob a sua forma ontológica.

Com efeito, "a palavra 'diabo' é o símbolo da transcendentalidade única e persistente do poder do mal e da destrutividade, um conceito marcado, portanto, por uma necessidade comparável à de Deus".[63] Note-se a ênfase no instrumento heurístico ao considerar a "palavra" diabo enquanto símbolo que nos permite pensar o mal em sua forma extrema no contexto de Auschwitz, entendendo a sua transcendentalidade à maneira de uma indica-

---

[62] Ibid., p. 59-67.
[63] Ibid., p. 61.

ção para além de si, o apontamento para uma nova abordagem da maldade. Não seria mais aquela da corrente cotidianidade, inclusive a de situações de guerra e violência. Diabo seria uma palavra equivalente à de Deus, que, por sua vez, sinalizaria para a transcendentalidade da correção e da criatividade do mundo. Ou seja, mediante esta palavra que resgata uma tradição religiosa, poder-se-ia descortinar um outro tipo de reflexão na perspectiva teológica. A palavra indica, sinaliza, no caso, uma outra forma de existência, permitindo compreender o mal sob a forma de um "mal único e total".[64]

A CONDIÇÃO HUMANA

A questão da condição (in)humana via recolocação da questão da existência é um ponto central da experiência sofrida, e admiravelmente relatada, por Robert Antelme,[65] a propósito de sua "vida" em um campo de concentração. Em 1947, ele, tendo sido resistente, preso pela Gestapo em 1944, descreve a sua experiência concentracionária em um "comando", o de Gandersheim, extensão de Buchenwald, que era um campo de concentração voltado para o trabalho escravo, constituído por prisioneiros de várias nacionalidades, de criminosos comuns a políticos, passando por prisioneiros de guerra. Não era um campo de extermínio. Após a sua libertação, tinha imensa dificuldade em descrever o que foi por ele vivenciado, porque a linguagem que tinha à mão, a do antes de sua reclusão forçada, não dava conta do que tinha sido objeto. As palavras não conseguiam expressar, revelar, o fato concentracionário, fato esse que, aliás, continuava presente em seu corpo, vítima de maus-tratos, do frio, dos golpes, da malnutrição. É como se a ausência de linguagem interditasse não apenas a comunicação, mas também o pensamento.

---

[64] Ibid., p. 61.
[65] Antelme, Robert. *L'espèce humaine*. Paris: Gallimard, 1957, p. 9.

Como, de fato, dizer um corpo que sofre a usura da fome permanente, que sonha – e devaneia – em algo comer; um corpo que não se mais reconhece no espelho, cuja imagem reflete um outro daquele que entrou meses antes no campo de concentração; um corpo que convive com furúnculos, tendo se tornado o *habitat* de piolhos que se multiplicam por todos os lugares, comendo-o literalmente, cujas chagas são dolorosas e perceptíveis; um corpo que se esgotou no tempo acelerado de uma morte imposta pelo terror. O homem assim abandonado "não pode criar uma coisa que se coma",[66] ele não pode, nestas condições, ser causa de si mesmo. Um movimento da mão em seu próprio corpo dá a terrível sensação de pele grudada em osso, uma pele fraca comida pelos vermes, a carne desaparecendo, expondo sensivelmente um corpo que se escapa. No dia da libertação, em Dachau, após uma longa peregrinação conduzida pela SS, o autor/concentracionário, ele e todos os outros encontram-se em uma situação limite ao conversar com os soldados americanos,[67] ao narrar o que tinham sofrido, padecido. Não é uma questão de língua, mas de transmissão de uma experiência que não encontra a linguagem do seu dizer, que se percebe intransmissível, um conhecimento de alguma maneira infinito que excede a finitude da linguagem e do pensamento corrente, anterior ao campo, como se pertencesse a uma outra vida, a outras regras de linguagem, incomunicável com este outro.

Alguns anos depois, em 1951, Gabriel Marcel escreve um livro focado em uma reflexão filosófica sobre o significado do nazismo, estendendo-a também ao stalinismo, sendo ambos expressões do Estado totalitário. Vê ele a filosofia como devendo partir do concreto, daquilo que se oferece no presente

---

[66] Ibid., p. 144.
[67] Ibid., p. 301. Cf. Maurice Blanchot. "L'espèce humaine". In: Antelme, Robert. *Textes inédits sur l'Espéce humaine. Essais et témoignages*. Paris: Gallimard, 1996, p. 86-7.

ao pensamento, considerando que o homem é, desde sempre, um ser em situação, de nada lhe adiantando prender-se a abstrações que terminam abandonando a realidade. E a situação de época é a de um "mundo em ruína",[68] do "horror de Auschwitz", onde os homens estão desorientados, senão desolados, em que foi desvelado o fim do mundo, sem a confiança na promessa escatológica da Redenção. Mais concretamente, é o humano mesmo que foi posto em questão graças a formas de ação e de consideração do outro assentadas em sua coisificação, sendo o ser tratado como mero objeto e, mais especificamente, objeto de uma sociedade em adiantado processo de tecnificação. O seu resultado foi, portanto, o fanatismo na destruição do outro, aparecendo os campos de concentração e de extermínio como suas amostras. Ressalte-se, em particular, o fato de ele tomar como objeto de reflexão relatos de sobreviventes dos campos de concentração, algo por assim dizer inaugural filosoficamente. Nestes campos, os humanos tornaram-se deliberadamente lixos pelo tratamento recebido de seus carrascos, sendo-lhes extirpado qualquer resquício de integridade moral. O humano foi levado ao desespero, ao abandono mais completo.[69]

Caberia, no pós-guerra, com todas as dificuldades daí inerentes, resgatar o que ele denomina de reflexão, compreendida como uma forma de recuperação do sentido da transcendência, um chamamento a pensar o mundo para além de sua imediatez, dos prazeres do entretenimento, das diferentes fugas de imersão em um cotidiano povoado pela ausência de pensamento, pelo predomínio das massas, forma degradada do humano, sendo facilmente manipuláveis politicamente, o que ele denomina

---

[68] Marcel, Gabriel. *Les hommes contre l'humain*. Paris: La Colombe, 1951, p. 163. Cf. Levinas, Emmanuel. *Quelques réflexions sur la philosophie de l'hitlérisme*. Suivi d'un éssai de Miguel Abensour. Paris: Rivages Poche, 2018.
[69] Ibid., p. 36-7.

de fanatizável.[70] Ou seja, trata-se de um chamamento ao transcendente, identificado à liberdade em relação à alienação e à reificação do mundo, baseado na técnica enquanto fim em si mesma. O nazismo teria, então, empreendido todo um trabalho de aniquilação do transcendente em benefício de uma imanência religiosa concretizada na figura de Hitler. O resultado foi a idolatria em sua forma teológico-política, consubstanciando-se na supressão da própria liberdade. Ídolos suscitam a adesão cega, a servidão, e não a liberdade. Sob esta perspectiva, ele procura reafirmar o primado do pensamento de Deus, dos princípios da fé, devendo essa ser recuperada em seu aspecto racional e não no de mero cumprimento de rituais e liturgias. É a recuperação mesma do espaço interior da reflexão, meditação e contemplação. O mal, por sua vez, embora seja retomado em sua fórmula kantiana de mal radical, permanece preso dentro de esses seus limites, sendo determinado sob a forma da ausência e da falta, não vindo a ganhar existência intrínseca. Contudo, não satisfeito com sua própria formulação, notando a sua insuficiência diante de tal "novidade", ele vem a considerá-lo, no sentido religioso, como um "mistério".[71]

Vladimir Jankélévitch, por sua vez, decide enfrentar tal "mistério". Já em 1948, tinha escrito um artigo na revista *Temps Modernes*, *Dans l'honneur et la dignité* (*Dentro da honra e da dignidade*), ocasião em que fez um severo requisitório contra os colaboracionistas franceses, que se renderam alegremente a Hitler, glorificando a "paz" de Vichy, vindo então, após a guerra, a se apropriar em da própria liberação. Suas palavras e ironias são particularmente duras em relação às "elites" francesas, à "burguesia", que gozava do luxo e da boa vida, enquanto os resistentes lutavam e morriam na Resistência, enquanto os judeus e os maçons eram discriminados e alguns enviados aos

---

[70] Ibid., p. 13.
[71] Ibid., p. 11 e p. 95.

campos de concentração e de extermínio. Nem intelectuais e artistas foram poupados. O pós-guerra, neste sentido, foi um período de mediocrização moral e intelectual,[72] orientado pelo "esquecimento" da traição e pela não reflexão sobre o que verdadeiramente aconteceu. A ambivalência e a equivocidade eram "virtudes" da exteriorização da maldade. Este escrito, mais político, eivado do início ao fim pela mais pura indignação moral, teve seguimento em outro texto, de 1971, intitulado *Pardonner?* (*Perdoar?*), onde essa sua veia de indignação alcança o seu ápice a propósito da questão dos crimes cometidos contra os judeus, tidos por crimes contra a humanidade, episódio único, não redutível a outros acontecimentos da história ou a crimes de guerra. É "Auschwitz" que entra em pauta. Saliente-se a sua posição de filósofo que enfrenta questões de ordem política, moral e metafísica, fazendo face, inclusive, ao problema do mal em uma abordagem filosófica. Sua ironia em relação a seus "colegas" de época, imbuídos da verborragia heideggeriana, auxiliar no esquecimento do horror nazista, é mordaz. Seus textos são claramente diferenciados, admiravelmente escritos, transpirando moralidade.

A questão do mal é colocada diretamente quando o problema abordado concerne ao significado de Auschwitz. Em sua formulação, estaríamos diante do confronto entre dois tipos de absoluto, o do amor e o da liberdade maldosa, abrindo uma fenda, uma ruptura, que não pode ser colmatada. Irrompe a vertigem do abismo que se apresenta sob a forma da oposição entre a "irracionalidade do mal" e a "onipotência do amor", cuja transcrição é a seguinte: "o perdão é forte como o mal, mas o mal é forte como o perdão".[73] O amor comparece sob a acepção moral do perdão, porém a questão posta é a de se o ser a

---

[72] Jankélévitch, Vladimir. *L'imprescriptible. Pardonner? Dans l'honneur et la dignité.* Paris: Éditions du Seuil/Pont, 1986, p. 99-100.
[73] Ibid., p. 14-5.

ser perdoado não tem uma força igual ou incomensurável em relação ao ato moral de sua suspensão, a de se o ato de perdoar não se defronta com uma questão maior, a do tipo de crime que poderia ser objeto de um ato de amor. Não produziria ele o esquecimento da causalidade diabólica que o presidiu?

Assim formulada, a questão de ordem moral ganha uma significação propriamente ontológica ou metafísica, a da equiparação entre duas realidades ou ações de mesma positividade, que podem ser, inclusive, equalizadas em termos existenciais, surgindo o mal enquanto indagação propriamente filosófica e não somente moral. A moral conduziria ao questionamento filosófico. "E assim a exterminação dos judeus é o produto da maldade pura e da maldade *ontológica*, da maldade a mais diabólica e a mais gratuita que a história tenha conhecido".[74] Entra diretamente em pauta a própria condição do judeu, da qual não poderia ele fugir, qualquer que fosse a sua religião, não havendo mais escapatória. O caso dos judeus convertidos, muitos há várias décadas, é particularmente exemplar, pois foram levados aos guetos e campos apenas percebendo nebulosamente o que lhes estava acontecendo, pois não se consideravam como judeus, não se reconheciam enquanto tais, embora assim fossem vistos pelos nazistas em virtude de uma definição dada pelas "leis raciais" do Reich. O problema não residia na crença, nem no tipo físico, nem na condição social, mas em uma qualificação ideológica tendo como resultado a eliminação de sua existência mesma. Eis por que o judeu não interessava, senão provisoriamente, enquanto instrumento de trabalho, o do trabalho escravo, mas ele era, ele mesmo, a "matéria-prima"[75] a ser usada, descartada e aniquilada.

A política racial do nazismo, baseada na supremacia dos arianos, condenava os judeus a uma posição irremissível, da

---

[74] Ibid., p. 25.
[75] Ibid., p. 24.

qual não podiam escapar, pois, negativamente, por não serem arianos e por serem desses os "inimigos", estavam irremediavelmente condenados. A existência mesma dos judeus seria um crime sem perdão, não lhes sendo dada outra alternativa senão o extermínio, a negação de seu próprio ser. Colocada desta maneira, a condição judaica, em tal situação, neste beco sem saída, faz com que a condição humana ela mesma venha a ser questionada, visto que a existência da alma humana, da espécie em seu sentido moral e religioso mais elevado, estaria em causa. Uma vez que o conceito de existência é posto em questão, sequestrado por uma determinação racial, a particularidade deste ato ganha uma significação universal.

Um crime de existência não é um crime somente contra esse povo, mas um crime que concerne à própria existência humana.[76] Trata-se da maldade de outro tipo, cuja qualificação, inclusive, enquanto diabólica comparece sob a forma de um recurso teológico, considerando o papel religioso do Diabo, imediatamente acessível à imaginação popular. É como se na ausência de palavras para exprimir o inominável, tivéssemos de extrair recursos de uma tradição religiosa que se encontraria à mão, sendo de mais fácil inteligibilidade, se é que a inteligibilidade da irracionalidade extrema do mal possa ser objeto de inteligência, como se a razão pudesse penetrar esse seu totalmente outro, que escapa do imaginável. A chave de leitura, contudo, residiria na maldade ontológica, dotada de uma forma de existência própria. E esta forma sua de existência pode ser assim qualificada por ser um ato de aniquilação da "essência do homem enquanto homem",[77] da espécie humana. Eis por que não haveria um ato de amor, um ato moral, que poderia prescrever um crime

---

[76] Frossard, André. *Le crime contre l'humanité*. Paris: Balland, 2019, p. 100 e p. 154.
[77] Levinas, Emmanuel. *Être juif. Suivi d'une lettre à Maurice Blanchot*. Paris: Rivaches Poche, 2015, p. 25.

que atenta contra a natureza mesma do homem, um ato que em nome da moralidade anularia a própria moralidade, o próprio homem. Seria logicamente uma contradição.

Vladimir Jankélévitch debruça-se mais completamente sobre a problemática do mal, em um texto de 1947, intitulado precisamente *Le Mal*, explorando, em uma terminologia própria, a passagem do mal moral ao mal ontológico, por ele denominado de "maldade", diferenciando-o, assim, de suas outras acepções, seja metafísicas em geral, seja religiosas, seja morais em diferentes acepções. Seu confronto faz-se em relação à filosofia grega, em particular Platão e Plotino, o que de certa maneira virá a restringir o escopo de sua análise. Nos textos sobre o *Imprescritível*, ele refletiu sobre um evento histórico que escapa de todas as categorias analíticas, excedendo-as e recolocando, desta maneira, problemas filosóficos de outra ordem. Quisera aqui ressaltar a relação estabelecida entre história e filosofia, aquela colocando problemas a essa, ou ainda, a temporalidade histórica indaga o próprio ato de filosofar. No livro sobre o Mal, quando recorre, poucas vezes, a fatos históricos, é mais bem para ressaltar a falta de comportamento moral de "colaboracionistas" que se aliaram, na última hora, aos resistentes, na verdade, aos vitoriosos, procurando, deles, extrair benefícios. O que está em causa é a Resistência e não Auschwitz, ao contrário desta outra colocação anterior sua. Ademais, seguindo a sua própria linha de pensamento, poderíamos colocar a questão do que Platão e Plotino teriam a dizer a propósito de Auschwitz, condição filosófica essa que nos confrontaria a posições incomensuráveis, que de tão distantes seriam na verdade radicalmente estrangeiras.

Sob sua ótica, a desordem faz parte da própria estrutura do ser que, em sua imperfeição, apresenta diferentes significações, dentre as quais as do mundo físico (catástrofes, abalos sísmicos, doenças), que se configuram como o destino do homem, destino esse que se torna objeto de diferentes narrativas filosóficas e religiosas que, em sua diversidade, lhe conferem significação e, o que é mais importante, sentido para a vida. O modo de compreender a morte, por sua vez, expressará diferentes acepções do mal. Logo, as ações e comportamentos humanos só se tornariam totalmente inteligíveis nos instantes e momentos que precedem a morte, adquirindo sentido no momento mesmo em que o nada da existência humana faz o seu comparecimento definitivo. A significação da religião intervém precisamente nesta última passagem. Entretanto, o problema adquire uma outra dimensão no momento em que o mal existencial faz da morte o seu instrumento de ação, trazendo o momento último para o presente da violência e, assim, presentificando a ausência de sentido, destituindo a religião e a moralidade de sua estruturação conceitual da existência humana. A ação maldosa é um agente de destruição do sentido da condição humana.

Tendo Auschwitz como chave de leitura, como podemos abordar a desordem dos valores, em diferentes sociedades e concepções de mundo, frequentemente contraditórias entre si, quando um tipo de ação violenta atua sobre a desordem, desordenando-a mais completamente? Ela faz, então, tábula rasa de todos os valores e concepções, sendo todos substituídos pela concepção racial do nazismo, pela sua *Weltanschauung*, que se positiviza a partir de pressupostos totalmente outros. Mais particularmente, o papel da ação baseada no "ódio" enquanto elemento diferenciador deste tipo de incidência sobre a condição humana e o seu modo mesmo de existência. Um ódio de tipo específico, o ódio in-humano.[78] Não sem razão Poliakov intitulou o seu livro *Breviário do ódio*, na medida em que estamos diante de uma forma de ação política cuja finalidade consiste na destruição mesma da política, da pólis, e, por seu intermédio, das regras morais e religiosas, ou melhor, de convívio humano. A "maldade" teria no ódio um de seus componentes essenciais,

---

[78] Fala de Dionys Mascolo, "Em torno de Robert Anselme". In: Antelme, op. cit., p. 265.

sempre e quando ideologicamente orientada contra a existência humana, pois podemos igualmente conceber um ódio do "bem", o que se volta contra o da "maldade".

Querer o mal pelo mal, sem intermediação da negação do Bem, que lhe parece ser nada mais do que o resquício de uma concepção do mundo que está sendo aniquilada, pressupõe que a vontade, em sua subjetividade, seja significada pela maldade, antes de tornar-se efetiva por intermédio de sua ação. Um ação má em uma acepção moral corriqueira, muitas vezes, é produto de um descuido, de uma falta, inclusive um não querer que terminou involuntariamente produzindo este resultado. A intenção foi boa, dizemos várias vezes, mas terminamos produzindo dor ou infelicidade em alguém. Nestes casos, intervém o pedido de perdão e a reparação. No caso da "ação maldosa", a intencionalidade que a preside é a da destruição do outro, veiculando os seus próprios pressupostos, como os raciais da concepção nazista do mundo. A captura da subjetividade do querer é o projeto nazista e a sua consecução, a sua obra, são os campos de concentração e extermínio. A subjetividade e a objetividade tornam-se componentes de um todo coerente, mesmo que esta lógica particular nos apareça como ilógica, fazendo Auschwitz sentido dentro desta concepção. Fora dela é o horror máximo, no extremo do compreensível e do pensável.

À GUISA DE CONCLUSÃO

O mal existencial termina por colocar questões de princípio concernentes à filosofia e à teologia, propiciando uma releitura da morte sob esta forma de violência extrema, coletiva e única, fugindo, portanto, dos seus parâmetros sob a égide da vida natural ou do medo próprio de outras formas de violência, como a dos enfrentamentos políticos, digamos, normais. O mal diz respeito à morte, tanto que, segundo algumas formulações, ele poderia inclusive ser identificado ao mal físico ou a uma outra forma sua, como a doença. O mal existencial remete, a uma alteridade da razão que não se deixa por ela absorver, nem a concepções cuja identidade entre ser e pensar, as mais elaboradas produzidas pela filosofia, as deixaria, por assim dizer, desarmadas diante deste "resto" que resiste a qualquer interiorização, a qualquer apagamento. Concerne o mal igualmente a uma indagação relativa à própria condição humana, suas condições e limites, assim como suas condições específicas de existência. Neste sentido, façamos algumas considerações finais sobre a morte, as alteridades da razão como Deus e o mal existencial, e o outro da *Aufklärung*.

Franz Rosenzweig, em seu livro *A estrela da Redenção*,[1] publicado em 1921, portanto antes da Segunda Guerra Mundial, inicia a sua reflexão sobre as acepções correntes da morte, ressaltando a sua significação enquanto limite, algo próprio da condição humana, a ser decifrado filosoficamente e teologicamente. A morte, todavia, não é analisada em sua relação ao mal, sendo o seu objetivo decifrá-la como um outro a ser ou não incorporado à filosofia em sua identidade entre ser e pensar, mais especificamente, a partir de uma reelaboração do conceito de Deus ou Absoluto, suscetível de superar as oposições, frutos da *Aufklärung*, entre fé e razão. Ou ainda, busca ele estabelecer os fundamentos de uma crença propriamente racional. Interessa-nos mais especificamente como seu ato de filosofar coloca sempre um "resto", uma "sobra", que seria inerente ao próprio ato de pensar, de modo que se possa compreender diferentemente o que se considera como "totalidade" ou "unicidade".

Desde esta perspectiva, a *Aufklärung*,[2] ao ser um movimento de pensamento que se situa na encruzilhada entre filosofia e teologia, entre razão e fé, terminou por expor o seu próprio outro mediante uma reversibilidade destes termos, um ocupando a posição do outro, dando lugar, em suas reciprocidades, a novas alteridades. De um lado, surge a crítica da religião, dos dogmas, das certezas inquestionáveis, como se, doravante, a humanidade fosse entrar em um caminho de progresso constante e ascendente, rumo a um mundo cada vez melhor, livre, assim, do obscurantismo. Obscurantismo, sobretudo, representado por autoridades eclesiásticas, que se aferravam a antigas concepções, identificadas a preconceitos que deveriam ser

---

[1] Rosenzweig, Franz. *Der Stern der Erlösung*. Introdução de Bernhard Casper. Publicado por Albert Raffelt. Freiburg im Breisgau: Universitätsbibliothek, 2002. *L'étoile de la Rédemption*. Tradução de Alexandre Derczanski e Jean-Louis Sclegel. Paris: Seuil, 1982.
[2] Ibid., a: p. 108-10; f: p. 120-2.

abandonados. A razão afirma-se como nova autoridade, árbitro da nova época, tribunal diante do qual cada nova concepção e comportamento deveria comparecer. De outro lado, a teologia recua, acuada, passando a reconhecer essa nova autoridade, interiorizando-a em seu próprio campo. A religião abandona o campo do saber, deixando-o para a filosofia e a ciência que então se desenvolve, enquanto a própria teologia adota em suas reflexões o próprio conceito de razão que desta maneira se realiza, passando a revisar criticamente os seus próprios dogmas, valores e princípios, vindo, inclusive, a analisar criticamente os Evangelhos, mediante cotejamentos, estabelecimento minucioso de textos e introduzindo estudos históricos das figuras religiosas mais relevantes, inclusive, com biografias históricas, e não hagiográficas de Jesus Cristo, por exemplo, com um discípulo de Hegel, David Strauss, e com Ernest Renan.

Ocorre, porém, que a *Aufklärung* vai produzir o seu próprio outro, o da noção de um progresso concebido enquanto ineluctável, como se estivesse inscrito nas coisas e na história, ou ainda, como se fosse objeto de uma asserção racional, sendo passível de ser cientificamente verificável. A *Aufklärung* vai exigir a avaliação racional do passado, nada reconhecendo como limite, tudo sendo passível de questionamento, inclusive, as verdades religiosas e teológicas mais estabelecidas, mas, por outro lado, posiciona-se em relação ao futuro à maneira da fé, via asserções inquestionáveis e absolutas, às quais todos deveriam aderir. Para o passado, a razão passa a primar, mas em relação ao futuro ela adota as posições da fé, sob a forma desta crença segundo a qual a humanidade estaria, doravante, voltada para a realização de um mundo cada vez moralmente mais digno. A fé sai por uma porta e entra por outra.

Note-se que um dos resultados históricos da *Aufklärung* foi o surgimento de movimentos políticos voltados para a luta social, para a realização da Cidade de Deus na Terra, cujas formas mais expressivas foram os movimentos socialistas e comunistas.

Acontece, porém, que eles não se apresentaram enquanto movimentos religiosos, mas como cientificamente embasados, ancorados que estariam em uma razão voltada para o estudo das condições históricas de sua concretização. Frise-se que a questão assim colocada é a de uma sociedade futura que seria racionalmente, cientificamente, justificada, pois baseada nos parâmetros do progresso. A própria disputa dentro do movimento socialista/comunista é uma expressão desta oposição entre razão e fé, pois uns seriam rotulados como "utópicos", postulando a realização de algo absoluto e inexequível, enquanto outros ganhariam a denominação de "científicos", as suas orientações podendo ser verificáveis, como é a da autoapresentação do marxismo enquanto "socialismo" ou "comunismo" "científico". Entretanto, estamos, na verdade, diante de uma crença no futuro e em uma sociedade perfeita, sem Estado inclusive, para alguns, que se configura como a volta da religião sob a forma do messianismo político. O messianismo teológico-político vai tomar o lugar da razão propalada pela *Aufklärung*.

Rosenzweig defrontou-se também com esta problemática desde uma perspectiva filosófico-política em sua obra *Hegel e o Estado*. Trata-se, aliás, de um livro assaz curioso, pois, quando de sua publicação, nele não mais se reconheceu. Houve um estranhamento entre o escritor e a sua obra. Completado em 1919, no desencanto da derrota alemã, com seu fervor patriótico indo para os ares, o autor, como toda a sua geração, teve um sentimento intenso de que um mundo tinha acabado, sem que outro se vislumbrasse no horizonte. Pessimismo, radicalização política e religiosidade são alguns dos seus componentes. Ocorre que este livro estava "praticamente pronto"[3] em 1909,

---

[3] Rosenzweig, Franz. *Hegel e o Estado*. Tradução de Ricardo Timm de Souza. Coordenação de J. Guinsburg, Roberto Romano e Ricardo Timm de Souza. São Paulo: Perspectiva, 2008, p. 57. Cf. Paul-Laurent Assoun. "Rosenzweig et la politique: postérité d'une rupture". In: Rosenzweig, Franz. *Hegel et*

logo antes da guerra, quando percebia que, sob a direção de Bismarck, a razão histórica segundo Hegel estaria a realizar-se. Em suas próprias palavras, "o texto sobre a Constituição [da Alemanha] apresenta uma afinidade real com a obra de Bismarck, que se deixa ler até mesmo como uma realização da profecia ali contida".[4] Com efeito, Rosenzweig compreende a concepção hegeliana do Estado como uma Ideia que teria se efetuado no transcurso do século XIX culminando no Segundo Reich, o que equivale a dizer que o seu fracasso seria, em certo sentido, o fracasso mesmo da concepção hegeliana da história e do Estado. "Quando a construção de um mundo desaba, são soterrados sob a sua ruína também as ideias que o conceberam e os sonhos que o penetraram".[5]

A concepção historicista da razão hegeliana, segundo Rosenzweig, *à la* Meinecke, o conduziu a pensar que a derrota de 1918 e a sua consequente desilusão seriam não apenas o fim de uma época da história alemã, mas também o término de uma concepção do Estado e da história que lhe teria dado sustentação. E isto por duas razões: a) a primeira, por ter compreendido a filosofia de Hegel a partir da identificação entre razão e efetividade, de modo que a sua "verdade" seria a sua transposição em um realidade efetiva que ela já teria apreendido em processo de realização. O pensamento hegeliano teria delineado a ação a ser historicamente seguida; b) a segunda, por ter feito uma leitura da filosofia política de Hegel de uma forma estreita ao privilegiar, em seu cerne, não a *Filosofia do direito*, mas um manuscrito sobre a *Constituição da Alemanha*, de 1801.

Neste último, um jovem preocupadíssimo com os destinos de seu país apregoa pela vinda de um Teseu, de um conquista-

---

l'État. Tradução e apresentação de Gérard Bensussan. Paris: PUF, 1991, p. VI-VII. Cf. também apresentação de Gérard Bensussan, p. XX-XXI.
[4] Ibid., p. 220.
[5] Ibid., p. 596-7.

dor ou libertador, cuja função seria a de refundar um Estado alemão que teria se desintegrado. Ele coloca-se na perspectiva de fundação de um Estado, de seu sair de um estado de violência e caos, clamando por um "herói" que viesse a preencher esta missão. Suas referências são Maquiavel e Richelieu, o primeiro por advogar pela criação de um verdadeiro Estado, seja por qual meio for, inclusive, a violência e a força; o segundo por ter sido um hábil negociador político, astuto, que pôde guiar os destinos da França enquanto potência, tendo sido, inclusive, assim reconhecido por seus adversários. Aqui, irá privilegiar o conceito de "potência" enquanto atributo principal do Estado,[6] atributo esse que sofrerá uma reelaboração completa na *Filosofia do direito* de 1821, centrada na conciliação, na unificação diferenciada, entre os direitos individuais e os do Estado, entre a liberdade e o bem coletivo, ou ainda, no respeito e no reconhecimento da família e da sociedade civil enquanto alicerces mesmos do Estado. E quando, nesta sua obra da maturidade, volta ao problema da potência, o faz de uma forma apenas incidental, relativa à política externa, não sendo nem objeto de tematização própria.[7]

Note-se ainda, na perspectiva de *A estrela da Redenção*, que *Hegel e o Estado* é anterior à sua crise existencial, religiosa, de 1913, linha divisória de sua evolução filosófica. Enquanto o seu segundo livro expõe o esgotamento da identidade entre o ser e o pensar própria de toda a história da filosofia, desembocando no Idealismo alemão, o primeiro apresentaria o mesmo percurso no esgotamento das relações entre razão, Estado e história. Observe-se que os mundos do pensamento e da realidade política que se exaurem defrontam-se com as sinalizações de um novo, na verdade antigo, entendido sob a ótica filosófica e teológica da eternidade,[8] onde, inclusive, uma não familiaridade entre

---

[6] Ibid., p. 182-5 e p. 196-9. Cf. Prefácio de Roberto Romano, p. 9-20.
[7] Ibid., p. 512-3.
[8] Rosenzweig, *His Life*, op. cit., p. 93-9. Cf. Roberto Timm de Souza.

eles se torna patente. Convidado por Meinecke para ocupar um posto universitário graças aos méritos de seu livro sobre Hegel, Rosenzweig declina o convite – antes almejado – alegando convicções religiosas que o conduziam a um novo projeto, mas o faz de uma maneira que se torna incompreensível para o seu professor e orientador, que não entende o que está acontecendo, visto que, para ele, não haveria incompatibilidade entre a vida universitária e a religiosa. Não era esse o entendimento de Rosenzweig, mas ele pôde perceber que a comunicação entre ambos não tinha fluído. Foi um diálogo de surdos, como se habitassem dois mundos distintos. Escreve, depois, uma carta procurando esclarecer a sua posição, mas de uma forma ainda pouco inteligível, confusa, tanto mais que a dificuldade era para ele grande, a de conciliar uma concepção histórica e uma fundada no divino, na Revelação, fruto de uma profunda experiência vivida, pessoal. Já não habitava ele o mundo universitário, nem o histórico, outrora seu, e os representantes desse, que tão bem o conheciam até então, não mais o podiam compreender na esfera religiosa, que tinha se tornado sua.

Assinale-se que o afastamento de Rosenzweig da política[9] teria sido uma decorrência da frustação alemã pós-Primeira Guerra, quando a euforia inicial deu lugar à desilusão final, com diferentes atores políticos acusando-se uns aos outros pela responsabilidade da derrota. Acontece que atores políticos e intelectuais se rearticularam politicamente tendo a pretensão de uma reorientação do (e no) mundo, enquanto, para ele, este ambiente tornou-se uma razão para o seu afastamento definitivo de um mundo em completa derrocada. A temporalidade histó-

---

"Rosenzweig entre a história e o tempo – O sentido crítico de Hegel e o Estado". In: Rosenzweig, op. cit., p. 27-32.

[9] Gordon, Peter Eli. "Rosenzweig and the Philosophy of Jewish Existence". In: Morgan, Michael L. e Gordon, Peter Eli. *The Cambridge Companion to Modern Jewish Philosophy*. Cambridge University Press, 2007, p. 125.

rica seria um conceito a ser revisitado para nele se fundar uma outra ordem, a da eternidade imune à própria história. Outras portas aqui se abririam. Logo, a "saída" filosófica da mundanidade do mundo não daria mais espaço para uma ação política lá ocorrendo, uma vez que este mundo histórico e filosófico teria se esgotado. Esboça-se, assim, uma filosofia existencial de significação teológica que teria se consumado em *A estrela da Redenção*, em substituição à antiga metafísica. Trata-se de uma reconstrução filosófica tomando, agora, enquanto ponto de partida, verdadeiro começo filosófico, a existência humana sob o prisma da morte, morte essa vivida, historicamente, politicamente, nos campos de batalha, vindo a ganhar uma significação filosófica e teológica.

Em uma carta a seus pais, em 20 de outubro de 1916, durante a Primeira Guerra Mundial, poucos anos antes da redação de *A estrela da Redenção*, na linha de frente, em um posto de observação relativamente tranquilo nos Balcãs, Rosenzweig colocara-se a seguinte questão: O que é o que se liberta na insanidade? O que ganha rédea solta na loucura? Note-se, preliminarmente, que a guerra, em sua insanidade, serve de analogia para o desmoronamento de um mundo e a reconstrução de outro, só que agora sob a forma do desmoronamento do mundo pagão e a da reconstrução do religioso. Lá se liberta a abertura do caminho a Deus, isto é, a saída de uma concepção à outra, onde os problemas do mundo do Estado e das nações ficam para trás, em uma posição nitidamente secundária em importância. A questão não é a do pós-guerra nem a da reconstrução dos Estados, mas a do ascender a um outro mundo, o "divino". Sua imagem reside em chamas que consomem uma casa, deixando ver os seus alicerces remanescentes, sendo que essas chamas, ao se elevarem, descortinam, por sua vez, uma outra realidade. Assim, segundo ele, ocorreria com a loucura, que rompe com o senso comum, com as balizas da realidade, dando acesso a um outro mundo desconhecido. O que se liberta são as profundezas do homem, o que os místicos, inclusive Rosenzweig, vão denominar de iluminação, à maneira de uma luz que lá brilha.

Luz que pode tanto ofuscar quanto esclarecer: a pessoa pode sucumbir à loucura propriamente dita ou pode elevar-se a um grau superior de saber. Uma guerra pode dar lugar à outra forma de comunidade humana como pode conduzir a uma outra guerra. Contudo, o lado sombrio e obscuro da guerra deixa transparecer raios de luz. Eis por que, acrescenta ele, não deve o homem ter "medo da insanidade", na medida em que, precisamente, descortina-se aqui uma outra forma de saber. "O medo da insanidade necessita ser maior do que, ou diferente forma do, medo que deve dominar a vida como um todo: o 'medo do Senhor'".[10] Ou seja, o medo da insanidade é identificado ao medo da interioridade do homem, de sua subjetividade, e do que lá reside sob a forma do divino, por enquanto silencioso e inalcançável. Quando o "medo da insanidade" alcança a forma do "medo do Senhor", o saber encontra-se, sob o modo da fé, no caminho de Deus, de sua contemplação. O medo do medo da insanidade, traduzindo-se pelo medo do medo do Senhor, seria uma forma de negatividade que se interporia entre o homem e Deus, obstaculizando que esta diferença possa ser superada, de modo que o que aparece enquanto abismo possa ser transposto. O medo da insanidade da guerra torna-se, nestas circunstâncias, uma condição de acesso ao Senhor.

Neste sentido, o subtítulo original de *A estrela da Redenção, um retrato do mundo* (*ein Weltbild*), suscita imediatamente a questão: de qual mundo se está falando? De que maneira procura Rosenzweig retratá-lo? Um pintor pode retratar uma modelo, pode ele igualmente retratar uma paisagem. A história da pintura oferece-nos inúmeros exemplos, segundo a escola e a genialidade do pintor, realçando luminosidade, ângulos, planos, cores, distinções. Algo tomado como objeto é dado, po-

---

[10] Rosenzweig, *His Life*, op. cit., p. 44

rém visto desde as mais distintas perspectivas e modulações. Um fotógrafo retrata uma rua e os seres humanos ali presentes, reproduzindo algo que encontrou como existente. Um artista nos retrata uma cena de guerra e nos oferece a morte pintada no confronto de exércitos, normalmente figurando, desde a sua abordagem, aqueles que saíram vitoriosos de uma batalha, tida por simbolicamente exemplar. Um fotógrafo retrata uma cena de bombardeio de uma cidade, edifícios e casas destruídas, com os corpos das pessoas jazendo no chão sujo, crianças, idosos, homens e mulheres em meio aos destroços e fazendo deles parte. São, em todos estes casos, retratos do mundo. Rosenzweig,[11] no entanto, não recorre a nenhum destes "retratos", sua seleção própria da "realidade" sendo de outro tipo, o de tomar a morte enquanto indagação, motivo de reflexão sobre a condição humana, descortinando uma outra realidade, não objetal, não pessoal, capaz de nos introduzir em, de nos fazer passar a, um pensamento religioso e filosófico do mundo, uma "outra realidade", estruturada segundo os conceitos de Criação, Revelação e Redenção, tomando como início de sua abordagem as distinções entre Deus, Homem e Mundo. A partir desses conceitos operará uma desconstrução filosófica, desvelando os seus significados ocultos originários e revelando aquilo que ele entende ser a dimensão propriamente originária, religiosa, da condição humana.

A morte, assim, é colocada por ele como uma espécie de "fato", algo a ser esclarecido, embora este fato seja diferente de todos os fatos humanos, na medida em que é aquele que nega a vida naquilo que temos de mais caro, a nossa vida individual, negando a totalidade dos fatos individuais. Os homens vivem, em sua maior parte, como se a morte não existisse, esquecendo-se que um dia ela chegará, porém não se sabe o seu quando, o seu como, nem mesmo o seu significado, onde está finalmente

---

[11] Rosenzweig, *Der Stern*, op. cit., a: p. 116 ; f: p. 130.

comprometido o destino mesmo de cada um. A morte sempre está à espreita, com as pessoas tendo dela medo. A vida seria entendida como o lento aproximar-se de um nada, de um nada final, que, do ponto de vista individual, tudo aniquila, sobretudo o corpo da pessoa, que voltará à terra comido por parasitas e diferentes tipos de bactérias. Há algo propriamente horroroso neste final, salvo para as pessoas que se abriguem em uma crença que lhe confira significado, como a de uma outra vida, consolo normalmente oferecido pelas religiões em suas várias correntes.

A morte, neste sentido, é um fato "bruto" da condição humana, objeto possível de elaborações, mas indecifrável, por mais que filósofos e teólogos se debrucem sobre este enigma, sobre o que não seria, porém, passível de esclarecimento. Ora, eis o ponto de partida mesmo da filosofia de Rosenzweig, colocando a morte em uma posição filosófica, uma espécie de outro da própria elaboração conceitual, visto que se coloca na posição de não se deixar absorver por visões englobantes, nem tampouco aquelas que recorrem à história e aos processos e concepções do Absoluto. A morte seria um outro do pensamento, não assimilável totalmente por ele, remetendo sempre a algo mais, a um além, cuja significação inalcançável é preciosa para o indivíduo, embora o todo, o coletivo, possa lhe conferir várias acepções.

Seria o caso do mártir que oferece a sua vida por uma causa religiosa, acreditando com isto em uma outra vida; seria o caso do soldado que morre pela pátria; seria o caso daquele que dá a sua vida pela defesa dos seus. Estas diferentes acepções da morte seriam suas variações, figurações, não sua significação própria, em seu fato originário que se manifesta, então, nestas roupagens; em linguagem kantiana, a morte enquanto "coisa em si" que assim aparece, adquirindo a forma de fenômeno, enquadrável, neste sentido, espaço-temporalmente. A morte aparece enquanto fenômeno no tempo e no espaço, em um momento extremamente fugaz, uma irrupção do nada, que tudo muda e aniquila na perspectiva individual e na de aqueles que dela compartilham neste "quando" preciso. Ela tem data, embora ninguém conheça a sua agenda, pois não se deixa ver nem enquadrar, sendo o outro de totalizações filosóficas e teológicas. É como se toda vez que ocorresse uma sistematização racional, ela lhe escapasse, sendo refratária a qualquer enquadramento, a qualquer tentativa de ser englobada.

A morte, questão primeira, já implicaria uma radical reelaboração da filosofia na medida em que o problema filosófico primordial não seria nem o ser, nem o pensar, nem as tentativas de síntese entre ser e pensar. Tampouco poderia ser ela abordada pela categoria do nada, visto essa poder ser conceitualizada enquanto negatividade em geral ou negatividade integrante do ser, de seu momento de constituição, ou do próprio pensar em seu processo lógico. Na acepção do nada nadificante, aniquilador, seria o vazio absoluto, que não se deixaria penetrar nem interiorizar; no caso da negatividade em sua acepção lógica, seria uma categoria apenas do pensamento, arredia a pensar a vida em sua significação ou ausência última. Para sair precisamente da questão filosófica da unidade entre o ser e o pensar, Rosenzweig vai optar por um outro ponto de partida, colocar-se em uma outra posição, a de acolher a morte enquanto objeto de reflexão, objeto esse que só pode inapropriadamente ser assim chamado, pois faz parte da subjetividade daquele que pensa, da condição humana e do seu próprio destino individual. Ela não é nem pode ser "objeto".

Sua via filosófica privilegiada é a da filosofia de Hegel, por ter ele abordado a questão da morte, seja fenomenologicamente, no capítulo "Senhor e escravo" da *Fenomenologia do espírito*, seja sob a categoria do "nada" na *Ciência da lógica*. Ocorre, porém, que ele não segue nem uma nem outra abordagem. Em seu enfoque, não considera explicitamente a *Fenomenologia do espírito*, devendo ser esse o seu lugar de abordagem, podendo ser tratada como outra fenomenologia da condição humana.

Tampouco ela lhe é de serventia, porque nesta obra a morte aparece sob a forma do enfrentamento existencial entre duas "autoconsciências", tendo a sua significação lugar precisamente nesta luta, que aparecerá enquanto luta pelo reconhecimento e não de esclarecimento da condição humana. O outro que estará em questão é o outro humano, corpo e alma, com medo da morte, mas da morte que lhe pode ser infringida, antecipando-a enquanto condição limite da existência humana. Acontece que a morte enquanto limite da condição humana em sua perspectiva individual só lhe aparece na luta, inscrita em um processo existencial e, logo, histórico de reconhecimento, que se enquadra no processo mais amplo de autodeterminação do Absoluto.

Em certo sentido, a morte se fenomenaliza para adquirir significação. Entretanto, a sua "coisa em si" permanece na penumbra, nos bastidores, apenas se sinalizando, somente se expressando. No que diz respeito à categoria do "nada" na *Ciência da lógica*, a referência a essa obra é explícita, porém para se demarcar imediatamente dela, na medida em que faz parte de um processo totalizador, a do ser que, nestas páginas iniciais de Hegel, se mostra enquanto nada em seu processo de determinação de si, para logo adquirir a forma do "devir", que a ambos une em uma nova síntese. O "Saber absoluto", capítulo final da *Fenomenologia*, se defronta, então, interiormente consigo mesmo, retomando o seu percurso lógico de constituição, partindo de um ser, o de sua consciência de si mesma, que se sabe o seu processo mesmo de desenvolvimento, de formação, só que agora de uma forma pura, categorial, na abstração da razão e do Absoluto que assim se determinam.

O "nada" torna-se parte integrante do processo de determinação do ser, mesmo em sua acepção mais radical de identificação de um com o outro, mas mantendo a sua posição de segundo do ser, o que se torna ainda mais claro quando o ser se sintetiza em sua negatividade própria no "devir". O "nada" faria parte do processo de determinação do ser, o que equivale a dizer, do Conceito e de uma outra dicção sua, a do Absoluto, cuja forma representacional é dada pela religião. Ele não poderia ser, segundo esta concepção, o outro da reflexão filosófica. Para sê-lo, Rosenzweig recorre a uma outra categoria da *Ciência da lógica*, a do *Etwas*, que é outra etapa do processo do ser aparecendo na forma lógica do *Dasein*, do ser imediato, da existência presente, só que a extraindo deste processo, com o intuito de ressignificá-la a partir de uma outra concepção, a da morte como "algo" que não se deixa reduzir nem ao ser nem ao nada, tampouco à sua síntese, nem ao outro humano da luta pelo reconhecimento. Extração essa, contudo, que é de inspiração kantiana, na medida em que este *Etwas*, este "algo", é posto pelo ato de conhecimento, sendo dele residual sob a forma de uma outra forma de existência. Trata-se, neste sentido, de uma releitura kantiana de Hegel.

Destaquemos que a abordagem existencial da morte é elaborada por Hegel sob a forma do medo. Sua frase: "O medo é o início do saber", extraída da *Fenomenologia do espírito*, em seu capítulo sobre a "Consciência de si", é calcada no Salmo 11:10: "O início do saber é o medo do Senhor". Basta invertermos a posição do sujeito e do predicado, operação logicamente permitida, uma vez que o verbo ser funciona sob o modo da cópula "é", para que o paralelismo se torne ainda mais evidente. Eis: "O início do saber é o medo", poderíamos acrescentar da "morte violenta", uma vez que se situa na luta à morte entre duas "autoconsciências". Embora possamos ter outras formas do medo que deem início a formas de saber, seriam desta determinação primordial derivadas. Vejamos cada uma destas formulações, a hegeliana e a dos Salmos.

HEGEL: "O INÍCIO DO SABER É O MEDO [DA MORTE VIOLENTA]"

A matriz da relação entre as "Consciências de si" é a de um enfrentamento guiado pelo medo da morte violenta, caracterizando, desta maneira, uma relação propriamente humana, situada nesta situação limite da condição do homem. A "Consciência de si" que emerge da luta enquanto "Senhor" é a que soube enfrentar a morte, não tendo tido dela medo, enquanto que a "Consciência de si" que se amedrontou é a que vai surgir como "Escrava". A baliza que vai conferir posição a cada uma delas é o medo da morte, não entrando aqui nenhum outro critério, seja social ou histórico. As duas "Consciências" irão se saber tais ao saírem de sua posição anterior de consciências simplesmente enfrentadas com objetos e com o mundo dado, pois o seu outro não será mais o das coisas, mas a alteridade de outro humano, o humano que veio, então, a adquirir uma outra consciência de si. Temos, portanto, a passagem da "Consciência" à "Consciência de si", do outro-coisa ao outro-humano, dos objetos a pessoas, reconfigurando deste modo as relações humanas, levadas a este outro nível de determinação de si.

O Saber que, deste modo, se apresenta corresponde a esta etapa de desenvolvimento da "Consciência de si" que, posteriormente, virá a se determinar eticamente em comunidades humanas, históricas, ganhando a forma do Espírito que se sabe culminação de todo este processo. O Saber consiste no saber destes seus momentos essenciais, denominados de figuras, que são fases essenciais do processo da humanidade culturalmente e espiritualmente concebida. Frise-se que, neste embate das "Consciências de si", sua figura ou determinação principal reside na caracterização da condição existencial do homem, na relação de enfrentamento em que seres assim concretizados se encontram. Trata-se do significado existencial da condição humana, válido para qualquer época e lugar. Logo, não entra em linha de consideração um saber parcial ou setorial da realidade, mas um saber propriamente filosófico, voltado a explicitar a finitude humana.

Surge, então, uma outra acepção do Senhor, para além daquela da "Consciência de si" vencedora da luta à morte, a saber, a da própria morte que passa a ressignificar a condição humana, estendendo, por assim dizer, o seu império sobre os homens, expondo a sua finitude, mesmo o seu abandono, adquirindo a forma de uma ameaça constante que pode abreviar o limite final da vida individual. Se o indivíduo já está só diante da morte, nas condições humanas da luta entre "Consciências de si", ele se sabe ainda mais frágil, devendo combater para sobreviver e se saber enquanto sobrevivente para se reconhecer no outro e ser por ele reconhecido, para elevar-se a um outro grau de humanidade, ou ainda, de "saber de si", doravante moldado pelo medo da morte violenta. Em termos filosóficos, é o Absoluto que vem a se determinar enquanto imanente ao mundo, sendo o medo da morte uma de suas etapas essenciais, sempre e quando entendamos este Absoluto ou este Deus filosófico hegeliano à maneira de um Infinito, que é uma forma mediante o qual o finito se autodetermina, o que exige que se relegue as representações religiosas do Criador e da criatura ou a de um Ser transcendente, anterior ao mundo, sobre ele pairando. E a forma superior do Absoluto, deste seu desfecho no processo de determinação de si, é o "Saber absoluto", que é o "Saber" propriamente dito, uma espécie de interioridade divina.

SALMOS: "O INÍCIO DO SABER É O MEDO DO SENHOR"

Agora, se nos voltarmos à concepção bíblica, a matriz já é outra, visto que a relação que se estabelece é a de uma "Consciência de si" e "Deus", entre o ser finito que se curva diante de um ser infinito que o transcende e o abarca, constituindo-se como um além incognoscível, porém, existente. Sua forma de existência, todavia, não é a material de uma outra "Consciência de si", humana, mas uma realidade intangível, não física, inteligível neste sentido. O significado da alteridade não é mais o mesmo tendo passado do humano ao divino. No primeiro caso, podemos ter o "reconhecimento" entre humanos, no segundo, admiração e perplexidade diante do transcendente, de uma realidade de outra ordem. Neste sentido, o saber daí resultante é o da fé ou de uma crença que se dirá racional ao se construir através de uma relação direta com o Absoluto, seja por experiência mística, seja por acesso racional mediante categorias e argumentações, cujo significado existencial abrirá uma outra dimensão da condição humana.

O "medo do Senhor" distingue-se do "medo da morte violenta" por ser de outro tipo, alicerçado em uma distância abissal entre o Criador e a criatura. Não se trata, porém, de um medo psicológico ou moral, embora possa adquirir estas formas sob os modos da retribuição e punição divinas, mas de um medo que diz respeito ao nada da condição humana, à sua insignificância mesma, se não conseguir ser ressignificada em uma outra compreensão humana de si. Isto é, deverá o homem compreender a passagem de ser finito voltado para a morte inexorável ao seu saber de si enquanto criatura que reconhece uma outra forma de existência no Criador. Isto significa que o Senhorio assim determinado é o de um Ser que governa o mundo em sua totalidade e, em particular, os homens que vêm a louvá-lo sob a forma mesma de Salmos e preces, de maneira que a vida não é mais apenas compreendida sob a forma do enfrentamento, da sobrevivência, das relações sociais e políticas, nas esferas mesmas da finitude, mas sob o modo de uma ressignificação da condição humana, tendo como princípio o "Senhor" enquanto Deus ou Absoluto.

O *Etwas* (o algo) e o outro

Criador e criatura podem adquirir uma significação propriamente filosófica e não apenas religiosa na acepção de uma representação da consciência, na medida em que consegue conceber a condição humana em uma outra dimensão, não mais a das relações humanas, mas a de uma relação entre a existência finita e a infinita, esta última situando-se fora da realidade humana propriamente dita, apesar de nela fazer-se constantemente presente, seja através de mandamentos, seja de outros pensamentos e significações. Ou ainda, medo esse que dará lugar a vários "saberes", não científicos, como os da contemplação da natureza e do cosmos, o de que o mal é uma determinação secundária do bem a ser inexoravelmente vencido, o de que a condição humana não se caracteriza pelo nada, mas por algo cuja significação reside em Deus.

O problema que se coloca é o da inteligibilidade desta relação entre o finito e o infinito, entre a criatura e o Criador, entre o imanente e o transcendente, entre o homem e Deus, exigindo da razão que se abra ao dizer do indizível e da fé que seja receptiva à compreensão racional, abandonando sua adesão a dogmas inquestionáveis. Tudo pode e deve ser remetido em questão. E ao nos referirmos à inteligibilidade desta relação não significamos necessariamente com isto sua racionalidade, pois poderíamos ficar presos a limites dados ou reconhecidos desta última. Poderíamos ser levados, por exemplo, a atribuir racionalidade a todos os fatos históricos como se fosse essa a sua condição de inteligibilidade, quando ela pode perfeitamente defrontar-se com fatos que possam escapar deste tipo de delimitação, que pode tudo justificar. A inteligibilidade em pauta diz respeito ao modo de articulação entre dois modos de realidade, a física e a metafísica, a tangível e a intangível, a material e a espiritual, trazendo consigo uma outra relação entre fé e conhecimento: uma outra acepção do "Saber".

Sob a ótica de um Saber que se totaliza, que tudo procura incluir dentro de si, como se nada lhe pudesse escapar, a questão torna-se a de considerar que o pensar não pode ser divorciado do ser, conforme as acepções que a estes termos sejam conferidas. Uma coisa é o ser em sua acepção material, outra a imaterial; uma coisa é o ser enquanto existência empírica, outra a invisível. O mesmo vale para o pensar ou para os modos de concepção da unidade entre ambos, pois se ela estiver baseada numa totalidade autossubsistente, que se autodetermina pela sua diferenciação, ela se caracterizará por uma outra exclusão ou separação, a de Deus em sua acepção de transcendente, para além desta totalidade internamente diferenciada nela tudo incluindo ou interiorizando. Outra acepção do ser, a exigir outra forma de pensar, será a do mal existencial que, em sua aparição pela ação política, também se posiciona como uma alteridade que não se deixa ser interiorizada, sendo resistente à identificação. No caso de Deus, o ser se apartaria do pensar ou de sua unidade com o ser, devendo resignar-se a seus limites próprios, reconhecendo algo outro adotando a forma do incompreensível e do invisível, embora possamos conferir inteligibilidade a esta relação assim instituída; no segundo caso, poderia haver uma implosão interna à totalidade em processo de determinação de si, na medida em que se confrontaria a um algo que mina os seus próprios fundamentos, impedindo a sua autodeterminação, uma totalidade que se fragmentaria internamente.

A filosofia de Rosenzweig, em sua crítica ao idealismo e, mais especificamente, a Hegel, baseia-se em sua releitura das relações entre ser e pensar a partir da identificação operada entre este dois termos em uma totalidade autossubsistente, que dentro de si tudo realizaria e incluiria a partir de um processo interno de determinação de si, diferenciando-se e reunificando-se. A fé seria, então, trazida para dentro desta totalidade da razão, que passaria a tratar o além e o transcendente como um aquém e um imanente, de tal maneira que Deus passaria a ser logicamente concebido como um Absoluto que se efetua na natureza e na história, alcançado nesta última a sua própria consciência de si mediante o logos, o discurso racional. O ponto consiste em que outro algum se situaria fora desta totalidade, mas seria nela incluído. Deus seria, dada a sua posição teológica e tradicional, este "Outro" que seria especialmente visado na medida em que não seria deste mundo, colocando-se como sendo o seu próprio Criador, em cujo caso o mundo e o homem seriam meras criaturas. Isto significa que não haveria nenhum "resto", nenhuma "sobra", a esta dicção de uma totalidade única que se realiza e se autodetermina através da interiorização de qualquer outro, em particular deste "grande Outro", que seria incognoscível, *Absconditus*.

Rosenzweig recorre, então, a Kant, visto ter ele distinguido entre "fenômeno" e "coisa em si", o primeiro caindo sob as categorias espaço-temporais do entendimento, sendo passível de conhecimento em sentido estrito, enquanto a segunda cai fora destas formas da intuição espaço-temporal, fora do entendimento portanto, sendo, porém, afirmada enquanto existente. Embora seja corrente traduzir *Erscheinung* por "fenômeno", mais correto seria recorrer a uma outra palavra, a de "aparecimento", para que possamos melhor compreender o que está em questão. Na "coisa em si" aparece algo outro que não ela lá se expressando e se fazendo presente, só que sob forma da intuição (formas da sensibilidade: espaço e tempo) e do regramento operado pelo entendimento. Ou seja, há duas formas de existência presentes, uma a espaço-temporal, a outra, desconhecida, cuja única forma de expressão seria a de asserir a sua realidade. Há um *Etwas*, um "algo", que se faz assim presente, existente, não podendo ser ele, no entanto, objeto de conhecimento.

Intervém, assim, um sujeito que, ao conhecer, acolhe um *Etwas* exterior pondo em funcionamento um outro *Etwas*, o interior, sob a forma do "Eu", do "Eu penso", cuja função consiste em unificar sob regras as representações espaço-temporais. O "Eu", nesta perspectiva, poderá ser "pensado", mas não conhecido, expondo-se como uma capacidade própria de elaborar ideias, como Deus, a liberdade e a imortalidade da alma, só que ganhando agora uma significação prática, a de serem ideias orientadores da ação que se fará racionalmente através delas mediante uma causalidade não fenomênica, uma causalidade livre que altera, no mundo, o curso dos acontecimentos, criando novos fenômenos. É como se dois mundos estivessem presentes, cruzando-se no estar-aí do homem imerso na materialidade e na idealidade das coisas tangíveis e intangíveis, o mundo fenomenal e o mundo numenal, ambos tratando com duas formas de existência. Na existência digamos numenal, há o *Etwas*, o "algo", posto pelo próprio processo de conhecimento, embora não possa ele ser objeto de conhecimento, mas tão só de pensamento. O "algo" assim posto é o outro do conhecer, que se oferecerá, então, ao pensar, seja a partir da interioridade, seja a partir da exterioridade do "Eu". Há uma "sobra", um "resto" do próprio ato de conhecer. O *Etwas*, o algo, aparece – ocultando-se – nos fenômenos; sabe-se de sua existência por experiência, sem que se saiba o que seja em si mesmo, fora deste aparecimento.

O entendimento, assim posicionado, assume a forma da razão que se, de um lado, se limita pelo mundo dos "aparecimentos", dos "fenômenos", de outro, se dará o seu próprio mundo, o inteligível, que se traduzirá pela elaboração das leis morais, leis racionais, cuja validade será tida por absoluta e incondicionada, isenta das marcas da relatividade moral, situada nos parâmetros e representações espaço-temporais. Desaparecerá, portanto, a possibilidade de enfrentar um problema como o do mal existencial, não enquadrável sob os marcos da racionalidade, embora possa ser por essa ajuizado e condenado sob a forma do mal moral. O "conhecimento" daí resultante será o de um "Eu", que, todavia, não pode conhecer-se estrito senso, salvo sob esta forma "racional" que irá se apresentar conforme uma "consciência de si", de um saber de si, abrindo propriamente caminho para a formulação hegeliana. Kant manteria o *Etwas*, o seu outro, como algo exterior, seja na exterioridade seja na interioridade, algo posto pelo ato de conhecer, embora não se torne ele mesmo objeto de conhecimento, enquanto Hegel o interiorizará, trazendo-o para dentro de si, apagando a sua exterioridade.

Logo, o problema da liberdade em sua acepção racional, particularmente presente na concepção kantiana, consiste em que ela é elaborada a partir de regras morais que irão se colocar como imperativos da própria ação. A liberdade, neste sentido, se autolimitaria, vindo, inclusive, a se colocar como critério de juízo de qualquer ação, regra, valores e costumes. A lei moral assim concebida seria uma construção que funcionaria à maneira de uma metarregra que forneceria os parâmetros mesmos dos juízos morais. Elabora-se uma concepção válida para este mundo, por assim dizer, racionalmente concebido, que implicará suas próprias noções de ser e de bem, incorporando ideias religiosas como a de Deus, e a sua decorrente de perfeição, enquanto pertencentes à própria estrutura e finalidade da ação. Deus passa a ser concebido como objeto da vontade.

O problema de justificação e de validade de regras e valores estaria assim equacionado através da construção de proposições não espaço-temporais, embora a este domínio se aplicando. Os valores e regras seriam espaço-temporais, mas o seu juízo estaria baseado em critérios de validade incondicionada ou, se se quiser, absoluta. Em decorrência, o mal só poderia ter uma acepção propriamente moral, não podendo a ele ser conferido nenhum ser. O mal, neste sentido, é moralmente elaborado enquanto forma derivada e privativa do ser e, quando aplicado às formas reais do mal no mundo, a sua chave de leitura estará previamente determinada. Não haverá lugar, por assim dizer, a um mal que surja na história, cuja natureza caia fora destes marcos de elaboração racional da liberdade, expondo dessa última uma outra significação, a existencial. Em consequência, a liberdade de escolha, enquanto opção entre o bem e o mal, em seu significado racional, já estaria tendencialmente orientada devido à sua fundamentação ontológica, estando despreparada a enfrentar problemas históricos de maldade que ultrapassem seus parâmetros conceituais de elaboração.

No caso do mal, contudo, a razão confronta-se com uma alteridade de outro tipo, a ela resistente. Conforme a *Aufklärung*, haveria uma alteridade reabsorvível no transcurso da história, na evolução da humanidade, à maneira que o mal, teologicamente, não teria natureza própria, sendo definido sempre em oposição ao bem dotado de ser próprio. O mal seria um momento de realização do Bem, algo necessário para que este último se efetive, uma etapa do seu próprio processo, afirmando-se como a culminação de um momento mais desenvolvido, alguns chegaram mesmo a dizer final, de uma humanidade enfim consciente de si mesma. O mal, sob a ótica religiosa e moral, foi incorporado, interiorizado na totalidade humana e, mais especificamente, na história, vindo a ser "apenas" um seu momento, por mais violento que tenha sido a sua forma de aparição. Acontece, todavia, que este outro da razão, este outro mesmo que longínquo da *Aufklärung*, comparece sob a forma do ser próprio – não da ausência de ser –, configurando-se como uma verdadeira alteridade, ser contra ser por assim dizer, alteridade essa empírica, produto mesmo da ação humana. Alteridade, aliás, tão "inovadora" por se colocar como voltada contra a própria condição humana da qual é originária, um produto do homem que se volta contra ele mesmo. Desta feita, a totalidade se confronta com um alteridade outra, estranha ao homem porém humana, nascida de sua interioridade histórica, mas a ela, de certa maneira, completamente estrangeira. O outro desta totalidade é seu, imanente, e não suprassensível e transcendente como o de Deus.

O problema da incorporação de Deus ao mundo e à história, conforme a qual o Absoluto se realizaria efetivamente, progressivamente, vindo à sua consciência de si, reside em que o "além", ao tornar-se um "aquém" terrestre, perde o seu caráter de transcendência e passa a ser completamente permeado pelos eventos do mundo, na medida em que, inversamente, permeia tudo. A providência divina passa a coincidir com uma concepção finalista da história, que estaria a realizar-se progressivamente, seja na visão propriamente idealista do Absoluto, seja na visão materialista da sociedade perfeita, que inauguraria a história definitiva e verdadeira da humanidade, em sua Redenção final.

Ou ainda, a razão triunfaria ao tornar-se, enfim, Senhora de si ao abarcar o ser em sua totalidade, ao vir a coincidir com ele em seu processo de mútua determinação, de modo que a diferença de linguagem entre uma concepção idealista e uma materialista seria somente uma vestimenta diversificada de uma mesma posição da questão em pauta.

Assim se realizando o Absoluto enquanto Razão, a posição do transcendente vem a ser à do imanente que se desdobra e se desenvolve na história em suas distintas dicções de si. Nada se torna inacessível à razão, de modo que os obstáculos que se coloquem historicamente, enquanto formas de violência e de maldade, são absorvidos enquanto etapas de um "Absoluto" que deles triunfa, pois nada lhe é impermeável ou impenetrável. Isto significa que obstáculos ou limites são postos para serem superados, *aufgehoben*. O ser, mesmo em sua nadificação criadora, ou precisamente por esta, vem a ser algo outro de si que conserva dentro dele mesmo o seu processo de dissolução e engendramento, realizando-se mais e melhor, inclusive na perspectiva moral, em suas vertentes religiosa e política. Obstáculos ou limites não são intransponíveis, são meramente postos para serem levantados, de modo que o mal só pode vir a significar o mal moral, colocado em uma posição carente de ser ou de existência, na medida mesma em que faz parte de um ser que assim se realiza. O mal em sua acepção existencial é situado fora desta articulação conceitual, pois se dentro estivesse colocaria problemas de outra ordem à unidade entre o ser e o pensar ou entre a razão e a história.

Note-se, a propósito, que a concepção rosenzweigniana de Deus formula a sua essência ou natureza própria no conceito de potência, ou melhor, de suma potência, recuperando, neste sentido, a formulação cartesiana. Há, no entanto, uma diferença fundamental. O Deus cartesiano é um Deus cuja liberdade é ilimitada, estando em seu poder, inclusive, alterar as leis da matemática, pois seus desígnios, por serem incompreensíveis, teriam sempre uma razão de ser que ultrapassaria os limites do finito intelecto humano. Em Rosenzweig, pelo contrário, Deus, em sua própria liberdade, age segundo limites, limites postos por ele mesmo, como os são os das regras morais, mas de qualquer maneira limites. Deus se daria seus próprios limites, assim como a razão prática em Kant põe os limites morais do agir racional, não podendo haver uma liberdade de escolha que vá além do racionalmente estabelecido, salvo, evidentemente, sob a forma da negação da lei moral, essencialmente universal em sua construção racional. A obra de Deus seria, assim, onipotente, mas não arbitrária, devendo se conformar aquilo que ele mesmo considera como sendo o melhor ou o bem.

Na formulação de Rosenzweig: "Deus, que é visível na Criação, pode tudo o que ele quer; mas ele pode apenas o que, segundo a sua essência, ele deve querer".[12] O ato de ser de Deus é o de sua vontade que quer segundo regras por ele mesmo estabelecidas, pois se assim não o fizesse a sua vontade seria contraditória em relação ao seu próprio ser, estabelecendo uma fissura irremediável em sua própria natureza. A potência própria do Ser de Deus quer o Bem enquanto alvo e estrutura mesma de sua própria ação, no caso, a da Criação do mundo que, em seu movimento próprio, impulsionado por si mesmo, já se desdobra na Revelação, culminando na Redenção. Note-se, ainda, a ousadia, por assim dizer, da formulação de Rosenzweig ao fazer uma leitura da Torá, em particular, o livro do Gênesis, tendo a pretensão de expor gramaticalmente o agir divino, através, portanto, da linguagem humana enquanto dada por Deus como base do trabalho da razão. Ou ainda, trata-se de uma espécie de descrição do ato gramatical e racional da Criação que seria, assim, desvelada, revelada em sua essência própria. Graças a esta sua leitura, o Deus *Absconditus*, o Deus oculto, torna-se um Deus revelado, um Deus que se manifesta na e através da linguagem

---

[12] Rosenzweig, op. cit., a: p. 125; f: p. 138.

e da razão. Apesar de fazer em sua obra uma crítica das doutrinas da Emanação, visando aqui ao misticismo, sua própria concepção tem com esta corrente de pensamento pelo menos uma afinidade, a de adentrar-se na interioridade de Deus, expondo o processo mesmo da Criação, com a diferença, evidente, de que os místicos o fazem por contemplação e iluminação, enquanto ele por apresentação gramático-racional. O resultado desta incursão na interioridade divina reside em que os místicos entendem a saída da interioridade divina para o processo criativo como autocontração do Absoluto, enquanto a doutrina de Rosenzweig é a da autolimitação.

História e história da filosofia e da teologia

Entenda-se que a concepção rosenzweigniana da história é a da historicidade dos conceitos, em suas progressivas elaborações lógicas na filosofia e na teologia, sem que isto signifique que os conceitos devam se enfrentar com os eventos do mundo que se situem ou possam se situar fora destas concepções ou destes respectivos jogos de linguagem. Sua insistência, tantas vezes reiterada, no conceito de "experiência vivida" diz respeito à experiência de que o homem, em sua mundanidade, se abra à experiência de Deus ou do Absoluto ou a ela se encaminhe. Trata-se de um conceito cujo modo mesmo de elaboração sinaliza para as condições da religiosidade, para a entrada nesta outra concepção da vida. Experiência significa passar da filosofia, da "história das relações entre ser e pensar", do seu processo lógico de unificação e diferenciação nas distintas filosofias que se expõem em sua sucessão temporal, à teologia em seus três momentos constitutivos, Criação, Revelação e Redenção. Isto conforme um desenvolvimento em que fases posteriores são postas enquanto resultados do que estava contido e "proposto" em sua etapa inicial, a da Criação que irá, então, se desdobrar nesses dois momentos posteriores.

Ainda segundo este desenvolvimento, concorrente e finalmente coincidente com o da filosofia, a teologia viria, então, a configurar este outro mundo a moldar a consciência humana em seu próprio processo. Contudo, no conceito de temporalidade introduzido há uma reversibilidade temporal da Criação, Revelação e Redenção, uma remetendo sempre à outra, condicionando-se e determinando-se mutuamente.

Não entra em linha de consideração a história humana segundo fatos e ações que poderiam contradizer ou não se adequar a estas concepções, como os da violência e da maldade, senão sob a forma secundária de momentos que deveriam ser integrados a este esquema conceitual. Ou ainda, fatos que não se encaixariam neste(s) jogo(s) de linguagem, que são os da filosofia e da teologia. Mais especificamente, é a própria linguagem, segundo Rosenzweig, que servirá de base para sua análise, desde a análise gramatical até as categorias filosóficas e teológicas, segundo os textos de história da filosofia e os bíblicos, tomados como fundamentos mesmos de sua elaboração conceitual. É aquilo que ele denominará de "linguagem pensante".[13] O pensamento já estaria configurado anteriormente a esta experiência histórica crucial sob a forma da "experiência vivida".

Em Rosenzweig não há o conceito de história universal, uma vez que essa é entendida como um movimento sempre para a frente, progressivo, incorporando suas etapas anteriores, enquanto a "história sagrada" parte da escolha de uma outra narrativa, a bíblica, cujos pressupostos ou "momentos" são a Criação, a Revelação e a Redenção, apresentando, por sua vez, uma experiência "temporal" de outro tipo, a do ir para trás e a do ir para frente, o de o ir para cima e o de cair para baixo, passado,

---

[13] "The New Thinking" (1925). In: Rosenzweig, Franz. *Philosophical and Theological Writings*. Traduzido e editado com notas e comentários de Paul W. Franks e Michael L. Morgan. Indianapolis/Cambridge: Hackett Publishing Company, Inc., 2000.

presente e futuro entrando em uma outra ordem de articulação entre si. O passado que para sempre permanece, remontando à Criação, o presente que o conserva e se conserva através da atualidade da Revelação, pela sua escrita vivida em sua atualidade, e a promessa eterna do futuro na Redenção dispõem uma outra forma de temporalidade, a que se assenta na linguagem pensante, própria da condição humana. Vale, segundo a narrativa escolhida, o conceito de *Heiligegeschichte*, "história sagrada". Isto significa que a própria noção de história em sua sucessão empírica de fatos, mais ou menos relevantes, mais ou menos significativos, só adquire importância se seus "eventos" forem integrados a uma história do Sagrado, ingressarem em uma outra temporalidade.[14]

Consequentemente, convém fazer a distinção entre a cronologia do tempo e o ano litúrgico, sendo este último caracterizado pelas festas religiosas, por momentos de louvor a Deus, que alçam a alma ao caminho e à contemplação do Absoluto. A cronologia do tempo é a da temporalidade mundana, enquanto o ano litúrgico expressa e faz os homens antecipadamente viverem a eternidade. Logo, a "história mundial", assim tornada "sagrada", é compreendida desde a perspectiva da eternidade, oferecida pela fé em suas concepções judaica e cristã através de preces, orações e liturgias, honrando e observando as comemorações e memórias religiosas, visto que são elas que conferem eternidade à temporalidade, inscrevendo essa última em uma outra ordem da vida humana, a do sobre-humano no acesso e na iluminação de Deus. Uma "história universal", por sua vez, estaria inscrita no mundo terreno, pagão, carecendo de sentido por situar-se sob a ótica do provisório, do efêmero, do meramente transitório. Ou ainda, a "história universal" estaria sob o domínio do Estado que, pela violência, procura controlar a

---

[14] Mosès, Stéphane. *Système et Révélation. La philosophie de Franz Rosenzweig*. Paris: Seuil, 1982, p. 154-80.

desordem humana, inevitável por ser uma forma da temporalidade, que, no entanto, poderia ganhar outra feição e caminho se as comunidades humanas se organizarem na perspectiva do Absoluto e da observância dos anos litúrgicos. O que faz o Estado é uma espécie imperfeita e capenga de substituição do divino, como se ele pudesse controlar a dissolução inevitável das coisas terrestres, instaurando uma espécie de tempo político com pretensões de eternidade.[15]

"Assim, todas as relações humanas, absolutamente todas, consanguinidade, fraternidade, tradições populares, casamento, todas estão fundadas na Criação; não há lá nada que, por suas raízes, não exista de toda eternidade, e que não esteja já prefigurado no reino animal, e, entretanto, todas recebem uma alma própria unicamente na Redenção, graças ao renascimento da alma na Revelação".[16] As instituições humanas, as da "pólis", as do "Estado", encontram seu marco fundacional na "Criação", de tal modo que não são engendradas na contingência mesma da história, em seus acasos, combates e violência próprios, mas são disposições postas por Deus para estruturar e organizar a vida dos homens segundo os seus propósitos. Logo, as instituições humanas já se encontram prefiguradas na tríade Criação, Revelação e Redenção, não havendo a possibilidade de eventos históricos propriamente ditos que poriam em questão essa concepção previamente admitida enquanto verdadeira. Sua reconstrução histórica, em capítulos dedicados ao mundo antigo, à Igreja de Pedro, ao mundo medieval, ao homem moderno, aos séculos paulinos e à vida moderna, é fortemente orientada por seu posicionamento teológico, de perspectiva judaico-cristã, de modo que os fatos históricos são propriamente absorvidos por tal esquema. É a inspiração teleológica da Redenção a aspirar os eventos históricos. A melodia divina do mundo não poderia ser

---

[15] Rosenzweig, op. cit., a: p. 365; f: p. 388-96.
[16] Ibid., a: p. 268; f: p. 284.

perturbada por mais que alguns ruídos possam eventualmente distraí-la. Ou seja, eventos tipo Auschwitz, com capacidade de implosão conceitual, não seriam enquadráveis dentro desta concepção.

O próprio conceito de reconhecimento vem a ser objeto de uma completa reformulação, vindo a significar, não no sentido hegeliano de uma luta à morte entre duas consciências de si, mas uma experiência de cunho propriamente religioso. "O reconhecimento universalmente compartilhado da bondade paterna de Deus é o fundamento sobre o qual se eleva toda prece comum".[17] Deus comparece sob o atributo da bondade a fundar uma comunidade religiosa organizada segundo a louvação e, desta maneira, prenunciando a comunidade humana em geral, para além das distinções entre diferentes religiões. Trata-se de um "reconhecimento universal", situado para além das particularidades religiosas, sob a égide de um Deus bondoso. Desaparece a morte sob a forma do enfrentamento e toma o seu lugar a comunidade humana em seu processo de louvação a Deus, de ação de graças, culminando na oração conjunta, sendo os Salmos uma de suas formas rituais.

Note-se que, teologicamente, a morte, evento percebido enquanto inexorável da temporalidade, ganha outra significação na medida em que passa a ser concebida sob a ótica da eternidade, mediante a vida individual voltada para a religião, para a observância dos mandamentos e da liturgia, para atos de amor a Deus e ao próximo. "Vivendo o ano sagrado, o homem antecipa a eternidade em seu tempo terrenal. Nesta experiência, a morte é vencida".[18] Portanto, a morte tem sua significação primeira na experiência individual, não tendo nenhuma conotação social ou política, sendo vencida pelas pessoas singularmente consi-

---

[17] Ibid., a: p. 260; f: p. 275.
[18] Rosenzweig, Franz. *His Life and Thought*. Apresentação de Nahum N. Glatzer. New York: Schocken Books, 1961, p. XXV.

deradas ao seguirem os preceitos religiosos, integrando-se a Deus. O homem, ao viver sagradamente o ano, traz o eterno ao temporal e ao efêmero, superando-os. Isto significa que a morte não é mais vista desde uma perspectiva meramente temporal, o que a ligaria somente ao nada e ao transitório, fazendo com que a condição humana não tenha nenhum sentido, mas passa a ser concebida sob a ótica do eterno.

As próprias categorias mediante as quais pensamos o mundo deveriam ser superadas, pois elas só se aplicam às condições da existência empírica, cessando de ter validade quando confrontadas a questões atinentes ao significado mesmo da condição humana. Confrontado a Deus e à eternidade, o pensamento estaria desguarnecido, desprovido de instrumentos, uma vez que permaneceria preso às categorias do conhecimento. Neste sentido, "o Senhor da vida e da morte está ele mesmo para além da vida e da morte",[19] uma vez que sua posição própria exige uma outra abordagem, a que se fará por intermédio das categorias da fé. Deus situa-se em um outro jogo de linguagem, Ele é o Senhor cuja posição está para além das categorias de vida e morte, categorias essas que a Ele não podem, portanto, ser aplicadas. A expressão tão conhecida, segundo a qual Deus estaria "morto"[20] seria nada mais, desde esta perspectiva, que um uso inadequado de categorias que, oriundas da temporalidade, cessam, porém, de ter pertinência quando confrontadas à eternidade.

Em consequência, o mal nem chega a colocar-se propriamente como um problema histórico e filosófico, visto que a própria noção de história em sua sucessão temporal foi substituída pela "história sagrada", ou melhor, pela linguagem da Criação, Revelação e Redenção, deixando de ter pertinência quando visto sob esta ótica. Pode ele colocar-se "historicamente" como quando surge enquanto obstáculo no caminho da Redenção,

---

[19] Rosenzweig, op. cit., a: p. 425; f: p. 450.
[20] Ibid., a: p. 234-5; f: p. 249.

ocasião em que Deus aparece como "escondido", não deixando transparecer suas luzes na Revelação, em que o homem comparece fechado em si mesmo, não tendo olhos nem ouvidos para o além e para o próximo e em que o mundo surge como encantado, fonte de distrações e prazeres, a tentação resistindo ao toque do além.[21] Ou seja, a alma viveria distraída e imersa na cotidianidade do mundo e a articulação deste com o homem e com Deus estaria compartimentada, como se as esferas do humano e do divino não se comunicassem entre si, tendo se tornado estanques, sem vasos comunicantes. Seria essa a forma, por assim dizer, mais extrema do mal, a da fixação no terreno e em sua fragmentação, criando obstáculos para a rearticulação e a fluidez da linguagem Criadora, Revelada e Redentora. Portanto, não pode o mal possuir uma significação teológica, salvo em sua essa acepção derivada religiosa e moral, visto que ele se incorporaria à eternidade sob a forma do pecado e da sua renúncia, da satisfação com os prazeres do corpo e do seu abandono, ou ainda, como desafio ao amor ao próximo. O mal não poderia, desde esta perspectiva, ter uma acepção existencial. Se entrasse no domínio da eternidade, desmoronariam as suas estruturas e o ódio tomaria o lugar do amor ao próximo, adentrando-se na interioridade de Deus.

Não há lugar para uma experiência como a do "Deus enforcado". Eis uma experiência "religiosa" que não se enquadra à da "experiência vivida" sob a égide do Deus bondoso, não se apresentando nenhuma abertura à contemplação, à prece do Único, mas, sim, o seu fechamento, portas e janelas tornando-se muros impenetráveis, dentro dos quais surge um "outro" tipo de experiência. Como louvar a Deus, como lhe render ações de graça? Dentro desses "novos" muros? Como operaria o reconhecimento comunitário de crentes frente a pessoas que não os reconhecem enquanto humanos, segundo esta "nova experiência"?

---

[21] Rosenzweig, op. cit., a: p. 435; f: p. 461.

Como entraria a inumanidade no interior de tal concepção? Qual seria, então, a posição do próximo, ao qual é dirigido o comando do amor, amor de uma alteridade qualquer que sob uma forma impessoal significa qualquer outro humano? Como Deus deveria propor tal tipo de imperativo, condição de um mundo humano por vir, adesão ao seu mundo no comportamento individual e temporal, condição mesma de acesso à eternidade, se este outro é o da maldade? Qual seria o significado deste ato de "doação" a quem procura eliminar sua mesma condição de possibilidade?

Em uma carta de 5 de fevereiro de 1917, ainda da frente dos Balcãs, confrontado ao tempo histórico, ao transcorrer do efêmero, Rosenzweig pergunta-se pelo significado do "hoje", daquele dia em meio a tantos outros dias, a indicar aparentemente só essa sucessão temporal ou a sinalizar para algo outro. A percepção deste "hoje" é crucial, expondo uma experiência vivida, pois dela depende a compreensão do mundo, seja da forma que for concebido, e, sobretudo, a posição existencial do homem nesta sua inserção terrena. Surgem aqui duas concepções, a que ele denomina de mera ponte entre o hoje e o amanhã, Cronos reinando, na linearidade do transcurso dos acontecimentos, ou a de que o "hoje" seria uma porta para uma compreensão do mundo e da condição humana, a que a encaminha para a eternidade. Muitas das contradições que emergem em nossas concepções e em nossa cotidianidade mesma são fruto de que não consigamos fazer a distinção entre o tempo do transitório e o do eterno, entre seguir a trilha dos fatos históricos e adentrar-se na interioridade sagrada do tempo e do mundo. Contudo, jamais se pode dizer de que dia se trata, de qual hoje é a questão, na medida em que nossas percepções são contingentes, dependentes de circunstâncias mutáveis, dentre as quais a nossa própria educação e formação cultural e religiosa. O mundo se expõe ou não, conforme a leitura que dele fizermos. "Todas nossas aparentes contradições brotam da equação entre o *hoje*, que é apenas uma ponte para o amanhã, e o *hoje,* que é um trampolim para a eternidade. Nenhum dia escreveu no seu fronte qual dos dois dias ele é. Jamais se pode dizer".[22]

Todavia, outra colocação do problema consiste em que Cronos possa também apresentar Tânatos, o deus da morte que tudo destrói, inclusive a si mesmo, por não ter limites em sua ânsia de tudo aniquilar. O dia pode ser em si mesmo um outro dia, o da exposição de uma alteridade maligna, voltada para impossibilitar, primeiro, a aparição da eternidade, para, depois, tomar inclusive o seu lugar. A temporalidade histórica, desde esta perspectiva, teria outras portas, dentre elas a que conduz aos portões dos campos de concentração e extermínio, assim como de outras experiências de maldade, como o *gulag,* e o extermínio dos cambojanos sob Pol Pot, entre outros. Sãos portas da história que interditam uma percepção da eternidade. E se a porta da eternidade, tal como Rosenzweig a concebe, fosse apenas uma porta entre outras portas, um dia entre outros dias, cada um apresentando a sua alteridade própria? Nos portões da maldade, onde os que lá entram não encontram nenhuma saída, *keine Ausgang,* vigorando a escuridão do terror, em que nenhum feixe de luz consegue se introduzir.

Há um museu dedicado ao Holocausto em Berlim, o *Museu Judaico,* cuja experiência sensorial consiste em, ao entrarmos em uma peça singular, a luz vai se esmaecendo até desaparecer completamente, produzindo o sentimento do apagamento total. Nas colinas bucólicas dos Balcãs, em uma frente de batalha de pouca operação militar, Rosenzweig pôde perceber o dia do eterno, inclusive com reminiscências infantis, vindo a escrever uma obra maior, enquanto, posteriormente, nos campos de concentração e extermínio, as portas do inferno se abriram para judeus, ciganos, Testemunhas de Jeová, socialistas e comu-

---

[22] Rosenzweig, *His Life,* op. cit., carta de 5 de fevereiro de 1917 a Gertrud Oppenheim, p. 47.

nistas, a maioria tendo sido devorada, poucos tendo sobrevivido. Portas essas que conduziram a um questionamento radical da condição humana, apagando, definitivamente para alguns, passageiramente para outros, a sua própria estruturação existencial religiosa. O trampolim foi outro, o da noite aterradora, onde nenhuma luz se fez presente.

Como ficaria, então, o imperativo religioso e moral de amor ao próximo, forma do amor de Deus ao homem, logo, também, do amor ao inimigo? Como pode ele ter lugar quando adentra pelo portão de Auschwitz? Escreve Rosenzweig que "o judeu ama o seu inimigo como o executor o julgamento divino, o qual, por aceitá-lo, se torna o seu próprio".[23] Estamos, de cheio, na ideia da teodiceia, incluindo qualquer forma de maldade, inclusive a mais extrema, impossibilitando por isto mesmo que o mal possa ser pensado sob a forma do ser ou da existência. Como amar o seu verdugo, como amar aquele que mata teus próprios filhos, crianças e jovens, sob o único argumento de que os que entraram por estes portões não devem ter descendência, sendo suprimidos para sempre? Ou ainda, "o amor com o qual o homem ama Deus torna-se a lei suprema de todo o amor com o qual ele ama o homem, inclusive o amor dos extremos – mas será que o amor reconhece extremos? – mesmo o amor que se tem do próprio inimigo".[24] Sob esta ótica, o amor não reconheceria extremos, na medida em que se trataria do amor universal do homem, de todo homem, sem nenhuma distinção, inclusive aquela da maldade que se volta contra Deus e a própria condição humana. Não haveria "resto" neste amor, inclusive aquele que se assenta no ódio a Deus e à humanidade. Os que cruzaram os portões do ódio, deveriam amar Hitler e Himmler?

Tal formulação do amor, por exemplo, retoma a doutrina hassídica. Segundo o Rabi Pinkhas de Koretz, amar o inimigo,

---

[23] Ibid., *Uma nota a um poema de Judah Ha-Levi*, p. 348.
[24] Ibid., p. 349.

leia-se a pessoa maldosa, torna-se não apenas uma máxima da ação, mas uma máxima sacramentada por Deus. "Quando vires alguém que te odeia e te faz mal, deves fortalecer-te e amá-lo mais que antes".[25] Só assim a desunião humana, produto das fissuras cósmicas, poderia ser trazida à união, de tal maneira que a fissura assim criada possa ser vedada. Na economia da Criação, não haveria lugar para uma fissura que pudesse pôr em questão o seu ordenamento divino, cabendo a um distanciamento todo o processo de reaproximação. Toda destruição é, em certo sentido, criadora por gestar algo novo. Tal concepção se traduz, inclusive, em que todos os maus da face da Terra deveriam ser, enquanto tais, amados, devendo os bons por eles orarem, sendo esse propriamente um mandamento estipulado por Deus. Se isto não for feito, o Messias não virá. Logo, o ato de amor ao mau, ao inimigo, ao maligno torna-se uma condição mesma do advento do Messias por mais paradoxal que essa formulação pareça, isto é, o maligno estaria a serviço de uma nova humanidade enfim reconciliada consigo mesma. Não há alteridade que não possa ser reabsorvida na interioridade do amor. Dizia o Rabi Pinkhas a seu discípulo preferido: "Meu Rafael sabe como amar grandes facínoras".[26]

O eclipse de Deus

Em 1953, Martin Buber publica o seu livro *Eclipse de Deus*.[27] Sua questão central consiste no Deus que se eclipsa, que se oculta, que não se faz presente em "Auschwitz". Contudo, essa questão não é explicitamente tratada neste livro e, em seu lugar, surge toda uma discussão sobre a "morte de Deus".

---

[25] Buber, Martin. *Histórias do Rabi*. São Paulo: Editora Perspectiva, 1967. *Rabi Pinkhas de Koretz e sua Escola*, Mais amor, p. 172-3.
[26] Ibid.
[27] Buber, Martin. *Eclipse de Dieu*. Paris, Nouvelle cité/Rencontres, 1987.

A démarche buberiana, nesta perspectiva, não se distinguiria da de Henri de Lubac ou Karl Barth, para quem, como vimos, Auschwitz não é um problema teológico-filosófico, mas um problema histórico e político, como o de tantos outros massacres da história humana. Não consideram eles a história, em quaisquer de seus acontecimentos, como um problema propriamente filosófico. A filosofia – e a teologia – se faria na sucessão de suas diferentes formulações e não em um confronto com o que é real.

A questão do "eclipse de Deus" seria resultado de que a relação "Eu" e "Tu" estaria, naquele momento, enfraquecida, não havendo um chamamento do homem a Deus, fazendo com que este, de alguma maneira, se retirasse. O "eclipse de Deus" se produziria por essa redução do espaço da fé, seja pela sua substituição pela razão, seja por um espírito de época mais voltado para a satisfação das necessidades naturais e materiais, em uma espécie de imersão nas "felicidades" e nos contentamentos da "finitude". O homem "esqueceria" a transcendência, o Único, o Eterno, contentando-se com a imediação material, fazendo com que o mundo a essa se reduzisse. O homem ao esquecer-se de Deus fez com que Deus se esquecesse do homem. Segundo Buber,[28] a religião funda-se na relação entre "Eu" e "Tu", onde se estabelece uma interlocução entre a criatura e o Criador, entre o homem e Deus, sob o primado da "relação". Trata-se de uma relação de diálogo, de parceria, de associação, onde um chamado encontra uma resposta, onde uma procura encontra o seu acolhimento. Isto faz com que a religião, ao situar-se neste espaço, que é o da fé, exija uma postura do homem, a de voltar-se para uma realidade de outra ordem, uma realidade que se situa em um outro nível de existência, perguntando-se por ela, indagando-se pelo seu ser, indo de encontro a essa nova forma de objetividade, saindo de sua subjetividade. Há a "vivência" de

---

[28] Ibid., p. 34-5.

uma relação de outro tipo, de testar essa relação, essa interlocução que assim se abre.

A filosofia, por sua vez, situa-se em outro espaço, o da relação de conhecimento, que tem como polos a relação sujeito/objeto. Conforme esta relação, Deus não poderia comparecer enquanto Tu, enquanto interlocutor, mas apenas como objeto a ser conhecido, mesmo que esse objeto seja de outra ordem. Em uma relação de conhecimento, colocar-se-á, portanto, a questão da validade, da verdade, desta relação de conhecimento, estando Deus aprisionado nas categorias humanas, finitas, do entendimento. Segundo as mais distintas formulações filosóficas, Deus poderia, inclusive, ser considerado um objeto não válido de conhecimento por não preencher as condições finitas e empíricas deste. Neste caso, o ateísmo seria uma resposta a uma relação de conhecimento não convalidada no que diz respeito a esse objeto específico, no caso, um não objeto propriamente dito. Todo objeto torna-se objeto de prova, de exercício estritamente racional. Buber refere-se, aliás, à experiência mística de Pascal, em 1654, quando este assinalara a diferença, de essência, entre o Deus de Abraão, de Isaac e de Jacó e o Deus dos filósofos, o Deus da razão, na verdade, uma ideia e não mais uma interlocução.[29] O Deus dos filósofos seria uma ideia que se insere no interior de um sistema filosófico, enquanto o Deus de Abraão, de Isaac e de Jacó seria o de uma vivência de amor, de uma relação de encontro e de chamamento, onde, por assim dizer, a ideia mesma se consome, sendo absorvida por outra forma de realidade, mais elevada e, essencialmente, de outro tipo. Deus, na acepção religiosa, não seria o Absoluto dos filósofos.

O eclipse da razão é um eclipse da relação *Eu e Tu*, palavra-fundamento (*Grundwort*), elaborada por Martin Buber em sua obra maior de 1923,[30] no período entreguerras. O seu ponto de

---

[29] Ibid., p. 51.
[30] Buber, Martin. *Ich und Du*. Heidelberg: Verlag Lambert Schneider, 1979.

partida consiste na formulação de dois atos de linguagem, o da relação *Eu e Tu* e o da relação *Eu e Isso*, enquanto chaves de leitura da relação do homem com o outro em suas várias acepções, desde a que permite a elevação do outro humano ao divino ou a que o prende ao mundo das coisas, dos objetos. Atente-se ao fato de que Buber acessa por suas palavras-fundamento o mundo em seu conjunto, que passa a ser lido sob duas perspectivas permitindo duas abordagens de uma mesma realidade, abordagens essas que passarão – ou deveriam passar – a orientar a ação humana. Ou seja, a realidade é una, as formas de orientação do homem no mundo se articulando a partir de uma compreensão humana-divina ou reificada no abandono do sentido.

A relação *Eu e Tu* é a que se estrutura segundo três tipos de alteridade, a natural, a humana e a divina, sendo nesta última que intervém diretamente o Tu eterno. Contudo, para este alcançar, deve o homem partir das coisas do mundo vistas sob a ótica de uma mensagem que é acolhida desde a visão de uma árvore, de uma flor ou de um animal até o outro da alteridade divina, passando por aquela que é propriamente inaugural, a do outro humano, cujo olhar só se perfaz na constituição desta relação propriamente dita. É na relação com o outro humano, na moralidade das ações, na solidariedade do trabalho e da ajuda, que se forma o vínculo comunitário de compreensão e amor ao próximo, segundo o qual vai se produzir o encontro do homem com Deus. É a relação do homem com o homem que torna possível a presença divina. Nada disto, todavia, pode ocorrer se o homem, por exemplo, se retirar do mundo, isolando-se em sua subjetividade, caso em que cairia, de uma ou outra forma, em uma forma de idolatria do Eu, consubstanciada no distanciamento social. Fundamental é, para ele, o vínculo comunitário, social e solidário.

Tradução brasileira de Newton Aquiles von Zuben. *Eu e Tu*. São Paulo: Cortez & Moraes, 1979.

A relação *Eu e Isso* é uma outra forma de constituição das relações humanas, ambas coexistindo simultaneamente, segundo as ações serem orientadas por seus distintos agentes. Sua base reside na relação do homem com as coisas tomadas enquanto objetos, seja objetos de conhecimento, como na ciência e na técnica que tratam das coisas do mundo objetalmente, seja nas coisas que são objetos de posse, dinheiro ou de dominação. Em todas elas é um tipo de ação que se constitui, própria da vida cotidiana, mas, por outro lado, fundada no egoísmo, na consideração do outro como mero objeto de meu desejo, por mais nobre que possa ser, embora os menos nobres sejam preponderantes. Seu traço comum consistiria no abandono ou no ocultamento da verdadeira humanidade, a que se formaria pela moralidade e pela religião, em cuja conjunção a alteridade humana poderia alçar-se ao divino. Isto é, teríamos, na visão de Buber, uma caracterização do homem moderno, preso ao temporal e ao efêmero, recusando – e não se relacionando à – a eternidade.

Há uma crença profunda no homem e no mundo, como se no lançar-se na realidade do outro, nesta espécie de entrega, se fariam as condições mesmas de uma resposta que constituiria uma relação propriamente humana, condição da relação divina. O Eu, em suas diferentes atitudes, se concretizaria nas várias acepções do Tu, experienciando, desta maneira, os entretenimentos da vida de uma forma egoísta, imerso que está nas coisas, no Isso. Lançar-se no mundo acarretaria a certeza de que o homem não ficaria privado de Deus (*gottlos*).[31] E o que aconteceria se este ato de doação, supondo que a reciprocidade da entrega não ocorresse, se o outro não apenas recusasse a oferta, mas aniquilasse o agente, o homem que doa ou se doa? E se o ato de amor tivesse como única resposta o ódio? Para Buber, o amor ao outro, o amor a Deus, e por conseguinte o ato de doação a qualquer realidade, teria como contrapartida o abraço

---

[31] Ibid., p. 113; trad. p. 109.

capaz de contornar todo o corpo do outro, metaforicamente, o abraço que contornaria todo o planeta, quando as mãos se tocam e entrelaçam, apesar de todos os horrores (*Grauen*) do mundo.[32] É como se todo o mundo do Isso, das coisas efêmeras, da vida moderna, fosse somente um aspecto de uma outra relação a se constituir em seu próprio interior; é como se todas as formas de maldade fossem relativas a um bem que logo se afirmaria diante de uma atitude de amor e doação ao outro; é como se o conjunto das formas de alteridade pudesse ser reabsorvido na alteridade do Tu; é como se cada Isso fosse uma forma de passagem possível ao Tu, dependendo de um Eu que se forma, se educa, na entrega. E se o Isso fosse de outra natureza, como a de um mal cuja essência se caracterizaria não apenas pela recusa – que seria uma forma de reconhecimento –, mas pela simples e pura eliminação do Eu, tendo como pressuposto outro tipo de "relação"? Como ficaria a certeza buberiana, segundo a qual "aquele que verdadeiramente vai ao encontro do mundo, vai ao encontro de Deus"[33]?

Um vez que Deus é Criador, e natureza e homem são criaturas, tudo o que no mundo ocorre veicula sentido, sem o qual o ser humano se encontraria perdido, abandonado a um mundo caótico e incompreensível. Em outro, o eterno encontrar-se-ia sempre presente, tudo dependendo do tipo de relação que assim se constituiria, propiciando ou não o encontro "homem/ Deus". Isto significa que "a relação com o ser humano é a própria imagem/semelhança (*Gleichniss*) da relação com Deus, na qual a verdadeira invocação participa da verdadeira resposta. Só que na resposta de Deus tudo, o Todo se revela enquanto linguagem".[34] Contudo, qual seria o caso se o outro se encontrasse fora da linguagem, nem entendendo o significado de tal

---

[32] Ibid., p. 113; trad. p. 109-10.
[33] Ibid., p. 113; trad. p.110.
[34] Ibid., p. 122; trad. p. 119.

alocução, de tal exortação, como se pertencesse a um "outro" mundo, não enquadrável na relação *Eu e Tu*, nem na relação *Eu e Isso*, como se a sua linguagem própria se situasse fora do espaço discursivo, veiculando unicamente a "mensagem" da violência e da maldade? Há formas de maldade que se enquadram nas formas de relação constituídas a partir da palavra-fundamento *Eu e Isso*, formas do mal enquanto relativas ao bem, condições ou etapas de encontro com a verdadeira alteridade da relação *Eu e Tu*, isto é, formas compreensíveis e englobáveis na "relação", na linguagem discursiva. Há, porém, formas de maldade, posicionadas em modos de violência, que não seguem tais parâmetros, situadas em outras formas do ser.

Em tal contexto, fica difícil, senão impossível, aceitar a formulação buberiana conforme a qual o homem em geral teria responsabilidade de tudo o que no mundo ocorre, como se tudo dependesse da atitude do Eu em sua forma comportamental em relação ao outro. Uma coisa é o Eu que se abre e se entrega ao Tu; uma outra o Eu que se entrega aos prazeres do Isso e a modos de manipulação das coisas do mundo; ainda uma outra é o comportamento "humano" que se situa fora destas duas formas de relação, que, elas sim, pressuporiam a responsabilidade tanto do Tu quanto do Isso. A terceira não vincularia nenhuma forma de responsabilidade, como se o Eu a ser aniquilado devesse, inocente, desprovido de formas de defesa, alheio ao que está lhe acontecendo, se responsabilizar por seu agressor, por seu verdugo. Isto faz com que Buber diga, a partir de sua compreensão da responsabilidade, que, para o homem religioso, ancorado na relação *Eu e Tu*, capaz de superar os impasses e paradoxos da condição humana, o homem "mau" (*der Böse*)[35]

---

[35] Ibid., p. 128; trad. p. 125. A propósito do julgamento de Eichmann, Buber sustentava que a maldade que lá apareceu não era nova, mas tão velha como a história humana. Cf. Friedman, Maurice. *Martin's Buber Life and Work. The Later Years, 1945-65*, p. 357.

é aquele por quem ele se sente responsável, na medida em que ele seria o mais carente de "amor". Neste sentido, pode-se dizer que responsabilidade humana seria um termo por demais genérico para qualificar formas de ação "humana" cujo fundamento da maldade é estrangeiro a esse mundo da "responsabilidade". Isto implicaria, inclusive, a facilidade de considerar, por exemplo, a maldade nazista como uma forma de maldade do Isso, própria do "mundo moderno", do "mundo da técnica". Seria a irresponsabilidade mesma do pensamento, do comprometimento daqueles que compartilharam ou acolheram esta forma da maldade. *Eu e Tu* e *Eu e Isso* seriam formas relacionais do humano elaboradas a partir de palavras-fundamento, que se mostrariam mudas, eclipsadas, diante de uma forma relacional/não relacional, situada fora destes atos de linguagem, inabordáveis a partir deles. Veiculariam outra posição, segundo a qual teria sido quebrada e não apenas fraturada a "relação", o mal (*Böse*) sendo contraposto ao "Eu" (*Ich*), fazendo desaparecer, anular, o "Tu" (*Du*).

Em um texto posterior, de 1928, "A fé do judaísmo", Buber colocará a questão do mal em termos propriamente religiosos, cuidando em ressaltar que as distinções morais como bem e mal são nomes postos às coisas, segundo consigamos ou não controlá-las, desde a perspectiva dialógica da relação *Eu e Tu*. Nesta acepção religiosa, o mal seria o nome dado à força[36] humana carente de controle, tal como uma paixão que age sem nenhuma orientação. O bem corresponderia, desta maneira, à forma controlada, aquela que decorre da decisão, conforme a qual direcionamos a nossa vida, direção essa que teria seu momento culminante no TU divino. Note-se que bem e mal são nomes dados a processos de escolha, sem nenhuma conotação moral sendo previamente atribuída

---

[36] "A fé do judaísmo". In: Guinsburg, J. *O judeu na modernidade*. São Paulo: Editora Perspectiva, 1970, p. 458-9.

a nenhuma matéria, por assim dizer, a ser escolhida. Paixões e desejos controlados seriam "bons"; paixões e desejos descontrolados "maus". Nada corpóreo, desejante ou prazeroso deveria ser tido por mau, pois este tipo de apelação é exclusivamente proveniente do processo de escolha, capaz de ditar um rumo, uma orientação às paixões e aos prazeres em geral. Não haveria tampouco espaço para uma disrupção que Buber virá posteriormente chamar de diabólica. Estaríamos diante da própria arquitetura do mundo, da qual o mal não faria parte, salvo sob a forma da escolha que orienta o objeto de desejo escolhido. Por via de consequência, o mal não teria nenhuma significação ontológica.

Com a ascensão de Hitler ao Poder, sua vida individual e familiar foi submetida às mais duras provações, cujo desenlace foi sua emigração para a então Palestina, para se tornar professor da Universidade Hebraica, deixando, aos 60 anos, sem o domínio do hebraico falado, toda a sua vida anterior, que tinha sido essencialmente alemã e judaica. Já em 1933, em sua pequena cidade de Heppenheim, a milícia SA, os camisas pardas, pararam, em uma manifestação, ameaçadoramente diante de sua casa. Suas netas, que com eles viviam, em virtude de uma decisão judicial, decorrente da separação de seu filho, passaram a ser discriminadas por colegas até então suas amigas e por suas professoras, que nem mais pronunciavam os seus nomes. Posteriormente, perdeu seu emprego de professor universitário em consequência das leis raciais. Seus poucos interlocutores não judeus restantes não mais viviam na Alemanha, o que mostra bem o estreitamento de suas relações pessoais, intelectuais e de compartilhamento de experiências vividas. Quando de sua partida, nem pôde contar com seus bens, pouco tendo podido levar. Por determinação dos nazistas, teve de deixar sua casa intacta, apesar de ter sido saqueada por eles mesmos, meses depois, na "Noite dos Cristais".

Em uma carta[37] a Mahatma Gandhi, em 24 de fevereiro de 1939, Martin Buber defronta-se com dois problemas históricos e políticos, relativos às perseguições dos judeus na Alemanha nazista e à nova posição dos judeus na Palestina, suas relações com os nativos árabes, quando já era atual o projeto de criação do Estado de Israel. Faz ele juízos morais e políticos em relação ao líder indiano, desde a perspectiva das palavras--fundamento *Eu e Tu* e *Eu e Isso*, embora não se refira explicitamente a essas categorias. Ou ainda, trata-se de entender a carta, que é uma interlocução entre dois seres, referindo-se a outros, sob a ótica da relação *Eu e Tu*. A *relação* é filosoficamente um princípio, de validade universal, que deveria ser aplicada a circunstâncias particulares, onde se torna possível verificar a sua pertinência ou não. Neste sentido, vemos nela surgir várias camadas semânticas de alteridade.

O contexto da carta é particularmente interessante, uma vez que Buber escreve de Jerusalém, para onde havia se mudado para fugir das perseguições nazistas, a convite da Universidade Hebraica. Note-se que o Estado de Israel só será criado em 1948, graças a uma decisão da ONU e à autodefesa dos judeus que conseguiram resistir aos ataques das nações e das populações árabes, em uma luta de vida e morte. O lema do Mufti de Jerusalém, aliado dos nazistas, era lançar os judeus ao mar. Há nela várias alusões à "Noite dos Cristais", de 1938, embora não faça referência explícita a ela. Menciona as perseguições, os assassinatos, os roubos, a destruição de sinagogas e rolos da Torá, o saque dos bens, atingindo milhares de pessoas. Era a exibição da violência, contra a qual nenhuma resistência fora possível, nem passiva nem ativa, para utilizar o vocabulário de Gandhi. Ora, o líder indiano fizera em outra missiva e em suas declarações públicas uma analogia com a situação dos indianos na Áfri-

---

[37] Jewish Virtual Library. Cf. também Hertzberg, Arthur. *The Zionist Idea*. Philadelphia: The Jewish Publication Society, 1997, p. 450-65.

ca do Sul. No caso em questão, alguns indianos foram objetos de pedradas por europeus, sem nenhuma gravidade, uma loja de vilarejo foi incendida sem maiores danos e três professores foram presos na rua e logo soltos. A inadequação da analogia é gritante. Ademais, Buber pergunta a Gandhi se ele sabia o que era um campo de concentração, caracterizado pela violência, pela tortura, por doenças e por assassinatos regulares.

Gandhi é interpelado como um Tu, como alguém capaz de assumir esta posição. Isto pressupõe, também, que o interlocutor em questão seja alguém de boa-fé, o que é pressuposto e reconhecido no começo mesmo da carta, de modo que se possa melhor entender as referências históricas empregadas, com o intuito de que esse interlocutor venha a ser convencido a partir das circunstâncias que lhe são apresentadas. Trata-se de fazer com que surja uma verdadeira relação. Há pressupostos comuns entre os dois interlocutores, pois ambos são oriundos de comunidades que viveram o sofrimento, compartilhando os valores do pacifismo. No entanto, defronta-se com alguém que, sob boas palavras, sempre procurando se dizer simpático aos judeus, tendo amigos entre eles, não faz nenhum movimento rumo ao diálogo. Primeiro, diz-se prontamente pró-árabe, não reconhecendo aos judeus nenhum direito a um pedaço de terra na Palestina, como se não tivessem nenhuma relação histórica com Jerusalém e os seus lugares sagrados. É claramente antissionista. Segundo, pregava que os judeus deveriam ficar na Alemanha, exercendo uma resistência pacífica, a *Satyagraha*, a força da alma, o testemunho, como se isto fosse possível. Na verdade, destinando-os à morte. Terceiro, faz alusões à culpa dos judeus pela morte do Cristo, retomando preconceitos antissemitas cristãos. Quarto, exime-se de recomendar aos árabes a não violência em relação aos judeus. Na verdade, Buber sabe ser Gandhi um adversário, apesar de nele ver um Tu potencial. Procura nele despertar valores comuns mediante argumentos, procura trazê-lo para uma relação baseada na reciprocidade, na compreensão e no reconhecimento. Contudo, seu empreendimento foi malsucedido, seu interlocutor tendo se recusado a entrar nesta relação. Sua carta não foi jamais respondida. O líder indiano, uma vez indagado a respeito, limitou-se a fazer referência a um cartão-postal segundo o qual a tinha lido. Nada mais.

Terceiros outros são mencionados na carta, os nazistas e os árabes, constituindo-se o cenário destas alteridades que separam os dois interlocutores. Buber, pacifista, reconhece que o pacifismo não é um princípio universal, incondicionado, pois sua aplicabilidade depende das circunstâncias. Uma pessoa violentamente atacada tem o direito de autodefesa, do uso da força, único recurso disponível. O pacifismo depende do outro que esteja em questão. Buber menciona que não é o mesmo lutar pacificamente contra os ingleses que, mesmo na dominação colonial, aderiam aos seus valores democráticos, liberais, conseguindo, graças a eles, estabelecer uma interlocução com os seus adversários. Ou seja, não é a mesma coisa lutar contra os ingleses na Índia e contra os nazistas na Alemanha. São dois "outros" de natureza distinta, o exercício da não violência – o que foi aliás feito – por parte dos judeus não tendo produzido nenhum efeito, nenhuma influência. Não há propriamente nenhuma *relação*, algo constatado pelo próprio Buber nos anos que antecederam a sua partida, não havendo como resistir a um "rolo compressor universal e diabólico". Note-se que este tipo de mal já é caracterizado como o de uma alteridade de outra espécie, não integrável ao mundo usual do mal oriundo do *Isso*, das maldades próprias do egoísmo moderno, do abandono de Deus. Trata-se de uma forma de reconhecimento de um outro não relacional, consistente na aniquilação tanto do Tu quanto do Isso.

A alteridade árabe, por sua vez, é compreendida desde a perspectiva de um Tu potencial, de um inimigo que pode se tornar amigo, um adversário que, dependendo das circunstâncias, pode vir a se integrar à *relação*. Neste sentido, Buber advogava à época por um Estado binacional, algo rechaçado pelos árabes em geral e por certos grupos judeus. Exortava Gandhi a exercer a sua influência junto aos seus amigos árabes para que uma solução deste tipo fosse encontrada, enquanto do seu lado ele conduziria a mesma luta. Defendia, portanto, o diálogo entre judeus e palestinos no compartilhamento da terra, em decisões conjuntas e no respeito das diferenças culturais e religiosas. E isto em uma realidade que já o contrariava, sendo comum o assassinato de judeus por grupos árabes, quando nem mulheres e crianças eram poupadas. Aqui, o silêncio de Gandhi foi total. Apesar disto, propugnava pelo Tu, para que ambas as partes entrassem em uma relação de verdadeira alteridade e reconhecimento, deixando reciprocamente de se tratarem enquanto "objetos", pertencentes ao mundo do *Isso*. Ressaltava ele que no transcurso da história, nesta e em outras partes do planeta, as populações que lá foram se estabelecendo sempre o fizeram por atos de conquista e violência, o último na sucessão se apresentando como portador de direitos, que, por sua vez, tinha usurpado o direito dos vencidos. Eis a história dos Estados e das fronteiras. Para ele, a mútua compreensão deveria orientar a relação a ser estabelecida, pois demandas conflitivas podem representar direitos legítimos de ambas partes, exigindo um reconhecimento recíproco, baseado na paz, na convivência e na solidariedade.

Como, então, colocar esta questão à luz ou à escuridão das vítimas de Auschwitz? Será que se poderia dizer que elas foram, de certa maneira, culpadas pelo seu destino, na medida em que teriam abandonado o espaço da crença, o espaço da relação "Eu" e "Tu", imersas que estavam no espaço da razão ou da materialidade do mundo? Seria o "eclipse de Deus" produzido pelos judeus, "responsáveis" de alguma maneira pela aterradora morte engendrada nos campos de extermínio? Talvez se pudesse dizer que os judeus alemães, produtos da *Aufklärung*, se encontravam nesta situação. O mesmo valeria para os judeus ricos, que viviam assimilados fora dos guetos. Contudo, isto não valeria para os judeus russos, poloneses, húngaros, lituanos, ucranianos, bielorussos, que moravam nos *shettels*, comunidades judaicas tradicionais, extremamente pobres, que viviam segundo as crenças e tradições de seus ancestrais. Observavam os preceitos religiosos, clamavam por Deus sempre e O louvavam continuamente. Eis o viveiro mesmo do hassidismo, essa forma de experiência mística e emotiva de Deus em sua inter-relação com o homem. Como Deus podia ainda ser louvado, tendo se eclipsado de forma tão flagrante, deixando os seus ao mais completo abandono?

Em *Histórias do Rabi*, onde Martin Buber apresenta as histórias e lendas hassídicas, chama particular atenção como ali, nestas comunidades religiosas, dispersas em várias regiões do Leste Europeu, do século XVIII à segunda metade do século XIX, estabeleceu-se uma vida que se caracterizava pelo compartilhamento de uma mesma linguagem, entendida enquanto língua, vida, cerimônias, rituais, voltada inteiramente para dentro de si. O seu olhar não estava dirigido para o seu entorno, como vimos, mas para Jeová. Vida essa fundada em uma temporalidade própria, a do sagrado, liderada pelos *tzadikis* (os justos), rabinos/líderes religiosos que se destacavam pela sabedoria e pelo reconhecimento de seus *hassidins*, seus discípulos, irmanados em uma experiência dedicada a Deus. É como se vivessem em um mundo à parte do mundo, com pontos de referência próprios, que não eram abalados por nenhuma influência exterior, própria de um mundo a eles alheio. Seguiam a sua própria "história", da comunidade e de suas narrativas. O mal do mundo não lhes afetava, terminando ele por curvar-se diante do bem que assim triunfaria,[38] suas lendas abundando em exemplos deste tipo, quando a imaginação se arrisca nos limites do além. Tudo se resumiria, para eles, em um fortalecimento da fé, diante do qual o mal se distanciaria.

---

[38] *Baal Schem Tov*, Schaul e Ivan, p. 91; A batalha contra Amalec, p. 104.

Em seguidores da Cabala, o mal é compreendido enquanto princípio inerente a Deus na medida em que esse tornou-o possível para que o homem em sua liberdade de escolha tenha força suficiente para vencê-lo. O mal assim como o bem têm essências opostas, do mesmo tipo que as trevas e a luz, mas de tal forma que essa última, inclusive nas piores circunstâncias, não cessa de penetrar as primeiras. Por mais intensa que seja a escuridão, ela possui em si a potência mesma da iluminação. A mística judaica, de um lado, atribui ao mal um princípio próprio, sendo, na verdade, um nome dado à desordem e ao pecado que são constitutivos do mundo, em sua acepção cósmica, natural e histórica desde a Criação; de outro lado, ele se subordina ao bem, da mesma maneira que a desordem é uma perturbação da ordem e a escuridão o apagamento da luz. Quem é, então, o inimigo de Deus? Aquele que prega o mal, o que emprega a violência, o que comete crimes. Logo, a luta contra os inimigos de Deus é a luta contra a violência que faz crescer o mal na consciência dos homens.[39]

Conforme a formulação cabalística[40] retomada por Buber, Deus ou o Infinito se contrai em si mesmo, se finitiza, dando origem ao mundo, porém de tal modo que o todo de sua constituição em desenvolvimento se faz segundo avanços e perturbações, sintonias e dissintonias, ordem e desordem, virtudes e vícios, bem e mal, afirmações e transgressões das leis e dos valores morais. A volta a Deus, empreendida pelos que a Ele se devotam e dedicam, significa a superação do mal graças a um esforço subjetivo de cada um e das comunidades nas quais todas as pessoas estão inseridas e inscritas, fazendo com a desordem e o mal sejam superados através da obra humana. Seríamos hoje tentados, na tradição racionalista, a dizer que se trata apenas

---

[39] Buber, Martin. *Gog et Magog. Chronique de l'époque napoléonienne*. Paris: Gallimard/Folio, 2015, p. 376.
[40] Ibid., p. 79-85.

de uma concepção mística, mas essa daria como resposta que, diante do enigma mesmo da condição humana, seu respaldo é teoricamente oferecido pelo mistério mesmo da existência, cujo fundamento reside na doutrina do "Deus oculto".

Tempos de grandes provações são os de eclipse[41] de Deus quando desaparece, se oculta, para logo aparecer, dependendo para que isto ocorra que os humanos façam todo um esforço de superação do mal. O eclipse de Deus é um corolário mesmo da concepção do Deus oculto, cuja aparição e desaparecimento não deixam de estar envoltos no mistério. Trata-se, por assim dizer, de um limite mesmo da razão, algo diante do qual ela deveria se inclinar. Se ousar além desta limitação sua, ela poderia dizer que Deus não existe, quando, na verdade, estaríamos somente diante de um ocultamento que, indevidamente compreendido, poderia ensejar a conclusão da inexistência divina. Analogicamente, do ocultamento momentâneo do sol em um eclipse, não se seguiria a afirmação de sua não existência. Um fenômeno cósmico, submetido às leis da física, é assim transposto para a história, considerada na perspectiva da provação humana compreendida segundo a doutrina da Salvação. O eclipse natural torna-se um eclipse histórico, como se as leis que regem um e outro fossem de mesma natureza, alicerçadas no conceito de lei divina. É o mistério acessível? Sim, para aqueles que lograram se alçar aos meandros e mediações da Criação segundo a Cabala, com a seguinte ressalva: aqueles que o conhecem não podem revelá-lo, enquanto os que pretendem revelá-lo, na verdade não o conhecem, seriam impostores. Em todo caso, o conhecimento do mistério seria incomunicável racionalmente, salvo indiretamente na concepção mística através de estórias, parábolas e metáforas, alusivamente.

Na linguagem buberiana, neles se estabelece uma relação de Eu e Tu, dos *tzadiks* e dos *hassidins*, permeando toda a congre-

---

[41] Ibid., p. 181.

gação, relação essa cujos parâmetros são os valores e princípios sagrados por eles todos compartilhados. Acontece que não há uma relação estática para sempre assegurada, mas uma relação que necessita ser vivida e atualizada no dia a dia da experiência comunitária, religiosa, de modo que esta elevação possa se dar cotidianamente por mais difícil que seja. Histórias, parábolas e lendas são o seu próprio material, via de acesso ao divino, pois o que aqui conta não é somente o conhecimento dos textos sagrados, que pode tornar-se algo meramente formal, carente de sentido, mas a experiência do sagrado, dada pelos exemplos individuais de vida, dos homens justos e piedosos. Experiências essas que não se faziam apenas pela leitura, mas pela sensibilidade e emoções, sendo a dança uma de suas expressões. São estes exemplos de vida que se tornam lendas que são assim narradas, de geração em geração, principalmente por via oral, o que significa que, para que a oralidade se mantenha, é necessária uma vida comunitária que a sustente. O passado não desaparece, mas se presentifica em sua própria narrativa. A função destas lendas consistia em abrir os olhos daqueles que a esta luz não têm acesso, por serem cegos a ela, como se os muros, do mundo do Isso diria Buber, impedissem o seu olhar.[42] O sagrado entra no cotidiano e esse naquele, constituindo um único mundo.

Confrontado a Auschwitz, resta a Buber a sem resposta; contudo ele elabora a pergunta: "Podemos ainda ouvir sua palavra? Podemos ainda, como um indivíduo ou como um povo, entrar de alguma maneira em uma relação dialógica com Ele? Ousaríamos recomendar aos sobreviventes de Auschwitz, o Jó das câmaras de gás: 'Agradeçam ao Senhor, porque ele é bom, porque a sua misericórdia permanece para sempre?'".[43] Acontece que lá foram poucos os sobreviventes, e muitos os que pe-

---

[42] Op. cit., "Benção e obstáculo", p. 89-90.
[43] Buber, Martin. "The Dialogue Between Heaven and Earth". In: *On Judaism*. New York: Schocken e Books, 1965, p. 471.

receram sem, por nada, terem merecido aquela aniquilação pela barbárie, pela ação maldosa. Como poderia Deus dirigir-se aos mortos e aos sobreviventes, pior ainda, recorrendo a ambos via recurso a uma figura bíblica? Poderiam como o Jó bíblico recuperar os seus bens e terem novos filhos? Teriam passado ao teste divino ou apenas lhes teria sobrado uma crueldade sem finalidade alguma? Seria o sentido do Deus ou o sem sentido de um mundo dominado pelo mal? Uma coisa é uma narrativa bíblica, que é utilizada enquanto instrumento ou figura de interpretação, uma chave de leitura para acontecimentos humanos, inclusive os mais extremos. Permanece-se, porém, no terreno da narrativa. Outra muito diferente é o "Jó das câmaras de gás"! A desproporcionalidade entre o "teste divino", em um conjunto de penalidade, desgraça e recompensa e o dos campos de extermínio, aniquilando milhões sem teste nem recompensa, somente castigos e penalidades dos mais maldosos imagináveis, é flagrante.

Diante de tal situação, em que conceitos e figuras falham, Buber se vê compelido a recorrer ao eclipse de Deus, como teria ocorrido em outros momentos da história judaica, mas a analogia é também inadequada, pois o ocultamento de Deus em um período, com um propósito determinado, não é o mesmo em outro período, em outras circunstâncias. Haveriam fatos cuja natureza talvez não permitam o eclipse divino; a face de Deus far-se-ia mais necessária do que nunca, sob pena do ocultamento significar desaparecimento. Tampouco resta-lhe a possibilidade de recorrer à distinção entre *Eu e Tu*, pois em Auschwitz não há nenhuma relação dialógica possível, desconstruindo, por assim dizer, o princípio mesmo de sua filosofia. Sobra-lhe apenas a perplexidade, porém uma perplexidade amarga, visto que se vê obrigado a reconhecer em Deus, em sua interioridade portanto, tanto a sua "misericórdia", quanto a sua "crueldade".[44]

---

[44] Ibid., p. 471-2.

Seria tal qualificação adequada à natureza mesma de Deus? Poderíamos dizer que a crueldade/Auschwitz seria atributo seu?

Buber vivenciou o apagamento do outro em vários níveis. Um outro que foi se retirando de cena, fazendo surgir uma alteridade outra, a da maldade, que não apenas se voltou contra a relação *Eu e Tu*, mas também a *Eu e Isto*. O abismo relacional se constitui como a nova "presença". Aparece o que ele denominou em sua troca de cartas com um interlocutor seu, Rengstorf, um "outro sem face", compreendido por ele como o "apagamento da humanidade do outro".[45] O outro (in)humano, o que perdeu os traços do que considerávamos como a humanidade em seu sentido mais elevado, é esta alteridade que não se situa nos marcos do pensamento buberiano, mostrando-se como uma outra "relação" possível, a do medo, da violência, do terror e do extermínio, condição essa que seria, para ele, propriamente não relacional. O sentido mesmo da presença foi completamente pervertido, expondo uma outra face, a da destruição do humano, a das portas do inferno.

Contudo, talvez o mais significativo no que diz respeito ao apagamento da alteridade tal como ele a concebia foi o destino de sua tradução da Torá, iniciada em parceria com Rosenzweig e concluída por ele depois da Guerra já no Estado de Israel. Em uma homenagem a ele, em sua casa de Jerusalém, em 1961, vieram seus amigos comemorar este evento. Dentre eles, encontrava-se Gershom Scholem, que caracterizou esta tradução como uma espécie de presente do hóspede (*Gastgeschenk*) ao seu hospedeiro, uma retribuição por assim dizer da cultura judaica à cultura alemã a partir da e mediante a simbiose que tinham produzido. Presente dos judeus alemães ao povo alemão, em símbolo de gratidão e de reconhecimento. Acontece que esta relação tinha pés de barro, não tendo nenhum enraizamento no

---

[45] Mendes-Flohr, Paul. *Martin Buber. A Life of Faith and Dissent*. New Haven e Londres, Yale University Press, 2019, p. 272.

povo alemão propriamente dito, esse que, aliás, nem se identificava à mais alta cultura de seu país. A questão colocada, embora possa ser dita impertinente considerando esta comemoração, é da maior relevância filosófica: "Para quem é esta tradução agora (justamente quinze anos após o Holocausto) dirigida e a quem vai ela influenciar? Vista historicamente, ela não é mais um presente de hóspede dos judeus aos alemães, mas, mais bem – e não me é fácil dizer isto –, ela é a lápide de uma relação que foi aniquilada em um horror indizível".[46] Lápide essa escrita pelos próprios destinatários do presente, os "hospedeiros" que demonstraram ter um ódio desmedido dos "hóspedes".

Por último, cabe a questão: como rotular Buber? Filósofo como dizemos de Kant ou Hegel? Místico no sentido da Isaac Luria ou Mestre Eckardt? Professor de filosofia ou antropologia? Seus textos são escritos na confluência de vários idiomas, resultado de suas vicissitudes pessoais, mas também de sua formação. Formado no alemão e no hebraico, escreveu e proferiu palestras em vários idiomas. Frequentemente, também, constatamos falhas lógicas em seus raciocínios, em uma espécie de *non sequitur*, como quando um argumento de outro tipo é inserido naquele sobre o qual ele está se debruçando. A questão reside "neste outro tipo" ou em sua aparente "ilogicidade", expressa em parábolas e narrativas que podem racionalmente afastar o leitor, quando procura ele aproximá-lo com outra espécie de narrativa. Seria tentado a dizer que Buber é lógico à sua maneira, se entendermos por isto que ele se situa no cruzamento da filosofia ocidental e do misticismo judaico, indo de um a outro em um mesmo texto, sem que faça, porém, a respeito nenhuma menção. Mais concretamente ainda, o misticismo judaico não é ato isolado de um pensador, de um sábio, mas de toda uma comunidade de crentes e discípulos que nele se expressa e se faz presente, em uma comunhão de sentimentos e emoções, nem

---

[46] Ibid., p. 305.

sempre acessíveis a uma linguagem racional. Buber é um pensador hassídico em um mundo que destruiu as comunidades hassídicas tais como existiam na Europa do Leste e na Polônia em particular, onde teve sua vivência própria. Buber pensa conforme o hassidismo sem a sua sustentação comunitária. Ou seja, ele é um *tzadik* no meio de um mundo universitário, sendo a expressão de dois mundos que não se comunicam, senão por sua própria pessoa.

Mal e existência

Quem é este outro de Deus capaz de anulá-lo? Que ser é este cuja natureza pode pôr em questão a mensagem divina e as religiões criadas para louvá-Lo? Qual é a sua essência cujo traço principal seria seu alto grau de potência?

Deus, nesta perspectiva, teria criado uma alteridade sua capaz, inclusive, de equipará-lo, em todo caso capaz de retirá-lo do mundo para, na verdade, operar livremente. E livremente significa arbitrariamente, sem limitações, sem nenhum tipo de coerção moral. Sua ação não consiste simplesmente numa transgressão moral, em um pecado, mas em algo de novo tipo, suscetível de abalar os fundamentos mesmos da relação de Deus com suas criaturas e, em especial, com uma delas, o homem tomado simplesmente enquanto bípede falante, potencialmente desprovido de humanidade. Dentre as criaturas criadas por Deus, mundo natural, mundo histórico, uma se destaca pelo tipo de liberdade que veio a usufruir, voltada para o mal. Sua ação não seria meramente imoral, transgressional em relação aos seus mandamentos, mas maligna, consistente em pôr em questão a própria humanidade do homem, a que se caracteriza por valores morais e religiosos.

A ação maligna, a do mal em sua acepção existencial, visa ao fundamento mesmo da relação de Deus com suas criaturas e, em especial, com uma delas, a do povo judeu por ter sido ele que teria recebido a Verdade revelada sob a forma dos Dez Mandamentos e da Torá. A ação má em seu sentido corrente não abala os alicerces da relação de Deus com as criaturas ao operar no interior mesmo da relação e não fora dela. A ação má em sua acepção de imoralidade termina, inclusive, por revigorar esta relação, trazendo, novamente, o transgressor para a livre obediência. A ação maligna, porém, opera fora da relação, procurando subvertê-la e colocando algo em seu lugar, seu objetivo consistindo em trazer de volta o caos, a violência originária, onde não impera nenhum tipo de ordenamento. Não se trata da transgressão da regra, mas de sua supressão. A maldade em sua acepção existencial procura anular o tempo histórico da Criação, em todo o caso, o tempo do aperfeiçoamento moral e religioso da humanidade, como se o mundo tal como o conhecemos devesse voltar à desordem primeira, só que, agora, sendo uma desordem criada, produzida por um tipo especial de ação maligna, que procura dotar-se de poderes como se divina fosse. A criatura procuraria, sob esta forma determinada, legislar sobre o Criador, confrontando aquilo que uma longa tradição teológica e religiosa caracterizara como a onipotência. Os filósofos e teólogos teriam se equivocado. A onipotência não faria parte da natureza divina, não constituindo um dos seus atributos essenciais, pois ao criar o mundo Deus renunciou ao seu exercício ao engendrar um outro seu capaz de limitá-lo. E a criatura se volta definitivamente contra o Criador.

Os judeus como alvo e o desprezo pelas religiões cristãs bem mostram que a ação nazista visava à supressão da Bíblia em seu conjunto, começando pela judaica, destruindo a possibilidade de exercício da palavra, da formulação de mandamentos, de sua obediência, da louvação a Deus, da reza e, na verdade, da própria liberdade de escolha. A ação maligna, forma de uma liberdade voltada para escolha do mal existencial, solapa os fundamentos mesmos de toda ação livre. A liberdade em sua forma ilimitada visa à supressão da própria capacidade de escolha, ou seja, o que está em questão é a supressão do homem enquanto ser moral e racional. A própria noção de razão perde sua validade, sendo, então, substituída pela lógica da violência e da abolição de qualquer forma de diálogo e de comunicação. Ou ainda, o mundo sem o Deus judaico-cristão seria um mundo sem homem, o mundo da violência desenfreada, embora bípedes falantes possam continuar existindo, seja sob a forma de mortos-vivos, robôs ou escravos. A existência humana, propriamente dita, desapareceria sob esta espécie de maldade ontológica.

Um mundo sem Deus nem moralidade seria um mundo sem regramento, abandonado ao mal existencial, cujo princípio passaria a ser o do Führer e não o da Criação divina. A alteridade parceira de Deus teria sido substituída por outro tipo de alteridade, a qual recusa todo e qualquer tipo de parceria. O bípede falante orientado pelas máximas e ações malignas deveria, neste sentido, tomar o lugar do homem racional e moral, na medida em que noções de racionalidade e de moralidade perderiam o seu significado. Seria o mundo da existência humana sem sentido, o que foi capturado pela ação maligna. A ideia de um parceiro aniquilador de Deus e dos que o seguem estabelece um tipo de relação completamente estranho, algo com o que não estamos acostumados a pensar, transcendendo, inclusive, nossas categorias. Ou seja, estaríamos diante de uma alteridade de Deus, que é a do mal existencial, situado para além do mal moral, sobre o qual o Criador guarda controle, situado no interior da sua parceria com o homem.

O problema consiste em que este ser outro de Deus não deixa de ser dele, isto é, o mal existencial é, de certa maneira, produto divino, por mais paradoxal que possa parecer essa formulação. Surge, então, a ideia de que Deus necessitar o homem tem não apenas a significação de ser esse o portador e a realização possível de sua mensagem, mas também na acepção de que necessita que o homem não transborde os limites do mal moral, enveredando para o mal existencial. Deus necessita do homem, inclusive para continuar a ser Deus, para que os seus não o abandonem. Deus necessita do homem para que esse diga livremente não a essa sua outra alteridade, a da maldade em sua acepção ontológica. Se essa necessidade não for preenchida, não for efetuada, ocorreria o rompimento da relação com Deus, a parceria seria abandonada, e, com ela, a possibilidade mesma de uma relação do homem com o homem.

Curioso destino. Segundo as provas da existência de Deus colocava-se o problema de atribuir o conceito de existência ao conceito de Deus, realidade intangível, desprovida de materialidade, ou seja, a questão residia em como fazer o enlace entre estes dois conceitos, sobretudo por ser a própria existência tomada enquanto atributo e não mais como algo dado, empiricamente presente. A uma ideia seria atribuída existência. Um problema análogo coloca-se a respeito da atribuição da existência à maldade, com uma distinção fundamental, a da sua realidade empírica sob o modo da ação maligna. A analogia vale considerando a dificuldade de se atribuir existência ao mal a partir de toda uma tradição filosófica e teológica que o considera simplesmente como falta, carência e privação, não tendo uma existência própria, sendo ela própria derivada e secundária em relação ao Bem. Ela cessa de valer enquanto realidade histórico-política, tangível em seus objetivos e propósitos de destruir a relação humana do homem com Deus e do homem com os outros homens. Racionalmente, Deus seria uma realidade inteligível, só ganhando o atributo da existência a partir de uma sua reformulação religiosa que foi introduzida pelo judaísmo e seguida pelo cristianismo. O mal ontológico, porém, reformulou praticamente, na ação maligna, esta mesma tradição, dotando-se de existência a partir do momento em que eliminou os fundamentos da parceria entre Deus e o homem, abandonando o que considerava as limitações do mal moral, algo próprio de sub-humanos segundo a nova concepção.

O homem está inscrito desde sempre no mundo, no qual vive, conhece, valora e julga. Toda relação de conhecimento tem como pressuposto esta inscrição originária, sem a qual teríamos somente um olhar desfocado da realidade. Ocorre, porém, que estamos ainda diante de uma abstração que necessita ser concretizada, na medida em que o ser-aí do homem é o de seu existir a partir e através das comunidades que se foram sucedendo temporalmente. O homem, por definição, é um ser comunitário, onde se educa, se forma, aprende a viver, a ganhar a sua vida, a valorar moralmente seus semelhantes e atribuir, de diferentes maneiras, um valor ao Absoluto. Desde sempre, o homem está imbuído de distinções morais e de formas religiosas de ser, por mais diferentes que sejam entre si. Contudo, no desenrolar do tempo, comunidades alteram suas noções de bem, de mal, de Absoluto. O que era bom em uma época pode deixar de sê-lo em outra. Uma crença no Absoluto pode ser substituída por outra, dando lugar, inclusive, a disputas religiosas. A moralidade mostra a sua relatividade e a religião a sua diversidade, a adesão dos membros das comunidades a seus valores estando submetida ao tempo, cujo processo de criação, produção e dissolução é inexorável. Para além da finitude humana, aparece nitidamente a finitude das distinções morais e dos valores religiosos. Desde sempre, portanto, os valores morais e religiosos fazem parte da natureza humana historicamente concebida.

Cada época apropria-se de sua realidade presente, fazendo valer no tempo o modo que os seus membros se projetam e se fazem em suas respectivas comunidades. A apropriação do ser dado se realiza pelo modo mediante o qual o mundo aparece para cada um e de como esse ser-aí se projeta em sua existência dada. A questão surge quando esta projeção do homem em sua existência dada é, por assim dizer, suspensa, impossibilitada, mediante uma ruptura em que o outro aparece no horror da dominação absoluta. O espelho se quebra. Ou o presente não pode ser assumido em sua realidade ética ou não há nada nele a ser apropriado que tenha valor de humanidade, por mais diversas que sejam suas significações. A apropriação do mundo, ao ser interditada, faz com que o sujeito humano torne-se recluso em si mesmo, em uma derradeira tentativa de não sucumbir ao ser do mal que o rodeia e invade. Ao não poder lançar-se na existência imediata, o homem não vem a ser.

A condição humana, em uma condição de normalidade, por mais distintas que sejam suas formas éticas, comunitárias, caracteriza-se pelo homem enquanto ser para a morte, em que o transcurso do tempo evolui no intervalo do nascimento ao seu desfecho na velhice. O ato de comer, algo tido por habitual, aparece como uma reprodução do corpo que mantém a morte à distância, evitando o seu desenlace. Cotidianamente, nem se pensa na morte quando se come, de tão corriqueiro e impensado que possa ser este ato. Comer é o preâmbulo de brincar, jogar, trabalhar segundo cada um e conforme as respectivas faixas etárias. Ninguém dirá em uma situação normal que come para não morrer, embora um jejum prolongado possa ocasionar este desfecho e reflexão. Comer não se torna uma interrogação existencial. Da mesma maneira, o trabalho aparece como uma obra deste intervalo de vida, cada um dedicando-se ao que lhe apraz ou ao que tem de aceitar segundo as suas próprias necessidades, das básicas, relativas à sobrevivência, às de luxo, nos prazeres daí derivados, passando por outros diferentes tipos de "entretenimento". No dizer de Pascal, o trabalho e as diferentes atividades são formas de não pensamento, de esquecimento provisório da morte, como se ela não existisse, não fizesse parte de nosso cotiando, embora se imponha no horizonte existencial. O outro comparece frequentemente como fazendo parte desta jornada comum, em um sentido irmanado no entretenimento, nas intrigas e disputas que ocupam a mente por menores que sejam, em todo caso como partícipe desta mesma finitude. O ser com o outro, mesmo contra ele, a todos posiciona em uma mesma situação em relação à morte inevitável, porém deferida pelo trabalho e pelas mais diferentes formas de entretenimento, inclusive as lutas políticas mais acirradas.

A condição humana, em uma condição de anormalidade, devendo ser mais propriamente chamada in-humana ou sub-humana, opera uma releitura do que é o homem enquanto ser para a morte. Comer um pedaço de pão ou sorver uma água com batata podre, denominada impropriamente de sopa, coloca diretamente uma questão de ordem existencial, a do sobrevivente. Vem ela acompanhada do pensamento da vida – e de sua extinção –, e do medo da morte súbita, causada pelo outro, sob a forma do carrasco. A ingestão de tais "alimentos" aparece como forma de manter tal intervenção mortífera sob controle. O outro não é aqui um copartícipe de um mesmo horizonte existencial. O pão duro e velho e a água fétida fazem com que o homem – concentracionário – procure de todos os modos evitar que a morte se precipite, que o seu ciclo natural seja encurtado. O trabalho, igualmente, ganha uma significação existencial, de indagação sobre o sentido da vida e do destino comunitário, não adotando a forma do entretenimento. O trabalho escravo não desvia o olhar da finitude, mas a coloca de frente no horror da tortura, do esgotamento físico e da fatiga, não apenas do corpo, mas da mente. A morte está incluída, aterradoramente presente, no trabalho. Não há companheiro de jornada. Os que se encontram na mesma situação nem mais conseguem falar, sua única preocupação, o seu único cuidado, consiste em não tecer relações, pois tudo se torna perigoso, ameaçador. Não se sabe a quem se fala. Será um colaborador do carrasco? Será um informante? Almeja ele o meu pão velho e a minha sopa fétida? O outro-outro, por sua vez, é o carrasco mesmo, aquele que mata, tortura, esgota o corpo, se compraz com a humilhação e goza sadicamente da perda da dignidade deste seu ser outro.

No universo concentracionário, daqueles que podem ainda trabalhar, a morte emerge, nos seus marcos, enquanto inevitável, o que está apenas em pauta é a sua data, tudo dependendo fortuitamente das decisões dos carrascos em seus vários níveis hierárquicos, podendo irromper a qualquer momento. A vida torna-se carente de sentido. O tempo surge, então, como o simples desenrolar da morte violenta que "acontece" a todo momento da vida cotidiana. O tempo é o do esgotamento físico e o da anulação espiritual. Os SS pensam que darão conta dos homens concentracionários por intermédio da fatiga, do tempo que desta maneira se esgota, pois a "morte está no tempo".[47] Morte essa que ganha uma outra significação, pois aquele que lhe resiste, que toma a vida como algo sagrado, de preservação do eu que só se concentra em si mesmo, é quem é objeto de uma ação violenta de aniquilação, uma vez que "a morte tornou-se o mal absoluto", não mais tendo em Deus a sua saída, como se esse mal interdissesse esta passagem para Deus. Nem o entretenimento da religião aparece como consolo, embora os mais crentes tentem nela ainda encontrar uma consolação última. É o caso a propósito de uma outra vida após esta, tão presente na concepção dos cristãos, apesar desses também se debruçarem avidamente no pão e tentarem uma saída existencial no trabalho escravo, agarrando-se a uma nesga de sobrevivência, a seu próprio eu, como se, misteriosamente, houvesse algo sagrado.

A pergunta que se impõe é a seguinte: o que é o homem cuja forma de inscrição no mundo se dá em experiências limites da natureza humana? O que estas formas de (não) convívio humano nos apresentam enquanto desafios ao pensamento? O que é o homem jogado na morte violenta e abandonado pelo Absoluto?

O mal, em sua acepção ontológica, existe. Há o mal enquanto dado em uma experiência extrema da natureza humana, algo que se torna presente, ao alcance da mão e do pensamento. No entanto, ele se furta ao olhar, ele não se deixa ser visto, como se fosse uma mera metamorfose de algo já conhecido, algo estranho, porém ainda de certa maneira familiar. Algo que se dá a

---

[47] Antelme, Robert. *L'espèce humaine*. Paris: Gallimard, 1957, p. 45.

conhecer, mas foge das formas correntes do conhecimento da ação e da natureza humana. Isto exige, portanto, um percurso do pensamento que deve dizer não às suas formas habituais de pensar e sim à sua dissolução, com o intuito de abarcar o que foge do seu enquadramento. O mal possui uma positividade própria que não se reduz à negação de uma positividade do Bem que lhe seria preexistente, sendo por si mesmo, expondo uma forma própria de ser. Ele é um dado do mundo, uma forma própria de estar-aí do homem. Neste sentido, o homem já estaria inscrito originariamente no mundo, tendo esta forma da maldade como uma possibilidade presente, cuja passagem à existência necessitaria de uma forma específica de ação que a instauraria na realidade. Não se trata de uma negatividade do ser que o alçaria a uma nova posição, mas de uma "nova" que procura inviabilizá-lo. A tríade hegeliana entre ser, nada e devir pararia no abismo do nada, que não se mostra somente como um sem fundo, mas o fundo de uma alteridade positiva em sua dissolução constante.

Ocorre que o mal, assim entendido, não seria do tipo de uma inscrição ontológica pré-histórica, porém estaria inserido na própria história, correspondendo a uma forma própria de sua aparição. A sua negatividade é temporal, pertencente a uma forma de ação que tudo destrói sistematicamente, segundo princípios próprios de uma "outra" humanidade. O mal existencial é histórico, sendo uma forma de abordagem do outro, a qual não se abriria à sua alteridade, mas teria nesta sua própria anulação. O mal, nesta acepção, seria uma forma de repetição do mesmo sob a égide da morte violenta, sistemática e estatal, tendo sua aparição em Auschwitz o seu significante. Pensar Auschwitz significa enfrentar-se ao problema do mal existencial, cujo modo de ser confronta a filosofia e a teologia a um problema originário, abissal, o pensamento fazendo face a problemas decorrentes de ausência de limites e desenhos racionais. Pensar o mal confronta a filosofia com problemas de princípios, aparentemente simples, mas é no fim que o começo se coloca. Por onde e como começar?

Pensar o mal existencial confronta a razão com a irrazão, a razão com o seu outro, mas cuja alteridade é a da sua própria supressão. O outro da razão é a irrazão humana, cujo modo de ser aparentemente insensato clama pela pergunta concernente ao seu sentido. Se a insensatez toma conta do mundo, onde os princípios desvanecem, qual o sentido da existência humana? As narrativas justificadoras são dissolvidas, são corroídas por dentro. A razão, em suas limitações, confronta-se ao ilimitado da natureza humana, uma espécie de sua noite, que procura fazer com que nenhuma centelha dela nela mesma se introduza. A escuridão deixa o olhar sem orientação. A razão, diante do seu outro da fé, concretizado em Deus, tinha parâmetros, embora pudessem ser tidos por incognoscíveis ou incompreensíveis, em todo caso fora de seu alcance. Podia manter o seu campo próprio de aplicação, voltando-se para as coisas terrestres e mundanas, coisas finitas e proporcionais ao seu modo de operar. O terreno do infinito, do desproporcional às suas capacidades, não interferiria em seu modo de ser, de tal maneira que dois campos de ação e conhecimento humanos poderiam ser reconhecidos em suas respectivas esferas próprias. Diante do Absoluto, por exemplo, a razão se curvaria, estando diante do Deus *Absconditus*, cujo conhecimento não lhe seria acessível.

A razão diante do mal existencial defronta-se com uma desproporcionalidade de outro tipo que a ultrapassa, porém é material, tangível e não imaterial e intangível, sendo produto da ação humana e não uma entidade que a preexistiria conforme uma doutrina da Criação do mundo. A alteridade em pauta, empírica e não proporcional, não somente se posiciona para além dela, mas tem como objetivo a sua própria supressão. A razão tem dificuldades em adentrar-se em sua interioridade, acolhê-la como outro, pois os critérios da proporcionalidade foram implodidos. Surge o abismo do ser, em certo sentido, o abismo do seu próprio ser, o de pensar a ilimitação própria da natureza humana, sua elasticidade última, em que os parâmetros do que consideramos como humanidade já se dissiparam no horizonte. No ser do mal, o acesso ao Bem, à moralidade, é interditado. Ou seja, não se constitui a relação propriamente ética entre os homens, nenhuma relação dialógica, suas formas de convivência estabelecidas a partir do reconhecimento do outro, a solidariedade, a cooperação, porém aquilo que poderíamos denominar como relação "humana" ganha a significação de um ser para a morte violenta, desaparecendo qualquer traço de conviviabilidade. Há a ruptura violenta do acesso ao outro. A incondicionalidade deste ser outro ganha o perfil de algo independente que postula a partir de si mesmo quais são os seus critérios e parâmetros, correspondentes à sua própria e histórica concepção do mundo.

A ação humana que irrompe não é a da colaboração, a da parceria e do reconhecimento, em que se fazem presentes valores morais e religiosos, mas a da morte do outro, a nulificação de sua pessoa enquanto sua condição preliminar, o anonimato de seres abandonados ao domínio maligno do outro, tendo como seu horizonte a sua extinção. Esta forma de ação humana irrompe no rompimento mesmo do que se considerava como humano e é como se Deus desaparecesse de cena, de uma cena que, não obstante, não deixa de ser sua. É como se passasse de diversas concepções do mundo, onde compareçam diferentes significações do humano, para uma outra radicalmente distinta, na qual os fundamentos destes humanos seriam postos em questão em proveito de uma "sobre-humanidade", cuja visão própria de mundo faria tábula rasa de todas concepções anteriores, tendo a si mesma enquanto parâmetro. Consequentemente, o mal existencial inviabiliza que se instaure uma relação moral entre os homens, impossibilitando, assim, que dele se extraia uma acepção moral, os critérios desta última não lhe podendo ser aplicados. Isto é, as categorias filosóficas e teológicas do mal moral tornam-se inadequadas, insuficientes, para pensar esta nova forma de maldade em seu significado ontológico. O mal existencial não se deixa pensar mediante as categorias do bem e do mal, pois a ontologia do mal veda o acesso às distinções morais.

    Auschwitz expõe a passagem do ser-aí do homem no mundo, inclusive em sua acepção ética, à existência do mal. Estrutura-se o percurso da existência imediata do homem no mundo, em suas formas correntes de cotidianidade, rumo a uma existência de outro tipo, a do mal em sua acepção ontológica, em que as categorias do conhecimento e do pensar já não dão conta da novidade que está assim surgindo. Até o conceito de existência adquire outro significado ao se tornar o atributo de uma forma de maldade, tida, relacionalmente, por contraposta e subordinada ao Bem que, ele sim, seria existente no sentido estrito. O mal existencial não é relacional, não se definindo em relação ao Bem em sua acepção moral, sendo-lhe, na verdade, estranho. Esse tipo de mal pertence a uma forma de (a)sociabilidade imposta por um "Estado", cuja definição é dada por uma nova forma de existência, situada nos limites mesmos do que se pode considerar enquanto natureza humana. O mal vem a ser pensado por intermédio do conceito de existência, que ganha uma outra conotação, não somente a de realidade dada, mas a de realidade efetiva produzida por uma forma outra de ação humana.

    Não se produz o reconhecimento no confronto com o outro humano, em uma alteridade em que seres humanos se fazem face, nem, tampouco, o reconhecimento do que está acontecendo, dado o seu caráter não familiar. A face humana desse outro torna-se obscura e enganosa, não havendo aqui espelhamento. O engano e a percepção equivocada, senão nebulosa, fazem parte deste processo, na medida em que continuamos a pensar de uma maneira que se torna inaplicável diante de um outro tipo de alteridade, sem que surja a autoconsciência deste processo. O perigo do que se aproxima não é visto. A consciência de si não se produz. O mal existencial faz parte de um outro jogo de linguagem, outra forma de vida, que requer categorias próprias para ser pensado. É a regra de linguagem de Auschwitz, alicerçada na morte violenta, graças à sua execução e ameaça constante, fazendo com que outras formas de vida, habituais até então aos que foram internados à força, desapareçam, permanecendo enquanto simples reminiscências. Em todo caso, suas categorias se tornaram não efetivas. As formas de vida, baseadas na sobrevivência e no controle da morte, em suas diferentes acepções históricas, foram substituídas por outras formas de não convívio humano, sádico e policial, baseadas no exercício sistemático, industrial e administrativo da morte violenta.

Não é sem razão que os nazistas consideravam ter empreendido um duro trabalho de implosão do humano, destruindo suas categorias e seus valores morais e religiosos, fazendo surgir uma outra oposição, excludente, entre uma nova categoria de homens, os sobre-humanos, os capazes de enfrentar os dilemas da oposição entre o bem e o mal, e os sub-humanos a serem exterminados e, enquanto isto não acontecesse, seriam reduzidos a formas de mortos-vivos, aqueles de quem se retira a dignidade e, inclusive, o comportamento humano. Tal distinção, tal clivagem, entre sobre-humanos e sub-humanos, produzida por um tipo específico de ação "política", requer ser pensada a partir do conceito de mal existencial.

ANEXO
SER E PENSAR: IDENTIDADE E RUPTURA EM HEGEL

A IDENTIDADE ENTRE SER E PENSAR

A identidade hegeliana entre ser e pensar concerne ao modo mesmo em que o começo da atividade filosófica é colocado, o princípio posto enquanto ato inaugural – e final – do pensar. Na *Ciência da lógica*, a proposta propriamente de filosofia primeira já se faz presente no capítulo introdutório desta obra: *Die Lehre vom Sein. Womit muß der Anfang der Wissenschaft gemacht werden?* (*A doutrina do Ser. De como se deve fazer o começo da ciência/saber*), onde a doutrina do Ser vem acompanhada da questão relativa ao por onde começar. A mesma questão encontra-se formulada no capítulo § 39 da *Enciclopédia*, em que Hegel formula a questão do "ser puro" em termos do conceito de Absoluto. Ou ainda, a questão consiste em como se deve fazer a leitura do Ser, pois qualquer abordagem sua já pressupõe uma doutrina, isto é, Hegel não parte do "Ser", mas da "Doutrina do Ser".

Filosoficamente, o pensamento se pensa a si mesmo, o que resulta em uma reflexão sobre a linguagem, sobre os modos de se dizer o ser enquanto formas mediante as quais a razão apresenta-se a si, na objetividade de seu próprio discurso, sem nenhuma referência externa. O pensamento se diz, assim, ser. Isto implica a dissolução das formas fixas do entendimento em proveito de determinações de pensamento que se fazem ao sabor de suas dicções de si, de suas enunciações. O problema do discurso filosófico, ao contrário do do científico, consiste em que ele é apoiado apenas em si mesmo, em sua própria forma de sustentação/elaboração, não tendo um objeto externo a si que funcione enquanto ponto de referência ou, mesmo, como critério de verdade. O seu objeto é ele/si mesmo e não algo dado exteriormente a si, que ganharia o contorno da objetividade empírica, o dito objeto das coisas do mundo.

A *Ciência da lógica* é uma obra que trata de categorias. No sentido aristotélico, categorias são modos de inquirir, modos de interpelar a realidade. E, portanto, as categorias são atribuídas ao indivíduo, à substância individual, considerada como algo exterior ao pensamento. Na verdade, a substância não é uma categoria que tenha o mesmo estatuto conceitual das demais, na medida em que ela é a base mesma da predicação, o fundamento a partir do qual as outras categorias são atribuídas, tornando possível o conhecimento propriamente dito. Mais precisamente, poderíamos dizer que são formas de pensar que nos dão condições de indagar a realidade, ou seja, são perguntas dirigidas a uma substância tida por individual, primeira neste sentido, descortinando uma determinada abordagem da realidade.

A lógica trata essencialmente de categorias que se encadeiam em sua dedução conceitual, uma sendo engendrada pela outra, segundo uma articulação interna e específica. Em alguns momentos, pode-se ter a impressão de que Hegel está falando de algo real, externo ao pensamento, quando, na verdade, ele está somente seguindo esse encadeamento categorial. Assim, por exemplo, quando ele fala da vida, ele está pensando o conceito de vida na perspectiva da Ideia que se realiza. Não é a mesma coisa discorrer sobre a vida e analisar o conceito de vida. Isso porque a *Ciência da Lógica* é um livro que trata de categorias e da forma como que elas vão se desenvolver em suas relações recíprocas. Nesta perspectiva, Hegel não estaria unicamente elaborando um *Organon* no sentido aristotélico, mas um

Organon diretamente acoplado a uma filosofia primeira, voltada para a indagação do ser, do começo do saber, e de como atribuir a existência a algo pensado.

Poderíamos, então, dizer que a pergunta "qual tem de ser o começo da ciência/saber?", *"De como se deve fazer o começo da ciência/saber"*, pode ser vertida nas seguintes questões: O que é o ser? O que é a existência? Como podemos dizer que algo existe? Na *Ciência da lógica*, há o que se pode considerar como uma outra acepção da existência, a existência noética, a existência dos conceitos. Um exemplo consiste na atribuição da existência ao conceito de Absoluto ou a Deus na acepção corrente do termo. A referência ao Absoluto aparece tanto na *Ciência da lógica* quanto na *Enciclopédia*. Assim, o projeto hegeliano consiste em deduzir todas as categorias das categorias anteriores: ser, nada e devir. Nesta linha, McTaggart irá propor a distinção entre o real e o existente,[1] de tal maneira que aquilo tido por real será tributário do modo de se conceber a existência. O real pressupõe a sua explicitação categorial, o que implica, na visão hegeliana, na apresentação dos conceitos subjacentes ao conceito de ser, que vai, após um longo percurso categorial, se realizar, se expor no conceito de Ideia. Desta maneira, a identidade entre ser e pensar vai se desdobrar em uma totalidade autossubsistente que, dentro dela, tudo incorpora, diferencia e unifica.

A *Ciência da lógica* pressupõe a *Fenomenologia do espírito*. Esta última obra é a ciência da consciência em seu aparecer, tal como ela se faz "consciência de si", "razão", "espírito" e, por último, "Saber absoluto" ou "saber puro". Ou seja, a pergunta "qual tem de ser o começo da ciência?" pressupõe que o "começo" do ponto de vista lógico seja o resultado de todo um caminho fenomenológico. A questão do começo tal como formulada

---

[1] MacTaggart, John M. E. *A Commentary on Hegel's Logic*. New York: Russell & Russel, 1964, p. 6-7.

na *Ciência da lógica* é tributária do desenvolvimento fenomenológico da consciência se realizando e se concretizando na forma mais elevada do saber, a do Saber absoluto que interiorizou em si os seus momentos fenomenológicos e lógicos. O "saber puro" é a certeza tendo chegado à verdade, ou a certeza que não está mais em face do que lhe aparece como objeto, mas tendo-o interiorizado, purificado. Ela sabe o objeto como ela mesma – ela tem a si mesma como seu objeto –, o do saber que faz a dedução de suas categorias. Nenhum "resto" sobra deste processo de elaboração da identidade entre ser e pensar.

O ponto de partida consiste no "Saber puro", no "Saber absoluto". Quando conhecemos/sabemos a partir e através do Saber absoluto, não mais começamos pela distinção e oposição entre o subjetivo e o objetivo. A perspectiva do Saber absoluto não é a da consciência, pois ele se encontra para além dela, trazendo-a dentro de si. O Saber puro retira, portanto, do "eu" as suas significações limitadas e cotidianas, que realçam a sua posição insuperável em relação ao objeto. Por essa razão, não se pode considerar essa atitude como "subjetiva". O "eu" que Hegel toma frequentemente enquanto objeto de crítica não é o "eu" do Saber absoluto, mas o "eu" da consciência, aquele que se defronta com o fenômeno, aquele que não percorreu ainda o movimento fenomenológico do em-si, do para-si e do em-e--para-si. Contudo, mesmo se o "eu" fosse, de fato, o Saber puro ou se a intuição intelectual fosse, de fato, o começo, o problema permaneceria, visto que, na ciência/saber, nós não tratamos apenas com aquilo que estaria presente anteriormente, mas com o ser-aí interiorizado no Saber. O ser-aí do Saber absoluto é o ser-aí que incorporou toda a sua experiência de mundo, da qual ele faz parte. O aparecente a si mesmo é o processo através do qual ele fez o seu percurso de constituição de si. Trata-se dessa forma de existência que configura o modo de ser do Saber. "*O saber parte do ser-aí*", eis a afirmação de Hegel que condensa a problemática mesma da *Ciência da lógica*.

O percurso da consciência natural, imediato, é um percurso que ocorre dentro dela mesma,[2] com o intuito de que possa liberar o Saber absoluto, ou, o que é a mesma coisa, o conceito geral da ciência/saber. A consciência só é plenamente se conseguir chegar a ser propriamente uma consciência especulativa, capaz de apresentar as figuras e as determinações de pensamento que a fazem ser o que ela é. A *Fenomenologia do espírito* consiste na apresentação dessas figuras, enquanto a *Ciência da lógica* consiste na exposição dessas determinações de pensamento.

O processo da consciência pode ser dito um processo vertical de aprofundamento em si mesma, mas um processo que não parte de uma consciência individual, pré-histórica por assim dizer, mas de uma consciência culturalmente formada, aquela que se apresenta como o resultado do percurso mediante o qual a humanidade veio a se conhecer e a se saber. Ou seja, no momento em que a consciência natural ou individual entra em si mesma, esse ato de entrada é um ato de introdução ao processo de formação cultural já realizado em todo um percurso da ciência, do saber. Este conservou em si tanto as etapas essenciais de sua constituição como o processo de passagem e mediação de uma nas outras, segundo o desdobramento da negação e da negação da negação, isto é, o automovimento da negatividade.

Pode-se, portanto, dizer que tanto a *Fenomenologia do espírito* quanto a *Ciência da lógica* tratam de realidades imateriais, inteligíveis, que não são as do domínio empírico, as relativas ao conhecimento do mundo exterior, mas as que se constituem, propriamente, em objetos inteligíveis. Esses objetos inteligíveis, no entanto, são objetos elaborados pela própria consciência no exercício do seu pensar, na identidade diferenciada que lá se estabelece entre pensar e ser. A especificidade da *Ciência*

---

[2] Bourgeois, Bernard: "Sens et intention de la Phénoménologie de l'Esprit". In: *Hegel. Préface, Introduction de la Phénoménologie de l'Esprit*. Paris: Vrin, 1997, p. 10.

da Lógica reside em sua visão retrospectiva apresentada categorialmente enquanto tal, pois ela parte da culminação da *Fenomenologia*, procurando, a partir daí, reconstituir os momentos centrais das determinações de pensamento. A *Ciência da lógica* expõe retrospectivamente e verticalmente o percurso lógico da consciência que se desdobrou e se apresentou em seu movimento figurativo. E neste movimento figurativo, que é um processo de formação cultural, o ser já se apresentou como a questão central, não apenas por ser ele, filosoficamente, a questão por excelência, desde o poema de Parmênides, mas, também, por estar ele presente no uso que fazemos de qualquer frase e proposição mediante o uso da cópula é.

O saber puro consiste na apresentação das categorias, pressupondo a "suspensão/suprassunção" (*Aufhebung*), a superação, da dualidade entre o subjetivo e o objetivo, graças ao percurso fenomenológico, numa unidade de exteriorização que recupera em si o seu desenvolvimento lógico. A *Ciência da lógica* vai, neste sentido, apresentar as determinações lógicas do seu processo de exteriorização, cuja mediação fenomenológica, baseada na distinção entre o sujeito e o objeto, foi superada. O Saber puro parte de um olhar retrospectivo sobre o seu processo de constituição, de modo que a reflexão sobre o ser pressupõe um começo *sui generis*, o do começo na acepção do Saber absoluto. O começo da *Ciência da lógica* parte do conceito de ser, tal como está presente no Saber absoluto.

Logo, a questão do começo imbrica-se à do "fundamento", entendido em sua acepção categorial, tal como apresentada no segundo tomo da *Ciência da lógica*, a "Doutrina da Essência". Isto é, o fundamento consiste no processo mediante o qual as figuras se dissolvem e se engendram. Ele é produto do processo da "reflexão", mediante o qual uma determinação é posta pela outra. Na "Doutrina da Essência", ocorre uma dissolução de uma categoria por outra, dando lugar a uma categoria superior, produto desse processo de engendramento recíproco.

Trata-se de uma dissolução criadora, que produz, e não simplesmente elimina. Consequentemente, o ser não tem conteúdo positivo, sendo, por assim dizer, armado por seu processo de dissolução criadora, constituindo-se em um começo propriamente reflexivo da filosofia. Sob esta ótica, o ser é resultado, culminação de um processo lógico a partir dessa dissolução, que teve sua face fenomenológica e se apresentará, agora, logicamente, categorialmente.

O "progredir", o "avançar", se dá, assim, no interior mesmo da *Ciência da lógica*, constituindo-se numa volta ao fundamento, ao originário assim concebido. O progredir não pode ser associado a uma sucessão temporal, como aquela que significamos cotidianamente quando falamos do progresso de uma sociedade ou das sociedades em geral. Para Hegel, o critério é essencialmente lógico, entendido como uma volta ao fundamento em sua dupla acepção de *zugrundegehen* – abismamento (ir ao abismo), de dissolver – e de *zu Grunde gehen* – ir ao fundamento, enquanto resultado desse processo. Em consequência, é também necessário, por outro lado, considerar como resultado o que faz o movimento de retorno ao seu fundamento. Sob esta ótica, o primeiro é o fundamento e o último, algo deduzido, pois, enquanto se parte do primeiro, chega-se ao último como fundamento.

O progresso a partir daquilo que faz o começo é, além disso, uma determinação ulterior deste começo, de modo que essa se encontra novamente no fundamento de tudo o que segue e do qual surge. O começo da filosofia é a base presente e se mantendo em todos os momentos subsequentes, o conceito imanente em suas determinações ulteriores. Assinalemos, ainda, que Hegel insiste na acepção de conservação da *Aufhebung*, no processo mesmo de dissolução das determinações lógicas. O percurso lógico é aquele que se conserva. O começo é o ser em seu desenvolvimento lógico. Nesta perspectiva, não poderia haver algo outro, cuja natureza poderia resistir, não ser permeada, por este, digamos, processo lógico da *Aufklärung*, à maneira de uma negatividade que se apresentaria como a de uma maldade existencial. Mesmo essa seria dissolvida numa negação criadora, a do ir ao abismo que se revela ser um ir ao fundamento.

Do fato de que o resultado constitui também o fundamento, em uma etapa superior de concretização, o fundamento tornando-se efetividade, o progredir deste saber, que é a filosofia, não é algo arbitrário, provisório, nem algo problemático e hipotético, mas determinado pela natureza da coisa e do próprio conteúdo. Trata-se de uma articulação necessária de categorias, umas produzindo-se nas outras. Cabe à filosofia apresentar-se a si mesma, entendendo essa apresentação como uma forma de demonstração, um provar esse começo como o verdadeiro ponto de partida. A pergunta pelo começo insere-se no interior do Saber absoluto que se indaga pelo ser e por sua própria unidade conquistada, compreendida como uma espécie de rememoração lógica de seu percurso figurativo. O "Saber puro" volta, deste modo, a si mesmo. As determinações lógicas, no dizer do próprio Hegel em suas anotações, estavam, por assim dizer, atrás da consciência. Para chegar, no entanto, à sua ordenação lógica, torna-se necessário um novo tipo de saber, o do saber da lógica. Ou seja, o resultado do processo fenomenológico reside no começo da ciência pura, que nos oferece uma noção depurada do ser, o que vai se tornar essência e, posteriormente, ideia.

A filosofia é a apresentação da coisa mesma. No começo, o ser pode se lhe apresentar como uma palavra vazia, mas nisto consiste precisamente o trabalho da ciência/saber, o de expor as determinações lógicas aí contidas. Mais especificamente, o conceito ele mesmo aparece sob esse nome, isto é, o ser vai se revelar como conceito, tornando-se ele mesmo o conteúdo do saber que assim se sabe, se torna o seu próprio objeto. O aparecer do ser se dará mediante a apresentação de suas categorias lógicas, tratando-se da unidade mais pura, a do ato de conhecer e a do que é conhecido. O ser é portador do seu processo lógico de constituição. A filosofia ao pensar-se expõe o ser em suas determinações, o ser como começo, o ser como conceito.

Neste sentido, o começo da Ciência absoluta, da Filosofia primeira, deve ser ele mesmo um começo absoluto, nada podendo pressupor, senão aquilo que ele se dá como determinação de pensamento, como categoria, como resultado do seu processo de constituição de si. Ele só tem a si mesmo como seu próprio começo, enquanto seu próprio conceito. Com efeito, o começo não deve ser mediado por nada extrínseco a si. Ele deve, na verdade, ser o fundamento de todo conhecimento. Do mesmo modo, ele não pode ter determinação alguma em relação à outra coisa. O começo é, então, o ser puro. Mais particularmente, a filosofia hegeliana via o uso propriamente ontológico que faz do verbo *setzen*, pôr, toma algo sempre do ponto de vista do seu processo de reposição, este conferindo a noção própria de ser. Ela parte do processo através do qual algo é posto e reposto por seu próprio processo. Ou seja, Hegel procura se colocar na posição de pensar o ser em sua mediação categorial, não sensível. O uso corriqueiro do verbo ser, em sua função existencial, torna-se, para ele, por demais marcado por significar uma forma de existência empírica, sensível, que impediria, precisamente, a mediação do conceito por ele visada.

O Absoluto adquire, assim, uma nova posição, pois ele vem a ser concebido como o ser em seu processo de mediação, ser que já fez em si a experiência e a superação da dualidade entre o sujeito e o objeto. Logo, a questão do começo deve ser colocada como a da imediatez mediada, não a da imediatez sensível ou empírica. Conforme vimos, o começo consiste no ser puro, no Saber absoluto, tal como veio a ser na *Fenomenologia do espírito*. Um ser portador de todo o seu processo, da imediação que o produziu, um ser que traz em si a estrutura de ser. Estrutura essa representada pelas categorias, expressão lógica do vir a ser, denominadas por Hegel de determinações do pensamento. O pensamento confrontado consigo mesmo vai expor a sua estrutura lógica. Ou ainda, a "ciência", na acepção hegeliana, não é um conhecimento fragmentário do real, mas a totalidade dele. O começo não pode depender de algo outro, extrínseco. O pensamento em seu exercício filosófico não pode ter nenhum conteúdo (perceptível), pois teríamos, aqui, uma diferenciação não mediada, uma relação de exterioridade.

O espírito que se liberou da dualidade entre o subjetivo e o objetivo, que já fez a experiência fenomenológica da consciência em seu processo de purificação de si, tem como começo o ser livre e puro. Hegel faz intervir um pressuposto de novo tipo, o que é proveniente do conceito de saber, o que se concretizou no Saber absoluto. A pressuposição não pode ser aquela proveniente de algo externo, porque criar-se-iam laços de dependência, configurando uma pressuposição heterônoma, não livre. Neste sentido, o uso feito do conceito de liberdade remete à liberação da oposição entre o subjetivo e o objetivo, de maneira que o pensamento esteja em condições de se dar suas próprias determinações.

Tal formulação implica que Hegel reconsidere a questão do ser à luz da predicação. O problema central para ele consiste, inclusive na *Fenomenologia do espírito*, no modo mesmo mediante o qual algo é dito ser, ou ainda, no modo através do qual o conceito de existência é atribuído a conceitos. Mesmo na consciência sensível, imediata, da *Fenomenologia do espírito*, não estamos diante de uma consciência empírica, mas da forma graças à qual a consciência se conduz em seu processo de se dizer mundo, de dizer que algo é. O problema do ser torna-se o problema da atribuição de ser numa perspectiva que é a da própria existência.

Na *Enciclopédia*, essa questão do ser puro constituindo-se como começo coloca-se como a do imediato mais simples que é o próprio pensamento defrontando-se consigo. Depreende-se, então, a identificação do ser puro ao Absoluto. Sob uma imagem representativa, podemos chamar o absoluto de Deus. Não interessa evidentemente aqui a história das religiões que seria somente um histórico de suas formas representativas. As questões históricas desaparecem diante do conceito de Absoluto. O próprio Deus é considerado como *Inbegriff*, um conceito englobante de toda a realidade, aquilo que Hegel denominará propriamente de Ideia, ou ainda, Deus é o ser em todo ser-aí. Sob esta ótica, a questão será a de como se pode atribuir existência a Deus ou ao Absoluto. Impõe-se a distinção entre a atribuição da existência e a pressuposição de existência sob a forma empírica de objetos dados, que são simplesmente admitidos como presentes. A existência se confunde aqui a algo com o qual a consciência se defronta.

O saber se relaciona consigo mesmo quando se defronta com as categorias, que são as suas formas próprias de operação. O ser vai, neste sentido, remeter ao seu vir a ser, o que significa o seu processo de negação de si, o seu cessar de ser na perspectiva do seu próprio devir. Pensar o ser implica pensar a negação do ser, o nada, como se oferecendo, por este mesmo movimento, ao saber. A pergunta pelo começo pode igualmente comportar a pergunta pelo nada, mas não a do nada vazio, do qual nada provém, mas o nada que se faz conjuntamente ao ser, o não ser do ser, que vai repor uma unidade de novo tipo. O começo não é o nada puro, mas algo que deve surgir desse processo de dissolução. Ora, o próprio Saber puro é ele também originário de um processo de negação, de um processo de dissolução, uma dissolução criadora que o tornou possível e marca, desta maneira, o seu próprio desdobramento posterior.

Numa visão unilateral do começo, o ser e o nada estariam dados como diferentes, porque o começo enviaria a algo de outro. Ele seria um não ser que se relaciona com o ser como com um outro, pois, na verdade, ele vai ser somente quando rumar ao ser. Mas é, precisamente, esse processo do ser ao não ser e deste naquele que vai consistir inicialmente no próprio conteúdo do saber, se é a que palavra conteúdo está aqui propriamente utilizada. Aliás, tanto o conceito de ser quanto o de nada, em suas apresentações, recorrem ao conceito de ser que Hegel toma em sua acepção de predicação enquanto preliminar à atribuição de ser e de existência, embora essa existência seja ela, por sua vez, resultante desse processo de negação. Logo, o começo não é o nada puro, mas o ser que em sua negação, no nada, faz surgir uma nova categoria. O ser está já contido no nada, na negação de ser. O começo, neste sentido, contém um e outro, o ser e o nada, o ser que é, ao mesmo tempo, não ser. Ou seja, um termo é engendrado pelo outro. Não há, hegelianamente falando, o vir a ser do ser que não passe pela sua negação.

A explicitação das categorias da linguagem, desde as noções de ser e nada e dos usos da cópula e de sua negação, até a Ideia absoluta, passando pelas essencialidades, constituem o objeto próprio da *Ciência da lógica*, em que essa se torna o seu próprio objeto, ela mesma, o Si mesmo. Assinalemos, ainda, que não se trata somente de uma explicitação das categorias presentes na linguagem, mas de uma explicitação lógica, aquela que tem no Saber absoluto, o saber de si, o seu ponto de partida. Ou seja, Hegel, ao empreender o percurso lógico, já se encontra "preso" por assim dizer neste mesmo percurso, pois a sua exposição consiste na apresentação da linguagem, das categorias, tais como essas se apresentaram logicamente na *Fenomenologia do espírito*, entendida como o percurso mesmo da consciência em seu uso imediato da linguagem através de sua própria formação cultural. O saber já se constituiu na realidade. A *Ciência da lógica*, sob esta ótica, trata da apresentação dessa linguagem ciente de si mesma, uma ciência da linguagem, uma ciência da lógica, neste sentido. Uma filosofia baseada no processo de autodissolução das categorias em um movimento interno à linguagem, ao saber, operando dentro de si mesmo e independente de toda objetivação mundana, a que se daria no mundo externo dos objetos. Objetivação, para Hegel, significa a própria objetivação do discurso em si mesmo, da linguagem, da lógica, logo, do saber.

A questão do Absoluto, na verdade a questão do acesso ao Absoluto, só é corretamente formulada se for acoplada, elaborada, a partir da questão do começo, pois o que importa é o percurso mesmo da demonstração. O ponto de partida em seu desdobramento, em seu desenvolvimento, vai remeter à conclusão de um périplo filosófico em que o Absoluto se finitizará categorialmente, ganhando infinitude, ou seja, autodeterminando-se.[3] Qualquer abreviação de acesso ao Absoluto, como a que se apresentaria sob a forma de uma intuição intelectual, é considerada, por Hegel, como não científica ao fazer a economia de sua prova, de seu método, de seu processo. Não há atalho possível no que diz respeito à necessidade da mediação que é o trabalho próprio da filosofia. A mediação consiste em um processo que parte de um algo portador de um desenvolvimento possível, que reside em uma apresentação de conceitos segundo um rigor lógico, por mais difícil que consista em determinar cada uma dessas etapas. Tal processo não pode ser arbitrário ou assertórico. Não há relação direta com o Absoluto, visto que o saber reside em sua exposição. Assim, o começo, a partir de uma determinação, reside na progressão a uma outra. Se, então, na expressão do Absoluto, do eterno, de Deus em sua intuição ou em seus pensamentos, há mais do que no ser puro, este algo a mais, se existente, deverá adotar a forma de um movimento de categorias, que é o percurso mesmo da *Ciência da lógica*. Surge como determinação primeira o ser, que não é a representação do divino, mas o ser-aí interno ao próprio Saber.

A RUPTURA DESTA IDENTIDADE

Questão: O que pode bem significar conhecer, racionalmente, o Absoluto e quais são os instrumentos de tal empreendimento? Como pode a razão, unicamente com os seus meios, al-

---

[3] MacTaggart, op. cit., p. 27.

çar-se a um tal empreendimento? O que significa conhecer um tipo de existência que se subtrai aos sentidos e à experiência tal como a compreendemos no sentido filosófico não metafísico?

Percurso. Convém, preliminarmente, ressaltar que a *Ciência da lógica*, obra de Filosofia Primeira, dedica-se ao conhecimento de realidades suprassensíveis, metafísicas, para além da física, neste sentido. Publicada em 1812, é posterior à *Fenomenologia do espírito*, de 1807. Não se trata, porém, de um mero antecedente temporal, mas de uma condição propriamente lógica. A *Ciência da lógica* parte de um começo muito específico, a saber, o da exposição interna das categorias – ou determinações – da *Fenomenologia do espírito*. Logo, conforme assinalado, não estamos diante de um começo do mundo físico, como, por exemplo, o da *Física* aristotélica, mas de um início propriamente conceitual. Começo aqui significa o Saber do conceito por si mesmo, apresentando, em sua forma pura, as determinações que foram engendradas no percurso mesmo graças ao qual a Consciência, em suas diferentes experiências, alcançou um conhecimento de si em seu processo mesmo de constituição. Conhecendo o mundo, conheceu-se; conheceu-se a si mesma, conhecendo-se em sua formação no mundo. Alçou-se à posição do Saber absoluto, experimentando-se no mundo, dissolvendo--se e engendrando-se neste processo. Conheceu o Absoluto em diferentes experiências da consciência, em seus impasses, em seus problemas e, inclusive, nas lutas que permeiam a história mesma da humanidade. O Absoluto não lhe foi dado por um ato de crença, mas conquistado por um Saber racional. Nas palavras de Hegel: "A lógica, como a ciência do pensar puro ou, em geral, como a ciência pura, tem por elemento esta unidade do subjetivo e do objetivo que é o Saber absoluto, e à qual o espírito se elevou como à sua verdade absoluta".[4]

---

[4] Hegel, G. W. F. *Science de la logique*. Tomo I. Primeira edição de 1812. Tradução, apresentação e notas por Pierre-Jean Labarrière e Gwendoline Jarc-

Nota intempestiva: A questão reside, precisamente, em como compreender este início do Absoluto na perspectiva lógica, na medida em que ele é um resultado, resultado de todo um percurso fenomenológico, consistente em uma apropriação conceitual, baseada na Autoconsciência, da história do mundo. E a história do mundo, em essa sua apropriação, se fez segundo critérios de racionalidade e de liberdade, de tal modo que o Espírito, vindo a conhecer-se a si mesmo, o fez sob o modo de suas determinações históricas mais elevadas do ponto de vista cultural, artístico, religioso, político e filosófico. Opera uma seletividade do recorte histórico, alguns fatos sendo privilegiados em detrimento dos outros, outros nem sendo levados em consideração por caírem fora deste escopo propriamente filosófico. Em todo o caso, desde uma perspectiva lógica, Hegel dá como vencido o problema desta nova síntese entre o objetivo e o subjetivo, não tendo podido haver na história da humanidade nenhum fato, cuja objetividade, teria impedido ou implodido este unidade espiritual maior. Não haveria experiências históricas da irrazão que teriam impedido este desenvolvimento do Espírito, nem tampouco estaria o seu espectro espreitando o Absoluto em sua realização histórica. O início da Lógica dá o problema da irrazão enquanto resolvido. Ela apresentará as determinações conceituais da racionalidade, mesmo em seu momento mais agudo, diria existencialmente, de dissolução do Conceito em si mesmo, quando de seu processo do *zu(Grunde)grunde gehen*, de ir ao fundamento/ ao abismo, do abismamento em si mesmo enquanto condição do reencontro consigo. E se o reencontro não se der como na experiência da irrazão, do mal existencial?

Experiência. Se não podemos falar de experiência no sentido de experiência propriamente física, empírica ou imediata, isto não significa que Hegel não tenha presente um outro sentido da

---

zik. Paris: Aubier, 1972, p. 33.

experiência, o da experiência fenomenológica ou da consciência em seus diferentes graus de efetivação de si. Trata-se de um périplo de outro tipo, mediante o qual a consciência apropria-se de si apropriando-se do mundo. A consciência, em seu desenvolvimento, faz diferentes tipos de experiência, desde a mais imediata de sua certeza de si, confrontando-se com as coisas do mundo, até o seu conhecimento do mundo físico através das leis que o regem, passando pela luta pelo reconhecimento na dialética do senhor e do escavo e, posteriormente, em uma análise de tipo religioso-fenomenológico na Consciência Infeliz. E isto enquanto apenas condições para expor-se na efetividade do mundo, em que um outro tipo de experiência a faz ver e viver o mundo de outra maneira, em experiências literárias, históricas, artísticas e religiosas. E é precisamente neste percurso que a Consciência ou a Consciência de si vai fazer que se forje o seu Saber do Absoluto, talvez sendo o Absoluto esse próprio Saber de si em uma nova interlocução da Consciência com algo que lhe abarca, mas que é imanente a seu próprio processo.

Nota intempestiva: A questão consiste na seletividade filosoficamente operada da realidade em que a consciência e a sua consciência de si vão se apropriando em seu percurso histórico e filosófico. Alguns fatos se tornarão experiências conscienciais, outros serão descartados em seu percurso. Alguns fatos serão particularmente apropriados, tendo como critério a sua universalidade em aquele momento histórico, que virá a fazer parte de sua consciência de si. Constitui-se, assim, um desenvolvimento de tipo ascensional, com os seus obstáculos sendo identificados enquanto formas da negatividade, que seriam, por sua vez, objeto de outra negação, suscetível de produzir uma unidade superior, que conserva em si as etapas mesmas de sua formação. No entanto, esta sua negatividade não seria de natureza a desconfigurar este processo de configuração espiritual, quando muito podendo aparecer desde uma perspectiva histórica como um retrocesso de algo que, verdade, já estaria superado conceitualmente, apesar de resistir historicamente, quando, por exemplo, de momentos em que irrompe a violência, o desregramento. O desregramento, todavia, seria ele mesmo, condição de um regramento superior, mais rico em suas determinações internas. Por exemplo, inclusive o Terror jacobino, esta liberdade do vazio e do entendimento, em sua visão própria, é superado, é *aufgehoben* enquanto etapa de constituição do Estado moderno, concretizado no Estado napoleônico. Não haveria experiência da irrazão a confrontar o processo de identificação da razão consigo mesma.

Objeto. A Consciência, ao chegar no percurso fenomenológico ao Saber absoluto enquanto seu saber de si, que é o do Espírito em seu aparecer, deve, doravante, tomar-se a si mesma como seu próprio objeto. Contudo, não se trata de uma mera apercepção ou de uma consciência simples de si, mas a culminação de um longo processo em que ela se colocará, em seus diferentes momentos da *Fenomenologia* (Consciência, Consciência de si, Razão, Espírito e Saber absoluto), como a certeza racional, não sensível nem imediata, de si mesma. Nesta perspectiva, ela tomar-se-á como seu próprio objeto na medida em que a oposição entre sujeito e objeto foi *aufgehoben*. O objeto e o objetivo ganham aqui uma nova significação. A nova noção de objeto portará, em seu interior, as determinações do pensar que se elaboraram e se desenvolveram no transcurso deste processo. Trata-se, portanto, de explicitar e pensar por si mesmas estas novas determinações. O objeto foi interiorizado no Saber absoluto, esta nova síntese entre o objetivo e o subjetivo. "A *Lógica* é a *Ciência Pura*, o saber puro em sua amplidão e sua extensão. O Saber puro é a certeza tendo chegado à verdade, ou a certeza que não é mais diante do objeto, mas o interiorizou, o sabe como a ela mesma, e da mesma maneira, por outro lado, abandonou o saber de si como de algo que estaria em face do que é objetivo e seria apenas a sua supressão, externou-se e é a unidade com sua exteriorização".⁵ Logo, o Absoluto ou Deus não seria algo externo dado à Consciência, algo com o qual ela se defrontaria, mas uma síntese entre o objetivo e o subjetivo, configurando-se, se se quiser manter a nomenclatura do objeto, própria do entendimento, como um objeto de novo tipo. Deus posiciona-se como a interioridade mesma do Saber absoluto, uma síntese de novo tipo, englobante, constituindo, então, um Saber que pode ser qualificado de absoluto. O Absoluto é a interioridade mesma do Saber absoluto.

Nota intempestiva: O "objeto" do Saber absoluto, se é que se pode utilizar a palavra objeto para designar algo tão radicalmente distinto do que entendemos cotidianamente, empiricamente, familiarmente como objeto, é, portanto, a unidade do subjetivo e o objeto, tendo vencido todas as suas etapas anteriores e interiores de constituição. Configura-se uma unidade que veio incorporar em si todos os seus momentos de formação, inclusive os mais dilacerantes do ponto de vista da negatividade em várias de suas formas, dentre os quais o abismamento e a contradição, enquanto determinações de uma existência, conceitual, superior. O Saber absoluto, nesta espécie de desmedida da razão, vem a se constituir enquanto objeto de si, conhecendo-se a si mesmo enquanto ato de conhecimento do mundo e de si mesmo, algo só possível se a esta nova Sabedoria vir a ser agregada a noção de absoluto. Ou seja, o Saber é qualificado de absoluto por viver ele mesmo de seu processo contínuo de dissolução e de engendramento de si, fazendo com que sua noção de Deus venha a coincidir consigo mesmo, Deus enquanto Absoluto sabendo-se enquanto tal nesta forma filosófica específica de totalização da experiência humana. O Absoluto, hegelianamente concebido, apresenta em si mesmo uma visão totalizante

---

⁵ Hegel. *Ciência da Lógica*. Tomo I. Prefácio à primeira edição. Tradução de Christian Uber, Marloren Miranda e Federico Orsini. Petrópolis: Vozes, 2016, p. 28.

de sua constituição de si mesmo, tendo feito a experiência de mundo da maior negatividade existencial nas diversas crises, violências e impasses da humanidade, e, por isto mesmo, renascendo e se reconfigurando em cada um destes momentos, tendo, precisamente, ganho a sua determinação de absoluto. O Absoluto sem esta experiência de absolutidade cessaria de ser absoluto. Filosoficamente e teologicamente falando, o Absoluto teria feito, no mundo histórico, neste mundo seu da criatura humana, a experiência da fissura de si, a colmatou, mas ela veio a fazer parte de seu ser.

Ser no mundo. Nas palavras mesmas de Hegel: "A consciência, enquanto o espírito que se manifesta e que, seguindo o seu caminho, liberta-se da sua imediatidade e da concreção exterior, torna-se saber puro, o qual, por sua vez, toma para si mesmo como objeto aquelas *essencialidades puras* tais como elas são em e para si".[6] Note-se que a consciência, enquanto espírito, está desde sempre inscrita no mundo, devendo, neste sentido, apropriar-se progressivamente de sua experiência de vida. A consciência, apenas aparentemente, defronta-se com um mundo à parte de objetos, visto que este modo de existência primeiro é o de inscrição dela mesma neste mundo, seu mundo, sendo essencialmente constitutiva dele. Ela só vem a ter uma consciência de si a partir desta sua inscrição, desta sua condição de ser no mundo, a partir da qual ela começará a depurar a sua experiência de sua imediatidade e de sua concretude, chegando, assim, a um outro nível existencial, o de seu saber de si enquanto ser no mundo, podendo, então, conhecer-se em suas essencialidades, em suas determinações lógicas. Chegará, então, à exposição do vir a ser do Absoluto enquanto conhecimento que ela conquista de si mesma. O Absoluto depreende-se do ser no mundo da consciência, de sua experiência imediata e concreta ao Saber absoluto de si, expe-

---

[6] Ibid., p. 29.

riência propriamente conceitual, passando pela sua experiência histórica em suas várias configurações.

Nota intempestiva: A consciência está desde sempre inscrita no mundo, não se defrontando aleatoriamente com qualquer objeto. Em sua experiência enquanto consciência de si, ela entra em relação e em embate com outras consciências de si, a partir do que o Absoluto se efetivará e se depreenderá conceitualmente deste processo. Contudo, a inscrição do homem no mundo pode também ser objeto de outro tipo de experiência que, por ser uma experiência limite da condição humana, suscite a questão de seu significado "coletivo", desde outra perspectiva, a da irrazão ou da maldade, da qual não se depreenderia qualquer percurso racional e, menos ainda, divino no sentido do Absoluto. Ou seja, a condição humana pode também ser abordada sob a ótica de uma outra inscrição do ser-aí no mundo: a do ser-aí para a morte violenta. Um dominador, detentor dos instrumentos da morte, reina sobre escravos, esquálidos, que progressivamente irão se tornando mortos-vivos. Desde esta perspectiva, a questão da libertação da imediatidade ganha a acepção de uma libertação de uma outra forma de imediatidade, a do mal existencial. Como, então, incorporar esta condição de ser-aí para a morte violenta ao percurso do espírito, uma vez que sua natureza mesma consiste em aniquilar todo e qualquer percurso racional? Ou seja, como pode a consciência apropriar-se de uma negatividade de outro tipo, positiva nela mesma, tendo como "missão" romper a relação mesma entre as consciências de si? O que significa ser no mundo, se o mundo é o da acolhida pelo mal existencial? A condição do homem seria a do mal existencial, não incorporável à negatividade própria do Conceito na acepção hegeliana. Ou ainda, como seria possível então pensar o Saber absoluto se ele for contaminado por esta outra significação do ser-aí para o mal? Seria o Saber absoluto tão absoluto assim ou seria tributário de sua relativização pelo mal existencial, sobretudo por esse se caracterizar pela eliminação mesma do Absoluto e de todo o seu percurso histórico e fenomenológico?

A consciência religiosa. Devemos guardar presente a importância que Hegel concede à experiência religiosa na *Fenomenologia do espírito*, sendo o lugar de formação de uma consciência do Absoluto, embora sob forma representativa. Ou seja, a consciência religiosa é uma etapa necessária que conduz ao Saber absoluto, não se podendo chegar a esse sem a passagem por aquele. A consciência religiosa apropria-se do Absoluto fazendo essa experiência de si para, então, alçar-se a seu conhecimento propriamente racional. Deus é o nome do Absoluto na perspectiva da representação religiosa. A consciência representativa é uma consciência incompleta por não ter ainda se realizado na completude da razão. Embates entre consciências religiosas diferentes são decorrentes de elas se situarem no nível da representação, como quando diversas consciências do Absoluto arrogam-se, cada uma para si, uma centralidade divina, baseada, precisamente, na exclusão de outras. Hegelianamente, deveria haver uma consciência de si das mais diferentes consciências religiosas particulares, cada uma podendo, em seus recintos próprios, guardar suas formas específicas de culto, liturgia e rituais. Uma crença do Absoluto não pode impor-se, sob pena de o Absoluto esfacelar-se racionalmente. Cabe, contudo, aqui uma consideração suplementar. Se é bem verdade que o Absoluto deve acolher em si as mais diferentes formas de consciência religiosa, uma questão de outro tipo pode aqui ser levantada. Qual seria o lugar da irreligiosidade? Poderia um ateu alçar-se à posição do Saber absoluto, recusando-se a fazer o percurso da consciência religiosa que é uma condição mesma da razão? Haveria lugar para a irreligiosidade na filosofia de Hegel? Pode-se chegar ao Absoluto sem se fazer a experiência de sua mesma representação? Não é essa uma pressuposição do conceito que deve trabalhá-la e permeá-la?

Nota intempestiva: Na experiência religiosa, a consciência de si apropria-se do Absoluto de uma forma representativa, dedicando ao culto, aos rituais e às regras que caracterizam a sua comunidade religiosa particular. Neste sentido, pode-se dizer normal a disputa entre diferentes comunidades religiosas, na medida em que cada uma delas procura apresentar-se como absoluta e, logo, universal nesta sua acepção específica. Disputa entre comunidades religiosas não pode, evidentemente, se traduzir por uma luta de tipo física, não sendo racionalmente aceitável que uma representação do Absoluto se imponha pela força. A Razão passa necessariamente pela tolerância religiosa, através da qual se faz o trabalho da universalidade. Ocorre também, para Hegel, que a consciência de si não pode dar um salto rumo ao Saber absoluto sem fazer o percurso de suas mediações, dentre as quais a religiosa. Ou seja, a consciência deve fazer a experiência representacional do Absoluto, sob a qual se tecem seus laços humanos e morais. A irreligiosidade, nesta perspectiva, corresponderia a uma razão que operaria sem esta sua representação, uma razão incompleta, sem uma visão totalizante do cosmos, da natureza e da história, perdida na ausência de significação da existência. Ainda sob outra ótica, os nazistas procuraram eliminar todas as formas de representação religiosa judaica, em seus rituais, cerimoniais e utensílios, só deixando gravada a estrela de Davi nas braçadeiras enquanto condição, sinal, de seu total extermínio posterior. A eliminação da representação religiosa judaica seria, então, um prenúncio da eliminação de qualquer representação religiosa cristã. Ou seja, seria a eliminação da tradição judaico-cristã, após toda esta experiência histórica que serviu de condição e de referência à reflexão hegeliana. Não é a mesma coisa uma consciência pré-tradição judaico-cristã e uma que parte dessa para destruir os seus próprios fundamentos.

Transcendência e imanência. Note-se que o Deus hegeliano não é o da transcendência, mas o da imanência de um Absoluto que se apresenta graças ao dizer do homem, graças ao seu Logos, não sendo possível asseverar uma existência de Deus anterior ao homem, pois isto seria equivalente a falar de um Existente sem dicção, um Existente que não se manifestaria, um Existente sem Logos. Ora, é o Logos, finito, humano, que enuncia o Absoluto, que só comparece mediante esta locução, como se exigisse uma interlocução. Deus torna-se não somente imanente ao mundo, mas, mais especificamente, à sua dicção através da razão. Deus existe, em certo sentido, mediante sua enunciação racional. Ou seja, não haveria um Deus para si, cuja existência prescindiria do homem. Deus chega a si através de uma consciência que progressivamente fará o seu caminho do em si, do para si, do em e para si, até chegar ao para nós, quando, na perspectiva do Saber absoluto, ele poderá reencontrar-se plenamente enquanto Absoluto. Acontece, porém, que este reencontro não é o encontro de realidades prontas e acabadas em si, mas ele é a sua própria produção de si em seus desencontros lógicos, fenomenológicos e históricos. A consideração do Absoluto enquanto imanente não somente ao mundo, mas ao homem, tem como condição lógica a sua própria produção de si. Não apenas o homem chegou a si no Saber absoluto, mas também Deus que conseguiu esta dicção de si.

Nota intempestiva: O Deus hegeliano é um Deus imanente ao humano, fazendo parte de sua própria constituição e, neste sentido, desenvolvendo-se à medida que o mundo se efetua, a racionalidade se desenvolve e a condição humana alça-se à sua universalidade ética, sendo subjetivamente e objetivamente moral. Isto significa também que o Deus hegeliano não o é apenas o das criaturas naturais, que seguem suas próprias regras, mas o da criatura humana que, historicamente, se apresenta a si. O Absoluto se diz por sua enunciação humana, pelo Logos, pelo discurso, de tal modo que se estabeleceria, nesta imanência mesma, um relação entre o homem e Deus, um dependendo do outro, no que se poderia denominar de diálogo, parceria ou mútua determinação lógica. Um mundo constituído somente de criaturas naturais seria um mundo sem dicção, de modo que nem Deus poderia ser enunciado, o que seria equivalente a dizer que não existiria. Tampouco uma criatura sem regras, incapaz de alçar-se ao Absoluto, imersa nas meras lutas materiais da vida, poderia chegar a uma relação com o outro baseada numa determinação ética recíproca, ou seja, o homem estaria abandonado em um mundo carente de sentido. Hegelianamente, Deus é o outro de si mesmo em sua experiência imanente – e no mundo –, de tal maneira que este outro de si é o do mundo histórico, o dos homens, que se tornam progressivamente seus parceiros na realização histórica da Ideia da Liberdade ou do Absoluto em seu sentido mais completo. O que ocorre, porém, se este "seu" outro é o da vontade maligna, o da experiência do mal existencial? O outro do espírito pode ser aquele que compromete a sua própria experiência de mundo.

Proximidade e distância do Absoluto. "Perto está o Eterno dos que O invocam, de todos que O chamam com sinceridade".[7] Perto está de Deus aquele que o chama e invoca, o que significa dizer que longe Dele encontra-se todo aquele que não consegue estabelecer com Ele uma interlocução, digamos, uma relação de mútuo chamamento. A palavra tem aqui a função de aproximação com Deus, de com Ele iniciar ou firmar uma relação, que obedeceria, então, a suas regras específicas, que seriam, no caso, as da Torá. Ou seja, em sua ausência – na blasfêmia ou no ateísmo – haveria, pelo contrário, uma quebra de relação ou não estabelecimento de interlocução, estando a criatura abandonada ao desamparo. No interior da experiência religiosa, assim compreendida, estas regras estipulariam o que seria suscetível ou não de conhecimento, os limites da razão no uso mesmo que faz das palavras e a atitude reverencial do homem em relação a Deus, cujo eixo encontra-se em uma razão que se submete ao que lhe ultrapassa. Mais especificamente, o homem tem o te-

---

[7] *Bíblia Sagrada*. Salmo 145 – Salmo de David. Tradução de João Ferreira de Almeida. São Paulo: Sociedade Bíblica do Brasil, 1993.

mor, o medo, de ir além das barreiras desta maneira colocadas. Contudo, o que pode bem significar tal proximidade do homem com Deus se ela se dá segundo a concepção hegeliana de uma razão infinita, de que uma razão que toma barreiras para suprimi-las e elevá-las a um novo patamar de conhecimento? A razão aproxima-se de Deus não mais reconhecendo os limites impostos pela fé, pela consciência religiosa, acolhendo-O não na atitude de subordinação, mas de uma espécie de mútua determinação. O Deus da consciência religiosa, ao ser objeto deste novo tipo de acolhimento, torna-se o Absoluto de uma razão que se coloca, precisamente, enquanto absoluta, infinita. O Absoluto seria o Deus desta razão determinada.

Nota intempestiva: A experiência religiosa é a da proximidade e do distanciamento da criatura em relação ao Criador, delimitando-se assim o seu espaço próprio no que diz respeito à condição humana. A partir deste espaço religioso insere-se todo um sistema de punições e recompensas, configurando o domínio mesmo da moralidade. Quanto mais a criatura aproxima-se do Criador, tanto mais se une a ele; se se distancia, Dele se separa. Moralmente, na proximidade almeja uma recompensa, no distanciamento será objeto de punição e castigo. O problema, todavia, consiste em manter unidos esses dois polos, nos quais se configura e opera o espaço da religiosidade, aí estando incluídas as diferentes formas históricas da consciência religiosa. Ocorre que, para Hegel, vencer a separação em sua significação do Absoluto enquanto transcendente pressupõe trazê-lo para a imediação do mundo, onde poderá autodeterminar-se, realizar-se em sua infinitude. Deus enquanto infinito, ao ser inserido na imanência do mundo, ganha a significação do Conceito enquanto infinito, autodeterminando-se. Entretanto, tornado imanente ao mundo, o Absoluto não poderá ser separado radicalmente de si sob a forma da irrazão. O problema de uma razão que não se curva diante do incognoscível, em sua transcendência, é o de uma razão que desconhece qualquer limitação.

A consciência infeliz. Na *Consciência infeliz*, Hegel analisa um tipo de experiência – representativa –, a da Consciência de si, em que essa defronta-se consigo mesma na posição de submissão na qual se coloca diante de um Transcendente que é tido por seu Senhor. Trata-se, porém, de uma experiência única, a que se indaga pela própria condição humana. Note-se que a Consciência de si coloca-se nesta posição, posiciona-se a partir de uma determinada experiência religiosa de submissão aos ditames de um Deus que se situa para além dela mesma. Infeliz, porque abre-se aqui um espaço que ela não consegue preencher, o espaço do finito submetido ao infinito, da Consciência de si submissa à Consciência de si transcendente e onipotente. Este espaço, o espaço da separação e, diria, da incognoscibilidade é aquele com o qual ela deverá enfrentar-se para apropriar-se de si, tornando-se Senhora de si. Ora, para que consiga ser Senhora de si, ela deverá necessariamente trazer o Transcendente para a Imanência, deverá ver-se fazendo uma experiência particular que deverá ser *aufgehoben*. A separação – e o seu espaço de diferenciação absoluto – deverá ser suprimida e elevada para que, então, seja conservada em uma nova acepção de Deus enquanto Absoluto, logicamente absoluto.

Nota intempestiva: A pergunta pelo Absoluto enquanto transcendente é a pergunta mesma pela condição humana, por seu sentido ou por sua ausência, pela missão ou por sua ausência no mundo terreno, pela moralidade das ações embasadas ou não em mandamentos de validade absoluta ou universal. A religião, neste sentido, nasce de uma indagação sobre as condições mesmas da finitude humana. O problema reside, contudo, em que a consciência religiosa na experiência do Holocausto não mais se enquadra nos parâmetros tradicionais da proximidade ou distância de Deus, a partir dos quais o mérito e a punição seriam distribuídos, mas reside no poder irrestrito do arbitrário, do medo da morte violenta espreitando cada ato cotidiano, resultando na mais grave punição sem que nenhum pecado ou falta moral tivesse sido cometido. Nem o contemplar o cosmos ou a obra da natureza produz nenhum maravilhamento, visto que a maldade a tudo cerca, não deixando ao olhar humano nenhum horizonte para além dela. Não é mais a experiência do Deus *absconditus*, do Deus ausente, mas do Deus que se retira do mundo em uma experiência humana limite, com rezas, louvações e chamamentos conclamando sua presença. Se ouviu se fez de surdo, se não viu é porque perdeu a capacidade da visão. A consciência religiosa nos guetos e nos campos de concentração e de extermínio não é uma consciência somente infeliz no sentido moral ou no abandono, mas uma consciência desesperada que vê e tem a vivência de um mundo sem sentido. A consciência religiosa torna-se uma consciência carente de sentido, uma consciência da qual a religiosidade teria sido desertada na perspectiva de seu Interlocutor maior. A consciência "religiosa" defronta-se assim ao seu deserto de si. O seu mundo é o da vivência do mal existencial, algo outro em relação à sua experiência mundana que era a do mal moral. Segundo esse, experiências históricas do mal moral, por mais dolorosas que fossem, enquadravam-se em uma consciência e em uma concepção de mundo que conduziria os homens a uma nova etapa de consciência de si mesmos, capaz de fazer com que cumprissem o que entendiam como sua missão religiosa e moral. Agora, a alteridade é de outro tipo, estranha e infamiliar, mas, acima de tudo, aterradora, pois mostra-se em sua nudez e em sua crueldade, apresentando-se como a da morte violenta, não de uns ou alguns, mas de todos.

A *desmedida da razão*. Assinale-se que esta exploração racional de Deus, adentrando-se em sua interioridade, é, por sua vez, produto de um percurso filosófico que encontra em Descartes seu ponto de inflexão. Esse parte de uma Ideia inata, a de perfeição, para conferir existência a esta mesma ideia, independentemente de qualquer realidade sensível. A ideia de perfeição existe por ser algo com que a razão defronta-se no momento em que procura conhecer – e conhecer-se –, pois seria inconcebível que faltasse a essa ideia uma perfeição como a da existência. A ideia de Deus como ser perfeito não poderia não existir, na medida em que não teria nenhuma realidade. Reconhecer o caráter inato da Ideia da perfeição sem a existência implicaria uma contradição lógica. De posse desta ideia, todavia, permaneceria o seu caráter transcendente, um mais além inacessível ao que seria Deus em si mesmo. A separação seria aqui radical. Ela poderia ser logicamente compatível com a tradição do "Deus *absconditus*" da tradição paulina e judaica.

Nota intempestiva: Se se pode dizer que Descartes abre uma nova exploração racional do Absoluto, em sua prova da existência de Deus ao atribuir a existência enquanto conceito a outro, como o de perfeição ou infinito, Hegel, por sua vez, pode ser considerado como o seu sucessor ao erigir a razão enquanto árbitro supremo tanto do conhecer quanto do compreender no sentido cartesiano do termo. Doravante, a fé deverá se curvar à razão, essa colocando-se como árbitro supremo. Com efeito, Hegel termina por unir o conhecer e o compreender, a pergunta pela natureza de uma coisa vindo acoplada à de sua finalidade, em um retorno moderno à formulação aristotélica. A partir do momento em que o Saber absoluto se posiciona enquanto finalidade realizada de etapas fenomenológicas anteriores que sinalizavam para ele, a razão apodera-se de todo este processo, agora imanente ao mundo. O Deus cartesiano era transcendente ao mundo, o hegeliano imanente. Em contrapartida, uma razão imanente ao mundo, em sua desmedida, não mais admite nenhum obstáculo diante do qual deva parar, nem nenhuma instância face à qual deva se curvar. Não admite em seu percurso um tipo de evento que ponha definitivamente em questão o próprio percurso lógico e fenomenológico. Sua tradução lógica é a consideração da onipotência quanto processo que a razão conduz de determinação de si. O Conceito tem a potência de autodeterminar-se. Contudo, por outro lado, o conceito de onipotência enquanto autodeterminação do Absoluto pressupõe que nenhuma alteridade seja capaz de interceptá-lo, pará-lo, paralisá-lo, resistente à sua absorção no processo lógico-fenomenológico. Se houvesse algo como uma irrazão ou uma vontade maligna de cunho existencial, o Deus onipotente perderia sua potência. Seria um Deus impotente face a tal tipo de alteridade.

A prova ontológica. Já Santo Anselmo, no século XI, havia elaborado a prova que, posteriormente, tornou-se célebre enquanto prova – ou argumento – ontológica.[8] Ele partia de uma ideia segundo a qual Deus "é algo tal que nada maior pode ser pensado", o que significa dizer que seria contraditório dele subtrair a existência ou a realidade. Tal ideia não poderia, portanto, existir apenas no intelecto, devendo englobar necessariamente a existência ou a realidade. O argumento anselmiano assume o que se poderia denominar de uma perspectiva de abordagem da ideia cujo critério, digamos, seria de ordem essencialmente quantitativa. Aplicar-se-ia uma determinada noção da quantidade de forma a englobar o intelecto e a realidade, sem que, no entanto, a existência seja deduzida da própria ideia. Não se trataria de uma ideia que se poria em movimento, o que seria o vir a ser do Absoluto. No sentido hegeliano, talvez se pudesse dizer que não se trataria de uma atividade da razão, mas do intelecto que se debruça, mediante o uso da categoria da quantidade, sobre uma existência determinada, previamente admitida enquanto ato de fé. Ou seja, Deus existiria à maneira de um estado de coisas dado, sendo o argumento ontológico um instrumento intelectual de explicitação de uma realidade previamente admitida enquanto existente.[9] Para Hegel, provar é o "conhecimento

---

[8] Santo Anselmo. *Proslogion*. In: *L'oeuvre de S. Anselme de Cantorbéry*. Tomo I. Introdução, tradução e notas de Michel Corbin, s.j. Paris: Cerf, 1986. Tradução de Angelo Ricci. São Paulo: Abril/Nova Cultural, 1988.

[9] Rosenfield, Denis L. *Descartes e as peripécias da razão*. São Paulo: Iluminuras, 1996. Rosenfield, Denis. *Métaphysique et raison moderne*. Paris, Vrin, 1997. Barth, Karl. *La preuve de l'existence de Dieu d'après Anselme de Cantorbéry*, Neuchatel/Paris, Delachaux/Niestlé, 1958.

mediatizado", o que parte do desdobramento de suas determinações internas a partir do momento em que operou a síntese, a unidade entre a subjetividade e a objetividade. Provar não consiste em tomar conceitos e elementos enquanto dados, submetendo-os, então, a uma operação que seria meramente intelectual. É o que teria feito a prova ontológica ao partir de um conceito dado, *Inbegriff*, "conceito integrador ou englobante" de todas as realidades, para, assim, subsumir a existência sob a realidade.[10] Hegel extrairá a existência enquanto conceito ou propriedade da realidade. Eis o que lhe permitirá elaborar uma realidade propriamente conceitual. Note-se, ainda, que para ele a expressão "prova ontológica do ser-aí (*Dasein*) de Deus" estaria nominalmente correta, pois tratar-se-ia de um conhecimento primeiro, imediato, que se situaria na esfera do Ser, na do *Dasein* (ser-aí), e não na da Essência, na da Existência propriamente dita. Neste sentido, a tradução de *Dasein* por "Existência", obedecendo a uma certa tradição, a uma certa comodidade, estaria conceitualmente errada. A "prova" estaria para o *Dasein*, para o imediato, para o Ser, assim como o "conhecimento mediatizado" estaria para o mediado, para a Essência. Segundo a crítica hegeliana a Santo Anselmo, o provar mover-se-ia ainda no âmbito da fé, pois a existência não pode ser tomada por imediata, à maneira de uma realidade dada, uma realidade que estaria à mão.[11] Logo, a existência mesma seria considerada como não sendo provada, pertencendo a uma condição da fé, que parte das coisas, no caso Deus, como algo já existente, dado precisamente na interioridade mesma do ato de crença, no seu jogo próprio de linguagem.

Nota intempestiva: Em sua acepção de uma realidade total, Hegel aparentemente estaria retomando uma argumentação quantitativa *à la* Santo Anselmo, quando, na verdade, opera um

---

[10] Hegel. *Wissenschaft der Logik*. Tomo II. Frankfurt am Main: Suhrkamp Verlag, 1969, p. 126.
[11] Ibid., p. 127.

movimento diferente, colocando a pressuposição de que o seu Deus logicamente concebido se apresenta enquanto uma realidade inteligível, porém de outro tipo, pois submetida a todo um processo de desenvolvimento lógico, expondo suas determinações constitutivas. Ou seja, a partir de uma consideração primeira da existência não material deste ser, transcendente inclusive, ele vai submetê-lo a um processo de verificação, cuja totalidade, do ponto de vista lógico, será a das determinações da Ideia absoluta na *Ciência da lógica* e das figuras do Saber absoluto na *Fenomenologia do espírito*. Por outro lado, do ponto de vista lógico-histórico ou fenomenológico-histórico, ele termina por se comprometer com um conceito englobante de realidade, capaz de acolher em seu seio tudo o que está-aí. Isto é, a pergunta é a de se o seu conceito englobante de Deus inclui Atenas, Jerusalém e Auschwitz ou apenas os dois primeiros, em cujo caso ele deixaria de ser um conceito englobante. Ou ainda, do ponto de vista ético-político, se ele englobar o bem e o mal e não o mal existencial ele seria um Deus parcial, privilegiando, segundo suas determinações e conveniências, unicamente uma parcela desta realidade, cuja pretensão era a de ser total. A sua pressuposição conceitual não seria reposta em seu processo de determinação de si, invalidando, de certa maneira, esta sua própria pressuposição, que seria a sua posição primeira concernente ao Absoluto.

A existência do Absoluto. A pretensão filosófica de Hegel consiste em deduzir racionalmente a existência de uma ideia, ou melhor, atribuir a existência a uma ideia, de tal maneira que esta operação seja racionalmente justificada. Sua crítica de Kant consiste em que esse não consideraria a existência como uma propriedade ou um predicado real, o que equivale a dizer que ela não seria um conceito que se aplicaria a um outro conceito de alguma coisa.[12] Sua *démarche*, portanto, não consiste,

---

[12] Hegel, op. cit., tomo I, tradução brasileira, p. 90.

à maneira kantiana, em partir de um estado de coisas dado, admitido previamente enquanto real. Tal concepção da experiência corresponderia a do próprio empirismo, embora o enfoque kantiano seja mais refinado ao colocar as condições *a priori* da experiência. Na perspectiva hegeliana, tal colocação do problema não alteraria os termos de sua questão, na medida em que ele consideraria tal concepção empírica da realidade de modo a não lhe permitir uma abordagem racional de uma Ideia, a do Absoluto, que se põe em movimento e se justifica progressivamente nesta sua dicção de si. Inaugurar-se-ia um outro conceito de experiência, não mais aquele do intelecto, partindo da experiência empírica, mas o da razão que parte de uma autoposição de si, elaborando em seu percurso suas próprias categorias, chamadas por ele de determinações, as determinações do ser, da essência e do conceito, correspondendo às Doutrinas do Ser, da Essência e do Conceito, constitutivas da *Ciência da lógica*. Hegel vai tornar a existência uma "categoria", uma "determinação do pensamento", cujos desdobramentos serão, por exemplo, o *Dasein*, a *Existenz* ou a *Wirklichkeit*. A realidade efetiva ela mesma será posta enquanto momento da Ideia ou do Absoluto que então se realiza. A existência seria um predicado a ser aplicado a outro conceito. Graças a este deslocamento no significado mesmo do conceito de existência, tornando-a um conceito, um predicado real, a ser atribuído a outra coisa, que Hegel estabelece as bases mesmas de sua Filosofia Primeira.

Nota intempestiva: O problema vai residir, então, não somente em enlaçar uma ideia logicamente a outra, mas em atribuir a existência a uma ideia que se formou historicamente mediante as diferentes figuras constitutivas da *Fenomenologia do espírito*. Nela, em seu momento ou seção "Espírito", Hegel retoma seus momentos anteriores, consciência, consciência de si e razão, em uma perspectiva propriamente histórica de uma figura se realizando. Logo, o enlace de uma ideia a outra a partir da categoria da existência coloca a questão de que a ideia à qual é atribuída a existência é um ideia histórica, uma figura nascida no percurso fenomenológico que opera uma seleção, por assim dizer, de fatos dados na história que ganham, assim, uma nova significação. No que diz respeito à consciência religiosa, estamos, então, diante não de uma mera sucessão de consciências religiosas, nem somente diante de uma depuração de suas determinações essenciais, mas também na acepção de que todas essas determinações e figuras são históricas em diversos níveis, tendo surgido na história dos homens, tais como foram sendo existencialmente vividas e elaboradas. Ou seja, ao partir de uma ideia de Deus enquanto ser englobante, Hegel a tomou como se processando na imanência do mundo, submetida a uma multiplicidade de experiências históricas, algumas a afirmando, outras a negando, mas sempre em um sentido fenomenologicamente ascendente, culminando no Saber absoluto. Hegel submeteu o seu Deus às provações da história, o que fez com que abrisse espaço a indagações que dizem respeito ao seu nível de resistência a determinados tipos de questionamentos, que se originam em ações históricas limites da condição humana.

Significações da realidade. Na filosofia hegeliana, trabalha-se, habitualmente, com duas acepções da realidade, a da realidade imediata, também dita *Realität*, e a da realidade mediada, denominada *Wirklichkeit*, traduzida por "realidade efetiva" ou "efetividade". Acontece que tal esquema conceitual, no momento de abordagem do que poderíamos também chamar de realidade dada, defronta-se com um problema importante, o de como enquadrar, por exemplo, uma realidade dada cujo atributo essencial seja, por exemplo, o de formas históricas da maldade ou de percepções preconceituais ou pré-racionais. Seria um outro tipo de realidade que não encontraria guarida nesses outros dois, pois não poderíamos considerá-lo como sendo uma realidade lógica propriamente dita, uma realidade do conceito sob a sua forma imediata. O mesmo poderia valer para formas de religiosidade fetichistas, politeístas, anímicas, não monoteístas, que não se enquadrariam, tampouco, nos conceitos de *Realität* e de *Wirklichkeit*. Quisera sugerir aqui uma terceira acepção de realidade em suas relações com essas duas. Mais precisamente, o conceito de *Dasein*, no seu sentido estrito, seria uma expressão lógica da *Realität* enquanto o de *Existenz* seria próprio da *Wirklichkeit*. Haveria, portanto, um processo de passagem (ou não em casos de barbárie ou incivilidade permanente) da realidade primeira em sua acepção não lógica, para a realidade do *Dasein* e desse para a do *Existenz* e da *Wirklichkeit*. Só poder-se-ia, no sentido preciso do termo, falar de algo existente enquanto realidade mediada no nível da *Wirklichkeit*. Ou seja, a "existência" seria um predicado da *Wirklichkeit*, ela seria um conceito, um atributo da "realidade efetiva", da realidade mediada. Não se poderia, nesta significação, considerar a existência como correspondendo a uma realidade dada. Ele seria, mais precisamente, uma qualificação desta mesma realidade, caso essa venha corresponder às suas determinações reflexivas, dentre as quais a Ideia da Liberdade.

Hegel dá-nos uma pista muito rica destas distintas acepções da realidade no Primeiro Tomo da *Ciência da lógica*, em sua edição de 1812, em uma observação intitulada *Realität*, no capítulo dedicado ao conceito de "Qualidade".[13] Nesse, ele caracteriza a realidade enquanto *Dasein*, "Ser-aí", como não sendo uma simples realidade dada, que se apresentaria sob a forma, por exemplo, do "ser em si", como quando fala-se de uma coisa como sendo uma realidade que existiria mais além, independentemente de sua apropriação pela consciência. Para que uma realidade dada mereça a qualificação de "Ser-aí", ela deve reunir dentro de si, no seu interior mesmo, o "ser-em-si" e o "ser-para-outra-coisa". Nada impede que uma determinada coisa, fato ou representação nos sejam dados sob a forma

---

[13] Ibid., p. 116-9.

de "ser-em-si" como se fosse independente de outra coisa, como se não contivesse nenhuma alteridade interna ou externa. Nada impede tampouco que um fato se dê sob a forma do nada, da nadificação ou da destruição, não chegando a constituir-se enquanto realidade lógica do "Ser-aí". Seriam formas reais, às vezes de uma realidade aterradora, que não poderiam, hegelianamente, ser consideradas enquanto "reais", na acepção de uma realidade lógica primeira. O que o conceito de "Ser-aí" une pode aparecer "realmente" sob a forma da separação e da fragmentação. Para que o "Ser-aí" forme-se, é-lhe necessário que seus momentos interiores, em sua separação, sejam dissolvidos e conservados em uma nova unidade. Aí sim teríamos a constituição de uma realidade lógica imediata. Mais especificamente, na medida em que o "Ser-aí" é a unidade simples e imediata do ser e do nada, sendo, pois, seus momentos, ele vem a se apresentar enquanto "Ser-aí refletido", embora não estejamos ainda na Doutrina da Essência. Haveria, portanto, uma imediatidade primeira que teria sido *aufgehoben* sob a forma de uma "imediatidade refletida". Teríamos duas acepções: a da realidade imediata (não refletida) e a da realidade imediata refletida, realidade lógica primeira. Hegel acrescenta: "o Ser-aí refletido é *realidade*".[14]

Nota intempestiva: Detenhamo-nos neste momento da passagem de uma realidade dada a uma *Realität*, enquanto realidade imediata de tipo lógico, no aguardo de seu processo de concretização, culminando na efetividade ou realidade efetiva. Ou ainda, colocando a mesma questão em outros termos: o que ocorreria se operasse na realidade não lógica imediata um tipo de alteridade que inviabilizasse toda e qualquer alteridade, perpetuando-se em sua mesmidade da destruição?

A introdução do conceito de *Realität* enquanto mediação entre a "realidade dada" de qualquer tipo e a "realidade efetiva",

---

[14] Ibid., p. 116.

correspondente ao Conceito em seu processo de concretização, permite fugir dos problemas de uma identificação equivocada entre qualquer realidade e a vida do Espírito. Permite, na verdade, uma maior elaboração filosófica, na medida em que a realidade dada necessita ser absorvida, apropriada em uma realidade própria da Ideia da Liberdade, ou ainda, da vida do Espírito. Estabelece-se, assim, uma passagem do não lógico ao lógico em sua imediaticidade, de modo que a alteridade constitutiva da primeira permitiu que sua operação galgasse um nível maior de concretude, vindo a operar como alteridade do Conceito. Poder-se-ia dizer que a história da humanidade seria constituída por estes três momentos de realidade dada, realidade imediata do conceito e realidade mediada do conceito, sem prejuízo, histórica e empiricamente, que um retrocesso possa acontecer. Ocorre, porém, que este eventual retrocesso não abalaria o baluarte conceitual, espiritual, já alcançado, que continuaria a atuar nesta alteridade de tipo anterior ou retrógrado. A questão, todavia, ganha outra significação quanto essa "volta" a uma realidade dada posiciona-se explicitamente contra toda a vida espiritual, assumindo a forma de uma alteridade nova, a que procura aniquilar não somente uma figura do Espírito, mas todo o seu processo de constituição. Ou seja, como ficaria a vida do Espírito, o processo lógico do Conceito se a realidade dada viesse a se colocar como sua negação aniquiladora? O que ocorreria se a junção entre Jerusalém e Atenas viesse a ser destruída por Auschwitz? Teríamos uma "realidade dada" que não se incorporaria à lógica do Conceito e, se o fizesse, viria a deformá-lo por ser uma alteridade de outra espécie, não processável pela consciência e pela consciência de si em sua conquista, por assim dizer, do mundo. Tratar-se-ia de uma "realidade", a do mal existencial, que impediria o surgimento da *Realität*, que tornaria o mal existencial em mal moral, efetuando esta sua mediação, impedindo, portanto, que a efetividade, a Ideia da Liberdade, possa ela mesma se formar.

Dasein e *Existenz*. Quando discorremos sobre as "provas do ser-aí de Deus", estamos falando de uma realidade lógica de Deus, sujeita às limitações próprias da Doutrina do Ser. Logicamente, Deus já se apresenta sob a forma do Conceito, embora em sua apresentação imediata primeira seja incapaz de provar qualquer existência, porque este tipo de conhecimento mediado só poderia exibir-se sob a forma da *Existenz* do Absoluto, e não sob a sua forma do *Dasein*. Pode igualmente ocorrer que tenhamos formas de religiosidade que não se situam sob o conceito de Deus, sob a sua forma lógica imediata, em religiões politeístas, fetichistas, anímicas e outras. Nestes casos, não se poderia, estrito senso, falar de "Ser-aí" de Deus e, menos ainda, de sua "Existência". Deus ou o Absoluto vai se constituir sob essas suas diferentes formas de dicção, em um processo que poderia ser caracterizado como de dissolução e engendramento, de supressão e conservação, elevando-se a um patamar de racionalidade superior. Assim, no momento de falarmos, na prova ontológica, do *Dasein Gottes*, estaremos discorrendo sobre um *Inbegriff* (conceito integrador ou "englobante") que se move no interior de uma realidade lógica primeira, esboçando apenas sua reflexividade, porém não ainda a realizando e desenvolvendo. Eis por que aparecerão, como seus instrumentos de prova, a justaposição de conceitos como realidade, existência e perfeição, próprios de uma atividade do entendimento em vias de se construir racionalmente. O Deus da prova ontológica seria, no seu dizer, um Deus "metafísico", pois ao ser definido como um "conceito englobante de todas as realidades",[15] ele foi igualmente qualificado como um Deus que não contém nenhuma contradição, nenhuma de suas realidades "suspende/suprassume" as outras, excluindo de si tudo o que possa parecer negação, contradição ou imperfeição. Tal conceito tornar-se-ia um conceito vazio, que teria sido

---

[15] Ibid., p. 116.

paralisado nesta atividade classificatória e de justaposição do entendimento.

Nota intempestiva: Qual é o preço de colocar-se a contradição na interioridade mesma do Absoluto? O que seria, nesta perspectiva, um Deus submetido à provação do não ser, na medida em que mesmo ele depende de sua dicção por uma criatura, o homem, que Dele crê ou descrê, que age segundo o bem ou segundo o mal, suscetível das piores atrocidades. Como conciliar esta dicção com as provas ontológicas da existência de Deus, cuja perfeição, para o entendimento, pressuporia que seria ele imune à falta, à carência e à contradição?

Lógica e Deus. "A lógica, desse modo, precisa ser apreendida como o sistema da razão pura, como o reino do pensamento puro. *Esse reino é a verdade, como ela é sem invólucro em e para si mesma*. Por causa disso se pode expressar que esse conteúdo é a *apresentação de Deus, tal como Ele é em sua essência eterna antes da criação do mundo e de um espírito finito*".[16] A lógica, em sua acepção hegeliana, não é um instrumento do conhecimento, mas a apresentação do sistema da razão, apresentação de um nível da existência que, só assim, se revela, entendendo essa revelação sob a forma de uma revelação racional. É o pensamento que se defronta consigo em suas essencialidades puras, em suas determinações constitutivas, tendo, preliminarmente, feito a experiência da consciência em seu ser no mundo. Uma vez de posse desta sua concepção lógico-fenomenológica, ele procura vertê-la em uma linguagem filosófica e teológica habitual, a saber, a de enunciar esse seu conceito de uma forma que seja acessível aos que não estão familiarizados com os seus conceitos e modos de pensar. Eis por que dirá que este conteúdo, lógico, é a apresentação de Deus em sua essência eterna, devendo ler-se, nesta sua formulação, a apresentação lógica de Deus em si mesmo. Ou seja, a essência eterna de Deus seria a da exposi-

---

[16] Ibid., p. 52.

ção das essencialidades puras, tal como é elaborada e exposta no sistema da razão pura, a Consciência de si da razão em si mesma. Quando acrescenta que este conteúdo lógico é anterior à criação da natureza e de um espírito finito, deve-se compreender esta formulação em um sentido específico, qual seja, o conhecimento lógico-metafísico é anterior ao conhecimento da natureza e do espírito em sua finitude. A anterioridade aqui em questão é lógica e não cronológica. Em linguagem religiosa, logo representativa, Deus aparece como anterior à criação da natureza e do espírito finito, sendo o próprio conceito de criação uma espécie de expressão acessível a pessoas não acostumadas ao linguajar propriamente filosófico. Na criação, estaríamos trabalhando com conceitos rudimentares de ser, criação *ex nihilo* (nada) e vir a ser.

Nota intempestiva: E se o sistema da razão pura estiver contaminado pela maldade de tipo existencial, estabelecendo em sua interioridade uma negação aniquiladora, impermeável a qualquer processo de mediação? E se a mediação do conceito não pudesse mediar? E se o sistema da razão pura tivesse pés de barro? E se o ser enquanto primeira determinação fosse uma negatividade portadora de ser e não a simples negação do ser enquanto nada ou não ser? O problema reside em que a maldade existencial não é logicamente nada, uma mera espécie de negação, para uma posição nova desde a perspectiva do Espírito e da Ideia da Liberdade. Se, na lógica, a união do ser e do nada resulta no ser-aí (no *Dasein*), na perspectiva da ilogicidade da maldade existencial, ela resultaria em um ser-aí para a morte violenta.

Sumo ser ou sumo não ser. A filosofia deve ter como começo algo que possa ser considerado como absoluto, onde entram em disputa diferentes acepções do ser. Aparentemente, uma escolha possível seria a de se começar pelo mais absoluto, o que comumente denominamos de Deus, o Absoluto enquanto tal, ou pelo ser, onde entram, por sua vez, em disputa diferentes acepções suas. Ora, Hegel defronta-se, em sua busca pelo começo absoluto, com sua unidade de novo tipo entre o subjetivo e o objetivo, o ser e o não ser, ou na linguagem que se aproxima da Doutrina da Essência, na unidade entre o ser diferente e o ser não diferente ou ainda, a identidade da identidade e da não identidade. Acidentalmente, ele observa que essas diferentes formulações poderiam ser consideradas como a mais pura definição do Absoluto.[17] Vejamos esta questão na linguagem da teologia ou do intelecto. Segundo a concepção tradicional de Deus, esse seria o Sumo Ser. Ora, se ele é também o não ser, poderíamos qualificá-lo como o Sumo Não Ser. O que pode bem significar então essa introdução do não ser na interioridade mesma de Deus? Claro que Hegel observa que se trata da unidade do ser e do não ser, procurando, desta maneira, evitar este escolho. Contudo, há um claro rompimento com a teologia tradicional. Poderíamos fazer o mesmo tipo de colocação caracterizando Deus como a Suma identidade ou a Suma não-identidade, voltando-se novamente para a unidade entre ambos, pondo o Ser absoluto assim entendido em uma posição de novo tipo.

Nota intempestiva: E se começássemos pela maldade existencial como ato inaugural da filosofia? Qual seria o novo começo assim proposto? A existência não mais ocuparia a posição de início da indagação filosófica, mas apareceria uma "realidade dada" negativamente constituída em sua positividade primeira. O problema consistiria em atribuir a existência a uma realidade dada que se posiciona como o processo mesmo de mediação do conceito, da humanidade em si mesma. Nada, nada de nada no que diz respeito às figuras da consciência, da Ideia da Liberdade ou de humanidade. Seria um novo tipo de jogo de linguagem que se constituiria internamente pela morte violenta em sua reiterada sistemática contra qualquer grupo tido por inimigo. Aquilo que poderíamos considerar como um jogo de linguagem

---

[17] Ibid., p. 76.

alicerçado nas condições e contradições da vida seria substituído por um outro jogo, o da morte produzida. O primeiro é um jogo que permite mediações e diferentes contraposições, dando lugar a diversas vidas do Espírito, a diferentes configurações; quanto ao jogo da morte, ele é o que inviabiliza qualquer outro jogo, salvo o seu da destruição. O primeiro é um jogo de alteridades, o do ser e do não ser, o do mesmo e do outro, o segundo o da mesmidade na eliminação de qualquer alteridade no primado da maldade em sua acepção positiva.

Abgrund e *Grund*. Na perspectiva da razão finita, que não empreendeu ainda o seu processo de determinação de si, o que a caracterizaria enquanto razão infinita, surge a questão de uma alteridade que a supera e ultrapassa, Deus aparecendo como sendo esse algo essencialmente outro. Um outro que se mantém sempre para além dela, constituindo uma espécie de Abismo (*Abgrund*), diante do qual ela recua.[18] Apesar da linguagem mística aqui presente, tal caracterização da relação da razão finita com Deus ou o Absoluto é a que define o conceito de Deus como *absconditus*, escondido, inalcançável, incognoscível. Não há aqui mediação, mas uma parada frente a algo intransponível. A razão defronta-se com seu limite, crê em algo imediato que a ultrapassa completamente. O ato de fé é, neste sentido, um ato de submissão ao totalmente outro que o engloba enquanto tal, um conceito englobante que tudo abarca e domina. O empreendimento hegeliano, contudo, consistirá em fazer deste *Abgrund* um *Grund*, do "abismo" um "fundamento", do imediato uma etapa da mediação, mediante a qual o ser puro chega a si mesmo, o Absoluto apresentando-se enquanto condição e resultado deste processo de mediação. O *Abgrund* enquanto fundamento negativo tornar-se-á a essência apresentando-se como mediação do ser, a essência engendrando-se em sua reflexão, em sua

---

[18] Hegel, *Wissenschaft*, op. cit., p. 128.

negatividade, como fundamento positivo.[19] O *Abgrund* aparece, então, verdadeiramente enquanto momento do *Grund*. A linguagem mística ou religiosa dá lugar à linguagem propriamente filosófica. Deus é substituído pelo Absoluto, a Essência última de todas as coisas pelo movimento reflexionante da essência, na acepção hegeliana da Doutrina da Essência.

Hegel tem a pretensão de expor racionalmente a interioridade mesma do Absoluto, prescindido completamente de qualquer ato de fé. Deus pode ser apreendido pela razão, não mais funcionando como um estado de coisas dado que seria oferecido ao intelecto, que sobre ele se debruça para conhecê-lo. A razão torna-se completamente autônoma. Com tal propósito, deverá, a partir de si mesma, expor gradativamente suas determinações, começando pelas mais simples, como o ser, o nada e o devir, até as mais complexas do conceito, passando pelas da essência, que são as da reflexão, "movimento de nada a nada e de volta a si mesmo" e, em particular, a do "*zugrunde(zu Grunde) gehen*", o abismamento que é um encontro no fundamento, vindo a pôr, a instaurar, um novo conceito de existência. Estaríamos diante da própria dialética explicitada em suas determinações constitutivas, pois, retomando uma formulação da *Filosofia do direito*, ela seria nada mais do que o seu processo de dissolução e de engendramento de si mesma.[20] Como é possível, porém, partindo de nosso conceito corrente de Deus, considerá-lo enquanto submetido a um processo de autonegatividade, fazendo com que venha a fazer a experiência de sua negatividade radical de si mesmo? Tratar-se-ia de um Deus que faria – e poderia fazê-lo novamente – a experiên-

---

[19] Ibid., p. 128.
[20] Hegel. *Princípios da filosofia do direito*. §§ 31-2. Tradução de Paulo Meneses, Agemir Bavaresco, Alfredo de Oliveira Moraes, Danilo Vaz-Curado R. M. Costa, Greice Ane Barbieri, Paulo Roberto Konzen. Belo Horizonte: Edições Unisinos/ Loyola, 2016.

cia de ir ao abismo, de vivenciar o seu próprio abismamento. Em todo caso, tal concepção é em tudo dissonante em relação a nossa noção de um Sumo Ser, em que residiria a suma perfeição. Como poderíamos ter um Deus sumamente perfeito que faria em si a experiência do abismo e, em outra linguagem, a da carência, a da falta e a da negatividade?

Nota intempestiva: A questão, contudo, consiste em que, no momento em que o *Abgrund* torna-se uma determinação essencial do *Grund*, em que a experiência do abismo se mostra como a do fundamento, o Conceito se expõe em um tipo de experiência lógica crucial de si mesma, apresentando uma forma de negatividade que se revigora e se (re)faz em uma etapa em que a sua contradição interna a excluiria de si. A aparência é a da exclusão, o seu aparecer, porém, mostra a essência aparecendo, surgindo conceitualmente. Em outra linguagem, poderíamos também extrair desta apresentação da Essência um ensinamento de outra ordem, a saber, a de considerar o *Abgrund* como uma forma de experiência do mal existencial, isto é, um *Abgrund* que não se deixaria suprassumir/suspender (*aufheben*) no *Grund*, que seria uma espécie de negatividade positiva, imune e resistente a qualquer processo de mediação. Teria como o Absoluto efetuar esse processo de *Aufhebung*? O que poderia bem significar uma *Aufheben* desta forma de experiência (in)humana em que os próprios fundamentos da Criação e da relação entre Criador e Criatura foram radicalmente solapados? Como se poderia fazer a unidade entre o subjetivo e o objetivo, se o "objetivo" sob esta forma da maldade ontológica põe em questão as condições mesmas em que um processo de unificação possa efetivar-se? Se pensarmos o *Abgrund* enquanto mal existencial, não haveria espaço para a formação do *Grund* por estar esse baseado, por sua vez, no mal moral.

Questão originária. Poder-se-ia colocar uma questão suscetível de ser denominada de originária. Deus viveria a experiência do "Abismo/Fundamento" em si mesmo ou em sua relação com a razão finita que o enuncia por intermédio da *Ciência da lógica*, mas levando em consideração os diferentes "abismos" da experiência humana no decurso da história, sob as formas da maldade, das perseguições religiosas ou étnicas, da miséria e das guerras. Do ponto de vista, digamos textual, trata-se da obra de um filósofo que chega a este tipo de concepção, embora, em sua perspectiva, ele o considere como a verdadeira exposição da coisa mesma, uma espécie de revelação filosófica que inauguraria um novo pensar humano em geral e, em particular, um pensar racional do Absoluto. Deus conhecer-se-ia em sua verdadeira natureza graças a essa enunciação filosófica, a esta dicção da razão de si mesma. Neste sentido, seria o Deus desta forma de interlocução filosófica. Ou melhor, seria o Deus da Condição Humana. Deus ver-se-ia desta forma graças a uma Ideia racional, que, previamente, teria feito a experiência da história, do vir a ser humano em suas experiências mais cruciais de radical separação de si e de reunificação consigo, abrindo-se, subsequentemente, a novas diferenciações. O homem, em seu vir a ser, teve a experiência do abismo, da perda e, inclusive, da desesperança e do desamparo, antes de ver-se diferentemente neste mesmo percurso de si. Graças à elaboração filosófica desta experiência originária da condição humana, pode o filósofo vir a conhecer-se mediante um outro conceito de Deus. Seria, neste sentido, tentado a dizer que Hegel teria elaborado um novo enfoque, lógico-metafísico, do conceito leibniziano de teodiceia. Ou seja, a questão com a qual teria Hegel se confrontado foi a de uma teodiceia logicamente concebida, levando em consideração o conjunto da história humana em seu processo progressivo de vir a ser, de consciência racional de si.

Nota intempestiva: Ocorre que esta teodiceia logicamente concebida terminou depreendendo-se de uma teodiceia histórica, voltada para a realização do próprio Conceito em suas etapas de realização e constituição respectivas. A questão originária do Absoluto terminou engendrando uma outra abordagem, dela originada, segundo a qual haveria formas de alteridade que não se deixam absorver por seu percurso, mesmo tendo tido a experiência das configurações do Espírito, mesmo tendo vivenciado uma finalidade histórico-lógico-fenomenológica através da própria filosofia de Hegel e das realizações políticas e culturais de sua época. Quando esta teleologia parecia estar-se efetuando, eis que uma experiência histórica expôs as suas próprias limitações. Se voltarmos ao problema dos atributos de Deus (onisciência, suma bondade e onipotência), a partir dos quais surgem determinadas formas de nomeação, nos defrontaremos com uma nova abordagem da interioridade ou da natureza do Absoluto. Primeiro, porque a razão, em sua acepção finita, teria dificuldades nesta nomeação, quanto mais não seja pelo fato de que a interlocução desapareceu, Deus tendo se retirado, permanecido mudo quando mais os humanos o necessitavam. Os atributos tradicionais tornam-se problemáticos em sua caracterização da natureza divina. Segundo, porque cada um deles mostra a sua respectiva inadequação. A onipotência mostrou-se impotente face a uma alteridade sua, a do mal existencial, este outro mostrando-se poderoso a ponto de obrigá-lo a retirar-se da cena do mundo naquele instante crucial. Terceiro, a suma bondade tornou-se altamente questionável, pois o que pode bem significar uma bondade infinita que se encontra limitada, paradoxalmente finita, por ser incapaz de efetuar-se no mundo? Quarto, a onisciência deveria ter sido capaz e prever o desdobramento do mundo ao produzir um tipo de liberdade para o mal existencial, que não era o do mal moral, em cujos parâmetros a relação entre Criador e Criatura estaria contida. Não poderia Deus ter sabido que a mera possibilidade do mal existencial, podendo tornar-se atual por um ato de liberdade ilimitada, poria em questão sua própria natureza?

ÍNDICE ONOMÁSTICO

A

Abensour, Miguel – 445
Abetz, Otto –325
Abraão – 172, 220, 399, 432, 490
Adão – 319, 320
Adriano – 181, 182, 308
Agamben, Giorgio - 120
Akiba (Rabi) – 181-2
Aleijem, Scholem – 124
Al-Husseini – 176, 177
Alkalai, Yehuddah (Rabbi) – 242
Anselmo, (santo) – 289-90, 549-50
Antelme, Robert – 443-4, 451, 515
Arendt, Hannah – 15, 51, 95, 163, 165, 167, 311, 313, 315, 357
Aristóteles – 166, 227, 278, 436
Arnauld, Antoine – 290

Arens, Moshe – 164, 170, 172-3
Aron, Raymond –178, 354, 367, 168
Aron, Robert – 323, 325-7, 332
Assoun, Paul-Laurent – 456
Arquimedes – 388
Auffret, Dominique – 82
Avineri, Shlomo – 211, 213, 217, 224-5, 234-6, 244-5
Azouvi, François – 163, 178, 366-7

B

Back, Leo – 164
Balthasar, Hans Urs von – 15, 377-8, 417, 431
Barion, Hans – 33, 34
Barth, Karl – 15, 191, 221, 414, 420-423, 489, 549
Bachofen, Blaise – 209
Bauer – 218
Bédarida, Renée – 339, 344

Bebel, August – 27
Ben Gurion, David – 241
Bendersky, Joseph W. – 79
Bensussan, Gerard – 214, 457
Ben Zion Bokser – 249
Bergson, Henri – 298
Bergoglio (cardeal) e Skorka, Jorge – 372
Berlin, Isaiah – 213, 218
Bertocchi, Jean-Louis – 211
Biberstein, Ernst – 142
Bismarck, Otto von – 457
Blanchot, Maurice – 444
Bloch, Jean Pierre – 178
Blum, Léon – 333
Blum, René – 333-335
Boegner (pastor) – 331
Botstein, Leon – 165
Bourgeois, Bernard – 525
Buber, Martin – 15, 104, 125, 279, 411, 488-92, 494-9, 501-2, 504-8
Buda – 388

C

Cassin, René – 367
Castoriadis, Cornelius – 13
Cesareia, Eusébio de – 34
Chaillet – 331-2, 339-40, 343
Chalier, Catherine – 254, 317
Choukeiry, Ahmed – 178
Clausewitz, Carl von – 266, 267
Cohen, Arthur – 15, 435-7
Cohen, Hermann – 99, 103-4, 270, 374

Confúcio – 388
Constant, Benjamin – 47
Constantino – 34, 426
Cordovero, Moises – 238, 317, 320
Cornu, Auguste – 211
Cristo – 32, 98, 131, 199, 202-3, 221-3, 229, 336-9, 344-8, 350, 362-5, 379, 388-9, 409-412, 414-9, 423, 426-8, 430-4, 438, 441, 455, 498
Czerniakow, Adam – 9, 15, 149, 152-9, 161-5, 170

D

Dalin, David e Rothmann, John – 177
Darlan (almirante) 330
Davi (rei) – 135, 220, 259, 384, 413, 432, 542
David, Messias ben – 242-3
Dayan, Moshe (general) – 178-9
De Gaulle, Charles – 178, 323-4, 326, 328-30, 340-1, 358-9, 368-9
Descartes, René – 15, 92, 93, 213, 289, 290, 547, 548-9
Dessauer, Friedrich – 33
Dostoiévski, Fiodor – 371

E

Ebert, Friedrich – 27
Eckardt, Mestre –507
Eckardt, Alice – 423, 441, 442

Eckardt, Roy – 423, 441-2
Eichmann, Adolf – 116, 163, 167, 169, 176-7, 182-3, 311-315, 494
Elias – 388
Elon, Amos – 11, 95, 114-5
Engels, Friedrich – 211, 212, 218
Englund, Steve – 112-3
Erzberger, Matthias – 20-1
Étienne Gilson – 15, 298
Evans, Richard J. – 22
Ezequiel – 126

F

Fackenheim, Emil – 15, 79, 164, 182, 186, 201, 202, 204-207, 277, 280, 310, 375, 409, 428, 435
Farías, Victor – 19
Faure, Edgar 367
Fessard, Gaston – 15, 331, 341, 342, 347-358, 360, 361, 363, 364, 366, 377, 378, 382, 383
Feuerbach, Ludwig – 218, 373, 378
Feuerwerker, David – 110
Fichte, Johann Gottlieb – 213-4, 267
Filoni, Marco – 86
Flusser, David – 409, 417, 427
Fraenkel, Ernst – 28, 420, 421
Franco, Paul – 92
Francou, François – 361
Frank, Hans – 148

Frederico (O Grande) – 95-97
Friedman, Maurice – 411, 494
Frick, Wilhem – 55
Friedländer, David – 106, 107, 108, 109, 113
Friedländer, Saul – 50, 123, 136, 153, 154, 170, 262
Frossard, André – 449

G

Galeano – 275
Gallo, Max – 329
Gandhi, Mahatma – 497-8, 500
Gans, Eduard – 194, 204-5
Gens, Jacob – 149, 160
Gerlier (cardeal) – 326, 327, 331, 332
Gilson, Étienne – 15, 298-9, 302-3
Giraud (general) – 330
Gneisenau – 266-7
Goebbels, Joseph – 36, 90, 173, 338
Goethe – 95, 144
Goldwater, Raymond – 238, 241
Gordon, Peter Eli – 459
Göring, Hermann – 24, 57, 138
Graetz Heinrich – 102, 106, 111, 236, 237
Gross, Raphael – 50, 71
Guinsburg, Jacob – 213
Guizot, François – 47
Gurian, Waldemar – 25, 356
Gutman, Israel – 157, 161, 174

H

Hardenberg – 108-9, 267
Hausner, Scholem – 313
Hayek, Friedrich – 357
Hayoun, Maurice-Ruben – 320
Hegel – 9, 10, 15, 16, 38, 59, 74-78, 81-2, 86, 91-2, 109, 112, 186-7, 189-94, 201-2, 204, 211, 214-5, 217-8, 221, 223, 225-27, 236, 244, 266, 289, 349-51, 364-5, 371, 403, 420, 422, 433, 442, 455-459, 464-6, 471, 473, 507, 521-25, 527-535, 538-39, 541-42, 545-46, 548-55, 560-62, 564-65
Heidegger, Martin – 19, 51, 85, 165
Heller, Joseph – 213
Hersch, Jeanne – 392
Heyndrich, Reinhard – 134, 139-40, 265
Heráclito – 388
Herder – 236
Heródoto – 179
Herz, Henrieta – 237
Herz, Marcus – 237
Hertzberg, Arthur – 213, 241, 497
Herzl, Theodore – 233, 243
Heschel, Abraham Joshua – 15, 207, 279-82, 284-96, 308-9, 402
Hess, Moses – 9, 15, 211-17, 228, 230-8
Hett, Benjamin Carter – 20, 21
Hilberg, Raul – 131, 141, 152, 154
Himmler, Heinrich – 10, 15, 34, 55, 134, 144, 173, 177, 256-8, 260–7, 314-5, 487
Himmler, Kathrin – 314
Hindenburg (presidente) – 20, 25, 56-7
Hitler, Adolf – 14, 18, 20, 21-23, 25-27, 31, 32, 34, 36-38, 51, 56, 57, 60-68, 81, 83, 85-87, 89-91, 122, 126, 135, 138, 147, 162, 177, 178, 182, 257, 264, 323, 325, 328, 369, 413, 416, 420, 426, 428, 446, 487, 496
Hobbes, Thomas – 9, 15, 23, 33, 38, 50, 68, 70-4, 83-4, 92-3, 158, 199, 405
Homero – 388
Hunsinger, George – 15, 414, 423, 425
Hyppolite, Jean – 349

I

Inocêncio III – 426
Isaac – 172, 426, 432, 490, 507
Isaac, Jules – 413, 417
Isaías – 270, 272, 388

J

Jacó – 172, 399, 426, 490
Jackson, Julian – 329, 341, 369

Jankélévitch, Vladimir – 15,
 171, 314, 403, 446-7, 450
Jaspers, Karl – 15, 382-5, 391-2
Jeová – 14, 22, 197, 246, 289,
 299-301, 313-4, 370, 403-4,
 423, 486, 501
Jeremias – 388
Jesus – 98, 194, 220-2, 224, 229,
 257, 331-2, 339, 346, 348,
 350, 362, 370, 378, 380, 388-
 9, 409-12, 417-8, 423, 425-8,
 430-2, 434, 441, 455
Jó – 125, 254, 282, 399, 504-5
Jonas, Hans – 15, 254, 317
José, Messias ben – 242-3

K

Kant – 96, 98, 102-3, 144, 183,
 202, 237, 267, 289, 472-3,
 477, 507, 551
Kaplan – 331-2
Kershaw, Ian – 21, 23, 36-7, 55,
 82, 90, 122
Khrouchtchev, Nikita – 357-8
Kierkegaard, Søren – 378
King, Martin Luther – 279
Kissinger, Henry – 14
Klarsfeld, Serge – 333
Klausener, Erich – 57
Klemperer, Victor – 262-3,
 393, 395
Klingelhofer – 142
Kogon, Eugen – 406
Kojève, Alexandre – 7, 9, 15,
 82-3, 85-8, 349, 351, 363

Kook, Abraham Isaac – 9, 15,
 238-247, 250
Koiré, Alexandre – 217
Kube – 143-4
Küng, Hans – 425

L

Lafer, Celso – 163, 165, 311
Lagarde, Paul Anton de – 122
Lang, Borel – 254
Lao Tsé – 388
Laqueur, Walter – 213
Lavalle, Louis – 350
Lazitch, Branko – 357-8
Lefebyre, Georges – 112
Leibniz – 253, 433
Lênin – 18, 358
Less – 313
Lessing – 95
Levi, Primo – 15, 119, 120,
 184-5
Levinas, Emmanuel – 15, 297,
 303, 445, 449
Lévy, Bernard-Henri – 403
Lévy-Bruhl, Lucien – 298
Lewy, Lina – 411
Licurgo – 208, 209, 210
Linder, Christian – 86
Lindsay, Mark – 15, 221, 414,
 420-1, 423
Littell, Franklin – 15, 423, 426,
 428-30
Locke, John – 47
Loewenstein, Karl – 28
Longerich, Peter – 257-8

Lowenherz – 145
Löwith, Karl – 33, 200
Lubac, Henri de – 15, 331, 339, 344-47, 366, 372, 374-82, 489
Ludendorff – 20
Luria, Isaac – 238, 310, 318, 320, 507
Lutero – 106, 142, 223

M

MacTaggart, John M. – 523, 533
Maimon, Salomon – 301
Maimônides – 10, 15, 152, 234, 240, 267-73, 275-90, 294, 308-10, 320, 372, 428, 435-6
McCormick, John P. – 72
Mao, Tse Tung – 18
Maquiavel – 458
Marcel, Gabriel – 15, 444-5
Marchais, George – 360
Marcos – 427
Marga (Himmler) – 314
Maritain, Jacques – 336, 341, 356, 369
Mascolo, Dionys – 451
Marx, Karl – 46, 211-2, 216, 218-9, 232, 306, 373, 375, 378-9
Mateus – 427
Mauriac, François – 15, 326, 408-9, 414
Meyer, Michael – 96-8, 109, 113
Meierhenrich, Jens – 30-1, 73

Meinecke, Friedrich – 266, 457, 459
Méir, Rabino – 273
Mendes-Fohr, Paul – 96, 437-8, 506
Mendelssohn, – Dorothea 237
Mendelssohn, Moses – 15, 96-9, 102-8, 110-1, 114, 142, 144, 234-5, 237, 239, 248
Mengele, Josef – 406
Merleau-Ponty, Maurice – 190
Messias – 39, 98, 111, 126-7, 129, 225, 229, 241-4, 249, 309-10, 346, 380, 410-13, 416-19, 425, 431, 438, 488
Mikaderidze, Alexandre – 112
Mirabeau – 110, 111
Mirsky, Yehuda – 238, 241, 243-4
Misrahi, Robert – 219
Moisés – 66, 98, 111-3, 126, 164, 199, 208-10, 220, 223, 255, 299, 305, 415, 417
Monneray, Henri – 367
Montcheuil, Yves de – 331
Montefiore, Simon Sebag – 177
Montesquieu – 394
Mosès, Stéphane – 480
Müller, Jean-Werner – 25, 86
Morgan, Michael – 182
Muller (general) – 145
Mussolini, Benito – 34

N

Napoleão, Bonaparte – 86-7, 109-112, 114, 126, 127, 245, 266

Neumann, Franz – 18
Niethamer – 112
Nietzsche – 36, 87, 371, 373, 378-9, 381, 439
Numa – 208-10

O

Offenbach – 144
Ohlendorf – 141
Oren, Michael B. – 176
Orígenes – 34

P

Paine, Thomas – 46
Papen, von – 57
Parmênides – 388, 526
Pascal, Blaise – 399, 490, 513
Patai, Raphael – 208
Paulo – 409, 426-8
Pedro – 426-8, 481
Peled, Benny (general) – 179
Peled, Yossi – 176
Pellepoix – 340
Pétain (general) – 323-4, 326, 328-30, 351
Peterson, Erik – 32-4
Pierre Laval – 324-5, 327, 350
Pinkhas (rabi) – 487-8
Pio XI (papa) – 15, 34, 335, 336-8
Platão – 388, 450
Plotino – 450
Poeggler, Otto – 218

Poliakov, León – 40, 129, 168, 313, 404-5, 408-9, 451
Probst, Adalbert – 57

R

Rabinovich, Abraham – 179
Ragaz, Leonhard – 411
Rathenau, Walther – 142
Rashke, Richard – 131
Renan, Ernest – 257, 455
Resnik, Salomon – 125
Ribbentrop – 325, 376
Richelieu (cardeal) – 458
Ricoeur, Paul – 15
Ringelblum – 130, 162-3
Rodal, Leon – 170
Röhm – 57
Romano, Roberto – 458
Roosevelt, Franklin Delano – 14
Roseman, Mark – 259
Rosenfield, Denis L. – 112, 189, 193, 221, 266, 289-90, 420, 549
Rosenzweig, Franz – 15, 239, 454, 456-64, 466, 471-2, 477-87, 506
Rotenstreich, Nathan – 239
Rousseau, Jean-Jacques – 208-10
Rubenstein, Richard – 15, 435-6, 438
Rufus – 182
Ruge, Arnold – 213, 215
Rumkowski, Chaim – 149, 164-5
Rüthers, Bernd – 25, 51, 61

S

Saliège (monsenhor) – 331, 347
Salomão – 179, 432
Sartre, Jean Paul – 40, 219, 358
Scharnhorst – 266
Shell, Susan – 84
Schelling – 442
Schlegel, Friedrich – 237
Schleicher, von (general) – 25, 57
Schmitt, Carl – 15, 18, 19, 21, 24, 25, 30, 33, 35, 40, 45, 46, 50-1, 64, 70-3, 79, 84, 86, 92, 336, 406
Schnäderbalch, Herbert – 218
Scholem, Gershom – 15, 124, 167, 310-11, 317-20, 506
Servatius – 183
Sherrat, Yvonne – 40
Sièyes (abade) – 46
Simons, Oliver – 50, 71-3, 79, 86
Solmitz, Luise – 56
Sólon – 208
Sorel, Georges – 18, 212
Souza, Roberto Timm – 458, 459
Sperber, Manès – 116
Spinoza, Baruch – 202, 213-4, 220, 223, 227
Stálin – 86-7, 358, 369
Stein, von (barão) – 109
Stern, Carl – 282
Sternhell, Zeev – 40
Strasser, Georg – 57
Strauss, David – 455
Strauss, Leo – 7, 9, 15, 45-8, 70, 83-9, 90-2
Stresemann, Gustav – 21
Stroop (general) – 173
Suhard (cardeal) – 340

T

Talleyrand – 328
Talmon – 174, 211, 254
Taubes, Jacob – 87
Teller (pastor) – 109
Thorez, Maurice – 358
Tomás de Aquino – 298, 350
Torrance, Thomas F. – 424
Torres, João Carlos Brum – 33
Trunk, Isaiah – 147-52, 166
Tucídides – 199, 388

V

Vallat, Xavier – 340
Villacañas, José Luis – 34

W

Walewski – 170
Walsh, W. H. – 369
Weinmann – 142
Wellers, Georges – 333-5, 339
Wildt, Michael – 314
Wilson, Edmund – 409

Wiesel, Elie – 15, 68, 115-18, 307, 397, 400-2, 408-10, 414, 435
Willen, Sassen – 217, 312
Wisliceny, Dieter – 176

X

Xenofonte – 85, 87-8, 90

Y

Yahweh – 299
Yeshua – 417

Z

Zaratustra – 388
Zarka, Yves Charles – 64-5

Este livro foi impresso pela Edigráfica.